孔天胤评传

张勇耀　韩兵强　著

商务印书馆
The Commercial Press

2017年·北京

图书在版编目(CIP)数据

孔天胤评传/张勇耀,韩兵强著.—北京:商务印书馆,2017
ISBN 978-7-100-15453-6

Ⅰ.①孔… Ⅱ.①张…②韩… Ⅲ.①孔天胤(1505—1581)—评传 Ⅳ.①K827=48

中国版本图书馆 CIP 数据核字(2017)第 252751 号

权利保留,侵权必究。

孔天胤评传
张勇耀 韩兵强 著

商 务 印 书 馆 出 版
(北京王府井大街36号 邮政编码100710)
商 务 印 书 馆 发 行
北京顶佳世纪印刷有限公司印刷
ISBN 978-7-100-15453-6

2017年11月第1版　　开本710×1000　1/16
2017年11月北京第1次印刷　印张 26¾
定价:82.00元

孔天胤画像

序

赵桂溟

学界青年才俊张勇耀、韩兵强新著《孔天胤评传》数易其稿，终于杀青了。在创作伊始，二位便一再邀我作序，而我心惴惴，实是愧不敢当。但二位坚称非我莫属，理由是我比较早地涉足孔天胤研究，也最了解此书创作的缘起和经过。话说至此，我也只好不揣谫陋，勉为其难了。

我从十几年前开始关注乡贤孔天胤，引起我重视并着手研究孔天胤的原因，是已故北京师范大学赵擎寰教授生前的一再鼓励和提携。赵老里籍山西汾阳，是我国工程制图界杰出的学者、教育家。赵老对乡邦文献和人物情有独钟，举凡北宋名将狄青、明代大算术家王文素、明代理学家孔天胤等，均率先发掘并不遗余力撰文推介。在给我的致函中，对孔天胤更是倍加推崇，赞誉孔天胤是嘉隆时期的"北方学界领袖"。受老先生影响，我从2001年开始对孔天胤进行了筚路蓝缕的研究。从孔天胤文献资料的调查收集，到孔天胤诗文集的校勘整理，经过长时间的翻检、思考，我对孔天胤有了不断深入的了解和认识。此后随着中国科学院常佩雨博士的加入，特别是以张勇耀、韩兵强《孔天胤传》《孔天胤评传》《孔天胤年谱》写作目标的确立为标志，我们可以说已初步形成了孔氏研究小团队。我们还共同点校整理了《孔天胤全集》。一分耕耘一分收获，令人欣慰的是，研究越深入，越觉得孔天胤像一颗被历史尘封了的明珠，擦拭越久越是光彩照人。

孔天胤首先是一位廉能兼备的疆臣。孔天胤（1505~1581），字汝锡，汾州文同里百金堡村（今属山西文水县）人。他出生于皇戚之家，幼承庭训，属意仕进。嘉靖十年中乡试第六名，次年以一甲第二名进士及第。初授陕西按察司佥事提调学校，历官直隶祁州知州，河南按察司佥事兵备颍州，河南布政使司左参议，浙江提学副使，陕西左参政、右布政使，河南左布政使等职。孔天胤一生为官清廉，以能著称。他不论是提调学校考选士子，还是参知军务强兵御虏，抑或是持宪一方兴学救荒，均多有善政，广为士农所称道，可称得上是一位颇具家国情怀、刚健有为的循吏。

其次，孔天胤是一位承前启后的理学家。孔天胤学养深厚，儒、释、道贯通，对六经及孔、孟之学皆有创见，尤以精研理学名世。他的学说继承了王阳明的"心学"，融会众说，认为"圣人之学"的本义就是心、性、理、道四位一体。他赞同王阳明"圣人可学而至"的观点，认为"人人皆可成尧舜"，进而反对朱熹对王通《中说》不公正的看法。孔天胤的学说在儒学思想史特别是在河汾学发展史上起到了承前启后的作用。

其三，孔天胤是一位注重实学的教育家。孔天胤为官重实德实绩，轻浮名虚誉，无论两任提学，还是主政一方，他都实实在在地从教育的基础工作做起，修庙学，建书院，正学风，选士子，事关教育的每一项举措都尽心尽力。他还倡导为学要先正心，"一正心，而德明矣"。他进一步提出，"先行实而后文艺"。孔天胤的实学教育思想至今都有现实意义。

其四，孔天胤是一位成果丰硕的著作家、诗学理论家。孔天胤在从政之暇及退归之后，勤于著述，先后有《孔文谷文集》《孔文谷诗集》《渔嬉稿》《霞海编》《汾州志》等多种著作问世。孔著不仅在学术史、文学史上应有一席之地，而且，在他所写的各类碑传序跋、地方志乘中，保存了大量的历史文献资料，可以弥补一些正史的不足。与此同时，孔天胤还是一位杰出的诗学理论家，他首提"神韵"，后被王士禛发展为"神韵说"，今人钱锺书在《管锥编》中对孔说有较为中肯的评价。孔天胤还有文话若干，惜大多没有保存下来。

其五，孔天胤是一位卓越的出版家。作为一位有担当的博学鸿儒，孔天胤不仅自己深钻精研，还特别注重通过典籍的刊刻印行，扩大正统文化的传播。他先后主持刊刻了《资治通鉴》《资治通鉴考异》《集录真西山〈文章正宗〉》《西京杂记》等书籍，为保存我国珍贵的历史文化典籍做出了不可磨灭的贡献，至今为我国文献学和版本学界所珍视。

综观孔天胤的一生，其成就和历史地位是毋庸置疑的。然而，实事求是地讲，在中国浩瀚的历史长河中，像孔天胤一样的人物数不胜数。如此说来，对孔天胤的研究还有意义吗？回答当然是肯定的。就拿张勇耀、韩兵强所著

《孔天胤评传》来说，作者以孔天胤的一生经历为经，以他的诗文创作及理论、图书刊刻、理学思想、交游考述等为纬，妙手编织，一气呵成。在材料的使用上，所本皆是孔天胤的诗文、各地志书的记载以及与孔天胤有交集的同时代人的互动文献和史料。殊为难得的是，作者对传主更多从精神层面进行了解读和研究，严谨的写作态度，确保了这完全是一部可入于史、可传于世的人物评传。

因此，读者朋友通过阅读《孔天胤评传》至少可以获得如下裨益：一是通过作者对孔天胤一生命运的独到解读，我们可以很直观地了解明中期的社会、政治、教育、文化等状况，比照于全球化、现代化下今日之中国，更好地把握历史发展的方向；二是通过作者对孔天胤人生际遇的叙述及其学术思想的梳理，可以让我们可以深刻地认识到中华文化特别是儒家士君子文化在我国传统社会治理结构中无可替代的积极作用；三是通过作者对孔天胤仕进的铺陈和考证，我们可以对明代的科举、吏治、宗藩管理等制度有更具体的认识，从而对僵化的古代集权政治有更清醒的批判性思考；四是通过作者对孔天胤在山西的文化建树的展示和研究，我们可以看到古代乡绅落叶归根后对于地方文化的带动和影响作用，从而促使我们思考在当今乡村凋敝、优秀农家子弟挂冠远去的情况下，乡村建设应该如何兴盛和繁荣；五是通过作者对孔天胤的宦历、交游十分详尽的考证，我们可以对明中期儒学文化的重要支脉——河汾学的发展有个大概的了解，进一步厘清河汾学的脉络走向，提高对河汾学文化价值的再认识，进而思考在新的历史背景下应该如何对这一文化源流及其学术精神进行承续和创新等。

读《孔天胤评传》让我们获益良多，但有谁知道在成功的背后作者付出了怎样的辛劳与心血！令我感到敬佩和惊奇的是，二位作者均非历史或文献学专家，张勇耀是一位纸媒杂志主编，韩兵强是一位大学工科教授，尽管他们二人此前已经有文史类著作面世，但当确定评传写作的时候，面对传主资料缺乏、研究尚属处女地等诸多困难，对作者而言，不能不说是一种前所未有的压力和挑战。然而，后生可畏，他们利用互联网优势，可以毫不夸张地说是搜遍天下；他们跑国家及省图书馆，跑地方文史单位，遍查遍访，来来回回，不厌其烦；他们夜以继日，通力协作，勇于承担，甘于奉献，其精神堪称典范。功夫不负有心人，正是因为他们难以想象的付出，才使本著立意宏阔，史识高明，考证严谨，叙述精当，不失为一部难得的力作。

至此，我满怀期待的《孔天胤评传》终于可以付梓了，这对于一位有"孔天胤情结"的研究者来说，是一件多么值得额手称庆的大事、喜事！当然，不仅是对我，对众多读者来说，这也是看到的第一本关于孔天胤的评传作品。开山之作，首创之功，其意义想来读者诸君自会掂量。

是为序。

2017 年 5 月于集虚庐

目 录
Contents

第一章　成长经历 / 1
　　一、"宣圣之裔，帝室之甥" / 1
　　二、"课试自成一家言" / 4
　　三、乡试答卷："全不类时作" / 12
　　四、殿试："敦本厚生""抑浮通变" / 16
　　五、榜眼及第 / 21

第二章　仕途宦迹 / 27
　　一、王亲无缘翰林院 / 27
　　二、陕西提学佥事：端士习，正学风 / 31
　　三、祁州知州：建庙学，修贞文书院 / 41
　　四、颍州兵备："以文章饬政事" / 47
　　五、河南参议：清心省事，强兵御敌 / 54
　　六、浙江提学副使：课士校文，救荒建祠 / 59
　　七、陕西、河南布政使：助开马市，忧心国事 / 75
　　八、被纠"闲住"与退归生活 / 82

第三章　诗歌创作及理论 / 87
　　一、诗歌创作："诗文高古，海内重之" / 87
　　二、诗歌理论：神韵、性情与"名通之论" / 120

第四章　图书刊刻 / 137
　　一、前贤名典 / 137
　　二、师友同道诗文集 / 147

第五章　三晋史笔 / 168
　　一、山西三十余年寇乱始末 / 168
　　二、山西各地水利建设 / 184
　　三、孔天胤与山西的几部志书 / 189
　　四、山西题名碑、庙学、祠阁、寺观建设 / 197

第六章　哲学思想 / 215
　　一、为政观：君子视天下为一身 / 215
　　二、武备观："师有不战之胜，兵有时戢之威" / 232
　　三、对儒家经义及理学思想的阐发 / 237
　　四、正心为上、德本艺末的教育思想 / 248
　　五、儒释道相融的学术思想 / 261
　　六、一园一亭有深意 / 269

第七章　交游考述 / 277
　　一、汾州、孝义好友群体 / 277
　　二、进士同年群体 / 290
　　三、山西地方官群体 / 295
　　四、请序群体 / 297
　　五、海内知交同道 / 300

第八章　王府春秋 / 330
　　一、五代庆成王德行的见证者 / 330
　　二、重视王府教育 / 335
　　三、与王府宗亲交游 / 339

第九章　诗社活动 / 342
　　一、王府诗社：金兰社与青莲社 / 342
　　二、与王道行、裴邦奇、吕阳所结的异地诗社 / 344
　　三、天真四友人社：野老们的诗酒宴集 / 354

第十章　生前身后 / 357
　　一、诗文集刊刻 / 357
　　二、文星陨落 / 359
　　三、研究辨误 / 364

附录一　孔天胤交游名录及事略 / 369
附录二　孔天胤年谱精编 / 394
主要参考书目 / 409
后　记 / 414

第一章　成长经历

一、"宣圣之裔，帝室之甥"

孔天胤（1505~1581），字汝锡，号文谷，又号管涔子或管涔山人。两个号都与故乡的河、山相关。流经汾州境内的河有两条，一条是汾河，"其源出太原静乐县管涔山，经流平遥、介休之西，至孝义东南，出灵石口，南入于河"①；另一条是文谷河（又称文水，今文峪河），《水经注》载："文水出大陵县（今文水县）西山，经县故城西而南流。"孔天胤之号，即出自文谷河与汾河源头的管涔山。

孔天胤的家世，用其高徒赵讷的话说，就是"宣圣之裔，帝室之甥"（赵讷《请刻孔文谷先生全稿书》）。宣圣，即孔子，俗言"天下无二孔"，孔姓人皆被认为是孔子后裔；帝室，即明王朝，孔天胤的母亲出自山西汾州庆成王府。

据曾任分巡冀南道副使的开州（今河南濮阳）人王崇庆为孔天胤父母所撰写的《诰封奉训大夫宗人府仪宾暨配新郑县君墓表》（以下简称《孔麟新郑县君墓表》）②，孔家这一支在山西可追溯的最早的祖先，是宋代孔弘正，"宋室衰微，寇贼蜂起，尝以义气率众遏红军，一乡赖以保全"，并且"不求功赏"。万历《汾州府志》"州学正"一职中，有孔宏治者，"山东曲阜人，至圣（指孔子）五十三代孙，汾州学正，入籍汾州"，未知"孔弘正""孔宏治"是否为一人。之后的世系繁衍，"弘正其有信甫，信甫生克仁，克仁生友端，友端生表，表生大褫"，大褫即孔天胤的祖父。自孔表以上，由于"遭罹世难，

---

① 万历《汾州府志》卷二"地理类·山川"。静乐县今属忻州。
② 原碑今存山西汾阳。王崇庆《端溪先生集》卷六有《诰封奉训大夫宗人府仪宾质庵孔公合葬新郑县君墓表》，内容略有不同。

皆不乐仕进"，仅"孝弟力田而已"。到了孔大褫，才有了出仕为官的记载，官至山东肥城巡检①。其后，孔大褫"取（娶）和氏，生二子；继张氏，生四子"，孔天胤之父孔麟是继妻张氏所生的第二子。

孔天胤之父孔麟（字应经，号质庵），于成化十五年（1479）生于山西文同里百金堡村（百金堡村清代顺治后并入文会里）。据王崇庆评价，其性格"资性纯粹简远笃诚""嗜读书属文，十三通《诗》《书》二经，文搦管成篇"，被当时考核学子的提学副使王鸿儒（河南南阳人）大为赞赏，"南阳王公品藻诸生，第公茂才异等，进学充增广员"。年十七，有司为庆成王府新郑县君择婿，"强以质庵姓名上"，孔麟被"诰封奉训大夫，宗人府仪宾"。而这样的结果却将孔麟推入了命运的泥淖，"然非其志也"（《孔麟新郑县君墓表》）。明制，一旦成为宗亲，就意味着仕途阻绝，"驸马都尉……仪宾，岁禄各有差，皆不得与政事"（《明史·职官志》）。虽身居从五品，但奉训大夫也只是个散官，从此再无出仕的机会。科举考试所开通的由普通学子通往朝廷大员、封疆大吏的仕途，是每个读书人孜孜以求的结果，孔麟从此却再无这样的机会了。

所配新郑县君，即孔天胤的母亲，源出于汾州庆成王府。

洪武年间，明太祖分封诸子，先后封到山西的有三位：一位是三子朱㭎，为晋王，驻太原；一位是十三子朱桂，为代王，驻大同；一位是二十一子朱模，为沈王，沈国初在京城，后迁潞州（今长治市）。汾州王府属于晋王府朱㭎的世系，晋恭王朱㭎之后，"其始封于汾者，为庆成庄惠王，恭王第四子也"。之后，"庄惠生恭僖，恭僖生温穆，温穆生端顺，端顺生恭裕，恭裕生王（安穆王）"（孔天胤《皇明庆成安穆王墓志铭》）。汾州另有一座永和王府，相传是初封于山西永和，因地处偏远而改建王府于汾州。庆成、永和两座郡王府在汾阳城存在了二百多年，子孙繁衍共十一代，直到明末李自成攻入汾阳，朱氏子孙几乎被斩杀殆尽，这两座王府繁衍的历史才告结束。

---

① 新版《山西通志》"人物志"及《山西历史名人传》等书"孔天胤"条，都说"其祖父为明晋王府仪宾（女婿）"，并说孔天胤父名雄骏，皆误，详见本书"研究辩误"部分。

图1 孔天胤父母碑，今存山西汾阳市孔氏祖茔

图2 孔天胤父母墓碑发掘现场（孔宪政先生提供）

孔天胤的母亲新郑县君为庆成恭僖王之孙。据王崇庆记述，新郑县君"静正庄严，淑清渊澈，嘉善族邦，敬长慈幼，居泰不骄"。与青年才俊孔麟成婚后，"言动则夫妇相待如宾，家人敬惮，虽儿女至戚亦懔懔不敢犯"。在明代，藩府禄米最初由朝廷供应，后改为当地政府供给①，于是常有地方官欠宗室禄米的情况，"公禄鲜继，（孔麟）与县君蔬食布衣，宴如也"。特别是新郑县君，"其始也，本出富贵，遭家中耗，艰窘困蹙，人莫堪其苦；县君怡然，若固有之。叹息炎凉，谢绝戚里，焚轿杜扉，无诟无屈"（《孔麟新郑县君墓表》）。

孔麟与新郑县君育有二子，长子即孔天胤，十年后又有次子孔天民。另有"女二，长适辅国将军表檀，次适州学生侯君召"。

孔天胤生于弘治十八年（1505）八月十六日，中秋节的后一天。这年五月，弘治皇帝驾崩，十五岁的明武宗朱厚照即位。正德十五年（1520），孔天胤

---

① 《明史·食货志六》："正统十二年定王府禄米，将军自赐名受封日为始，县主、仪宾自出阁成婚日为始，于附近州县秋粮内拨给。"

十六岁,明武宗在游历中舟覆落水,第二年驾崩,年三十一岁。由于没有子嗣,迎湖北安陆(今钟祥市)兴献王之子朱厚熜入京嗣位,即明世宗,明朝历史上长达四年的"大礼仪"之争就此开始。

明世宗是明朝历史上一位非常有争议的皇帝。一些人认为,明朝的衰落就是从明世宗开始的,他后期荒殆误国、重用术士,积天下之资炼服丹药,导致了国家的衰败;但学者田澍先生认为,由于明武宗的荒唐误国,明朝基业在明武宗时,其实已处于全面崩溃的边缘,明朝的命脉在这个时候几乎已经断裂了。之所以没有断裂,就是因为"嘉隆万改革",即嘉靖、隆庆、万历三朝的改革改变了这种局势。而"嘉隆万改革"的起点,就是明世宗。对于"大礼仪"之争,在一般的评论中,明世宗只是在为自己的家庭争取相应的地位,田澍先生却认为,明世宗是通过"大礼仪"之争,确立了自己的统治地位和树立了自己的新形象,"世宗即位的特殊性决定了嘉靖革新能以全面整顿吏治、清理官僚队伍为核心,最大限度地扫除明代百余年的积弊,激发统治阶层的活力"[①]。此也为一说。

孔麟因被选为仪宾而断了仕途,便把所有的希望寄托在儿子身上。"是时,汝锡生而巍然头角,殊有奇气,大夫(指孔麟)每鼓掌曰:'大吾家而恢吾未造之业,其斯子乎?'遂躬自教焉。并立四戒,如所谓'粗心、妄语、欹坐、逸游'云者。"(《孔麟新郑县君墓表》)可知孔天胤在入学之前,父亲便已尽其所能,使其接受了良好的家庭教育。孔天胤后来以《诗经》举乡试第六,并在殿试策论中对《尚书》《周易》等典籍的引用驾轻就熟、信手拈来,除了后来老师所教,应该说其中一大部分的功劳,都来自于父亲孔麟。

二、"课试自成一家言"

孔天胤的成长经历,据他晚年自述,年轻时"尝学剑,学剑不成去学书,

[①] 田澍:《正德十六年——"大礼仪"与嘉隆万改革》,人民出版社,2013年,第139页。

学书不成去学为儒"(《渔父说》），当然这是自嘲的说法，但由此可知其在学前有过学书法和学剑的经历。孔天胤有意识、有步骤地学习写诗作文，当在弱冠之年。他晚年回忆："余弱冠学文，白首无成焉。"（《孔文谷文集》自序）

在孔天胤读书的正德、嘉靖初年，学校教育体制已基本完善。据《明史》，学生在学校不但可以学习礼、律、书、乐、射、数六门课程，还能听到教授、学正、教谕等官员亲自"掌讲明经史"，从而"知孝弟（悌）忠信、礼义廉耻，通晓古今，识达时务"。在正规课程的余暇，还可按自愿原则学习诏诰、表笺、疏议、碑铭等实用文体的写作，这样的学习，无疑为孔天胤此后的仕进、写作奠定了良好的基础。

孔天胤的学业成长，至少受到了三个方面的影响。

一是其业师冯思翊和宗室长者朱奇湎。

冯思翊，万历《汾州府志》有传，称其为"隐居教授，聚徒讲学，科第得人最多。榜眼孔天胤、进士王文翰辈，举人赖君恩辈，选贡田选辈，皆出其门，一时称盛"。其中所举的学生名录中，王文翰与孔天胤同登嘉靖十年（1531）乡试举人。

在孔天胤晚年为冯思翊所写的墓志（《隐居教授贞毅先生西野冯公暨元配孺人李氏合葬墓志铭》，以下简称《西野墓志》）中，写到自己能"登甲乙之选"，即得中一甲第二名，能"居藩枲之尊，绾郡邑之章，列师儒之秩，储菁莪之养"以至于"策名于天府"的人生业绩，"皆先生佑启之也"。

据孔天胤所述："先生姓冯氏，讳思翊，字忠甫，别号西野，世为汾州中千里人。生有伟质奇气，锐志业儒，博通群籍。弱冠从师授《毛氏诗》，遂专门名家。兼精性理之学，综观诸子，一以濂（周敦颐）、洛（程颢、程颐）、关（张载）、闽（朱熹）为宗。"孔天胤一生精研理学，也与其师"兼精性理之学，综观诸子，一以濂洛关闽为宗"有着必然的传承。思翊先生曾"充郡庠廪膳生，屡科不第，乃慨然弃去，别开馆授徒，弟子云集"，这也是其被称为"隐居教授"的来历。孔天胤还曾在诗中如此赞扬其师："无位尽教师道重，有才不作吏途忙"（《哭业师西野先生》），可谓对其师一生最好的概括。

在教学方法上，一方面思翊先生"循循善诱，毋陵节，毋躐等"，与当时以"俗学务为捷径"，讲诵支离割裂的情况大不相类。特别是在讲经时，"必理命辞畅，一洗钩棘浮剿之陋"；在教育理念上，"先生立教，必矫轻警惰，正容谨节，以礼为先。自是游师门者，少长为有序焉"。也正因为如此，从其学者越来越多，于是"令高弟转相传受"。思翊先生桃李繁盛，"有德有造，彬彬如也"。另一方面，其本人的才德品行也为学生做出了重要表率："先生秉性严正，刚肠嫉恶，非礼勿动，见义必为。于是非利害之际，了然明白，确乎其不可拔。遇豪贵则藐之，见善如不及焉。居家孝友纯笃，与物忠信。"（《西野墓志》）

朱奇涵生于成化二十一年（1485），长孔天胤二十岁。乾隆《汾州府志》云："奉国将军奇涵，倡明经学，号北村老人。"孔天胤称他"独好书，又好亲贤。于书无所不通，于才人学士未尝不虚左而迎之"。北村先生擅诗文，"每触景兴情，含毫落纸，或矢之长音，或约之短律，曾不限步刻烛，而其诗已应机而就"；又擅画，"凡得之寓形之感，超之有象之观者，辄敷染标饰，亦若大化之善幻焉而不可穷也"。正因为如此，"一时缙绅铅椠之士，咸倾心归之，如鸟趋凤焉"。北村先生曾结诗社于汾州，孔天胤青年时代经常出入于诗社，也增长了颇多见识。说到自己与北村先生的关系，孔天胤称，"余固诸生而承诲爱者"（《皇明诰封奉国将军北村公墓志铭》），可见北村先生曾给予其指导和教诲。

二是山西或汾州分管教育的官员。

在嘉靖年间，有三位省级官员对孔天胤产生过积极的影响。一位是分守冀南道官员王崇庆，另两位是山西提学副使刘储秀与陈讲。

王崇庆嘉靖二年（1523）以副使分巡冀南道，兼分守。明代山西设四分守道，分别为冀宁道、河东道、冀北道、冀南道。冀南道领泽州（今山西晋城）、潞州、辽州（今山西左权）、沁州、汾州五州，分守官员驻汾州。分守官员驻汾始于嘉靖初年，其原因，正如后来孔天胤所说：

初，分守之驻汾也，以汾剧也。其大者王，王子弟蕃衍殆千，而强者竞恣匪彝，顽民投陷，因缘为奸，吏不敢问。至受犯法者赇挟迫守吏，挠一切法，吏不得行；盗贼平昼劫人，夜放火，明著踪迹，吏不敢捕。加边警岁急，百姓困穷无所诉，吏民但仰天太息，未知何止。时议分守始颛驻汾，所以申镇压之威，布劳俫之惠。（《赠与川葛公总宪山西序》）

主要是为了镇压豪强不法者，使吏治得行、百姓得生。汾州之"强宗"，终明之世都是一件令汾州官员头疼的问题，他们不但人口众多，而且难以管理。孔天胤在其他文章中也屡次写到这个问题，称"惟汾居腹内，有强宗之患，民生盖亦靡有宁日"（《赠郡守龙嵎张公受抚台旌奖序》），甚至连当时的庆成王都拿他们奈何不得，"终王（指安穆王）之世，强宗而抵于法"（《皇明庆成安穆王墓志铭》）。

孔天胤后来在文章中，深情地回顾了王崇庆在汾州的治绩以及带给自己的重要影响：

嘉靖甲申，先生持宪山西，行冀南。冀南者，泽、潞、辽、沁、汾。汾且剧，故先生驻汾日多。一时刜蠹作明，辟邪恢正，章采树风，照道启学之功，皆百年所未有焉。是时，学宫诸弟子员始相逖励向风，日以成章。而予小子乃得举进士上第，服官明时，夫施德化光，教弘士兴，信哉。（《刻海樵子序》）

冀南道虽辖五州，但因汾州事务繁剧，因而分守官员驻汾的时间多一些。在汾州期间，王崇庆去除邪说，恢宏正气，崇仰学道，在他的倡导治理下，汾州的学宫弟子员才开始互相激励，认真读书，乡里学风渐正。孔天胤认为，正是在这种环境的影响之下，自己才有可能得中进士上第，因而王崇庆对自己人生命运的指引，可谓功不可没。

王崇庆为人正直，为政勤勉，去世后明世宗追赠的诰命中评价其"性资醇笃，学识优长"，虽一生官场起伏动荡，但"登甲第而遂献谠言，谪下僚而能坚雅操"（《王崇庆年谱》），其为人、为官之道，都成为孔天胤一生追崇学习的楷模。

孔天胤一生都与王崇庆保持着联系，并一直以师事之。在书信或为王崇庆著述所写的序言中，孔天胤一直自称"门人小子"，并说："小子人微数奇，世所共弃，独蒙大造之恩，眷念也。"（《与王端溪翁》）其中"大造之恩"四字，可见对其所得教诲的感激之情。

陕西咸宁（今陕西长安区西北）人刘储秀，嘉靖七年（1528）任山西提学副使。刘储秀当时诗名很大，史载其与僚属薛蕙、张治道、胡侍等人结诗社，时人号为"西翰林"①。雍正《山西通志》记其任山西提学副使期间，"崇

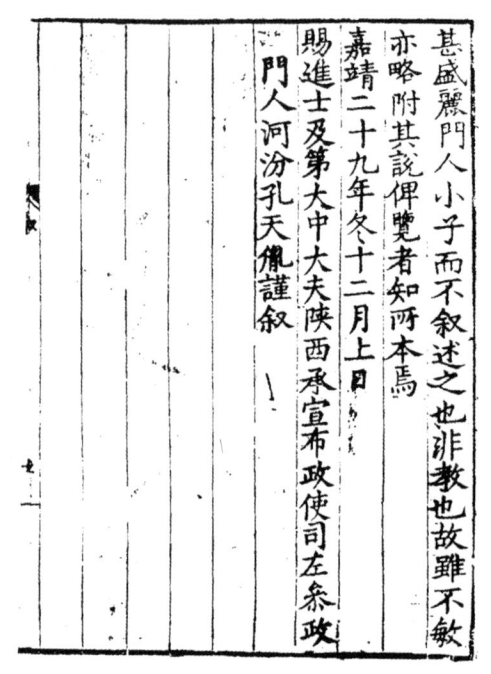

图3　刘储秀《刘西陂集》孔天胤序末页

雅黜浮，士风丕变"。当时孔天胤二十四岁。在嘉靖二十九年（1550）为刘储秀《西陂先生集》一名《刘西陂集》所作的序言里，孔天胤自称"门人天胤"。刘储秀在山西任职的时间不长，据《明世宗实录》，嘉靖八年（1529）九月，"升山西副使刘储秀为河南布政司左参政"，刘储秀就离开了山西。之后，孔天胤后来曾三度去陕西任职，得以与刘储秀及同为"西翰林"成员的张治道、胡侍等人常相过从，吟诗酬答，亦师亦友。

四川遂宁人陈讲，于此年任山西提学副使。雍正《山西通志》记其在任期间，"宽而有致，品第士类，人咸服其明。建河汾书院，萃士之良者，课

---

① 《明诗纪事》戊签卷十二："尚书为侍郎时，与僚属薛君采（蕙）、胡承之（侍）、张孟独（治道）倡和为诗社，都下号西翰林。"另见于雍正《陕西通志》"人物"之"张治道"条："（治道）与部僚薛蕙、刘储秀、胡侍并以诗名，都下号西翰林。"

业有程，多所造就"。可知后来闻名三晋的"三立书院"的前身河汾书院，即由陈讲初创。嘉靖九年（1530）正是孔天胤参加乡试的前一年，孔天胤参加乡试当由陈讲所考选。孔天胤任浙江提学后，在给陈讲的信中，不但自称"门人小子"，且记述了陈讲对自己的影响，称"小子仰庇宠灵，复从文事"，觉得自己在学术上没有建树，有愧于先生的教导，"聪明益有所不逮耶，诚负明教甚矣"（《与中川陈宗师》）。陈讲后升山西布政司右参政[①]，多年后仕至山西左布政使、山西巡抚，为山西的边防安全做出了重要贡献。陈讲也曾为孔天胤父母写有墓志铭，惜今未见。

除了业师和学官名师，还有三位既远不可见又近在心中的老师，给予孔天胤更为深远的影响，那就是"西河三贤"：卜子夏、段干木、田子方。

子夏是孔子高徒，以文学著称，《史记》载："孔子既没，子夏居西河教授，为魏文侯师。"尽管子夏设教之西河未必就是汾州之西河[②]，但汾州人却世代以子夏为古贤名师。汾州有多个子夏祠、子夏庙；与汾州邻近的文水，不仅有子夏山，祠庙也甚多。万历《汾州府志》记载，汾州有卜山书院："子夏退隐揭泉山，因名山以卜。元士民樊宗英世居山下，建祠祀之，因请于朝，得赐卜山书院额，令有司春秋祀焉。"卜山有亭，孔天胤晚年也写有《卜亭行》一首，记载卜子夏开创河汾文化之源的作用以及对于河汾学士的精神指引："此山崒崔横地维，绵亘百里深委蛇。中有石室似天造，要令文儒隐在兹。"段干木、田子方皆一代高士，魏文侯过段干木之庐而式，并说"子方仁人也，国之宝也"，皆传为佳话。汾州有三贤阁，祀子夏、子方、干木三贤，分别于嘉靖元年（1522）、嘉靖四年（1525）重修，嘉靖十五年（1536）孔天胤受业师冯思翊之托，写有《重修三贤阁记》。汾州有景曰"烟笼贤阁"，"贤阁"即为三贤阁。据万历《汾州府志》，此景"在东郭之人美厢。昔魏文侯遇段干木之庐必式，后人录之，为建此阁，名'式贤'，望之若烟云缥缈其上。

[①]《明世宗实录》嘉靖十二年二月："山西按察司副使陈讲为本布政司右参政。"
[②] 子夏设教之"西河"，有"汾州西河""雍州西河""安阳西河"之说，据刘瑞祥汾州《建置沿革》一文考证，子夏西河教授之地在今河南古"济水西河"地带。王恺仁、刘瑞祥主编：《汾州沧桑》第二卷，北岳文艺出版社，2000年，第17页。

嘉靖庚子罹回禄灾,州人景仰未已,只今犹称遗址为三贤街"。"罹回禄灾"说的是嘉靖二十一年(1542)俺答寇汾州,三贤阁遭到火灾破坏,到万历年间,这里就只有遗址了。

这三位贤人高士曾经是魏文侯的老师,而且都曾寓居于汾,汾州这片古老的土地上自然有了遥远的典范,有了万世的师表。孔天胤在记文中写道:

> 子夏体圣人、粹文学而老于西河之上,而干木、子方确然守其道而与之俱。其谁能知之者?魏文侯乃能于子夏则师尊之,于子木、子方则长敬之,三子者道不少屈而魏益重,故文侯不过一小国之诸侯,而其风声采色震曜四国,雄藩钜敌日夜睥睨而不敢动。(《重修三贤阁记》)

古代贤者的可学之处,不唯学问之隆、见识之高,而且有德行之广,概言之就是能"守道""弘道",对后世学者更多的是一种精神层面的引领,开一代学术之先河,这也成为后来被称之为"西河道学"甚至"河汾道学"的源头。因而汾州大地之学风,就如孔天胤后来在文中所总结的,"俗负卜商之儒,人秉段干之节"(《送杭玄洲太守致政还山序》)。

其实不唯汾州,山西这块土地上的历代先贤都或远或近地给予着孔天胤潜移默化的影响:

> 三子之后,有郭有道豹炳于绵山,王文中龙隐于汾河。狄武鹰扬于宋室,而有良将之材,薛文清凤鸣于皇朝,而得道学之旨,辛彦博蠖伸于草野而有文潞(指文彦博)之风。其他如宋之问、薛能以诗名家,王嗣宗、张益之甲科第一。珠联璧耀,踵高蹑芳,往往而盛。虽风气之未大开,而人文亦已彬彬矣。(《重修三贤阁记》)

这里所列举的,就是河汾学术的代表人物。子夏、干木、子方之后,东汉时介休有太学生运动的首领郭泰,"考览六经,探综图纬;周流华夏,随集帝学。收文武之将坠，拯微言之未绝"（蔡邕《郭有道碑》，《文选》卷五十八）；隋时河津有文中子王通，"聚徒河汾间，仿古作《六经》，又为《中说》以拟《论语》"（《新唐书》）；宋代有狄武襄公狄青，秉将帅之才，建不世之功，还有介休名贤文彦博，官居宰相，为朝廷栋梁；明代初期有文清公薛瑄，"瑄学一本程、朱，其修己教人，以复性为主，充养邃密，言动咸可法"（《明史·薛瑄传》），卒后从祀文庙，诏祀于乡，其著作《读书录》被颁于国学，要求六馆诵习；辛彦博，汾州人，万历《汾州府志》"乡贤"记其"以明经笃行著名，太祖高皇帝重之，授监察御史，赐名彦博"。此外，汾州大地还有唐代宋之问、薛能等著名的文学家。宋之问与沈佺期并称"沈宋"；薛能则官至工部尚书，"癖于诗，日赋一章，有集十卷并《繁城集》一卷传世"（万历《汾州府志》）。汾州历史上还有王嗣宗、张益两位状元。其中王嗣宗中宋太祖开宝八年（975）状元，张益中元朝泰定元年（1324）状元。这些优秀的历史人物共同谱写了河汾学术的篇章，为后人树立了精神榜样，提供了学术滋养。

嘉靖元年（1522），汾州仰高书院建成。万历《汾州府志》："嘉靖元年，督学周宣命知州张钺即狄公祠隙地建，参政李元题名'仰高'，言宜仰子夏之文、狄公之武也。五年，知州郭铿（一作郭鉴）增拓，有记载碑。"书院建成，汾州学子就常于书院中聆听提学官或其他学者讲学，吸收着有益于学业进取的养分。

天资的聪颖灵秀，父母的家庭教育，加上高师的言传身教、历代先贤的感召、地方官的考核和嘉奖，孔天胤获得了学识和精神层面的双重成长，"貌标玉立，见之者鄙吝斯消；词吐钟洪，闻之者愚蒙遂发"。不仅如此，还才思敏捷，在课业上颇有可圈可点之处："闻先生（指孔天胤）方在诸生（明代称考取秀才入学的生员为诸生）时，诸课试辄自成一家言，不卑卑随众剿袭。平居感物就事，口占歌咏，即为希古之调，至今脍炙人口。所谓言出为论、声即为律也。"（赵讷《请刻孔文谷先生全稿书》）

嘉靖十年（1531），孔天胤二十七岁，赴省城太原参加了山西乡试。此前他已娶妻王氏，王氏卒，又继王氏。其间经历的丧妻之痛，只有他自己能够体会吧。

三、乡试答卷："全不类时作"

嘉靖十年（1531）因岁在癸卯，此科乡试又称癸卯科。乡试是科举考试的第一关，《明史·科举志》："三年大比，以诸生试之直省，曰乡试。中式者为举人。次年，以举人试之京师，曰会试。中式者，天子亲策于廷，曰廷试，亦曰殿试。"乡试的时间是在秋八月，所以又称"秋闱"。

据《嘉靖十年山西乡试录》，本届乡试，考试官有二，一为户部湖广清吏司主事庄一俊（福建晋江人），另一为刑部广东清吏司主事赵文华（浙江慈溪人）；同考试官六位，分别为湖广德安府儒学教授李镕、湖广兴国州儒学学正倪铠、河南开封府许州儒学学正胡玉、河南南阳府裕州儒学学正刘勋、陕西西安府商州正安县儒学教谕王时进、河南南阳府洛川县儒学教谕王正人。

考试的内容，为"《四书》义一道，二百字以上。经义一道，三百字以上"，共分三场。所谓"经义一道"，即从《诗经》《尚书》《周易》《礼记》《春秋》五经中各出一题，考生可根据自己所学，任选一经展开论述。孔天胤与王文翰皆从业师冯思翊，选考的都是《诗经》。而《诗经》的考题也并非只有一道，同样是"选题作文"。当年的题目如下：

> 瞻彼淇奥，绿竹如箦。有匪君子，如金如锡，如圭如璧。宽兮绰兮，猗重较兮。善戏谑兮，不为虐兮。既见君子，为龙为光。于万斯年，受天之祜。无此疆尔界，陈常于时夏。

第一题出自《诗经·国风·卫风·淇奥》，歌颂君子气质的"绿竹猗猗"，品行的"如切如磋，如琢如磨""如金如锡，如圭如璧"，性情的"宽兮绰兮"；第二题出自《诗经·小雅·蓼萧》，表达诸侯朝见周天子时的尊崇、歌颂之意；第三题出自《诗经·大雅·下武》，"下武"即"后继"之意，赞颂后来之王能够遵循祖先的足迹，天赐洪福，长达万年；第四题出自《诗经·周颂·思文》，所选句子是周天子农耕不分彼此疆界、推广农政共建乐园的宣言。四道题沿着《诗经》中"风""小雅""大雅""颂"的顺序，各出一道；

而题目的难度也在逐级递增，由君子修身完善，到歌颂皇恩浩荡，再到思考国家昌盛的后继力量，再到天授皇权的农耕政策。其中看似处处在说"周"，落脚点却无不在"明"。由经义而引申至对于当下时政的思考，这是科举试题的题旨所在。

孔天胤选择的是第三题"于万斯年，受天之祜"。《毛诗序》解释这首诗的诗旨时说："《下武》，继文也，武王有圣德，复受天命，能昭先人之功焉。"郑玄笺云："继文王之业而成之。"孔天胤提出的问题是：后嗣王仅以"孝"道，即可使王命永远受到上天的赐佑吗？"孝"的实质又是什么呢？他提出："创业垂统，其谋之也周矣；积功累仁，其植之也深矣。"开国之君未尝不谋划周详，能得国祚也无不是积功累仁的结果，但"武王之道固在也，而周亦不至今存者"，又是为什么？他以"理"和"心"两个字来阐述自己的见解。

理，他说："吾知神者，天之理也。理得则元吉，随之而穰穰之福久而不替，盖万年承有周之道，则万年承其禄也，而何必他有所为哉？"得"天之理"则可得"神"之祐，明白天地之"理"，则得到了核心的治国之道，自然可以"万年承其禄"，又何必另有外求？

心，他说："民者天之心也，心得则百祥降之，而简简之福远而弥长。盖万年协武王之德，则万年协其休也，而何必他有所更哉？""民"才是"天之心"，此说见之于《礼记》，古贤认为得到了"民"也就得到了"天之心"，"天"才会"百祥降之"，国祚才能"远而弥长"。

孔天胤认为，"盖夏之典刑未愆也，而桀自亡；商之成宪无愆也，而纣自废"，桀纣并非不孝，只是他们没有明了"孝"的本质。文章最后得出论点："故曰夫孝者，善继志述事者也。"真正的"孝"，不是简单的敬奉，而是善于继承祖先的遗志，勉力践行，并将祖先之志常向后辈陈述，从而代代相传，唯有如此，才能真正使国祚长久，"万年承其禄"。

在短短四百一十五字的文章中，孔天胤还以一种历史观来贯穿。开篇即言："盖后之视今，犹今之视昔也。"结尾又言："而以为昔之人无间知也，则圣人亦莫如之何矣。"历史是一面镜子，如果简单粗疏地理解古人，而不能深层分析其中之理，那么即使圣人在世，又能如何呢？

孔天胤一生的政治思想、理学思想、教育思想、文学思想等，皆重"道"、重"理"、重"心"，而这篇四百余字的乡试答卷，是他一生所秉持思想的最初展示。

按照程序，考卷先由同考官批阅，后传考试官。孔天胤的试卷，同考试官陕西王时进的批语是："讲绳武处便是受祜处，甚善。"赞扬孔天胤阐释"绳武"也即承继先王之足迹的句子，便是阐述如何"受祜"，融二事于一理，所以"甚善"。同考试官湖广倪铠的批语是："不言其受祜而言其所以受祜，知本之论也。"

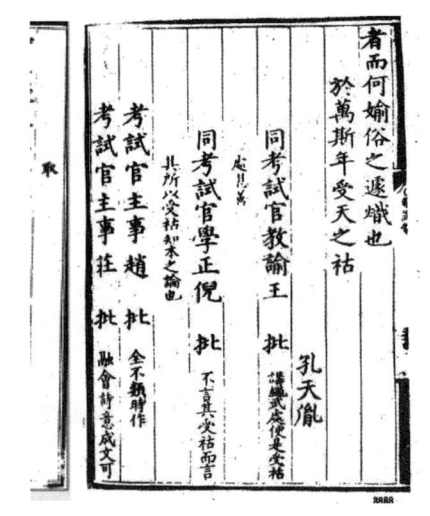

图 4 《嘉靖十年山西乡试录》孔天胤页

赞扬孔天胤之文论及"受祜"之本，是"知本之论"。二位同考官将带批语的试卷交考试官，考试官赵文华的批语非常简洁，只有一句，说"全不类时作"，表明其独特之处；另一位考试官庄一俊的批语则是定音之语："融会诗意成文，可取。"

这年的乡试出榜，士子们便看到这样一条。

第六名　孔天胤　汾州学生　《诗》

也就是说，汾州学生孔天胤以治《诗经》而在当年中式的六十五名举人中，排名第六，可谓名列前茅。排在前五名的，第一名是治《易经》的蒲州学生王应期，第二名是治《诗经》的蒲州学生王承志，第三名是治《尚书》的壶关县学增广生郭恪，第四名是治《春秋》的大同右卫学生杨仁，第五名是治《礼记》的霍州学生刘熙。也就是说，在所有治《诗经》的考生中，孔天胤名列第二。

孔天胤中举，还有一段小插曲。庄一俊慧眼识才的故事在其故乡泉州多有流传，乾隆《泉州府志》卷三十五记载：

（庄一俊）辛卯典试山西，得十，独盛，孔天允（胤）^①其著也。先于闱中得一卷，多秦汉语，谓同典试赵文华曰："此角卯士。"赵以其文苍然，未之信。已入见，为赵继孟，稚而贫，赵乃大服。

辛卯科共得举人六十五名，其中十名为庄一俊所选，后来最著名者，便是孔天胤。这里还讲了一个小故事，大意是庄一俊曾看到一份试卷，行文多仿效秦汉，于是向一起参加典试的赵文华说作者年纪尚幼（卯：古代儿童所束的上翘的两只角辫，表年幼）。赵文华认为该试卷文辞苍然，不可能是年幼之人所写。待见到作者赵继孟后，才发现确实如庄一俊所言，大为佩服。赵继孟（1515~？），字宗之，泽州（今山西晋城）大阳人，中举人时年仅十七岁。

与孔天胤一同中举的汾州考生还有四位。万历《汾州府志》："乡试辛卯科：孔天胤，赵世禄（《汾州府志》作"赵世录"，误），王文翰，何体乾，李天锡。"检《嘉靖十年山西乡试录》可看到以下排名：

第二十三名　王文翰　汾州学生　《诗》
第四十一名　赵世禄　汾州增广生　《书》
第五十二名　何体乾　汾州学生　《诗》
第五十八名　李天锡　汾州学生　《诗》

乡试结束，五位汾州举子开始准备行囊，奔赴京城，参加来年于京师礼部举行的会试。

简略交代两位主考官的情况。赵文华后来成为严嵩的义子，在任通政使一职时，凡有弹劾严嵩的奏疏情报，"奏疏经其手，皆先送严嵩，然后进呈世宗"，后仕至工部尚书，失宠，被革职查抄，以病暴毙；庄一俊在乡试后主持刊刻了《嘉靖十年山西乡试录》，保存了珍贵的历史资料。嘉靖二十三

---

① 清代文献中，为避雍正皇帝胤禛讳，孔天胤的"胤"字多被做了缺笔、添笔或换字处理。替用字有"允""引""印""寅""孕""映"等。

年（1544），孔天胤出任浙江提学副使，曾写信给已致仕乡居福建泉州的庄一俊，称"某荒鄙伏，自辛、壬（辛卯、壬辰，即1531、1532年）奉教承遇，克有今日"，表达了对庄一俊的感激之情；对于别后"音尘寂蔑，道远莫致"的情况，极言"高山白云，但增耿耿"的惆怅。孔天胤认为其"非常之人，必有非常之用"，安慰他是"亦暂卧隆中而稍息东山耳"（《与庄石山座主》），但庄一俊终未再得起用，终老林下。

四、殿试："敦本厚生""抑浮通变"

据《嘉靖十一年进士登科录》①，此年三月初九会试天下举人，取士三百二十名。汾州五举子中，只有孔天胤一人被录取，成为贡士，名列二百七十二名。其他几位都落榜了。据万历《汾州府志》，十几年后赵世禄、王文翰也先后考中进士，何体乾和李天锡终生都未得中，皆以举人出仕，何体乾官至陕西泾阳县知县，李天锡官至陕西乾州知州。

会试之后是殿试，也称廷试。"嘉靖十一年三月十五日早，诸贡士赴内府殿试，上御奉天殿，新赐策问"（《嘉靖十一年进士登科录》）。这一天，"天子临轩赐对，一时待问之士，集于大廷者凡三百余人"②。当年的诸考试官员共有五十八员，有不少为当世名臣。读卷官十七名，有吏部尚书华盖殿大学士张孚敬（张璁）、礼部尚书武英殿大学士李时、吏部尚书王琼、兵部尚书王宪、兵部尚书兼都察院右都御史汪鋐、翰林院学士侍讲廖道南等；提调官三名，分别为礼部尚书兼翰林院学士夏言、礼部左侍郎湛若水、礼部右侍郎兼翰林院学士顾鼎臣。

殿试的内容，"凡殿试，洪武三年定：殿试时务策一道，惟务直述，限一千字以上"（《大明会典》卷七七"科举"）。嘉靖十一年（1532）壬辰

---

① 《天一阁藏明代科举录选刊·嘉靖十一年进士登科录》，浙江宁波出版社，2006年。
② ［明］林大春：《东莆太史林大钦传》，焦竑：《国朝献征录》卷二十一。

科殿试，皇帝朱厚熜策问的试题是：

> 皇帝制曰：朕惟人君，奉天命以统亿兆而为之主，必先之以咸有乐生，俾遂有其安欲，然后庶几尽父母斯民之任为无愧焉。夫民之所安者、所欲者，必首之以衣与食。使无衣无食，未免有冻馁死亡、流离困苦之害。夫匪耕则何以取食？弗蚕则何以资衣？斯二者，亦王者之所念而忧者也。
>
> 今也，耕者无几而食者众，蚕者甚稀而衣者多，又加以水旱虫蝗之为灾，游惰冗杂之为害，边有烟尘，内有盗贼，无怪乎民受其殃而日甚一日也。固本朕不类，寡昧所致，上不能参调化机，下不能作兴治理，实忧而且愧焉。然时有今昔，权有通变，不知何道可以致雨旸时若，灾害不生，百姓足食足衣，力乎农而务乎职，顺乎道而归乎化？
>
> 子诸士明于理，识夫时，蕴抱于内，而有以资我者亦既久矣。当直陈所见所知，备述于篇，朕亲览焉，勿惮勿隐。

皇帝出题试士，在很大程度上也是向天下举子探问时政，希望从中获得有价值的治国良策。这就使科举考试对所选拔人才的级别有了较高的要求，它不仅要求这些举子能够熟练运用经义来说当前之事，还要求他们对当前国计民生的现状有清晰的认知，并能够提出在理论层面站得住脚、实践层面切实可行的对策。

正德年间外有强虏，内有地震、水灾、旱灾，百姓饱受饥寒流离之苦的状况，到嘉靖年间依然在持续。据《明史》，嘉靖二年（1523），小王子分别于正月、五月、八月犯沙河堡、密云石塘、丁字堡；嘉靖六年（1527）二月、三月小王子两犯宣府；嘉靖四年（1525）正月，西海卜儿孩犯甘肃。周边少数民族的不断入侵，使官民一直处于紧张、动荡、流离的状态。而水、旱等灾难，使百姓不断处于饥荒之中。《明史》载，嘉靖元年（1522）"七月以南畿、浙江、江西、湖广、四川旱"，嘉靖二年（1523）辽东、河南饥，嘉靖三年（1524）正月"两畿、河南、山东、陕西同时地震"，嘉靖五年（1526）京师、湖广饥，嘉靖六年（1527）湖广水灾，嘉靖八年（1529）襄阳、河南饥，嘉靖九年（1530）山西、京师饥，嘉靖十年（1531）陕西饥。明世宗对此自然忧心忡忡。

孔天胤生长于汾州民间，就在他二十二岁那年，"嘉靖五年，汾州大饥，斗粟钱数千，流殍满野"。他二十五岁那年，"嘉靖八年，饥"（万历《汾州府志》）。饥荒必然导致物价的昂贵，"斗粟钱数千"，有钱人尚可高价买粮，穷人就只能"流殍满野"了。孔天胤生活于其间，感同身受，对于明世宗的题目自然能够充分理解。

到嘉靖十一年（1532）时，在明世宗和改革重臣张璁、桂萼等人的共同努力之下，方方面面的改革已初见成效。从明世宗所出的这道试题中，我们至少可以看出这样两个方面的信息：第一，明世宗非常重视农桑，希望来参加殿试的士子能为百姓的"足衣足食"提供有效的思路和方案；第二，明世宗似乎是怀着改革积弊的决心，迫切希望听到学子们的妙策，显然抱着"广开言路"的姿态。

孔天胤的《嘉靖壬辰科廷试》策论，以三千四百余字的篇幅，回答了皇帝的问题，表达了对农桑问题的思考。这三千四百余字，后来也被传为"万言"，如山西好友王道行称其"万言贮锦腹，一瞬空尘冕"（《龙池先生寄寿》），同官陕西的樊鹏称"文谷子弱冠擅名三晋之墟，入京上万言书，论天下事，天子奇其文"（樊鹏《赠文谷子行》），曾任山西巡抚的杨巍称孔天胤"早上万言书，曾传玉殿胪"（杨巍《汾州赠孔文谷先生二首》），赵讷也称其师"万言应制，简在帝庭"（赵讷《请刻孔文谷先生全稿书》）。

策论中，孔天胤提出的论点是：

> 臣闻帝王之治，敦本以厚天下之生，达权以通天下之变，则天德孚而王道成矣。

这其实是指出了治国的两个非常重要的方面，一方面是"敦本"，另一方面是"通变"。"敦本"，即帝王要以身作则，"躬行于上，而作则于下焉"；"敦本"的核心内容，就是"厚生"，以民生为厚，因为"夫民生也者，邦家所恃以为基者也"。"通变"，即"察时审势而化裁之焉，随几应用"，能够对于一些不利于"厚生"的政策随时变通调整。孔天胤进一步解释:"圣帝明王之治天下也,代天理物,必以厚生为先;更化善治,必以通变为先。"

"敦本"的实质,就是重视农桑;"厚生",则是要让民众有衣有食。

据《明史·世宗本纪》,嘉靖十年(1531),皇帝下令:"自今岁始,朕亲祀先农,皇后亲蚕,其考古制,具仪以闻。"虽然到嘉靖三十八年(1559),"罢亲耕""罢亲蚕礼",两项礼仪都废止了,但自嘉靖九年(1530)开始的这场"亲耕""先蚕"之礼的讨论以及嘉靖十年(1531)的开始实行,还有这道与农桑相关的考题,都已在走向衰微的明朝中叶,掀起了一股正能量。

孔天胤提出,现在的问题是:老百姓并非不耕不种,可"啼饥"之众还是很多;妇女也并非不蚕不织,可是受冻馁的"号寒之民"还是很多。这是为什么呢?他引用汉代贾谊《论积贮疏》中的一段话来分析其中的原因,贾谊说:"一人耕之,十人聚而食之,欲天下无饥,不可得也;十人织之,不能衣一人,欲天下无寒,不可得也。"是因为耕织的人少,而消耗的人太多了。

这其实也是社会发展到明代时出现的特殊现象。宋代之前,中国只有农、工、商、士"四民";到宋代时,王禹偁根据当时的情况提出了"六民"之说,增加了兵和僧两种;而到了明代,在明太祖之时,明人姚旅才根据当时的现实,提出了"二十四民"之说,新增了"道士""医者""卜者""相面""倡家""小唱""响马贼"等"十八民"。而这新增的十八民,全是"不稼不穑"之民(《明太祖实录》洪武十二年八月)。这种情况,也就是《明太祖实录》中所说的"今之末作,可谓繁繁伙矣。磨金利玉,多于耒耜之夫;藻缋涂饰,多于负贩之役;绣文纈彩,多于机织之妇"(《明太祖实录》洪武三年十二月)。到嘉靖年间,这种情况由来已久,特别是"正德之后,由于赋税日增,徭役日重,于是出现了农民纷纷徙业的现象"[①]。孔天胤根据自己在民间的生活经验和所见所闻,再次陈述这一现象:"天下之人,遗本逐末者亦已多矣,而游堕者又从而半之焉。终岁勤动者不足用矣,而冗杂者又从而耗之焉。"这是民间的情况,朝廷吏治情况又如何?他提出:

---

① 陈宝良:《社会生活史》,中国社会科学出版社,2004年,第7页。

昔人论治，尝有"官浮于冗员，禄浮于冗食，兵浮于冗费"之说矣，又有"赏盈于太滥，俗盈于太侈，利盈于太趋"之说矣……饥寒切身，则怨声愁气上干天和，而水旱蝗虫之为灾矣；人民流离，仓廪空竭，则外夷窥伺而边有烟尘矣；游堕无赖俯仰相困，则放僻日恣而内有盗贼矣。

这是一种恶性循环。因为有"三浮"，官浮于冗员，禄浮于冗食，兵浮于冗费；"三盈"，赏盈于滥，俗盈于侈，利盈于趋，所以才会导致后面的一系列恶果：人民流离，仓廪空竭，边有烟尘，内有盗贼。

怎么办？孔天胤提出了他的救世方略。这就回到了他所提出的论点中的第二点：通变，即"达权以通天下之变"。

如何"通变"？他提出了一系列自上而下的"通变"方案：

其一，政事要上下通达。"圣心虽恳恻""王制虽详密"，但如果"奉行者""化裁者"不力，同样会偏滞不振，帝受其蔽。这"奉行者""化裁者"，自然就是推行帝王政令之人。推行政令，"最患乎虚名之相尚，而实效之无补"。最有效的化裁之方，应"以顺时宜民，补偏救弊为首务焉"。具体地说，就是"天子以实责宰相，宰相以实责监司，监司以实责守令，守令以实责庶民，而后谓之奉行之实"。只有上下一心，层层落实，才能真正有效地解决当前的问题。

其二，要顺时化民，化裁得当。老百姓难道不愿意耕织桑蚕，过安定富足的生活吗？非也，"力农而务织，足食而足衣，顺道而归化，有生者之所同欲也"，丰衣足食是每个人的愿望。只是如今的现状，出现了"欲耕而无其田，有田而不得耕者""欲蚕而无其桑，有桑而不得蚕者"的情况。这不是老百姓的问题，而是政府人员化裁不当造成的。所以要顺时化民，化裁得当。而化裁之法，"仰以观于天文，俯以察于地理，中以观于人物，远以稽于先王，近以酌于时政，而后谓之化裁之宜"。上下远近，都要有所参照，这样才可谓通达。

其三，地方官要切实行政，从细做起，从实做起。吏劝课，裁末作，防工役，禁催科，抑豪强，"去三浮以从实，酌三盈以从约"，则民力农务织，衣食可足。这是基层秩序安定的基本保障。在此基础之上，才可以谈教育、孝悌、礼义、风俗：

郡邑有循良之吏，乡里弘庠塾之规，力田敦孝弟之懿，士习崇礼义之正，本俗无缁黄之惑，而又修五礼以防伪，明七政以齐民，则人将归乎道而顺乎化，而游堕冗杂之不为害矣。由是练勇敢，励战斗，旌才略，以务治军选将之实，而又笃周之《采薇》以下五诗之义焉，则边疆有吉甫、方叔之将，而烟尘可息矣。

这可看作是孔天胤在书生时便树立的为政理想。

在策论即将结束时，孔天胤还不忘回答皇帝考题中所问的"不知何道可以致雨旸时若"这一问题。明世宗问的是怎么样才能让国家风调雨顺，其隐含意自然是帝王应该如何治理天下，对此，孔天胤提出了"圣天子建中和之极臻位、化育之功；诸臣同心协德，兴道致治"，上下同心；"有官守者尽其职而不旷厥工，有言责者尽其忠而不愧厥职"，同时"有功必赏，有罪必罚，俾体统正而朝廷尊；有利必兴，有害必除，裨恩惠流而教化广"。如此，"人事尽于下而天变自回，人心和于上而天休自至"。一个字，就是"顺"，上下一心，人心和顺，化民成俗，自然天生祥瑞，地造吉祥。

策论的最后，孔天胤引《周易》进行收束："《易》曰，惟深也，故能通天下之志；惟几也，故能成天下之务；惟神也，故不疾而速，不行而至。"这句出自《周易·系辞上》。"深"者，精之藏；"几"者，变之微。致精识变，自然能够通于神；而神人互通，便是帝王治理的最高境界。

五、榜眼及第

孔天胤壬辰科殿试以榜眼及第，当年的状元是广东潮州才子林大钦，比孔天胤小七岁。

林大钦出身寒门，"中道失怙，家益贫，独与其母居，常自佣"，然极为好学，"邑士人资其载籍以自广，由是旁通子史百家言"，在家乡士人的资助下才完成学业。喜欢苏轼，"见眉山苏氏《嘉祐集》，心绝好之，辄伫玩移日不能去，顷之成诵，已乃操笔文，文绝似缙绅，长老先生咸器重焉"。

在嘉靖十年（1531）乡试前的府试中，其文章文采斐然，使广东提学副使王世芳大为称奇，以至于与诸同僚相与叹曰："是必大魁天下者！"果然如其所料，林大钦"魁于乡，连举进士及第"（林大春《东莆太史林大钦传》）。

在那篇洋洋三千余言的《廷试策》中，林大钦对明世宗发问中所列举的"耕者无几而食者众，蚕者甚稀而衣者多，又加以水旱虫蝗之为灾，游惰冗杂之为害，边有烟尘，内有盗贼"等严峻的社会现实，不但和孔天胤一样指出其原因在于游惰、冗杂之弊，而且明确指出了"游惰之弊有二：一曰游民，二曰异端。游民众则力本者少，异端盛则务农者稀""冗杂之弊有三，一曰冗员，二曰冗兵，三曰冗费"。他还深刻分析了游民的产生，"盖起于不均之横征，病于豪强之兼并"，所以必须"颁限田之法，严兼并之禁"，安抚游民，勒令归农。而针对"三冗"，特别是冗费，他更一针见血地指出："后宫之燕赐不可不节也，异端之奉不可太过也，土木之役不可不裁也。"因为，"京师之一金，田野之百金也；内府之百金，民家之万金也"。他总结出均田、择吏、去冗、省费、辟土、薄征、通利、禁奢八项除弊措施，认为只有这样，才能"田均而业厚，吏良而俗阜，冗去而蠹除，费省而用裕，土辟而地广，征薄而惠宽，利通而财流，奢禁而富益"。同时他还直言不讳地劝诫皇帝："毋以深居无事而好逸游，毋以海宇清平而事远夷，毋以物力丰实而兴土木，毋以聪明英断而尚刑名，毋以财赋富盛而事奢侈，毋羡邪说而惑神仙。澄心正极，省虑虚涵。"①

林大钦所说的这几点，可以说都切中了明世宗面临的现实。"逸游"句是以明武宗之事谏之，"远夷"句是劝其注重边事，"土木""奢侈"句是劝其节用爱民，"刑名"句是劝其轻刑薄赋，"神仙"句则是劝说其不要被术士所惑。特别是最后一句，更见其才略胆识。明世宗一生尊奉道士，据《明史·世宗本纪》，嘉靖五年（1526）"二月甲寅，命道士邵元节为真人"，许多军机大事，竟由邵元节之流占卜决定。邵元节死后，又推举陶仲文，"二十三年加方士陶仲文少师""二十九年封方士陶仲文为恭诚伯"，直到陶仲文死了，明世宗依然执迷不悟。嘉靖四十五年（1566），名臣海瑞携棺

---

① 林大钦策对原文见《皇明状元全策》及林大钦《林东莆先生全集》，两处所载文字稍有出入。

上疏，其中就说到了"陛下之误多矣，其大端在于斋醮，斋醮所以求长生也"。海瑞击破了"长生不老"的"神话"，说连尧、舜、禹、汤、文、武这样的圣人都没有长生久视，而陶仲文自己都死了，"彼不长生，而陛下何独求之？"由策论也可以看出，相较于二十七岁的孔天胤，二十岁的林大钦更为年轻气盛、锋芒毕露，言语之间更为直接和率真。

关于一甲前两名的名次，还有一段小插曲，差一点儿，孔天胤就成了状元。原来，林大钦的文章不合"程序"。林大春《东莆太史林大钦传》记载：

> 殿阁大臣第其文，得孔生而下十二策以进，而太史不与。上览而问曰："是安得无特异者？"始以太史对，上遂大称旨。比制下，中外莫不翕然，以"海内复有苏子矣"。

林大钦的策论，最初就没有被递上去，递上去的只是孔天胤及其他考生的十二份策论。也就是说，差一点儿，明世宗就看不到他的策论。是因为明世宗多问了一句：难道除了这些，就没有特别一些的吗？殿阁大臣这才说，还确实有那么一篇，有点特异，这才将林大钦的卷子递上去。明世宗一看，"大称旨"，钦点为状元。林大钦自幼熟读三苏文章，因而策论也颇有苏子之风，明人洪梦栋说："东莆之于子瞻（苏轼），则形神俱肖矣"，这也是得到明世宗赏识的原因。

那么，林大钦的策论是如何不合"程序"呢？郭子章《潮中杂纪·郡邑志补》记载：

> 既廷试，诸达官分卷阅之。时内阁取定二卷，都御史汪公铉得一卷，大诧，曰："怪哉，安有答策无冒语者。"大学士张公孚敬取阅一过，曰："是虽破格，然文字明快，可备御览。"遂附前二卷封进。上览之，擢无策冒者第一。启之，乃林大钦也。

古代文章讲究格式，文章须立"主语"，犹作文之有"破题"；须有"冒语"，犹作文之有"承题"。而林大钦的文章，竟然没有冒语。大学士张璁的意见起了决定作用,他说这文章虽然不合程序,但是文字明快,可以呈送皇上看看。所以就把这三篇密封了名字,呈送给了明世宗。没想到,明世宗钦定的第一名,还就是那篇没有冒语的策论。

但孔天胤得中榜眼,对于山西来说,无疑是石破天惊的大事。

明代科考取士,南方一直多于北方,虽然后来在名额上做了调整,但山西能中一甲的非常少。有资料表明,自洪武四年(1371)到孔天胤中榜眼几十年后的万历四十四年(1616),先后二百四十五年间,每科状元、榜眼、探花和会元(会试第一名)共二百四十四人,南方二百一十五人,北方仅二十九人,山西仅四人①。而山西自孔天胤高中榜眼之后,一直到清朝道光十五年(1835),在长达三百零三年的时间里,山西闻喜县才出现了一名探花乔晋芳,当时轰动了三晋大地。山西巡抚劳崇光特地举办盛大的庆典仪式,为乔探花敬赠了一副"两千里内无双士,三百年来第一人"的贺联。乔晋芳之后,同治元年(1862)、同治七年(1868)山西又出了两名探花,即太谷县人温忠翰、稷山县人王文在;光绪二年(1876),山西出了一名榜眼,朔州人王赓荣。

所以,孔天胤高中榜眼,是山西明清科举史上的奇迹。当时,汾州官府为其立"榜眼坊"以示纪念。康熙《汾阳县志》:"榜眼坊:在同节坊,嘉靖十一年为孔天胤立。"

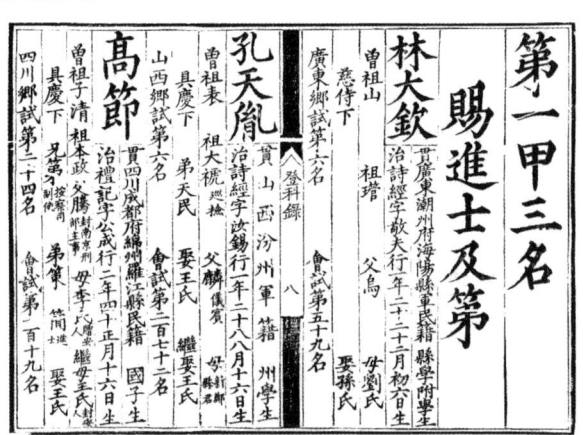

图5 《嘉靖十一年进士登科录》名单首页

---

① 陈正祥:《中国文化地理》,生活·读书·新知三联书店,1983年。

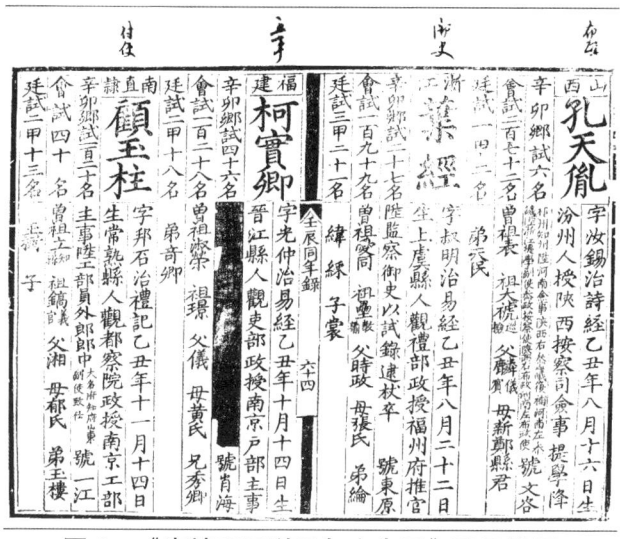

图6 《嘉靖壬辰科同年序齿录》孔天胤页

按照惯例，殿试两天后，皇帝要召见新科进士。这一天，新科进士需要身着进士服，头戴三枝九叶冠，与王公百官一起进太和殿分列左右，肃立恭听宣读考取进士的姓名、名次，这就是"金殿传胪"。然而这一年的"传胪"却发生了一点小小的意外，竟然是因为序班谬传，导致进士们的服装出了问题。《明世宗实录》和朱国祯撰于万历年间的《涌幢小品》，都记载了这件事：

> 上御殿传胪，诸进士皆集阙门，一序班谬传，令儒服。首名林大钦及诸进士不服进士巾袍者百余人。次名孔天胤以更服止披门外，诏问状。

这里涉及两个部门，一是礼部，一是鸿胪寺。礼部，是主管着全国教育事务、科举考试及藩属和外国之往来事的重要部门。鸿胪寺主要掌朝会仪节等，《明史·职官志三》："鸿胪寺掌朝会、宾客、吉凶仪礼之事。凡国家大典礼、郊庙、祭祀、朝会、宴飨、经筵、册封、进历、进春、传制、奏捷、各供其事。外吏朝觐，诸蕃入贡，与夫百官使臣之复命、谢恩，若见若辞者，并鸿胪引奏。"而序班是一种基层官员，主要职能就是配合鸿胪寺等部门，负责朝会和宴飨等各项活动中侍班、齐班、纠班及传赞等事。

这一天,三百余名新科进士齐刷刷集于朝堂之外,等待着皇帝的召见。然而传达皇帝命令的一个序班传错了命令,要求新科进士们穿戴儒服觐见,这就导致了"首名林大钦及诸进士不服进士巾袍者百余人"。孔天胤"以更服止掖门外",掖门,也就是宫殿正门两旁的边门。孔天胤大约也是穿了儒服来的,但还有第二套方案,就是把所发的进士服也带上了,到掖门时发现情况不妙,赶紧脱下儒服,将所发进士服换上。然而因为手忙脚乱地换衣服,他被滞留在了掖门之外。他也因此被皇帝"诏问"了。

谁传的这道指令?自然是序班。然而序班是个小官,没有上级的命令,他们怎么可以妄传这样的指令?于是,序班的主管领导,鸿胪寺卿王道中着急了,"鸿胪卿王道中以为礼部失于晓谕",他说,是礼部没有把这道命令传达清楚。于是,"上切责部臣,夺司官俸一月"。礼部受到这样的责罚,自然觉得委屈,于是辩解说:"已尝先期揭示,实以序班妄传,遂致错误",说礼部失于晓谕,是鸿胪寺卿王道中"曲庇属官,厚诬本部"。皇帝再"诏道中对状",明白了其中是非曲直,"切责而宥之",严厉批评但没有治罪。事情的结果是:"序班孙士约等下法司逮问,大钦、天胤等俱免究。"传胪会继续进行了下去。状元林大钦、榜眼孔天胤、探花高节赐进士及第,二甲八十名赐进士出身,三甲二百三十三名赐同进士出身。

第二章　仕途宦迹

一、王亲无缘翰林院

明制，状元授修撰，榜眼、探花授编修。"高皇帝钦定资格，第一甲例取三名，第一名从六品，第二、第三名正七品，赐进士出身；第二甲从七品，第三甲正八品，赐同进士出身。"(《嘉靖十一年进士登科录》)按照这个标准，林大钦授修撰，从六品；孔天胤、高节正七品，授编修。三人俱赐进士出身，入翰林为官。事实上，这年的结果并非如此，因为孔天胤的身份，使这年的一甲授官出现了特例。

明制，藩王宗亲、姻亲不得在京任职。这一规定有着深厚的历史渊源。朱元璋建国后，将各子封往各地为王，宗藩渐成尾大不掉之势，谋反、僭越、擅婚、抢夺，再加上人口的急速增长，越来越成为明王朝的重大威胁。而因为明成祖朱棣就是以藩王篡夺王位的，最怕藩王生乱，所以对藩王一直都存着极高的戒备之心。永乐以后，明王朝不断削夺宗藩的权力，到正德之后，这种藩禁更为严苛，由革夺诸王的王府护卫到禁止宗室参政、任官，不准从事四民之业，由禁止他们进京参观天子发展到二王不得相见，严禁宗室出城，严禁结交官府。另外，也规定王府姻亲不得授予京官，其意图就在于防止王府与京城官员互通消息，窥测朝廷动向，影响朝廷大政。

此规定及孔天胤的遭遇，也见于明沈德符《万历野获编》中《宗室通四民业》条：

> 本朝宗室厉禁，不知起自何时，既绝其仕宦，并不习四民业，锢之一城。至于皇亲，亦不许作京官，尤属无谓。仕者仅止布政使，如嘉靖壬辰探花孔天胤（原字缺末笔），榜下选陕西提学佥事，时方弱冠，寻任浙江提学副使，后官至左辖而归。

其中"探花"误,应为榜眼;"时方弱冠"也不确切,因为孔天胤中进士时已二十八岁。

所以,孔天胤虽然高中榜眼,但因为他是庆成王府的外甥,就不能按"正常"进入翰林做编修了,他得享受"特殊待遇"。《明世宗实录》嘉靖十一年(1532)三月:

> 授一甲进士林大钦为翰林院修纂,高节为翰林院编修。第二名孔天胤以王亲例不得官于朝。

虽然林大钦从六品、高节正七品级别并不高,但能进入翰林可以说是每一位新科进士的愿望,也是天下学子至高无上的理想。因为翰林院并非普通的文职机构,它作为国家重要的育才、储才之所,在政治生活中具有举足轻重的地位。正如钱穆先生所说:"明清两代许多的有名人,都出在翰林院。因为考取进士后,留在中央这几年,对政府一切实际政事,积渐都了解。政府又给他一个好出身,将来定获做大官,他可以安心努力。"在翰林院,可以"一面读书修学,一面获得许多政治知识,静待政府之大用",而且生活得很从容,"住京都,往往只携一个仆人,养一匹马,或住会馆里,或住僧寺里,今天找朋友,明天逛琉璃厂,检书籍,买古董。或者在当朝大臣家里教私馆。然而他们负有清望,是政府故意栽培的人才"。(钱穆《中国历代政治得失》)所以,暂时的品级、政治地位高低并不妨碍他们有更多成为朝廷大员或者名满天下的机会,唐朝的李白、杜甫、张九龄、白居易,宋朝的苏轼、欧阳修、王安石、司马光,明初的宋濂、方孝孺,都是翰林中人。

生逢明朝,又是"王亲",孔天胤别无选择。对于他的任命,吏部是这样说的:

> 吏部言:"二甲进士外授则知州,从五品,今天胤一甲,宜正五品。"乃授陕西按察司佥事。

正五品,比林大钦和高节的级别都高,只是不能留京,不能进入政治文化的中心而已。

对于孔天胤以一甲进士却未能进入翰林院这件事，明代有各种版本的记载，也可看出不同人对此的不同态度。

客观的记述。如《明史·世宗本纪》："十一年……三月戊辰，赐林大钦等进士及第，出身有差。""出身有差"，就是因为出身的问题改变了其名次所对应的官职定制。又如樊鹏所说："天子奇其文，赐及第，供奉翰林，谓'子与藩王亲，有成例，不可居近侍'，奏拜陕西提学。"（樊鹏《赠文谷子行》）

作为职官沿革的特例来记述。如明末清初孙承泽在《春明梦余录》第三十二章，清代陈梦雷《明伦汇编·官常典·翰林院部》中，就将"鼎甲不入翰林"列为一章，并举了以下例子：

> 洪武四年，状元吴伯宗授礼部员外郎，第二郭翀、第三吴公达授吏部主事。丁丑状元陈䢿谪戍，第三刘锷补鸿胪寺司宾署丞，第二尹昌隆授礼部主事。嘉靖壬辰第二孔天胤以王亲授陕西按察司佥事。万历己未，庄际昌廷试卷误书"醪"字为"膠"，言者劾之，请告归。

综观整个明朝二百七十六年历史，科举考试八十余次，"鼎甲不入翰林"的事也只有这四例。洪武四年（1371）的事，明代"后七子"之一王世贞《弇山堂别集》卷八，称其原因是建国之初，"盖官制未定也"。丁丑即洪武三十年（1397），是因为考官取士皆为南士，明太祖朱元璋大为生气，也还是因为制度问题。这一年的鼎甲是做了制度探讨过程中的牺牲品，经过这件事后，南北取士的名额才有了一定的标准。万历四十七年（1619），新科状元庄际昌在廷试卷中，误将"醪"字写为"膠"字，因一个错别字断送了前程，也实属意外。也就是说，"鼎甲不入翰林"之事在整个明朝都极为罕见，且各自事出有因，偏偏孔天胤就赶上了。

也有作为奇闻轶事来记述的。还是王世贞，他在《弇山堂别集》卷十三"异典述八"中，有一条为《山西二国戚》，如此记载：

嘉靖壬辰第一甲第二人孔天胤，以国戚授陕西按察佥事，迁提学副使，至右布政使。丁未第二甲第一人亢思谦①改庶吉士，授编修，国戚事始觉，得迁提学副使，至右布政使。皆以不得意功名去官，皆晋人，皆有诗文名，豪饮喜客相甲乙。

"丁未"是嘉靖二十六年（1547）。从王世贞的记述中我们也看到，朝廷也有失察的时候，亢思谦都已经授编修了，才"国戚事始觉"，将之迁往他处任职。

还有作为憾事来记述的。曾任南京国子监祭酒的陕西才子王维桢在后来给孔天胤的一封信中说："公高标阔步，去流俗何啻千寻，每与沃洲吕氏（吕光洵）言，以为文谷公瑰奇，设若不困于例令，得大振而尽其能，萧（何）、曹（参）、丙（吉）、魏（相）之业何足道哉。"②赵讷也在给孔天胤的诗集所作的序中说："假使先生不格于例，得竟其用，则其所以加于上下者，当如《豳风》《无逸》所称矣。"孔天胤的忘年交，曾任户部主事的潮州人林大春也在孔天胤文集序中说："假使当时弗为制格所限，得联玉马金堂之班，抽金匮石室之秘诀，即房（玄龄）、杜（如晦）、王（珪）、魏（征）之业未足道。"他们都对孔天胤的学问、才识和人格操守高山仰止，在这样遗憾的表述中，包含着深厚的情义。

当然也有错误的记载，比如清代曾国荃纂修的光绪版《山西通志》记载："孔天允（胤），字汝锡，汾阳人。嘉靖壬辰一甲二名进士，官翰林。"显然孔天胤是没有"官翰林"的。

孔天胤晚年也对自己因出身而改变仕途的命运有所抱怨："余例格卑休矣，公（指赵世禄）不格于例而进有余裕。"（《故朝列大夫山东布政使司右参议西田赵公墓志铭》）赵世禄虽然比他晚十二年才中进士，但"不格于

---

① ［明］凌迪知：《万姓统谱》："亢思谦，临汾人，由翰林官至布政。"亢思谦官至四川布政使。
② ［明］王维桢：《答孔文谷大参书》，《王槐野先生存笥稿续》明万历三十四年刻本，卷二十二。

例而进有余裕",这是令孔天胤所羡慕的。他又说:"如不肖者,自我生之处已不遇也"。(《与东溪彭先生》)

但从另一个角度来说,也正是因为不得留京,孔天胤才能在陕西、祁州、河南、浙江等地,了解各地风俗民情,兴办书院、督学课士、奖掖后学、主盟诗社、救荒建祠、刊刻图书等,过着更有意义更有价值的生活;致仕回到汾州后,参与地方事务,重视教育,名重一方,也留下了更多的诗文史料。或可谓"失之东隅,收之桑榆"。

二、陕西提学佥事:端士习,正学风

孔天胤第一个号"文谷",即取于任陕西按察司佥事期间。

按察司,也叫提刑按察使司,一省的最高司法机构,"三司"之一,另两司为负责军事的都指挥使司和负责行政的承宣布政使司。按察司最高长官为按察使,正三品;属官有副使,正四品;佥事,正五品。孔天胤五月被授陕西按察司佥事,七月朝廷再下一道旨,改陕西按察司佥事孔天胤提调学校,事记于《明世宗实录》嘉靖十一年(1532)七月。

提学官又称提督学道或提学宪臣,简称"学宪",负责各省的教育和人才选拔事宜,即"总一方之学""为一方之师"(傅维麟《明书》),一般由副使或佥事担任。明代对于提学官的选择是非常慎重的,明英宗时就提出要"慎简贤良,分理学政"(《明英宗实录》)。这个官职,多是官员在历官多年之后由六品、从六品等渐渐升任,将其授予一个初出茅庐的年轻人,这在终明之世,不能说绝无仅有,也绝对凤毛麟角。因而,这可以说是发生在孔天胤身上的又一个特例。

提学官的职责,《明史》载,"提学官在任三岁,两试诸生。先以六等试诸生优劣,谓之岁考",所辖县境内的生员,提学官每年都要考试两次。通过"岁考",将诸生分以等级,并将等级与各人的前程、补助挂钩,有升有降还有挞责;而只有考到一二等的,才有参加乡试的资格。明代的陕西,领八府二直隶州,即西安府、凤翔府、延安府、汉中府、庆阳府、平凉府、巩昌府、临洮府、灵州、兴安州，此外还有"三边"，即延绥（榆林）、宁夏、甘肃三个边镇，相当于今陕西、甘肃、宁夏三境。如此大的疆域，却只设一名提学官，因而孔天胤初仕即督学陕西，其劳繁之剧可见。

（一）敦行教化

在担任学职期间，孔天胤非常注重对生员行实的培养，这一基本原则也延续到了十年后他以提学副使之职督学浙江时。正如赵讷所总结的，"方其秦、越督学，则先行实而后文艺"（赵讷《孔文谷先生文集序》），因而能够"两省人才，多所成就"（康熙《山西通志》"孔天胤"条）。

端士习，正文风，是孔天胤督学陕西时最为重视的两点。

"端士习"事见于明代"前七子"之一康海（1475~1540）的记述。

康海对孔天胤非常看重，说到与孔天胤的交往，他说："予以壬辰冬再诣长安，文谷子来访予，睹其人，听其言，有孚之君子也。当时诸君子相访者，顾无能如文谷子，于是定交焉。"（康海《送文谷先生序》）康海与孔天胤"定交"，有一个重要原因，就是"凡予所论说于文谷子者，他人莫能解，独文谷子迎刃解焉"。康海所说的孔天胤能解的问题，当是"士习"的问题。他说，如今"士习"之不端，就是士大夫往往以辞说略胜他人，便觉得别人都不如自己，这都是因为不能反求诸心的缘故。不能反求诸心，即便是那点小辞小说，也是没有领略的。康海又说：

> 予今岁凡四会文谷子矣，其所启迪士类，一皆因之于心而求诸理，故士子沛然兴焉，诸以言语文字相胜者方退然若无也，岂非文谷子之化哉？

一年中四见孔天胤，更深地了解到孔天胤的教育观和教育方法，因之于心而求之于理，那些只在语言文字方面想要出头的人，也渐渐退去了不良的习俗，而这都得益于提学孔天胤的倡导和教化。

"正文风"之事则见于曾任刑部主事的"西翰林"之一张治道（1487~1556）

的记述。

文风,即文学的风格。明代中后期,士人的文风可概括为"奇诡",主要表现就是经义割裂、用词艰涩,甚至掺用异说,科试中"虽时加禁革",仍"难以猝改"[①]。弘治七年(1494)朝廷曾下令申饬,要求"作文务要纯雅通畅,不许用浮华险怪艰涩之辞"。嘉靖十二年(1533),礼部题行乡试条约,要求"场中所作文字俱要纯雅通畅,不用浮华险怪艰涩之词"。

孔天胤倡导清新明丽的写作风格,拂去割裂、艰涩的文字的外表,真正发现有思想见地和真才实学的人才。张治道记载:

(文谷孔先生)深虑士习之占佴,科目取士之苟且,敦崇教化,严制科条,淑士必先根本为文,必法秦汉,删繁剃秽,划异归同,变近时崄涩乖戾之习以复成化、弘治博雅浑厚之气,士彬彬然盛矣。(张治道《送提学孔文谷先生序》)

占佴,轻薄貌。当时士人习气轻薄,科目取士敷衍了事,所以孔天胤崇尚教化,制订了严格的考试条例。对于文章的风格,孔天胤也做了规范,取法秦汉之简约清新,去除乖僻艰涩的文风,力求文辞畅达,博雅浑厚。在孔天胤的倡导之下,秦中习气大变,文风大转,人才一时称盛。

与孔天胤同官陕西的按察司佥事樊鹏[②],也如此评价孔天胤在陕西的教化之功:

文谷子筮仕于秦,尚气而文隳,曰:"是在我耳。"则敦礼明义,勤教先身,爬梳芜秽,与之更新,今彬彬可观矣。(樊鹏《赠文谷子行》)

---

① 林小燕、刘建明:《论明代中后期之奇诡文风》,《湖北大学学报》(哲学社会科学版),2009年。
② 雍正《陕西通志》"职官·佥事":"樊鹏,河南信阳人,分守关西道。"

对于孔天胤在陕西的文教，樊鹏和张治道一样，都是见证者。他写到了孔天胤掌教陕西，文教不兴则自责于己，以孟子"舍我其谁"的勇气，敦礼明义，以身作则且勤于教诲，爬梳芜秽文风士习，更新士子观念，使陕西仅两年多即出现了人才"彬彬可观"的盛况。

因孔天胤这一时期的诗文散佚，张治道的一些诗歌，成为记录孔天胤在陕西任上循行学校活动的一个侧面。今检张治道前期文集《张太微集》，有《题陆魏孔三君子空同观鹤卷》《十月十五日孔文谷过留饮观诗至晚移菊下见月作》《孔文谷邀过兴善寺阁二首》《寺中送孔文谷之泾阳》《雨中同孔文谷宿金圣寺》等诗，记载了孔天胤在陕西期间视学崆峒（今属甘肃）、泾阳，登临兴善寺、金圣寺的行踪。而孔天胤在陕西视学之舟车劳顿，也略可从诗中窥到一二。

（二）主持乡试

嘉靖十三年（1534）是乡试之年，这是孔天胤人生中经历的第一次职业考验。

孔天胤主持乡试这一年，恰好乡试的政策也做了一个有利的调整。明初，乡试的主考官是由各地的教官担任的，嘉靖时开始由京官主持。《明史·科举制》载："嘉靖七年，用兵部侍郎张璁言，各省主试皆遣京官或进士，每省二人驰往。"关于京官主考的弊端，张治道认为，"校阅不通乎监司，声名不采于提学""而御史藩臬诸君，曾不得有所干与"，直接导致了"无才者得以幸进，而豪俊知名之士多遗弃弗录"。好在这一政策并未执行多久，不久，"复罢科部勿遣，而各省主考亦不遣京官"（《明史·科举制》）。这一消息令陕西提学孔天胤闻之大喜，张治道记载了孔天胤的喜悦之情：

朝廷复罢京考，仍以监司主试，文谷闻而喜曰："是科也，必得士，而士之颖拔者必尽录。"（张治道《送提学孔文谷先生序》）

制度的变化，为地方生员的公平、择优考录带来了新的希望。孔天胤在遍试诸县的过程中，对各县的才俊可谓了如指掌，而乡试大比，只是对他以往考察结果的一次检验。乡试之前,孔天胤将平时考核的优秀学子的名单、文章及相关情况向巡按御史范安①及省中诸多官员做了汇报,这些学子的学问才华之优,也得到了陕西诸多官员的认可:

> 及期,乃以所得士荐之巡按御史范君子仁。子仁曰:"有士若此,何有于科目哉?"乃以传诸藩臬诸君。诸君曰:"有士若此,何有于科目哉?"(张治道《送提学孔文谷先生序》)

当时的巡按御史范安及省内各级官吏,都对孔天胤所优选的学子大为赞赏。西安知府还有点不放心,"又因其优续试之",把选出来的这些优秀士子又考核了一番,结果"无不一当百者"。

所以,这年的乡试,据张治道记载,"遵制得六十五人,案首三十六,优等二十八,遗材一,皆尽先生之选"。"案首",即各地童生参加县试、府试、院试名列第一者;"优等",即在各级考试中名列前茅者;"遗材",即不是经提学官"岁试"选取,或者在"岁试"中没有考取乡试资格,在会试前另设的"遗才试"中取得乡试资格的。本年乡试所选六十五人都是孔天胤所选,可见孔天胤之能。

检《陕西通志》,可知嘉靖十三年(1534)甲午科孔天胤所考选的举人名录,有张文卿、孟环、王道直、张蒙训、薛腾蛟、陈绶、邹学书、赵俊民、胡汝安、范世勋、宋珰等六十五人。仔细分析这份名单,可以获得如下三条信息:

其一,这六十五人的覆盖面非常广,包括陕西境内西安、三原、咸阳、耀州、咸宁、兴平、华阴、扶风、武功、绥德、白水、神木、凤翔、临潼、周至、泾阳、醴泉、渭南、榆林、同州等二十余县。

其二,这六十五人中,明确标示后来考中进士的有十四人,占到了近五分之一,这是一个不算小的比例;而其他没有考中进士的,也多出仕为官,在不同的州县任知州、知县、同知、通判、教谕等。

---

① 道光《河内县志》卷二十六"乡贤":"范安,字子仁,嘉靖癸未进士,博涉子史,由瀛海司理擢御史巡按。"

其三，这份名单中不乏后来成为名宦的人，仅举曾在山西任职的两人为例。薛腾蛟，曾任山西长治县知县。雍正《山西通志》："薛腾蛟，号南岗，陕西渭南人，嘉靖间以进士知长治县。时县新设，制度未备，夙夜殚思，多所裁定。饬章程，节里甲，抑强扶弱，崇礼励俗，务与民休息，而驭吏胥则甚严，不少贷焉。升主事，祀名宦。"宋珰，曾任山西交城知县，雍正《山西通志》之"建置·交城县"："（嘉靖）三十八年，知县宋珰撤土陴，悉易以砖，计千有五百。增修楼橹门，各题石，东曰'据晋'，南曰'带汾'，西曰'搤秦'，北曰'枕山'。"

正因为孔天胤纠正学风，考选出了真正的人才，张治道由衷赞道：

> 而先生提学之得教化之隆，转移造旋之妙，超绝前后矣，夫岂寻常者所能及哉？

"超绝前后"，此评价不可谓不高。

孔天胤在陕西任上，还刊刻了诗人樊鹏的《樊氏集》，此事将在后文"图书刊刻"部分详述。

（三）因贡左迁

纠正学风文风、考选人才、刊刻图书，孔天胤在自己的第一个工作岗位上可谓兢兢业业、雄心勃勃。然而令他没有料到的是，因为岁贡的事，他遭遇了仕途中的第一次沉船。

各省向朝廷举荐人才的途径，除了乡试，还有岁贡。所谓岁贡，即每年或两三年，从府、州、县学中选送资深的廪生升国子监肄业，而国子监生也可直接参加会试。各地提学所考选的岁贡生，进国子监前都要经过廷试，不合格者即会被黜落，而所推荐的岁贡生在廷试中被黜落的比例，就成为考察提学官非常重要的方面。就在孔天胤被提调学校的前一个月，嘉靖十一年（1532）六月，礼部奏"今天下岁贡廷试不中式者五十九卷"，而这是由于提学官选送的岁贡生不够优秀造成的，于是礼部奏请明世宗批准，出台了对提学官考察的具体方法："岁贡廷试不中五名以上，各提学官俱照见行事例降一级别用……三名以上提问。"这一考核办法出台后就开始实行了，于是，孔天胤的前任，陕西提学官王邦瑞，以及湖广、四川、河南的提学官，就在最新的考核办法出台以后分别被降了一级。《明世宗实录》嘉靖十一年（1532）六月："以生员被黜五名以上，降……陕西金事王邦瑞各一级。"而孔天胤同样栽在了这上面。《明世宗实录》嘉靖十三年（1534）八月：

> 下福建提学副使潘潢巡按御史达问，降陕西提学金事孔天胤为直隶祁州知州，以廷试岁贡生员，潢所考上者黜落三人，天胤考上者黜落六人故也。

福建提学副使潘潢因为选送的岁贡生在廷试中被黜落了三人，按照"三名以上提问"的规定，下到巡按御史去提问，但不降职；孔天胤选送的岁贡生在廷试中被黜落了六人，按照"岁贡廷试不中五名以上，各提学官俱照见行事例降一级别用"的规定，降一级，为祁州（今河北安国市）知州，由正五品降为从五品。

对于选贡制度，张治道有着理性的思考。他说，这种制度，"往岁谪我东谷矣，谪我凤泉矣，今又及我文谷，有是哉？议之过也"（张治道《送提学孔文谷先生序》）。东谷，曾任陕西提学副使的敖英；凤泉，即孔天胤的前任王邦瑞。一个制度连栽三任提学，是提学的工作出了问题，还是制度本身存在问题？

张治道认为，明自有天下以来，取士有科、贡二途，建国之初重贡，那是在战乱始定、立国未稳的情况下所采取的一种应时性的政策。但明太祖不久就发现了这其中的弊端，于是于洪武十七年（1384）三月，颁布了科举取士制度，自此科举成为取士常规。特别是"自宣、正以来，教化大行，人文丕显，怀才抱德之人虽科之弗尽而官之有余，所谓贡者自弗能出科之右"。明宣宗是一位有为的皇帝，在他继位的宣德年间（1426~1436），实行了一系列薄赋轻徭、休养生息的政策，加上他本人勤于政务、励精图治，使明初出现了"四境无虞，百姓安业，几于小康"（《明宣宗实录》卷三十八）的局面，民国学者孟森在《明史讲义》中称宣德年间"为明代极盛之时"（中华书局，2009 年）。在当时，科举所获人才多而职官之位少，哪里还能轮得到选贡所得之人呢？可是如今，一百多年过去了，历史反而在开倒车，重贡而轻科，因贡而废官，"自今上即位，廷臣始议以三途并用，科贡同官，贡不如试者，罪提学而提学之左迁者始前后相继矣"，他觉得让人匪夷所思。

在针砭时弊之余，张治道还结合陕西的具体情况，直陈选贡制度之不当。陕西幅员辽阔，八府三边，学校之设亦广，选贡更是难上加难，从中选出能如科目所选的真才更是不易。张治道认为，陕西人才之产，西安占十分之五，七府占十分之四，三边占不到十分之二，如果贡者一定是"得其真才如所谓科目者而用之"，那么"三边无一可贡，而七府不能抢其半"。科举已尽选良才，若一定要从三边、七府选贡，则"学校之设，遂废诗书之化"，会产生极其不良的影响。这种情况，在选贡前，孔天胤也并非不知道：

> 今年有以此告文谷先生者曰："贡士之例甚严也，今三边可弗贡，七府可半贡，西安益当拔其尤，如是可免其谪矣。"文谷曰："人材学校之出也，学校风化之本也，弗贡是无人材矣，无人材是无学校矣，无学校是无风化矣，如是俗败、政紊、乱作，吾弗忍为也。"言者服而退，遂皆贡。（张治道《送提学孔文谷先生序》）

这位好心的"言者"，可以说给孔天胤提了一个免谪的办法，那就是边远地区教育相对落后的地方不实行选贡制，凤翔府、延安府、汉中府、庆阳府、平凉府、巩昌府、临洮府这七府中选取应选数量的一半，而从西安府这样人才素质较高的地方拔其优者，这样选出来的人才，在参加朝廷的殿试时，落选的可能性会小很多。可是孔天胤没有听取这位好心人的建议，他认为朝廷既然有此政策，就有朝廷的考虑，所以还是要按朝廷的要求去选。如果投机取巧，只顾自己的升迁，就会导致俗败、政紊、乱作。于是就按各地应有之比例选贡，结果，"贡果谪我文谷也"。对此，张治道为孔天胤抱屈："呜呼，尽得一方之材以事君，乃以衰庸之七贡贬削焉。君子行道之难有如此哉？可慨也夫！可慨也夫！"

师友为之叫屈，那么对于此事，孔天胤自己的反应如何？

首先是神色无异。"方报下时，文谷子与余联辔长安衢中……其色欣欣，其言侃侃……然略与常日无异。"（樊鹏《赠文谷子行》）其次是不怨。"贡果谪我文谷也，而文谷弗怨也。怨且弗有，何暇计官之升沉哉？"（张治道《送提学孔文谷先生序》）他是在坚守一种原则，而将个人的宦海升沉置之度外。

据王崇庆《孔麟新郑县君墓表》，孔天胤在陕西曾迎养其父孔麟到任，其父"见汝锡学政过严而忧之，示以弘度"，但孔天胤大约并未真正听劝。

（四）关中送别

孔天胤离开陕西时，关中康海、许宗鲁、刘储秀、张治道、张光宇、樊鹏等人皆写有送别诗文。

康海的送别文写于嘉靖十三年（1534）八月。文中写道：

> 闻文谷子以考贡不合于条例左迁治郡。今天子励精求治，庙堂诸公方虚心以求天下之贤，翊赞弘化，安有纯儒如文谷子者？肯使之待年于郡而不亟登于朝哉？于予是深有望于文谷子矣。

这是在关中诸君赠别诗的卷端所作的序言。康海认为，孔天胤是"纯儒"，此后必当有机会登于朝，朝廷不会让这样一位"纯儒"留于郡。当然，这是良好的期许与祝愿。

嘉靖十三年（1534）中秋之夜，刘储秀于宅中设宴，为孔天胤饯行，并招张治道与许宗鲁（1490~1559，号少华，陕西咸宁人）同来。许宗鲁赴约，张治道因病未至，后写《八月十五夜刘西陂邀孔文谷、许少华并余对月，余以病不赴。次日相遇文谷馆中，西陂出所作诗一首，余遂赋此答西陂兼别文谷云》说明原委。由张治道的诗题可知，八月十五夜聚刘储秀宅，次日众人又聚至孔天胤宅，可见众人的依依惜别之情。

刘储秀有诗《中秋同少华宴别孔文谷督学二首》，许宗鲁有诗《中秋刘士奇宅宴别孔文谷》，皆表达了依依惜别之情和良好祝愿，刘储秀曰："剧饮莫辞通夕醉，明年何地又相逢。"许宗鲁曰："未许玄亭耽著述，早闻宣室会征求。"皆劝其看淡宦海沉浮，有才德之人，终会被朝廷再次重用。

张治道后来又写过两首送别孔天胤的诗，一首是《永寿西关饮饯孔文谷》，另一首是《王石谷庄候孔文谷》，可见送别之意不尽。《永寿西关饮饯孔文谷》是一首五言古诗，共三十二句，回顾二人之交游，并对孔天胤给予高度评价。诗歌开篇即称"凤皇（凰）不世出，一出众鸟惊。騕褭不常见，一见千金轻"，将孔天胤比之于不世出之凤凰、不常见之騕褭。《汉书音义》："騕褭，古之骏马也，赤喙玄身，日行五千里。"他称赞孔天胤的文思才华："落笔沧海流，举足青云生"，可谓格局大、影响广。

许宗鲁也写有《西园宴别孔文谷提学》五言古诗一首，也为三十二句，论述二人之情谊。赞赏孔天胤之才："夫子特翘秀，恒类鲜能超。在木为松桂，在玉为瑛瑶。"人中翘楚，如木秀于林，凡人难超越。述二人交往："末契投有终，矢言膝与胶"，情深意切，难分难舍。他还化用《诗经》中"皎皎白驹"的典故，说"絷驹徒殷怀，岂乏场中苗"。《诗经·小雅·白驹》是一首挽留人才的诗："皎皎白驹，食我场苗。絷之维之，以永今朝。"许宗鲁反其意而行之，说如今场中有苗，却留不住白驹，只能"恻恻眷歧路，戚戚奏苦谣"，无尽的伤感与叹息。

太乙山人张光宇《送孔文谷提学归汾阳》写道：

> 吾嗟孔夫子，倏忽归汾涘。西风吹我心，远逐汾阳水。此情不可道，此念何时已。泮宫池上花，寂寞桃与李。良宾秽尘沙，凤凰楼荆枳。

泮宫为教育场所，桃李为莘莘学子。孔天胤于陕西为良宾，其品质高洁如凤凰。如今，良宾陷于尘沙，凤凰被于荆棘。这首诗既肯定了孔天胤在陕西的文教之功，又为之遭贬而叫屈。

除了写有送别赠文，樊鹏还写有一首诗《赠孔文谷》，称"天朝恩不已，肯负济时才？"他相信，朝廷正值用人之际，孔天胤有朝一日一定会重新得到朝廷重用。

三、祁州知州：建庙学，修贞文书院

嘉靖十三年（1534）冬天，孔天胤顶着寒风，踏着严霜，一路北上，奔赴直隶祁州，出任知州。其事迹主要有以下几个方面。

（一）修建庙学

孔天胤一到祁州，就发现了一个重要的问题：祁州的庙学非常残破，已不能进行正常的祭祀和教学活动。廖道南记载了孔天胤对祁州庙学的重视："岁甲子，孔侯汝锡自秦督学迁牧于州，乃喟然叹曰：'弗崇厥构，胡以永观？弗敦厥教，胡以祗命？厥责在予，予曷敢后？'"① 廖道南是位文坛老将，史称他"在词垣最久，娴熟掌故"，曾作《殿阁词林记》。孔天胤参加殿试的时候，廖道南是读卷官之一，此事在廖道南《殿阁词林记》十四卷也有记载：

> 嘉靖壬辰，今上御文华殿，辅臣以次读卷，其第二卷孔天胤对《农桑策》云："帝王敦本以厚天下之生，达权以通天下之变。"则臣道南所拔也。

廖道南以爱才之心，以读卷官的身份选拔了孔天胤，如今见孔天胤在祁州有此善政，自是欣喜之余而为之记。

嘉靖十四年（1535）春二月三日，祁州先师孔子庙在知州孔天胤的主持下，开始动工。选辟新址，动土夯基，遴选石材，选取佳木为栋梁，召集工匠并使其各尽所长，组织相关人员对庙学的格局进行规划。孔天胤与诸官员商定的规划是："其中为先师庙，庙之东北为启圣祠，庙之左右为先贤庑，庑之左右为乡贤、名宦祠。祠庙之后为明伦堂，堂之左右为四斋，为诸舍，为虹桥，为外棂星门，门之南为泮池。"启圣祠，祭祀孔子父亲叔梁纥启圣公的祠堂。孔庙的左右是祭祀祁州乡贤的庑；再左右是乡贤名宦祠，祭祀历

---

① ［明］廖道南《重修庙学记》，乾隆《祁州志·艺文志》。

代乡贤中的卓越者和在当地做过官职且政绩卓著的官员。明伦堂是读书、讲学、弘道、研究的场所，明世宗颁布的《敬一箴》刻石就立在明伦堂。这样的设计，既符合朝廷对于孔庙的规制，又考虑到祭祀和教学两个方面，甚至考虑到了外观的环境。

孔天胤这一番宏伟的规划，为的就是将祁州的教育事业推上正轨，他所做的是惠泽祁州千秋教育的大业，这也成为祁州教育史上极为重要的创举。

从二月动工，"越七月工告成"，也就是在嘉靖十四年（1535）的九月。嘉靖十五年（1536）二月三日，庙学的所有工事全部完工。廖道南认为这是孔天胤希冀"学遍天下"，让诸生"临馆事于学也，道其终矣乎"的重大举措。他说，庙学修成，祁州士子来这里求学，得到良好的教育，才能明了"道"之大。并对祁州未来的学风抱有极美好的展望："祁士志于希贤，贤以作圣，王化其兴矣。"当他把这番话说给孔天胤的时候，孔天胤又"叹"了："孔侯闻之，则又喟然叹曰：'是余志也，亦多士志也。'"开篇因庙学失修而"叹"，篇终因不知自己的志向和"多士"的志向能否达成而叹。以"叹"始，以"叹"终，意味却已完全不同。

庙学修成，须立碑记之。碑后之文，由孔天胤亲自撰写。开篇先写了自己主持修庙学的原因：

> 孔氏曰：余修庙学，盖慎率余所职司。夫明王设教分治，礼教为先。若庙圮弗葺，学宫荒为茂草，即礼教弗修。夫礼教弗修而官职斁，余岂敢哉？（《书庙学碑后》）

他说，主持修建庙学是自己的职责所在。贤明的先王设立学校并派地方官来监察治理，首先倡导的就是礼教。如果自己作为地方长官，看到作为重要教育场所的孔子先师庙颓圮残破也不去修缮，看到学宫荒草丛生也不去治理，那首先就是没有遵从先王的礼教。如果礼教得不到修治，就是地方官的失职，自己怎么敢承担这样的罪责呢？

接下来，孔天胤说了自己以前"视学"时的所见，自然是他在陕西督学时的经历：

余尝视学,见所谓庙者多所颓坏,兹其故有四焉:俗吏慢之尔,庸吏弃之尔,贪吏吝之尔,骄吏避之尔。(《书庙学碑后》)

先师庙的颓坏大多是因为这四类官员,一为俗吏,一为庸吏,一为贪吏,一为骄吏。俗吏忙于俗务,对于教学之事以为不急,故慢之;庸吏不懂得教化之重,干脆弃之不管;贪吏宁肯多给自己留些银两,也舍不得将钱花在修庙之事上;骄吏急于功利,对此出力不见成效之事避而不为。正因为如此,庙学不修,教育不兴,人才得不到教引和擢拔。这都不是君子之心。真正的君子之心,"苟可以裨教,曷敢慢也;苟可以靖职,何敢弃也;苟可以公世,何敢吝也;苟可以对天,何敢避也"。这也正是自己主持修建庙学的原因所在。

(二)创建贞文书院

孔天胤在祁州任上被载入史志的第二项宦绩,就是创建了贞文书院。乾隆《祁州志》"建置":"贞文书院,在学宫后,东西八丈,南北四十八丈,共六亩四分。嘉靖十四年(1535)知州孔天胤建。后圮。"

书院是庙学之外的另一个教育机构。书院的功能,明代理学家王守仁认为是"匡翼夫学校之不逮"[1],也就是补救官学的流弊,同样承担着社会教化功能、知识传播功能和学术传承功能。那么孔天胤为什么在祁州修建庙学之后,还要再修建书院呢?廖道南在碑记中介绍,孔天胤"建贞文书院,以淑邦人士"[2]。淑,善。修建贞文书院,就是为了让此邦之人趋善。而建书院的由头,却是为了崇祀三个人:

贞文书院者,祁州孔侯之所建也。建之唯何?崇祀也。厥祀唯何?祀宋法曹张明公,元状元董君章、李公平也。夫祀明公何

---

[1] [明]王守仁《万松书院记》,《王阳明全集》,上海古籍出版社,2001年,第213页。

[2] [明]廖道南《贞文书院碑记》,乾隆《祁州志·艺文志》。

为者也？崇道德也。祀君章、公平何为者也？表宅里也。

此三人，一位是祁州名宦张载，号横渠，陕西郿县（今陕西眉县）人，"关学"的代表人物，曾任祁州司法参军，在祁州多有建树；两位是祁州乡贤，元代两位状元董珏（字君章）和李齐（字公平）。关于董珏，《畿辅通志》及乾隆《祁州志》载其"幼读书，日记数千言，父母未之奇也。一日，随父见道傍古碑，父使视之，一览悉记。父大惊，乃命诣名师受业，后登至治辛酉（1321）状元，授承事郎、定州同知，后知颍州事"。还有一个有点神话意味的传说，说祁州籍剧作家王实甫，"作《西厢记》未终而卒，同邑董珏吊之，闻棺内哭声，知其为书未成也，因取遗稿续成"（乾隆《祁州志》卷六）。李齐（1301~1353）是元统元年（1333）左榜①状元，历官金河北淮西行省廉访司事，移知高邮府，有政声。据记载，至正十年（1350），盗突然闯入府驿站，掠十二马而去，李齐奋起追而杀之；至正十一年（1351），州民秦观保造兵仗武器，企图进行抢劫掠夺，李齐将之抓获并诛杀。至正十三年（1353），张士诚攻破高邮城，正在守甓社湖的李齐回救，遭贼闭门相拒，后张士诚以李齐为人质，让他下跪，李齐叱道："吾膝如铁，岂肯为贼屈！"张士诚怒而强扼使其跪，李齐挺立而被拉倒，继而被捶碎膝盖后剐死。

在孔天胤建祠专祀两状元之前，董珏、李齐就已同祀乡贤祠，明成化十八年（1482）还于州治东建状元祠崇祀董珏、李齐，基址一亩二分七厘，但日久已圮（乾隆《祁州志》卷六）。孔天胤将名宦乡贤中之最优者另立书院崇祀，其用意在于："崇道德"以施行化民成俗之教，"表宅里"以起到激励后学之效（廖道南《贞文书院碑记》）。

孔天胤此番创建书院，崇祀名宦及状元，除了如廖道南所说的"崇道德"和"表宅里"，还有更深一层的意图，孔天胤在碑后的文字中记述：

文谷子曰：卓哉兹州，钜贤作之于前，鸿英产之于后，彬彬

---

① 元代考试制度，中选举人及中选进士均分二榜，蒙古人、色目人为一榜，称右榜；汉人、南人为一榜，称左榜。

蔼蔼，代有其人，盖文献称焉。明兴，道化洋溢，声光四流，海隅承风，畿内臻美。兹州或寥阔焉，岂地灵之中歇哉？抑人观之未贞耳。予作书院，表先哲，萃诸生，盖欲贞厥攸观。（《贞文书院碑后》）

明兴以来，全国上下都重视教育，而离京城如此之近的祁州，虽"地灵"却未见"人杰"，莫非是"人观之未贞"吗？人观，可理解为识人之观、教人之观、擢人之观。贞，意即"正"，《易·乾》谓"元亨利贞"，《礼记·文王世子》谓"万国以贞"，《论语》谓"君子贞而不谅"。人的观点不正，所以要创建书院，表彰先哲，集聚诸生，使其"人观"得到纠正。

贞文书院经始于嘉靖十四年（1535）九月，嘉靖十五年（1536）正月完工。完工后刻石立碑，廖道南还作歌三章，以赋体的形式赞颂了祁地有山、祁地有水、祁地有哲，可谓地灵人杰。

"书院"这一作为官学重要补充的教学场所，明清时期曾屡次遭到禁毁，特别是那些民间的私立书院。第一次禁毁，就是贞文书院建成后第二年的嘉靖十六年（1537）。这一年，孔天胤的同年，御史游居敬上疏斥南京吏部尚书湛若水"倡其邪学，广收无赖，私创书院"，请求皇帝"戒谕以正人心"，于是明世宗下令罢各处私创书院。第二次是嘉靖十七年（1538），吏部尚书许赞以官学不修、多建书院"聚生徒，供亿科扰"、耗财扰民为借口，上疏皇帝，明世宗"即命内外严加禁约，毁其书院""申毁天下书院"。但书院在当时的影响很大，声望很高，禁是禁不住的。明人沈德符在其笔记小品《万历野获编》中说："虽世宗力禁，而终不能止。"

贞文书院是否遭到禁毁无可查考，但孔天胤离开祁州后，祁州没有了像他这样以极大的热情倡导"贞人观"的地方官，贞文书院遭受年久倾颓的命运却是必然的。到孔天胤去世四十多年后的天启五年（1625），新任知州郭应响才承继了孔天胤的拳拳之心和"贞人观"之志，于张载祠东南隅重建讲堂，题名"祁阳讲堂"，聘请河南汝阳儒学巨子任淮主持，延揽省内外名师周良寅等七人讲学其中，时有境内生员七十七人，外州县求学者九十二人。这是历史上贞文书院最为鼎盛的时期，时人许国士《祁阳讲堂记》、阮鹗《祁阳文会记》记载了当时的盛况（光绪《保定府志》）。到乾隆年间，书院又渐衰颓。光绪六年（1880），知州朱润保再建书院于学宫西侧明伦堂旧址，分东西两院，东院为授课之所，西院为试院，系每月考课生员之所，并将修建贞文书院的余银交当商生息，为书院用度。邑绅卜应麟等督导其中，月例会讲两次，初二讲授官课，初三为斋课。明末清初，贞文书院有学田五十九亩，以租金作为经费开支，光绪三十三年（1907），改为高等小学堂。①

（三）学术活动

清代学者朱彝尊辑录的《明诗综·安州语》里记载了一则逸事，可作为孔天胤在祁州任上以文名重于当时的一个佐证：

> 苏州张寅仲，明中正德辛巳（1521）进士，知安州，浚牙家港，筑堤，暇则与士子讲学。时孔天胤知祁州，亦以才见重。时人语曰："有所疑，问安祁；莫忧竦有张孔。"（朱彝尊《明诗综》卷一百）

说保定府两个州，一个是安州，一个是祁州，知州都是大才子。如果有人学问上遇到疑问，别人会告诉他：有疑问，别忧虑，可以到安州和祁州去问，安州有张知州，祁州有孔知州，皆博学高才之人，定能解答你的疑问。由此也可见孔天胤才学之隆和声誉之广。

嘉靖十五年（1536）八月，孔天胤还在祁州会见了直隶江阴人薛甲（嘉靖八年进士），二人关于《大学》的宗旨，进行了一番讨论。薛甲后来写了《〈大学〉说赠孔文谷编修》（孔天胤并未授编修，但中榜眼，当授编修，故称）一文以赠。文末写道：

> 孔君文谷与予相遇于上谷，论及《大学》，辱以予言为信。

---

① 吴洪成、刘园园：《明代保定书院论述》，《保定学院报》，2010年第6期。

临别索赠书，予说（悦）以贻之。时嘉靖丙申八月日也。

这可以作为孔天胤在祁州期间学术活动的一个侧影。

嘉靖十五年（1536）夏秋之际，孔天胤调为河南按察司佥事兵备颍州，正五品。

孔天胤仕途中的第二站祁州，至此告一段落。历代《祁州志》俱将孔天胤列入"名宦"。如清乾隆《祁州志》"名宦"："孔天胤，山西汾州进士，嘉靖间知祁州，文学优长，政事卓异，历任左布政。"可见其在祁州为官的政绩卓著。

据王崇庆《孔麟新郑县君墓表》，孔天胤曾迎养其父到任，其父孔麟"一日，观于野，而见民和焉，则又喜动颜色"，对孔天胤的治绩非常满意。

四、颍州兵备："以文章饬政事"

颍州，现安徽阜阳。在孔天胤任职的嘉靖年间，颍州行政上属凤阳府，军事上，颍州兵备道属河南按察司分管。

孔天胤的此次升职不见于《明世宗实录》，只在《山西通志》《汾阳县志》《颍州志》及一些明人文集中有所记载。康熙《汾阳县志》："孔天胤……左迁祁州知州，升河南按察司佥事，兵备颍州。"嘉靖《颍州志》"兵备道"："孔天胤，字汝锡，山西汾州人，进士及第，以王亲改授陕西按察司提学佥事，调祁州知州，复任今职。十五年季冬至。"季冬，冬十二月。

颍州期间，其有史可载的事迹包括以下几方面。

（一）"以文章饬政事"

嘉靖时期，颍州与亳州、宿州、泗州、寿州同属凤阳府。颍州兵备道始设于弘治四年（1491），初驻寿州，弘治十年（1497）移治颍州，因而也称"颍寿兵备"。颍州为南北交通枢纽，其位置之重要，正如同治《颍上县志》所说:"颍州之地险, 恃寿阳、依硖石而枕淮曲, 魏晋以降, 为南北所必争。"这样重要的地段, 极易发生事端, 兵备道之设可谓至关重要。

兵备由副使或佥事担任, 又称"兵备宪臣"或"兵宪"。明代兵备道的职责, 包括分理军务, 监督水陆官兵, 管理卫所兵马、钱粮与屯田, 操练卫所军官与地方民快等, 有时候也兼有修缮城墙、建设水利、修建庙学、修纂地方志的职能。正因为兵备道在地方上举足轻重, 所以选任条件严格谨慎。"除具备进士或举人资格外, 熟悉地方事务的藩臬二司官员与府州官衙的府州正佐官等, 及同为风宪官的监察御史, 都是优先擢拔为兵宪的对象"(谢志忠《明代兵备道制度》)。孔天胤因为在祁州任知州, 熟悉地方事务, 因而当颍州兵备缺乏的时候, 自然成了朝廷选用的对象。

为什么兵备道这样的武职会用文官来担任呢? 这也和明代的政治有关。明成祖朱棣以武力夺取政权后, 有意识地限制武官的权力, 正如一些明史研究专家所总结的, "文人知兵为明代军事领域体制的一大特色, 借文臣来牵制武将, 避免武臣专擅""明代在以文驭武的国策、文人多知兵的前提下, 文臣在军事统御体系中高于武臣"(谢志忠《明代兵备道制度》)。所以有明一代, 兵备道都是由文臣担任的, 且绝大多数是进士出身。

孔天胤在颍州兵备任上之政绩, 修于清乾隆年间的《颍州府志》"名宦"部分如是说:

> 孔天胤, 字汝锡, 汾州人, 嘉靖壬辰进士。知祁州, 迁颍寿兵备。以文章饬政事, 有诗名。精藻鉴, 简易澹泊, 与寒素同。民戴其仁, 士乐其教。后官河南参议。

中国自古以来不乏文章与政事俱显的名家, 如孔子的第十二世孙, 汉代名儒孔安国, 史载其"武帝朝为谏议大夫, 以文章政事名当时"; 还有人将一个人的文章与政事分而析之的, 如"唐宋八大家之一"的曾巩, 因其"行义不如政事, 政事不如文章", 朝廷对其"不大用"(《宋史·曾巩传》)。孔天胤"以文章饬政事"且"有诗名", 善于以官民喜闻乐见的诗文艺术承载教化的内容, 以达劝人向善向上、禁奸止邪之效。

这一点在后来赵讷为孔天胤文集所写的序言里也有所印证，赵讷称其师孔天胤"颖、卫（指后来驻守卫辉府）当路，则重风俗而略刑名"（赵讷《文谷孔先生文集序》）。管理武备、保一方平安为职责的兵备官员，令行禁止、奖惩分明才能树立治军之威，孔天胤反而更注重以文章讽劝，化民成俗，极少使用刑罚。由此可知其为政善行教化，大有温柔敦厚之风。

孔天胤还非常善于鉴别和选拔人才，也就是所谓"精藻鉴"。在品德情操方面，他"简易澹泊，与寒素同"。寒素，贫寒之人。孔天胤虽然出身高贵且身居要职，但丝毫没有富家子弟和地方高官的奢靡之风，而是着装简易，朴素平实，不重修饰，与出身寒苦之人没有什么区别。正因为他对百姓抚恤仁爱，所以"民戴其仁"；也正因为他学养深厚且平易近人，所以"士乐其教"。身在"军区"却不忘振兴地方，重视教化，因此得到了"民""士"的共同爱戴。

（二）助修西湖书院

在颍州任上，孔天胤所做的一件被载入史册的事，便是与陈洙、茅宰一起，帮助吕景蒙修建了西湖书院。

西湖书院最早由曾任职于颍州最后又终老颍州的欧阳修所建，他"爱西湖之胜，建书院于湖之南"（乾隆《颍州府志》）。但随着时间的推移，风吹日晒雨淋，到明代嘉靖年间时，已颓败不堪，于是嘉靖十四年（1535），孔天胤的前任李宗枢命州判吕景蒙重修西湖书院。

史载吕景蒙在颍州期间，"洁己爱民，安僚佐之分，未尝以风宪旧臣自矜也。缮西湖书院，建三忠六贞祠，振兴风化"（乾隆《颍州府志》"名宦"）。还主纂了嘉靖版的《颍州志》，今见于《天一阁藏明代方志选刊》。此版《颍州志》中有《重建西湖书院记》一文，吕景蒙对西湖书院建成的过程记述颇详。文中述及修建书院的意义，说主要是为了接续和传承欧阳修的言行教化之风，教化是为了兴贤，兴贤的根本则在于治颍。书院重修从嘉靖十四年（1535）秋到嘉靖十六年（1537）夏，历时三年而成。李宗枢升职离去，孔天胤到任，恰逢修建书院的资金链出现了问题：

其规模弘敞，钱粮尚不能敷，继而五山陈先生、文谷孔先生、茶川茅先生俱为措处，于是始获完工。

既然要修建，就不但要恢复原来形制中合理的部分，还要根据时下的特点有所增缮。然其规模之大，费用之多，至少是超出了最初的预算。工程眼看将成烂尾，吕景蒙自然心急如焚，只好向同僚求助，于是，孔天胤及陈洙、茅宰，和吕景蒙一起加入了资金筹措的行列。陈洙（字道源，号五山，浙江上虞人）与茅宰（字治卿，号茶川，浙江山阴人）同为嘉靖八年（1529）进士，史载二人在颍州任上皆有善政。孔天胤在祁州时，就曾主持修建庙学和贞文书院，他深知书院对于一个地方的意义，更何况是欧阳修首创的颍州西湖书院；从实践上来说，他也有过主持修建的经验，可以说对于其中的每一个环节都了如指掌。而对于经费的筹措途径，也同样熟门熟路。如何既不劳民伤财，又合理筹措资金用于文化建设，他在祁州时就已有过深入的思考。

书院修成，前面增建露台，中部增建四贤祠，祀晏殊、欧阳修、吕公著、苏轼四位颍州名宦，颍州西湖又成为学者文人的雅聚之所。此役之成，吕景蒙对于帮助他修建的人士抱以深深的感激之情。他说，正因为有了孔天胤等人的资助，"是故欢忻交通，不劳余力，此余所以得终其事也"。事终成，"予承诸公之谋也"。

这是孔天胤在颍州兵备任上，做的一件与他的本职工作关系不大，意义却非常重大的事。只是，在颍州西湖书院的历史上，世人皆知的是欧阳修的初创和吕景蒙的重修，孔天胤这位幕后的功臣却鲜被提及。

（三）保护"颍上《兰亭序》"

"颍上《兰亭序》"残碑今藏于安徽省博物馆，被书法界奉为圭臬，它之所以能流传到现在，和孔天胤的保护有莫大的关系。

《兰亭序》全称《兰亭集序》，是东晋书法家王羲之的代表作，被称为"中国书法史上的里程碑"，至今为书家习练行书必临之名帖。相传到了唐代，唐太宗因极爱其字其文，死后便以真迹殉葬，因而如今流传下来的是唐代的摹本。在如今所能见到的摹本中，墨迹本以"定武本"最为著名，石刻本首推"颖上本"。据相关研究，"颖上《兰亭序》"系唐代著名书法家褚遂良的摹本；而在褚遂良的所有摹本中，"颖上《兰亭序》"为众多"褚摹"中的上乘妙品。

明代关于"颖上《兰亭序》"的记载，最早见于永乐年间杨士奇（1366～1444）的《东里文集·续集》。杨士奇在文中说："此帖石刻今在颖上县，其首题曰'唐临绢本'，而临者刻者皆弱，余得之廖子谟。"廖子谟，名廖谟，子谟为其字，江西泰和（今江西泰和县）人，永乐十三年（1415）进士，曾任颖上县知县。廖谟在颖上县任职期间，曾将《兰亭序》碑的拓片送给了杨士奇。然在杨士奇之后，"颖上《兰亭序》"一百多年再未见有其他记载。直到万历年间，邢侗在《题颖上修禊序初拓本》中才再次提到，并且提到了孔天胤：

> 嘉靖八年，颖上村民耕得此石，送县治，县官都不省视；送之学宫，学官益不复省视。斋夫移置邻壁磨房，凡来砻者俱坐其上，真如明妃嫁呼韩，有余辱矣。逮丁酉清明，孔文谷先生莅宪此邦，闻而索之，亟属姜尹龛诸明伦堂中，《黄庭》另一石龛，左右列。（《来禽馆集》卷二十一）

邢侗（1551~1612），字子愿，号知吾，临邑县（今属山东德州）人，明万历二年（1574）进士，官至陕西太仆寺少卿。善画，能诗文，工书法，书法与董其昌、米万钟、张瑞图并称"晚明四大家"。他比孔天胤晚生四十余年，他中进士时孔天胤尚在世，因而这段记载也当是可信的。

由邢侗的记载可知，此石于嘉靖八年（1529）掘出于农田，县官和学官都不知道它是何物，也不知它有什么价值，就移到磨坊当了一个石凳，来磨面的人就都会坐在上面。直到嘉靖十六年（1537）清明，孔天胤听说此事后，才到磨坊把这块石碑找了回来，并命当地官员将它置于庙学的明伦堂中。

此石碑立于明伦堂，才算重见天日，在当时颇为轰动。附近的书法爱好者争相前往颖上，观赏摹拓，不少官员还借出差之故绕道颖上，只为得一张拓片。

相传这块碑石后来再次流落民间，万历末年又被从井中捞出。清代高泽生《颍上风物记》载:"颍上南关井,明万历末年,时有白光如虹。淘井得石,铁锢其外,启之,碧绿温润,面《黄庭》,背《兰亭》,旁有'思古斋石刻'五篆字,'兰亭序唐临绢本'七楷字。"他所说的"面《黄庭》,背《兰亭》",又与邢侗所记的《兰亭》一石凫,"《黄庭》另一石凫,左右列"有所出入,因而未知所指是否为一物。

但"颍上《兰亭序》"如今并不完整,人们只能看到残碑。好好的石碑,怎么会碎呢?相传在崇祯年间,因来访兰亭碑的官员太多,知县张俊英迎来送往,不堪其烦,于是他命人拓了上万张拓片后,于崇祯二年(1629)的一个雨夜,一举将石碑砸碎,并谎称是被雷电击毁的。而在李自成之乱中,张俊英的万张拓片也被付之一炬。被张俊英砸碎的残碑几经辗转,于民国初年为南照士绅杨伯涵所得,"颍井"碎石拓本才得以流传世间。

图7 颍上《兰亭序》残碑,今存安徽省博物馆,
孔天胤曾得自颍州民间磨坊,立于明伦堂

如今安徽阜阳市颍上县尚有以"兰亭"命名的广场、公园、道路,书法家协会也会定期举办"颍上兰亭杯全国书法大赛",但已经很少有人知道,这和一位叫孔天胤的山西人有关了。

(四)从颍州到陕西

嘉靖十六年(1537)到十七年(1538)间,孔天胤的人生经历了大喜和大悲。

喜事有两件，一件是嘉靖十六年（1537），二十四岁的兄弟孔天民乡试中举。这自然是一大喜事，汾州官府继为孔天胤立"榜眼坊"之外，又立"兄弟联辉坊"。康熙《汾阳县志》："兄弟联辉坊：在师垣坊，嘉靖十六年为孔天胤、孔天民立。"

第二件喜事，是孔天胤被朝廷下令升官一级。《明世宗实录》嘉靖十七年（1538）四月：

> 命镇远侯顾寰挂印充总兵官提督漕运，镇守淮安地方，凤阳修理祖陵、皇陵及皇城。工成，升巡抚右都御史周金为左都御史，赏银四十两，纻衣四袭；升巡按御史苏丛俸二级，赏银二十两，衣二袭；兵备副使张杲，佥事李宗枢、孔天胤各升一级，赏银十五两，衣二袭。

此次因协助顾寰修皇陵而升职获赏的，有巡抚右都御史周金、巡按御史苏丛、淮徐兵备副使张杲（时已升山东按察司副使）、颍州兵备佥事孔天胤，就连前任颍州兵备佥事李宗枢（时已任河南布政使司参议）也受到了追封。而升职的原因，是镇远侯顾寰受命在凤阳提督漕运并负责修理祖陵、皇陵及皇城。工成，所涉及的所有官员都因此得到封赏。

孔天胤等人官升一级的具体官职，在嘉奖令下达后的第二个月得以落实。《明世宗实录》嘉靖十七年（1538）五月：

> 升河南布政使司参议李宗枢为本省按察司副使，河南按察司佥事孔天胤为陕西布政使司右参议，山东按察司副使张杲为本布政使司右参政。

也就是说，这年五月，孔天胤将离开颍州，他的下一任所在地，是他曾任提学佥事的陕西。这将是他第二次赴陕西任职。

监察御史苏祐写有《送孔文谷督学再入关西》（苏祐《谷原诗集》卷四下）一首，称"三千弟子今髦士，百二山河古要津"，当年他所教化、擢拔的士子，如今成才者众，他回到陕西，一定会享受到自己当年风行教化和擢拔士子的美好成果，而陕西学人士子也会因他的重归欢喜庆幸。河南提学副使顾梦圭也写有《送孔文谷赴关中》（顾梦圭《疣赘集》卷六）一首，"山川瘁行役，郡国瞻仪刑。中土识麟趾，西旻习文星"，对孔天胤即将重游陕西、再获关中士人爱戴追慕表示称贺。

孔天胤在颍州被列名宦，载入颍州史册。

孔天胤回汾州省亲，而此次回到汾州，也是他与父亲孔麟的最后一次见面。就在他到陕西后不久，就接到了故园讣告，父亲去世了。据王崇庆《孔麟新郑县君墓表》："嘉靖戊戌，忽病卧，汝锡之陕，犹及过省受遗命，卒之日，十二月二十日未时也。"享年五十有九。

这无疑是他在这一年里，所经历的最为悲伤的一件事。

五、河南参议：清心省事，强兵御敌

嘉靖二十年（1541）末，孔天胤三年丁忧期满，起复，补河南布政使司左参议，从四品。此年孔天胤三十八岁。

当时河南省左布政使是张瓛，右布政使是任惟贤①，二人同为正德九年（1514）进士。孔天胤后来有文描述左右二位布政使治理河南之从容条理："是时，任公为河南布政右使，广陵南溪张公为左使，一时德政和平，荣名嘉美，号为最盛""公（指任惟贤）与南溪公同心共济、协恭和衷，务惠养元元，与之休息""吏民于是各以其职业顺序。晨起视事，庭无留难，府史但跪案前，乞署文书而已""二公并坐堂上，垂绅玄览，视春时所树竹柏，俱已长茂。鹿呦呦其下，鹤舞成列。自公退食，雍容委蛇，盖省中晏然焉"（《送玉台任公上陕西布政左使序》）。

---

① 《明世宗实录》与光绪《陕西通志》写作"任维贤"，光绪《河南通志》、咸丰《阆中县志》写作"任惟贤"。陈高春《中国语文学家辞典》也写作"任惟贤"，河南人民出版社，1986年，第221页。

在开封短暂停留后，孔天胤被任命为河北分守道。明代河南分四大分守道：大梁道，辖开封府、归德府；河南道，辖河南府、汝州府；河北道，辖彰德府、卫辉府和怀庆府；汝南道，辖南阳府、汝宁府。孔天胤分守河北道，驻辉县。

（一）清心省事，强兵御敌

孔天胤到达辉县的时间，是嘉靖二十一年（1542）三月十六日。具体行程，在他给友人或同僚的信中有所描述："别来至都城半月而补官梁藩，住一月而起，以二月二十五日赴任，分守河北，驻当辉县"（《与赵复斋》）；"乃西行三日而至密县，顿六日而会巡院，又顿二日始由密如郑，以十六日达辉县"（《与南溪张左丞》）；"仆南行，以二月二十五日到官，次月十六日承守分疆，驻辉县"（《与叠川於大参》）。

到达辉县后，孔天胤紧急处理了两件事，一是构行分守道的公署，二是与当地官吏确立御房方案。

在孔天胤分守河北道之前，辉县尚无分守道的独立公署。孔天胤在到任后给左布政使张瓒所写的信中所说："所谓构行署县中者，尚无也。"（《与南溪张左丞》）于是营建公署就成为当务之急。万历《卫辉府志》"建置"："分守道，在儒学西，嘉靖二十年（1541）创建。"应为嘉靖二十一年（1542）由孔天胤创建。

当时山西寇乱为剧，河南同样时时面临着威胁。孔天胤所分守的河北道，辖三府：彰德府、卫辉府、怀庆府；而三府下又各有州县，彰德府辖安阳、临漳、汤阴、林县、磁州、涉县、武安一州六县，卫辉府辖汲县、胙城、新乡、获嘉、淇县、辉县、延津、浚县、滑县、封丘、考城十一县，怀庆府辖河内、济源、修武、武陟、孟州、温县六县。这些县市现在有不少属河北省。分守如此多的州县，每一个府县的安全可以说都关系重大。孔天胤当时采取的方案，是"清心省事""坚壁清野"，他在给张瓒的报呈中也说：

> 方与诸吏定约，清心省事以保疲氓，坚壁清野以戒不虞。（《与南溪张左丞》）

尽管如此，当时府中官员依然人心惶惶，孔天胤也自揣"得术暗浅，省览周章，不能就列"，致"有同员承故已悚然忧矣"。这种情况下，孔天胤的决策对当时的局势起着重要的作用。

而对于一些临近边界的州县，则重点筑以防御工事。嘉靖《武安县志》中有涉县人王科《砖城隘口记》一文，记载了当时武安县御敌的举措：

> 蠢兹北虏，庚子连岁，直由大同入寇辽、沁至潞安，此天机之可戒者也。壬寅春三月，前巡抚河南都察院右佥都御史余姚魏浅斋公有本、行分守河北道汾州孔文谷公天胤，委官于十八盘诸隘口，创立边城、楼橹。方三之一，秋七月，虏复寇前地，声势甚急。

魏有本（1483~1552），字伯深，一字曰深，号浅斋，浙江余姚人，正德十六年（1521）进士，累官至大理寺少卿，嘉靖十九年（1540）以右佥都御史巡抚河南。正是由于当时寇乱已入山西的辽州（今左权县）、沁州和潞安，所以地处太行山东麓，晋冀鲁豫四省交界地带的武安县相关的防虏工事才极为必要。孔天胤在魏有本的指示下，派官员在十八盘的诸多关隘口创立边城楼橹以做防御。楼橹，是古代军中建造的用于瞭望、攻守的无顶高台。到这年秋七月，筑城至三分之一，敌军又侵入山西的辽、沁、潞安等地，武安县情势非常危急。嘉靖二十二年（1543）孔天胤调离之后，继任者及武安县当地的官员又对武安县各隘口进行了修葺，工事才告完成，武安也因此得以安守。

孔天胤分守所辖的涉县、林县当时也处于寇乱的风口浪尖。嘉靖《涉县志》中王科《涉县新作石城记》一文记载，当时"北虏频岁入寇"，而更严重的问题是"时承平日久，民不知兵"，当时的将帅又"闻风潜避，兼之相愚相挟"，致使"纪纲不立，功罪未当，私实纷之"。在这种情况下，朝廷敕谕当地官员魏有本等"宜以倡率三司复委官分据林、涉等县，诸险况召集义勇以防虏骑奔突"。朝廷令下，当地官员急议方案：

> 时左布政泰兴张公朦、右布政关中任公维（惟）贤、分守河北道左参议前永兴李公继以汾州孔公天胤、按察使滁州孙公存、

分巡河北道副使广安王公袠，合谋协忠，务以安静（嘉庆《涉县志》作"靖"）地方。魏公尤夙夜祗惧，统率官兵亲诣林县住扎。

作为河北道分守参议，孔天胤参与了与省中诸官吏的讨论，并最终确定了安靖地方、稳定军心民心的方案。河南巡抚魏有本甚至亲自带兵驻扎林县，可见当时情势之急。

（二）苏门留迹

然而敌军毕竟还未入河南，布政左使张瓖就建议孔天胤不要太过焦虑，在吏治之暇去登临一下辉县的名山胜水，也是一种调剂。孔天胤对此颇为感激，称"幸门下其恤之，教登山临水，将毋有怀"（《与南溪张左丞》）。"毋有怀"是不可能的，但抽空去登山临水，倒也能缓解一些焦虑。

孔天胤所分守的河北道诸县，人文尤胜。汲县有周武王伐纣陈师之牧野，且有《诗经》中《邶风》《鄘风》《卫风》的产生地邶城、鄘城、卫城。这里也遍布着古代名贤的传说，从春秋、商周的申伯、蘧伯玉、比干、周公、召公等名士贤相，到东晋的嵇康、阮籍、阮咸、山涛、向秀等竹林七贤，可谓洋洋大观。特别是分司驻地辉县，不但是共伯旧国共县故城，而且有著名的苏门山和百门泉。苏门山还有孙登啸台。《辉县志》："苏门山，在辉县西北七里，一名苏岭……即孙登隐处。"孙登是道家重玄学派学者，长年隐居苏门山，熟读《易经》《老子》《庄子》之书，会弹一弦琴，尤善长啸，相传阮籍和嵇康都曾求教于他[①]。苏门山下有百泉，《河南通志》"形胜"："百门泉，在辉县西北七里。苏门山泉通百门道，故名。《卫风》：'泉源在左，淇水在右。'"北宋理学家邵雍曾在辉县筑园居住，其园曰"安乐窝"。孔天胤到辉县后，即被辉县的名山胜水所吸引，在给汾州小友赵复斋的信中说：

---

① 《晋书·阮籍传》："籍尝于苏门山遇孙登，与商略终古及栖神导气之术，登皆不应，籍因长啸而退。至半岭，闻有声若鸾凤之音，响乎岩谷，乃登之啸也。"

> 此地乃共伯之国，有孙登啸台、康节（邵雍）安乐窝、七贤竹林在焉。所谓"瞻彼淇澳（奥），绿竹漪漪""淇水在右，泉源在左"，正此地也。且事简民醇，尽与懒性相宜。（《与赵复斋》）

来到辉县，可谓进入一个精神的高地，或者说是诗思理趣的胜地。

今苏门山有孔天胤所题写的"仁知动静"碑一通，在辉县诸多人文胜景中又添一景。清代阮汝浚《卫辉游记》中，记载了当时此碑所存位置及其形状：

> 室之左有石，上刻"仁知动静"，字大如斗，分巡道孔天胤题，副使汤绍恩书。右有《啸台重修记》石，北郡李梦阳撰，大梁左国玑书。

此处记载之误，便是孔天胤的官职，是"分守道"而非"分巡道"。细悟孔天胤"仁知动静"四字，可知其内心儒家知识分子的情操坚守。孔子曰："知者乐水，仁者乐山。知者动，仁者静。知者乐，仁者寿。"（《论语·雍也》）知，即智。山静而水动，仁静而智动；动者乐趣多，静者得高寿。人一生能悟得透"仁知动静"四字之理，便能在求仁还是求智、喜动还是喜静之间做出更为理智的选择。孔天胤在苏门胜景中书此四字，且被刻石保存至今，其意深矣。

孔天胤在辉县还曾为卫辉府题名碑写过碑记。万历《卫辉府志》卷之七《官师志下·历官》"题名记"条目下，有孔天胤、郭乾、周思宸文章各一篇，记载卫辉题名碑从初刻到两度重刻的过程。孔天胤所写记文，落款为"嘉靖癸卯春二月望日，太原孔天胤撰"。癸卯为嘉靖二十二年（1543）。

卫辉府为河北大郡，明代设府，不但有各级官吏，还成为河南省分守

图 8　河南辉县"仁知动静"碑，孔天胤书

河北道的驻地，已有一百八十余年的历史。无论是其地理位置、疆域幅员，还是其历史传承、文化渊源，都可谓非常重要。而历代官员在此治理之功绩，也当有所记载。其意义，就如各地修于孔庙的名宦祠一样，具有记往事、启来者的重要作用。然题名碑又不同于名宦祠，它所题写的，是所有官员的姓氏、履历。地方官员为政一方，其"人之贤否，政之得失"总会"布之纪牒，传之父老"，人们必定"指而议"，后世之人可以"因名"而"求实"，"知实"而"资理"。所以，题名碑对所有来此任职的官员都有着非常切近的警示作用，警示官员重视自己为政的声名，而这"名"由"实"而来，事实上也就是要求官员重实政、重实绩、重实效。由此也可见题名碑于地方政事之重要性。

孔天胤为卫辉府写题名碑是受同年陈澍所请，陈澍于嘉靖二十年（1541）任卫辉知府。孔天胤撰写的这篇碑记经陈澍刻石后，一直立于苏门山。后字迹有脱落，先后任卫辉府知府的郭乾、周思宸再次进行了重刻（万历《卫辉府志》）。

六、浙江提学副使：课士校文，救荒建祠

嘉靖二十二年（1543）初，孔天胤由河南布政使司左参议升浙江提学副使，正四品。

浙江提学副使一任，是孔天胤仕途、人生及学术上的一个关键节点。他在浙江四年，可以说交游更广、影响更大，而他个人的学术思想也基本成型。

浙江领杭州、嘉兴、湖州、严州、金华、衢州、处州、绍兴、宁波、台州、温州十一府，与陕西同为大省，这是两任提学的相似之处；不同之处在于两地的学风和人文。明清江南学风之盛、学术之隆，远非北方所能及，更不会有陕西"三边"那样的教育落后地区。浙江明清为科举强省，有明一代，中进士者超过三千，仅次于南直隶。明人陈汝元《皇明浙士登科考》序中写道："吾浙当天下十五之一，而大魁名贤，肩摩厘接，海内推为首藩。"[①] 到这

---

① 转引自王红春：《明洪武朝首三科浙江举人题名考补》，《明史研究论丛》第十辑。

样的省份任学职，既是平生之幸运，却也是巨大的考验。

所以孔天胤对自己能否胜任，感觉非常惶恐，到任后曾写信向故人周金请教。孔天胤在信中说自己如今"庇承乏浙中，谬司文学之事，念其久当俗吏，旧业已销，一旦负乘，何可堪胜。伏觊尊慈周畀之训"（《与约庵周老先生》）。其中的惶恐是显而易见的。

孔天胤到任的具体时间，《明世宗实录》没有详细的记载，孔天胤文章中称"惟岁癸卯，余奉玺书视黉校浙中，则访诸寅采而禀度焉"（《叙赠大中丞净峰张公初从浙之藩参移广东》），年份在嘉靖二十二年（1543）是可以确定的。具体的月份，他自己的信中又出现了两种说法，一是"癸卯四月抵浙"（《与王端溪翁》），一是"是岁九月，又仗庇承乏浙中，谬司文学之事"（《与约庵周老先生》）。山西分守参政於敖嘉靖二十二年（1543）正月升职离开山西时孔天胤写有赠文，说"公当启节，余亦南征"，并且孔天胤还主持了当年八月的浙江乡试。由此可知四月抵浙较为合理。这一年，孔天胤三十九岁。

在浙江提学任上，有几件事可圈可点。

（一）主持乡试

嘉靖二十二年（1543）秋八月，孔天胤主持了浙江癸卯科乡试。

据《浙江通志》，该科乡试有王宗沐、褚相、褚大绶、赵祖朝、马三才、姜云鸿（即姜子羔）、张凤岐、秦鸣雷、徐学诗、张天复、詹莱、王叔杲、陶承学、王三锡、吴伯鹏、赵锦均、赵祖元等九十人中举，地域几遍全浙。九十人中，后有五十八人陆续中进士，其中褚大绶和徐学诗后分别中会试魁首。该科举人中，还有两位后来中了状元的。一位是临海人秦鸣雷，中举次年即高中状元，后担任南京礼部尚书；另一位是山阴人褚大绶，中举十三年后高中状元。该科举人中，吴伯鹏和赵锦均官至尚书，而副使、参政之类更不乏其人。该科中赵祖元、赵祖朝与嘉靖二十五年（1546）举人赵祖述、二十八年（1549）举人赵祖鹏为亲兄弟。赵祖元中嘉靖二十三年（1544）进士，赵祖朝和赵祖鹏中嘉靖三十二年（1553）进士。

该科中有一代名臣王宗沐，次年中进士，为著名学者，在历史、地理、理学方面都有重要影响。嘉靖三十五年（1556）任江西提学副使，修王阳明祠，建正学、怀玉书院，于白鹿洞聚集诸生，亲自答疑讲学。嘉靖四十年（1561）出任山西布政使，后官至南京刑部左侍郎、右佥都御史巡抚宣府、大同、山西。王宗沐任山西布政使时孔天胤已致仕归汾，得知消息后，孔天胤写信给王宗沐，称"明公道德文章，政事兼隆并茂，海内颙颙争先睹之为快，晋鄙之人，何幸遂得被蒙保厘之惠耶"，并告知当时山西的情况，"惟晋鄙内陋强宗，外迫骄虏，近益敝矣"，相信王宗沐到山西后，"必顺风而翔，含景而熙矣"（《与王敬所方伯》）。王宗沐上任后，有书信寄送孔天胤。对于王宗沐治晋之功，孔天胤称"我公文学政事，玉英而金辉矣，一时社稷生灵之幸乃尔，此文武之道所以不堕也"（《再与王敬所方伯》）。

除了王宗沐，该科举人中还有两位后来出仕山西，被《山西通志》列入"名宦"。一位是海宁人褚相，另一位是东阳人赵祖元。褚相于嘉靖三十五年（1556）出任山西霍州知州，多有善政，孔天胤归汾后和他多有往来，为其善政作有多篇记文。赵祖元后来担任山西按察司佥事、副使，曾在太平县（今山西襄汾县）兴修水利，教乡民使用水车、耕种水田，孔天胤也为其作有记文。该科举人中，文学优长之士比比皆是，仅有文集者就有十几位，如王宗沐、秦鸣雷、张天复、徐学诗、詹莱、王叔杲、陶承学等。

孔天胤在浙江任上，共主持了两届乡试。第二届，是嘉靖二十五年（1546）的丙午科。

据《浙江通志》，该科共取高鹤、王汝述、汤日新、胡儒、杨美益、徐惟辑、陆纶、陈文谟、顾言、俞时及、赵祖述、柴祥、赵镗、沈启原、翁时器、戴汝愚、孙大学等举人九十名，地域上也几遍全浙。后来中进士者有三十七人，秀水人汤日新中嘉靖二十九年（1550）庚戌科会试魁首。虽然总体情况略次于嘉靖二十二年（1543），却也是人才济济。其中江山人赵镗后来官至佥都御史，仁和人顾言官至贵州布政使，归安人陆纶官至四川布政使，鄞县人杨美益官至御史，曾巡按山西。有文集者也比比皆是，如山阴人高鹤有《可也居集》，又曾修《定远县志》。即使后来未中进士者，也多出仕，在各地任知州者数十位，山阴人孙大学（后复王姓，为王大学）曾任山西泽州知州。

对于孔天胤浙江取士的成绩，可谓有目共睹，明人凌迪知在《万姓统谱》

中介绍孔天胤：

> 孔天胤，字汝锡，汾州人，宣圣后裔，嘉靖进士第二。督浙江学校，颇称得士。

"颇称得士"，这个评价简洁到位。

嘉靖二十二年（1543）秋，浙江按察使卢蕙升职离去，新的按察使还未到位，孔天胤曾暂代理该职。此事见于他写给浙江名士项乔的信中："讫试之后，又权管司事，狮山至裁稍脱身。"（《与项瓯东》）他所说的狮山，指新任浙江按察使柯相。

（二）循学课士

从嘉靖二十三年（1544）到嘉靖二十五年（1546），孔天胤曾四度出巡，课士、考选，足迹遍历全浙。浙江幅员广袤又多高山大川，跋山涉水，对提学的身体和毅力也是极其艰巨的考验。然而这四次的循行之路，却又充满奇遇。会见故友新朋，交游当地高士，寻访山水寺观名胜，与同道知己一起讨论学术人生、吟诗作赋，孔天胤在行走中获得了他自己都想象不到的精神成长，这又是非常宝贵的意外收获。

嘉靖二十三年（1544）春，孔天胤开始上任后的第一次循学，历湖州、嘉兴、处州、宁波四府。

在处州宣平县，教谕梁宗鲁[①]曾向孔天胤上所著《学规》，深得孔天胤见重（据光绪《惠州府志》卷三十四"儒林"）。

第二次循学是在嘉靖二十三年（1544）秋，他一路南下，历处州、金华、严州、衢州等府。秋七月，孔天胤自"天台、石梁逾天姥"到达绍兴府新昌

---

① 梁宗鲁，字一东，广东博罗人，嘉靖二十三年（1544）署宣平县教谕。《惠州府志》记载其"砥节砺行，学师圣贤，居处必敬，动遵古礼"。后任广西融县知县，两地均祀为名宦，《惠州志》将其列入乡贤。

县。新昌县先师孔子庙因年久失修毁坏,县令曹天宪重修,从当年十月开始,直到次年正月落成。孔天胤到后"谒先师,课学官、弟子以其道",应诸生所请为之写记,即《新昌县重建先师孔子庙庭记》。

第三次循学是在嘉靖二十四年(1545)暮春。此次循行范围极广,包括严州、金华、温州、台州、绍兴、湖州等府,几乎覆盖了整个浙江。

课士严州期间,恰逢当地乡贤徐怀入乡贤祠,孔天胤主持,并令其孙徐锓负责奉祀之事①。

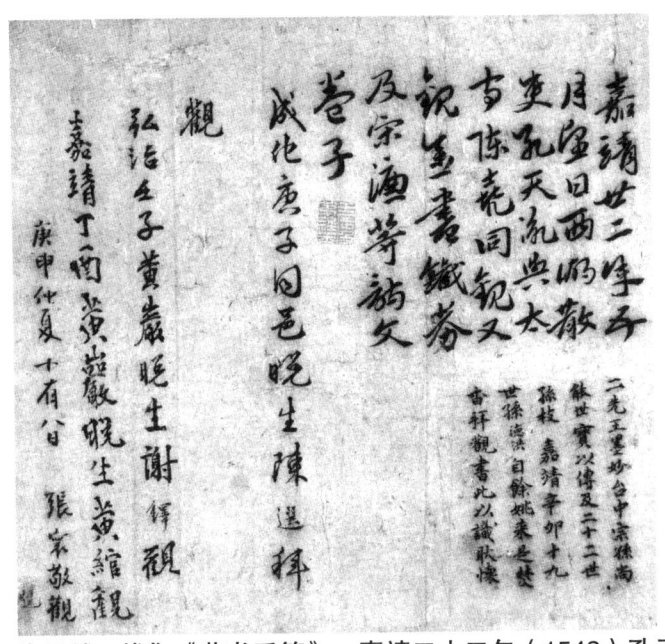

图9 五代吴越王钱俶《草书手简》,嘉靖二十二年(1543)孔天胤题跋

第四次循学是在嘉靖二十五年(1546)。这一次,他主要循行了浙江东北的嘉兴、湖州、宁波、绍兴四府。其行踪,据他写给同年好友赵维垣的《别叙》可知:"前月孟陬,阅嘉湖(嘉兴和湖州)。丙午仲月,余来自嘉湖,

---

① 徐怀,字明德,建德人,天顺四年(1460)进士,官至南京刑部右侍郎,弘治六年(1493)卒于官。史载其"为人耿介,水药自将。居官勤慎,所至洗泽,民人咸德之。历任三十余年,无锱铢之积以遗子孙。清白之操,无愧古人"(万历《续修严州府志》卷十三"人物志一")。

阅宁绍（宁波和绍兴），三月二日也。余行二日，到于会稽。"孟陬即正月，仲月即农历二月。

三月二日到达宁波府。嘉靖《宁波府志》中有关于孔天胤表彰蔡氏贞节的记载（嘉靖《宁波府志》卷四十"列女"）。对孝子节妇进行表彰也是提学分内之事，也算是课士途中的花絮吧。

在宁波府，课士毕即将离开，奉化知县徐献忠送行，孔天胤作诗以示谢意。孔天胤诗今佚，徐献忠和诗《夏日雨中督学孔文谷出奉化有作见示奉次》，称"宪节光南极，文星动远天。道华行处有，藻识镜中悬"，称孔天胤为"宪节""文星"，赞其德厚才高，声名远播，享誉海内。"道华"联，赞其循行传道、选拔人才之功。

在湖州，孔天胤写信给湖州名士刘麟，表达了对这位前辈学者的敬仰之情，还向刘麟谈到了自己在教育上精卫填海的决心：

鄙生宣条无状，正如精卫填海，而士习泛泛洪水警予，非有神禹九年之力，恐天昏地陷莫知止极也。鄙生将衔回木石，戢羽西山，恐伏谒长者，终无晨夕。

不久后，孔天胤收到刘麟寄赠的"教札四件，道义大书二件"，回信表达感谢，并谈到了自己所坚守的信念："'道义'二字，端雅庄严，谨铭座右。"因"牵于俗务"，二人并未见面，孔天胤希望刘麟能够有机会去杭州，自己必会尽地主之谊，"若秋水蒹葭之际，翁不命禅于西湖，某必鼓箧于苕溪之上矣"（《再与刘坦翁》）。

在湖州，孔天胤还为吴山书院选拔了一位教师，叫浦海滨。此事见于刘麟的《送浦海滨擢国子助教序》一文（《刘清惠集》）。在记述浦海滨湖州学官任上"井井然有条理也，厌厌然其能始终也，斤斤然其明哲也，欣欣然其乐人之臧也，戚戚然其忧人之不修也，遇士大夫以礼处，诸士子以恩"之后，刘麟写道："督学文谷孔公以文称雄海内，拔浦子于侪人之中，庭论移日，各诧相见之晚，以礼聘校书吴山书院而简擢。"这也是其在循学途中留下的一段佳话。

（三）救荒祈雨

虽然身为提学只需负责学政，但孔天胤在杭州，也以各种方式，参与了浙江的地方事务。

嘉靖二十三年（1544），杭州大旱，田里无麦禾，粮食严重缺乏，米价上涨到每石一两八钱，道路上随处可见饿殍，即使是富裕的家庭食物也要减半。嘉靖二十四年（1545）随之而来的是比上年更为严重的大饥荒，万历《杭州府志》："二十四年，杭州大饥""秋七月丁卯，杭州大雨雹""百物腾涌，米石价一两八九钱"（万历《杭州府志》卷七"国朝郡事纪下·嘉靖至万历"）。

情势危急，杭州知府陈一贯倾力救荒，却因方法不当反招灾祸。陈一贯，福建福清人，嘉靖八年（1529）进士。陈一贯采用的救荒法，是从富裕之家借米，由僧人于各寺观设粥厂赈济灾民，许多人因过度饥饿而食粥过多，反致大病，丢掉性命的也大有人在。故此有人归咎于陈一贯救荒不得法，陈一贯也在考绩中遭弹劾而被贬官。陈一贯倾力救荒，却落了个被贬官的下场，这个反面教训带来了极坏的影响，从此为官者皆不敢轻易再谈荒政。然万历《杭州府志》作者陈善认为，陈一贯并无大的过错，"救荒无善策，惟发廪与贷之富民"，但由此可能触犯了一些人的既得利益，而一些奸猾胥吏也趁乱从中获利。

孔天胤此时也显出了勇于担当的一面。虽然救荒不是提学分内的职责，但他向巡按御史提出了一条他认为可行的建议。万历《杭州府志》记载：

> 二十四年，杭州大饥，提学副使孔天胤行救荒法。天胤见荒甚，建议于巡台略曰："今民间子弟，欲肄业国子监者，类以不得由学校为耻。议令愿入学者，入米五十石，许其三日即以附学各邑，起选纳银入监籍名，违者黜之。庶稍为饥馑之一济。"按史高懋报曰："兹议荒政、学政两得之，亟举行，勿缓。"天胤惩前食粥过多致疾，命僧于十门五鼓作薄糜，人给一大瓯，不使饱啜，民颇被惠。

孔天胤的办法是让富家子弟以粮食抵学费来充救荒之粮。他提出，民间子弟想到国子监读书的人很多，但限于各种原因而无法入学，以不出自学校为耻，如果这些人愿意拿出五十石粮食用于救灾的话，三日内即可允许其入学校读书，表现不好者可以终止其学业，某些方面类似于现代教育制度中"宽进严出"的理念。巡按御史高懋认为该建议对救荒和教育是两得之举，因此下令紧急施行。孔天胤针对以前饥民一次吃粥太多导致生病甚至毙命的问题，命令僧人熬稀粥，每人一次一大碗，不使其吃饱，大大减少了由此出现的生病问题。

孔天胤的这种救荒法到底好不好？万历《杭州府志》作者陈善评价，用这种方式换米赈灾，本质上与卖官鬻爵无异，"然不忍民死而急为图之"，在极端情况下采取这种措施，也是无奈之举，其情可原。况且，"夫孔公为学使，无民社之责，而曲谋赈恤如此"（万历《杭州府志》卷七"国朝郡事纪下·嘉靖至万历"）。

至于有多少人是通过这样的方式入学的，已不得而知，乾隆《海宁州志》有这样一段记载：

> 明代诸途入监均赴选，人不必尽由纳粟……二十四年岁荒，提学副使孔天允（胤）建议，民间子弟入米五十石，即起送纳银入监……谓之例生。（乾隆《海宁州志》卷九）

可能对教育制度来说，这种方式也有某种程度上的影响。然此事为灾年的特殊办法，过灾年而不能调整，也说明了吏治的僵化。

孔天胤还多次参加了杭州的祈雨活动，写有《祈雨文》《再祷雨文》《祷雨告先正文》。孔天胤记述当时情况："今者雷霆绝响、风雨愆期逾三阅月矣，野草不青，道殣相望。室满啼饥之儿，家垂待哺之老。闾巷悲痛，辗转无聊。仓廪空虚，赈贷莫及。"他祈求神灵"开通山泽，调理阴阳，早施甘澍，一洗叹荒"。虽然祈雨活动未必真能灵验，但在那样的历史条件下，这也是官员所能采取的唯一办法。孔天胤也曾有诗描述此次大旱（今佚），其友邵经济有和诗《苦旱和孔文谷学宪（讳天胤）韵》（《泉厓诗集》卷三）。

孔天胤还写到了浙江右布政使谢兰（山西代州人）在旱灾中的忧虑以及

所采取的措施。

嘉靖二十四年（1545）正月，谢兰从河南按察使升任浙江右布政使，来时正逢杭州大旱，"郡县旱极千里，流莩塞途，守令坐空文不能恤"，谢兰"闵然忧惧，日夜靡宁"（《送浙江右使畹溪谢公赴河南左辖序》）。不仅如此，因为大旱，"藩务殷巨，奸蠹蘖焉"，吏治也出现了混乱的局面。作为一名有经验的官员，谢兰采取了一系列措施，"定令饬彝，删繁举要，剔弊滞，整纷挠，节器用，顺物宜，救灾害，匡困穷"。而谢兰自己"守俭而履恭，居敬而行简"，以个人的才德做出了表率。只过了两个月，"政有象焉，纲纪章也，于是吏民大悦"。谢兰在浙江任上的时间并不长，当年八月即转任河南左布政使。谢兰后来又升陕西巡抚，雍正《陕西通志》记载，谢兰任巡抚时，"上安攘方略，各有条理。居常核军实，恤民隐"。嘉靖二十六年（1547），"秦陇大饥，啸聚山岩，剑阁道阻"，谢兰"请帑赈恤，擒治渠魁，余即解散"，由此也可侧面了解其治世救荒之才。

好在，浙江在大旱之后，终于下雨了。天降甘霖时，孔天胤与邵经济都用诗表达了喜悦之情。孔天胤诗已佚，从邵经济和诗《得雨和孔文谷宗工韵》"斋居夜半灯花发，为报先生《喜雨吟》"，可略见孔天胤久旱逢雨的喜悦心情。

（四）建祠祀贤

作为提学，孔天胤非常注重当地的文化建设。嘉靖二十三年（1544）灾害未行之时，孔天胤还与时任杭州知府的陈一贯改凝真道院为扬清祠，祀浙江乡贤王琦和项麒。

王琦，字文进，钱塘人，永乐年间举于乡。在监察御史任上，治狱平反死囚七十余人；曾任山西按察司佥事，提督学校（被祀为山西名宦），以母忧归。起复四川整饬兵备，因非其好而乞归。王琦为官清白，致仕家居后衣食不给，郡守胡濬赠一百两银子给他，王琦认为无功不受赐，坚辞不受，于是胡濬将其清行上报朝廷，以皇帝的名义赐给他。王琦复辞曰："禄以养士，未闻养民也，无功而食，将无愧于心乎？"官员士绅百姓莫不叹服，后终因饥寒发病卒。项麒，字文祥，仁和人，景泰年间以贡士授南京吏部司务，迁工部营缮司员外郎，成化初以母病乞改南京，授刑部福建司员外郎，升江西司郎中，以病告归。雅操尚洁，不入公府。平湖县令宁浦犯事，去拜访项麒并送上一百两银子，项麒厉声斥道："君事果枉，法司自能直之；苟不枉，则受罪乃其所也。既剥民以自蔑，复以蔑己者蔑人，是诚何心哉！"宁浦面红耳赤，浑身流汗不止。宁浦走后第二天，项麒无疾而终，享年八十有二。

孔天胤建祠事见于田汝成《西湖游览志》。按照田汝成的说法，忠清里本名升平巷，为唐褚遂良旧居。正德十六年（1521）里人胡世宁为都御史，监察御史唐凤仪想为胡世宁建牌坊，胡世宁不同意，建议为"清介绝俗"的王琦和项麒在褚遂良故居的巷口建一小石碑，上写"忠清里"，用于激励后人，唐凤仪照办。"嘉靖十一年，钱塘令王钱立二公神位于褚祠并祀之。嘉靖二十三年，提学副使孔天胤、郡守陈一贯以凝真道院奉二公，题曰'扬清祠'。"康熙《杭州府志》记载与此类似，并补记了嘉靖二十年（1541），陈一贯的堂弟，也是孔天胤同年陈仕贤任杭州知府，曾另外建了一座祠堂，然而过于狭小且简陋，所以嘉靖二十三年（1544）孔天胤和陈一贯商量，把附近的凝真庵改建为扬清祠，以区别于祭祀褚遂良的"忠清祠"。扬清祠落成，陈一贯写有《扬清祠记》。

据康熙《杭州府志》，扬清祠曾于嘉靖二十七年（1548）毁于火灾，嘉靖二十九年（1550）知府孙孟重建。又有文献记载，清咸丰年间，太平军两次攻入杭州，扬清祠毁，丁申主持修复，丁午为此搜集资料编撰了《扬清祠志》。①扬清祠后来又经过多次修建改易，"文化大革命"初毁。

除了建扬清祠，嘉靖二十三年（1544），孔天胤和陈一贯又在斯如里建先贤祠，祀先贤曾子。祠堂后又多次重修，万历十三年（1585）毁，后巡按御史王世扬、傅好礼下檄复建。万历十五年（1587）巡抚都御史温纯、提学副使范惟一、刘东星相继录其后守之。

---

① 孙忠焕主编：《杭州运河文献集成 3·扬清祠志》，杭州出版社，2009 年，第 273~312 页。丁丙、丁申、丁午为兄弟。

（五）为地方事务作记

嘉靖二十四年（1545）冬，杭州府仁和县在谢体升的主持下，对船厂进行了改建。孔天胤写有《浙江改建船厂记》一文。此事《浙江通志》有载："《改建船厂记》，《仁和县志》，孔天寅（胤）撰。"

漕运制度作为经济体系的一个有机组成部分，为整个社会的经济、政治、文化、军事提供了坚实的物质基础和经济支撑。明代造船技术极其发达，造船厂遍布运河沿岸和沿海。孔天胤文中记载，明朝建立以来，浙江漕船或从江苏淮南解料，或在邻近省份招工制作，有时候也由本省制造，经常改变，但都有弊端。后来虽在仁和县的谢村修建船厂，但船厂初期比较简陋，"然厥厂兴于草创，其地高洼，河港间隔，势既难于临视，而官旗商匠利于私便，犹往往散作他所"，因不便于管理，所以常常被用作其他场所。谢体升到任后，着手改建船厂。此次改建，对船厂的位置进行了转移，"置关外板桥地便"；其经费来源，是"变取故厂之值与其扣库之羡"；场地选择，"贾民隙地六亩"。

改建之后的船厂，"中构前堂五楹，左右厢各五间；后堂五楹，左右厢各三间，为部使者督临之所。周方缭以崇墉，前启大门，门东置把总居之，门西置分理亭一所，群有司居之"，这都是便于官员监察；"又栅河两头严其启闭"，加强管理。此役于嘉靖二十三年（1544）冬动工，二十四年（1545）仲春落成，"事尽便宜，官民一无扰焉"。

（六）主盟"西湖八社"

孔天胤在担任浙江提学期间，杭州出现了著名的"西湖八社"，有《西湖八社诗帖》传世。关于八社的起源和影响，《四库全书总目提要》如是说：

> 明嘉靖壬戌（1262），闽人祝时泰游于杭州，与其友结诗社西湖上，凡会吟者八：曰紫阳社，曰湖心社，曰玉岑社，曰飞来社，曰月岩社，曰南屏社，曰紫云社，曰洞霄社。时泰与光州知州仁和高应冕、承天府知府钱塘方九叙、江西副使钱塘童汉臣、诸生

徽州王寅、仁和刘子伯、布衣仁和沈仕等分主之，以所作唱和诗集为此编。分春社、秋社二目，明之季年，讲学者聚徒，朋党分而门户立；吟诗者结社，声气盛而文章衰。当其中叶，兆已先见矣。

四库馆臣认为西湖八社实际上开启了明末党争之先河，而清代杭世骏则将该社作为杭州地区文人结社风雅的一个高峰："武林（杭州）自西湖八社而后，风雅衰息几二百年。"

今检《西湖八社诗帖》，可知"西湖八社"成员如下：祝时泰，字汝亨，号九山，闽人；高应冕，字文中，号颖湖，仁和人；王寅，字仲房，号十岳，新安人；刘子伯，字安元，号望阳，仁和人；方九叙，字禹绩，号十洲，钱塘人；童汉臣，字仲良，号南衡，钱塘人；沈仕，字懋学，号青门，仁和人。"八社"应有八人分主，而成员只有七人，这就是问题所在：七个人，为什么有八个社？孔天胤是否参加了诗社？

"西湖八社"成员之一方九叙在《西湖八社诗帖序》中云："丙午，予尝与田豫阳氏八人结社湖曲，赋诗纪游，今所传《西湖社选》是也。嗣是海隅称兵，词翰路塞，眷怀故社，盖缺焉有间矣。"这里所说的结社时间在嘉靖二十五年丙午（1546）。但《四库全书总目提要》所说的"嘉靖壬戌"为嘉靖四十一年（1562），这又是第二个问题：到底哪一个才是真正的"西湖八社"？

对于孔天胤是否参加了"西湖八社"，如今学术界有不同看法。

今人何宗美认为孔天胤是八社成员："孔天胤参与的是西湖八社中玉岑诗社的唱和，后来他回山西故里，离开了诗社，但仍与社友保持联系。社友对他怀有深深的怀念之情，在收到他的《寄怀》（指孔天胤《寄怀玉岑诗社》）一诗后，诗社专为他举行了一次诗会，社友各赋一篇以答之，这实际上是一种超越时空的特殊的唱答，说明诗社的活动并不完全受到时空的限制。"①

而王文荣则认为孔天胤未参加成立于嘉靖四十一年（1562）的"西湖八社"，参加的是嘉靖二十五年（1546）的"西湖书社"。"西湖书社"成员包括方九叙、田汝成、沈仕、李元昭、童汉臣、张太华等七人，"如果加上

---

① 何宗美：《明末清初文人结社研究续编》，中华书局，2006年。

孔天胤，则西湖书社的人数即为八人，正与方九叙所说丙午之社的'八人'之数相符"。他认为，"西湖书社"成员和"西湖八社"成员有交集，但不完全相同，比如田汝成在嘉靖三十六年（1557）已经去世，故不可能参加"西湖八社"；李元昭生卒年不详，或许也已故去。因此"西湖八社"部分成员除了源于"西湖书社"外，还必有其他诗社人员参加。

王文荣认为孔天胤不仅参加了嘉靖二十五年（1546）"西湖书社"的活动，而且是书社主盟人。他的依据是高应冕《答孔文谷见寄之作》一诗：

三晋风流老宪臣，十年闲阁谢丝纶。云山曾结同心社，桃李犹含异地春。忆别忽惊容鬓改，感时空负岁华新。怜君绿野高秋兴，还念西湖旧主人。

他认为此诗明白地说出，孔天胤在"西湖八社"活动之时已经退职家居至少十年了。至于说"曾结同心社"，说明孔天胤此前曾在西湖与高应冕等人结社唱和。"在嘉靖中期，文人与当地官员共同结社唱和是一个相当普遍的现象，如果有官员参加，通常情况下，该官员常常成为社团的主盟者，高应冕所云'西湖旧主人'或许可以表明孔天胤曾做过西湖书社的盟主。"[①]

今检《西湖八社诗帖》，可见其中附有一首孔天胤写给玉岑诗社的《寄怀玉岑诗社》：

莲社千年变诗社，江山文藻别为春。卷中珠玉传高咏，图里冠裳见伟人。望极瑶峰树若荠，梦回瑶圃草如茵。游鱼亦有声音趣，欲往从之溯广钧。

此诗也见于孔天胤《孔文谷诗集》卷四。莲社本为以念佛为主的团体，是佛教净土宗最初的结社，因慧远大师在庐山东林寺修行时，院中广种白莲，

---

① 王文荣：《关于西湖八社的几个问题考辨》，《山西师范大学学报》，2015年第1期，总第42期。

以莲花分九品次第接人，故称莲社。玉岑诗社是由方九叙主持，收到孔天胤诗，除沈仕外，六人各自和诗一首。沈仕当年可能没有参加这次活动，但曾多次寄诗给孔天胤，隆庆元年（1567）还欲到汾州拜访，孔天胤写有《寄答徵君沈青门先生，与徵君别二十四年矣，今年得濮上九月寄音，有千里见访之意，因赋此寄答》一首。

　　除上文所引高应冕之诗，其他五人和诗中，多有孔天胤曾参加"西湖书社"甚至"西湖八社"的一些信息。祝时泰诗中有"九苞羡尔为仪早，五斗怜予入社迟"，似可说明孔天胤曾主盟西湖书社，而自己当时还未加入；王寅诗中有"使君揽辔临安暇，社结林逋废宅傍。别去湖山遗丽藻，后来觞咏觉荒凉"句，"结社"二字似也可证孔天胤在西湖结社之事；刘子伯诗中有"激烈当年侍我师，于今卧辇更无为。鹓鹐曾忝云霄誉，蟠木今惭匠斧遗"，可知当年曾师事孔天胤，孔天胤曾为其斧正诗歌；方九叙诗中有"箧中共宝陈遵牍，门外空传叙夜车。已打荆扉朝夕望，汾阳消息竟何如"，可知众人对孔天胤所寄诗书的珍视，以及对汾阳消息的牵挂；童汉臣诗中有"劳君千里掷瑶琼，云树迢迢隔社盟。汾水月明来雁梦，吴峰秋晚插萸情"，"隔社盟"似也隐含着孔天胤遥列"西湖八社"成员之一的信息。童汉臣甚至希望孔天胤有朝一日能够再游浙江，"何日西湖一樽酒，倒骑白鹿过山城"。

　　在此我们也仅能做一些推测，得出如下两个结论：第一，孔天胤应该如王文荣所说，确实为嘉靖二十五年（1546）"西湖书社"的成员之一，甚至就是主盟人；第二，成立于嘉靖四十一年（1562）的"西湖八社"，正式成员只有七人，加上孔天胤正好为八人，这从孔天胤诗歌被附于《西湖八社诗帖》末端，有六位社员各自的和诗也可知其一端。当然，真实的情况也许永远是一个历史疑团，恐怕只有当时的亲历者知道吧。

　　孔天胤致仕汾州后，与浙江诗人群体依然保持着联系。

　　万历二年（1574）孔天胤七十寿时，收到了来自全国各地的祝寿诗。孔天胤写于万历三年（1575）的寄谢诗中，有《寄谢张东沙、范东溟、吕南渠、陈抑庵、马松里诸老见寿》。张东沙，即张时彻（1500~1577），浙江鄞县人，累官南京兵部尚书；范东溟，即同年范钦；吕南渠，同年吕本；陈抑庵，曾以山西左参政分守冀南道驻汾州的老友陈洪濛；马松里，浙江仁和人马三才。

检马三才《自由堂稿》万历二年（1574）甲戌卷，可见《文谷孔师七十寿章三十韵》一首。这是马三才诗集中最长的一首，共五十六句。其中有诗句总结了孔天胤的才情及教化陕西、浙江之功：

> 词赋追风雅，文章迈汉秦。三关扬藻鉴，两浙荐陶甄。扬历风猷著，勋劳屏翰匀。斗山驰誉望，桃李竞纷缤。

诗末曰："临风歌短曲，万里附双鳞。"表达了远隔千里的祝福。

孔天胤万历三年（1575）还有《寄谢沈句章、范阆峰、刘望洋三隐君见寿》一诗，可知万历二年（1574）为其写祝寿诗的，还有沈明臣、范阆峰、刘望洋。沈明臣，字嘉则，号句章山人，浙江鄞县人。范阆峰，隐士。刘望洋，即刘子伯，浙江"西湖八社"成员之一。

特别是"西湖八社"成员之一沈仕，还寄来了一幅画，令他在观画中，仿佛重回西湖，闻钟上竺。在《寄酬沈青门以诗画见寿》中，孔天胤写道：

> 遥忆江门老谪仙，高踪偃蹇思悠然。心空上竺闻钟地，目迥西湖看月天。五岳旧游移入画，六文精藻韵成篇。前秋遗我双鳞素，怀袖时时发彩烟。

这段珍贵的西湖情缘，也成为孔天胤晚年温馨的回忆。

（七）四十岁的心路历程

孔天胤的四十岁是在浙江任上度过的，这一年，他经历了一段特殊的心路历程。

孔子对人生的四十岁非常重视。在《论语·子罕》篇中，孔子说："后生可畏，焉知来者之不如今也？四十、五十而无闻焉，斯亦不足畏也已。"后生可畏，但如果这"后生"到四五十岁还没什么成就，声名不显，那也就没什么可畏的了。孔子更多是把四十岁作为一个界限，而五十岁则是一个上限。这也正是令孔天胤感到焦虑的原因。

这一时期，孔天胤在给多人的信中，都提到了"四十无闻"的焦虑。在给昔日恩师陈讲的信中，他说"且今年四十即已无闻，况复后来？聪明益有所不逮耶，诚负明教甚矣"（《与陈中川宗师》）；在给同年谢九仪的信中，他说"秋当四十，痛感无闻"（《与谢右溪年丈》），再次表达了对学问无成的焦虑；在给同年蔡汝楠的信中，他说"不谷冉冉而老，即已无闻，又冒此文司不能引去，益可姗已。门下其何以教之？"（《与蔡白石》）他同样也把这种焦虑情绪传递给了同年好友钱薇。孔天胤循学到嘉兴海盐县时曾前去拜访，二人促膝长谈："三宿剧谈，不遑寝息。盖遇心朋，不觉忘情世外，安知劳倦也"①。

对于孔天胤四十岁的困惑，钱薇写了《论四十不惑与孔文谷》与他讨论。钱薇认为，孔天胤并不像他自己说的那样"无闻"：

  吾同年丈孔文谷，汾人也，其诵法夫子与人同，而其得诸心、体诸身，发挥其蕴藉每与人异，方未四十已能摅露所有。登明庭奉大对，天子擢居一甲，旋受命而来督学吾两浙，夫未四十之时已潜窥不惑之蕴而献之当宁（指皇帝）。今自四十而往，所以淑吾髦士，由浙而暨海内，其教无穷，其泽无尽矣。

孔天胤已颇有闻于当世。一是在读书上，他同样和别人一样以孔子儒家典籍为本，但所得所悟所发挥都和别人不同，不到四十岁即已有自己独到的见解；二是当年登天子之堂廷对，以一甲赐进士及第，不到四十岁已有诸多有益的见解献于当朝，可谓闻名天下；三是掌教两浙，颇有建树，其声名、教育思想和方法，已由浙江传至海内，惠泽无穷。更何况，孔天胤来自山西，山西素来有着深厚的文化积淀：

  汾晋之间，高山大岑，不异泰岱，英贤时起。时有王文中

---

① [明]钱薇：《与孔文谷督学论〈通鉴〉书》，《海石先生文集》卷十三。

氏，以王道陈阙下，退而续经，以继圣绪。我明有薛文清氏，以圣学入赞，密勿救正为多。文谷继之而兴，显名当代，而且年届四十，自今以往，皆入圣之基也。

钱薇将孔天胤定位为继王通、薛瑄之后的山西学者。孔天胤如今年届四十，而四十岁是"入圣"的重要阶段。一个人能够将其以往所学收拢归口、有所著述，就是从四十岁开始的。钱薇说，自己如今四十三岁了，对此也"自省懵如"，反而希望孔天胤能为其指点迷津。

特别需要说明的一点是，孔天胤在浙江时期，开始自觉运用了"河汾"二字以标注自己的身份。在他所刻书籍、所写序言中，落款大多为"河汾孔天胤"，而非以前的"汾州孔天胤"或"太原孔天胤"。他将"河汾孔天胤"作为自己的身份标志，表达的是他对于山西深厚的学术文化的高度认同和自觉承继。

钱薇的一番论述，让孔天胤"四十岁心结"稍得缓解。

孔天胤在浙江的任职，以其母病故而告终。新郑县君卒于嘉靖二十五年（1546）三月十四日，享年六十有三（《孔麟新郑县君墓表》）。噩耗传来，孔天胤急归奔丧。关于孔天胤这次奔丧之情状，钱薇在《奠孔母夫人新郑县君》中写道："哀音忽仆，督学登途。大教孺慕，出涕滂沱。士子群奔，莫攀素车。"熊过在其祭文《祭新郑县君文》中则写道："维嘉靖二十五年（1546）岁次丙午月日，浙江按察司提学副使文谷孔公以母郡主之丧，瞻云靡及，戴星而奔，其友等睢言阴教，哀此棘人，杼忱致奠。"（熊过《南沙先生文集》卷七）

七、陕西、河南布政使：助开马市，忧心国事

嘉靖二十九年（1550）忧满，孔天胤起复陕西，任陕西布政使司左参政，从三品。这年，孔天胤四十六岁。这是他第三次到陕西任职了。

孔天胤第二个号"管涔"，就是本次到陕西后开始使用的号。"文谷"是水，"管涔"是山，他这是在生命的深处，切入故乡山水。从另一层面来说，"文谷"仅流经交城、文水、汾阳、孝义诸县，而"管涔"所代表的汾河却是黄河的

第二大支流，由晋北的管涔山到晋南的河津市几乎纵贯整个山西。宦游在外，孔天胤是在内心，把整个的山西山水都融会到了自己的生命结构中，并将其作为自己的身份符号。

（一）庚戌之变

此次孔天胤在陕西一共待了五年，期间经历了两次升职，都是在嘉靖三十年（1551），第一次是由陕西布政使司左参政升陕西按察使司按察使，由从三品升为正三品，职责也由负责行政的分守道改为负责全陕之司法刑名。事记于万历《陕西通志》"职官·按察使"："孔天胤，山西汾州人，进士，历佥事、副使，嘉靖三十年任。"第二次是由按察使升右布政使，由正三品升为从二品。孔天胤有文章称"嘉靖辛亥……时余谬从陕之廉使，移布政右使"（《〈白雪阳春〉序》），"辛亥"即嘉靖三十年（1551），"廉使"即按察使。这次升迁，他再次回到行政职位。同一年连升两级，一来说明当时朝廷特别是陕西正值用人之际，二来也说明孔天胤在陕西之政绩突出。

嘉靖二十九年（1550）六月，俺答率军犯大同。八月，大举入寇，"京师戒严，薄都城"（《明史》），史称"庚戌"之变。兵围京师，俺答提出了"通贡互市"的要求，希望与明王朝恢复正常的边境交易。

据《明史》，在弘治十七年（1504），蒙古与明朝之间一直存在的朝贡关系中断，边患便愈演愈烈。从嘉靖十一年（1532）到嘉靖二十八年（1549），蒙古曾屡次提出互市要求，先是小王子，后是俺答，但都被明王朝拒绝。使事情更趋向于恶化的是，嘉靖二十一年（1542）和嘉靖二十五年（1546），明王朝"杀使绝贡"激怒俺答，招来更大规模的入侵。嘉靖二十六年（1547），俺答派特使李天爵第五次提出通贡之请，明世宗不仅不允，还下旨以后边臣不得"代为闻奏"，"通事人役违法启衅者处以重典"（《明世宗实录》）。嘉靖二十八年（1549），俺答又"束书矢端，射入军营中"求贡，明世宗再次拒绝。从嘉靖二十九年（1550）之后，俺答年年进犯，无岁不入，再加上倭寇犯海上，国家陷入战乱之中。

孔天胤就是在这种情况下到陕西上任的。他这样描述当时陕西的情况：

"迩来西北多事，而关陕之为殷；四方灾馑，而关陕之为甚。天下民力凋劫，奸宄萌滋，吏治之弗胜也，而关陕之为尤。"（《赠中丞印台傅公进少司空还朝序》）这一方面是因为陕西有着重要的战略意义，"惟陕之重，东抗河山之阻，南控郧汉之岩，西阗巨羌，北堵强胡，中峙八郡，间树大藩戎马之会，屏翰之雄，而京邑之右臂也"；另一方面百姓又深受边患和藩府供奉之苦，"百姓之供边者六，而匮其三，供藩府者四，而匮其二。而后民用凋劫，吏治之艰难也"（《贺大中丞樵村贾公巡抚陕西序》）。

任陕西左参政期间，孔天胤曾写信向经常"与士大夫讲方略、论战守"且"谙知九边要害"（雍正《陕西通志·人物》）的南京国子监祭酒王维桢（陕西人）求教。因孔天胤陕西期间的大部分诗歌和前期书信散佚，我们只能从王维桢的回信中了解这次通信的内容。

回信中，王维桢对孔天胤谈及当时寇乱为剧的情况以及仇鸾等人防守的无能，表达出一种异常焦虑的情绪。他认为，当时明朝廷与蒙古军队的强弱情况一目了然，而朝廷上下对此议论纷纷却不解决实际问题，令他非常气愤："议者，疑也。国有举措，可者半，不可者半，则议之，谓议之则是非决矣。今胡骑侵轶明明知强，我兵倒戈明明知弱，强斯推之，弱斯振之，何议之为？"强弱情况一目了然，有什么可议论的？推强振弱，行动比议论更重要。他在信中表达了自己的激愤和焦虑："仆拊膺痛肠，弗能少宁者也。夫国有危急而众共忧之，是何忠者之盛也；比及任事而复相推毂，又何让者之多也。"议论者多而可任可者少，遇事挺身而出者少而互相推诿者多，令他激愤焦虑莫名。他对孔天胤说，谈到国事，不觉"触目激衷，至废眠食，引纸摇笔，不觉烦赘"，还希望孔天胤"不以为诞谩"（王维桢《答孔文谷大参书》）。

可以看出，王维桢向他传递的是朝廷当时的情况，且有一种失望忧虑的情绪，似乎没有为其提供任何有价值的主意。

（二）循行咸阳

嘉靖二十九年（1550），孔天胤循行至咸阳，适分巡副使张涣督修咸阳周文王、武王陵寝及周公、太公墓成，受知县孙湛所请，孔天胤作《重修周文王、武王陵寝及周公、太公墓祠记》。

中国儒家知识分子向来主张"祖述尧舜，宪章文武"，尧、舜的人格魅力是天下知识分子希望后世帝王能够具备的优秀品质。尧、舜之后，周文王以百里之地而天下追随，周武王讨伐暴纣而重建清平之世，成为后世的圣王典范；周公、太公是周武王重要的辅佐力量，助其灭商也助其治国理政，是天下贤相的典范。圣君贤相，正是中国儒家知识分子心中不倒的理想旗帜。而文王、武王、周公、太公陵寝墓祠在咸阳，"咸阳之北，毕原之上，有周文王、武王之陵在焉。而周公、太公之墓，亦在于是"，咸阳修而饬之，其意义一方面在于文化建设，另一方也是要在国家遭逢外族入侵的战乱之中给当地官民一种精神信仰：文武未坠于地，文武在兹，一切都会安好。

此墓祠记，万历《咸阳县新志》及雍正《陕西通志》俱载。

（三）助开马市

嘉靖三十一年（1552），在陕西总督王以旂的推动下，延绥、宁夏马市开。其时，孔天胤已升陕西右布政使，因参与其事，得到了朝廷嘉奖。《明世宗实录》嘉靖三十一年（1552）正月：

> 以延、宁马市成，赏原任陕西巡抚鲍象贤、巡抚贾应春、布政孔天胤银币有差，通事猛忽儿等升一级。

《明史·王以旂传》："延绥、宁夏开马市，二镇市五千匹。其长狼台吉等约束所部，终市无哗，以旂以闻。"有王以旂在，马市就能正常运行。虽然后来朝廷下令关停所有马市，但王以旂在陕西任上所维持的马市，依然为陕西的边防安宁及蒙明外交关系的正常化做出了重要贡献，也使陕西官民一度免受战乱。作为陕西右布政使，孔天胤也起到重要的辅助作用。

（四）关中得子

嘉靖三十年（1551），孔天胤在陕西任上喜得一子。这一年，他已四十七岁。

孔天胤母忧期满初入关后，在给同年谢少南的信中，称"忧殇之余，多病且衰，嗣且未立，抱关以来，益复无绪"（《与谢与槐少参》）；致仕后给王崇庆的一封信中，称"小儿七岁，小女十岁，足娱目前"（《再与端溪翁》），可知其时已有一女一子。孔天胤刻于万历四年（1576）的《文谷渔嬉稿》中，有《儿阶生日诗以勉之》一首，首句称"年当五五学何如，可是趋庭效伯鱼"，"五五"指二十五岁。由此可推知孔阶生于嘉靖三十年（1551）。此前孔天胤已有一女，当生于嘉靖二十七年（1548）汾州期间。

孔阶出生之前，孔天民已有子孔阳，这从王崇庆后来所写墓表中名字的排序即可看出："孙男四，曰阳，曰阶，曰陛，曰陞，俱幼学。"（王崇庆《孔麟新郑县君墓表》）孔天胤一生只有这一子一女，孔天民共有三子，分别为孔阳、孔陛、孔陞。

孔天胤四十七岁得子，自是人生大事，他多年来"四十无儿""子嗣不立"之类的感叹从此可以休矣。当时同任关中的同年苏志皋为画《古桂双喜图》，并作题画诗曰：

古桂花重发，云荪蔓女萝。灵禽相对语，佳气晚来多。①

孔天胤任职陕西期间，苏志皋任陕西左参政分巡关内道。孔天胤与苏志皋情感上最为相通之处，便是二人均曾任颍州兵备。

苏志皋贺诗中写到的古桂花发、荪蔓女萝、灵禽对语，都是吉祥意象。而"佳气晚来多"一句，更是称贺其四十七岁得子之福。

陕西兵备副使张瀚也写诗祝贺。其《贺孔右使诞子》其二曰：

清夜梦熊罴，嘉辰弄掌珠。渥洼龙是种，舟穴凤鸟雏。在篚经堪授，悬弧志不孤。迟余具汤饼，莫惜倒银壶。（张瀚《奚囊蠹馀》卷六）

---

① ［明］苏志皋：《自画古桂双喜图为同年孔文谷天胤题》，《寒村集》卷一。

"梦熊罴",也作"梦熊",生男孩的代称。典出《诗经·小雅·斯干》:"吉梦维何?维熊维罴……大人占之,维熊维罴,男子之祥。"宋王安石《思王逢原》诗:"又说当产子,产子知何时?贤者宜有后,固当梦熊罴。"张瀚以此典故,祝贺孔天胤生子。渥洼,指代神马。唐韩琮《公子行》:"别殿承恩泽,飞龙赐渥洼。"神马凤鸟,皆祥瑞之物。第三联,张瀚祝贺孔天胤从此所学有传人,济世有同道。

(五)主持乡试

嘉靖三十一年(1552)是乡试之年,孔天胤为当时主考官代作了《陕西壬子科乡试录序》。

序中记载,尽管处于蒙古兵入侵之际,但"克慎厥事"却是必须的,因为在朝廷用人之际,作为明年会试、廷试之初选,这一次考试至关重要。因而陕西官员从上到下,从职在教育的官员到其他部门官员,全都对这件事高度重视。孔天胤文集中《陕西壬子科乡试录序》一文,参与人员的名字全部略去,只以"某"代,今检嘉靖三十一年《陕西乡试录序》,可还原其全貌:"巡按监察御史姚一元寔监临之御史按部","提调则布政使张臬、左参议张铎,监试则按察使李冕、副使殷学,其诸执事咸秩如虔如惟,式画既已昭矣,乃进巡按监察御史刘世魁、提学副使谢少南所简士二千有奇,三试之,得中式士六十有五人,文若干篇,遵制录献"。两千余人,三次考试,最后得六十五人,按比例在百分之三左右,即每百人中仅选三人,可见考选之严。

此次乡试还得到了朝廷及全陕各方官员不同形式的支持。这份名单,也为历史保存了一份珍贵资料,让我们看到此年陕西各方官员为人才之选拔各自付出的努力。

孔天胤在陕西期间,刊刻图书多部,此事将在后文"图书刊刻"部分详述。

(六)升职河南

嘉靖三十三年(1554)春,孔天胤由陕西右布政使升河南左布政使,其

陕西右布政使一职由同年何其高继任。嘉靖《河南通志》"职官·左布政使":

> 孔天胤,汝修(锡),汾州人,进士,嘉靖三十三年(1554)任。

离开关中前,张瀚又写有《关中送孔左使之河南》(《奚囊蠹馀》卷六)一首。诗中说:"扑人桃李盈栏槛,四壁辉光图与书",孔天胤在陕西已遍地桃李,而他两袖清风,唯图与书;然而尽管在陕西待的时间长,其教育理想却并未尽皆实现:"新丰斗酒青门楼,十年笑共三秦游。传经未遂关尹愿,骊歌已促离人忧。"如今即将离开陕西前往河南,同样是荣回故地,"黄河东去出三门,萦回伊洛到梁园",一定会受到热烈的欢迎,在河南也会再续佳篇。

孔天胤在河南任上之事,未见更多文字记载。《送黄翠岩宪副出曹门》是目前发现的孔天胤任河南左布政使期间唯一一首诗。该诗《孔文谷诗集》未收,见于清人赵瑾编选的诗集《晋风选》[①]。此诗赠河南布政司参议黄洪毗(曾任巡按山西监察御史),时升江西副使。诗曰:

> 曹门东望水如烟,画舫连天势欲仙。材睹豫章应目信,人离叔度果谁贤。诗情一付蒹葭里,剑气遥瞻牛斗边。君到江南忆江北,可堪春草绿芊眠。

曹门在开封,始建于唐朝,后梁改名为建阳门,后晋改称迎春门,后周改为政和门,宋代命名为迎春门,明代又称为仁和门,俗称大东门,因为通往曹州,故称曹门。

致仕汾州后的嘉靖三十五年(1556),孔天胤为河南临漳县创建邺二大夫祠及临漳知县路王道上京考绩写了(《创建邺二大夫祠祀》)(《赠坦斋路公考绩之京序》)赠序。当时临漳知县路王道派人送信给孔天胤,说"公旧岳牧,又尝分守兹郡,其记言以表之碑"。您曾经做过河南左布政使,还

[①] 《晋风选》,清人赵瑾编选,顺治十七年(1660)刊本,美国国会图书馆有藏。

做过分守河北道,临漳就是您的辖县之一,您来写这碑记,是再合适不过了。

这一年,他还为曾任河南左布政使的故人张甕,作《南溪小隐图序》,时张甕已致仕。

这是他此次与河南交集为数不多的痕迹。

八、被纠"闲住"与退归生活

(一)乞休未被允

早在嘉靖三十二年(1553),四十九岁的陕西右布政使孔天胤就向朝廷递交了《乞休疏》,请求致仕。乞休的原因,是生病。当然,这病,一是生在身上的,一是生在心上的。生在身上的病,他在《乞休疏》中写得很明确:

> 嘉靖三十一年(1552),忽得阴虚火动病症,痰喘怔忡,几于委顿。调理数月,方克勉强视事。延至今春,前病又复举发,痰喘变而为膈塞,怔忡转而为健忘。形神销愈,职务废弛,经屡月矣。迎医诊疗,佥谓此疾决非旦夕可瘳。

这病算来已有一年多了,前次犯的时候,症状最严重的时候差点都起不来了。调理了一段时间,勉强可以带病工作了,可如今病又犯了而且更严重了,严重到了怔忡健忘、形神销愈,关键是耽误工作,而医生说,这病绝不是短时间内可以治好的。后文还有更严重的句子,称"病渐危笃,命将先于朝露";假如真是那样,希望狐死首丘,能卒于家中。孔天胤向朝廷请求:"伏念臣一介草茅,荷蒙圣明收录,随例外补,遍历两司,二十年间,遂已满秩,誓当竭身图报,终效犬马之劳,不意分过灾生。""满秩"是说,按照明制,王亲为官的顶点就是布政使,再上则为侍郎、巡抚、尚书之类,这些于孔天胤都不可能。他还向朝廷保证:"倘得延喘息之余年,安止足之常分",一定安分守己,绝不会惹是生非。

身为一省之布政使，身心之劳那是一定的，生病也是可能的，但情况是否真如《乞休疏》说的那么严重，就不太好说了。也就是说，这"病"，更多生在心上。这从他给老上司葛守礼的信中可见端倪。葛守礼时任吏部右侍郎，他请求葛守礼能够准许自己致仕归田：

> 某不才，辱明公知遇之日久矣。兹陈疾乞休，乃区区引分知止之行。故朝上疏，暮离省，绝无逗留顾望之私，惟觊得蒙题核准行耳，不然得为齐民，亦返自然也。山间林下，啜菽饮水，览卷看云，以淹余岁。无步兵痛哭之讥，而有渊亮赋归之乐，则明公之赐及鄙人者远矣。（《与葛与川吏部》）

他说，自己陈疾乞休，是"引分知止之行"。这六个字，语浅而意深。《周易·乾·文言》："知至至之，可与言几也；知终终之，可与存义也。"当往则能往，其人可与之论事之幽微；当终则能终，其人可与之存问道义。他归去的愿望非常迫切，甚至到了"朝上疏，暮离省，绝无逗留顾望之私"的程度。而对于归田后的生活，他也做了美好的展望，游悠山林，吃着野菜喝着溪水，读读书，看看云，如《论语》中孔子所说的，"饭疏食饮水，曲肱而枕之，乐亦在其中矣。不义而富且贵，于我如浮云"。他还举了两个典故，一个是阮籍阮步兵，《晋书·阮籍传》记其对世事极度悲观，"时率意独驾，不由径路，车迹所穷，辄恸哭而反（返）"，引世人讥讽；另一个是陶渊明，归田后"采菊东篱下""戴月荷锄归"，还写有《归去来兮辞》《五柳先生传》《桃花源记》等千古佳文，极言归田之乐。他说不会学阮籍的痛哭，而会效渊明种田赋诗之乐。

然此次乞休，并未被朝廷允许。

（二）被纠"闲住"

嘉靖三十三年（1554）十二月，前任陕西右布政使孔天胤与现任陕西右布政使何其高，被弹劾贪污，勒令"闲住"。这是孔天胤从政二十二年来，遭遇的最大的一次打击，甚至可以称之为浩劫，它也给早有退隐之心的孔天胤造成了严重打击和伤害。

此事今见于《明世宗实录》的几句简单记载。《明世宗实录》此年十二月庚午：

> 令浙江按察司副使陈宗夔，陕西右布政使孔天胤、右布政使何其高闲住，各坐贪污，为巡按御史孙慎、吉澄所纠也。

纠，发举。《尚书·冏命》："绳愆纠谬。"孔颖达疏："绳谓弹正、纠谓发举。有愆过则弹正之，有错谬则发举之。"这句话其实记的是两件事，一件事发生在浙江，另一件事发生在陕西。发生在浙江的巡按御史孙慎弹劾按察司副使陈宗夔贪污之事我们在此可不必深究，单说发生在陕西的巡按御史吉澄弹劾前右布政使孔天胤、现右布政使何其高"贪污"之事。

史载吉澄于嘉靖三十二年（1553）巡按陕西。孔天胤最初对这位巡按御史印象很好，"闲住"汾州之后，他的同年，时任山西右参政的王廷修书问候，孔天胤说到自己对吉澄的最初印象："仆始以吉山泉（吉澄号山泉）为君子路上人也。"然而显然是以君子之心度小人之腹，"乃今我不知彼焉，能令彼之知我耶？"孔天胤甚至认为自己最初把吉澄当作君子人是"一大可笑"之事。孔天胤与吉澄之父吉陈相识，因而也算是故人之子，被其弹劾，尤为愤懑。对于这次"贪污"事件，孔天胤深为抱屈，他对王廷说：

> 仆缉学三十载，不敢自谓善人，然实不为恶，此心谁可欺者？诚不意横被疵贱，一至于此。但仆灰心世路已非一日，今天盖假手于人，令得悬解耳。差足自乐也。（《与王南泯年丈》）

三十年来向圣向善，即使做得不够好，却也绝不会存心为恶。此心不曾欺天，又如何会欺人。所以，对于劈空泼来的一盆脏水，他认为是受到了天大的污辱。但他又以此自嘲，觉得这是上天对自己长久以来灰心仕途的一种惩罚。

孔天胤接到"闲住"通告后,未向继任者交接便愤然离任。他这回是有点豁出去了,但他也料到此激愤之举会带来更大的麻烦,他对王廷说:"若彼以我离任不辞之故辄肆策诬,是大无忌惮者也。"随他去吧。"仆之五内何不清凉",内心坦荡,何惧他人诽谤。

除了王廷,还有一些同道知己写信慰问。孔天胤在给王廷的信中说:

> 水东公相处不多,然于仆之心迹未必无睹,兄试一访,问有不然者乎?张元洲亦惠书唁慰,痛仆受无情之谤,仆报以恶言满纸,皆平生梦念所不到。吾谁欺,欺天乎?元洲乃固信之,此足为知己矣,仆死复何恨哉。

水东公,指山西巡抚闵煦。雍正《山西通志》"名宦":"闵煦,直隶任邱(今河北任丘市)人,嘉靖间以进士任山西提学佥事。先器识后文艺,以修明教化为务,尝取晋名宦乡贤,汰伪存真,辑《正祀考》一书……后历山西按察使、布政使,后为巡抚,胥为晋人爱戴云。"张元洲,指陕西时期的同僚张瀚。一向颇有君子之风的孔天胤,估计也是生平第一次,"报以恶言满纸,皆平生梦念所不到"。

但这种情绪,孔天胤在生活中极少流露,也极少向他人辩白,只是因为知己者存问,所以一倾衷肠:"仆自罢归,绝口不谈是事,兹后及之,以知己者之问答一长鸣耳。"

何其高无文集传世,他在此事中的是非曲直,只能尘封于历史的深处了。

此番被勒令"闲住",是孔天胤仕途的终结。虽然以这样的方式归来多少有些不甘,然自己灰心仕途已有多年,如今天假于人之手使自己归来,也总算是可以不再四处奔波了。

(三)身在林下,心忧国事

归田后的二十七年间,孔天胤在汾州陆续营建了几处颇具诗情画意的园居,成为他身体和精神的归宿,也是他和众友人诗情栖居的家园。由其文集可知，嘉靖三十七年（1558）建"寄拙园"；嘉靖三十九年（1560）筑"愚公园"，同一年筑"文苑清居"，并在文苑清居东边增置"东树园"；隆庆五年（1571）筑"兰雪堂"；万历二年（1574）筑"翠虚亭"。这些园、居、堂、亭，其形制、名称，无不表达着主人的心志，寄托着主人的情思，也书写着因之而生的佳话。每增置一处，孔天胤都要作诗文以记，述其名称来历及其中的寓意。

享受归田之闲、亲友之乐、园居之趣，这只是孔天胤归乡后的精神底色。由此出发，他作为一位德高望重的乡绅，与地方事务有着千丝万缕的联系。他关注民生，关心雨旱，对于雨旱对百姓田园的影响，他也有了切身的感受。一首《忧旱》诗中，他写有"省躬一何苦，蓄意乍若煎""徒闻发棠日，未见煮粥烟""留侯善辟谷，不向饥人传"之句，是他对自己农田花事的焦虑，更是对饥民的担忧。

孔天胤关注地方事务的另外一些表现有：为汾州甚至山西的重大事务撰写碑记，为有善政的官员撰写德政碑；与省级官员保持着各种联系，常有省署官员到汾州拜访；关注教育，与主管教育的官员及当地学官关系密切，关注各地庙学修建、学田开辟事宜；在"丁卯寇乱"及"隆庆和议"等重大事件中，记载各地修备之事，并发表了自己的看法；修《汾州志》八卷，为《山西通志》和《介休县志》作序；参加王府诗社活动，自己也结有诗社，为王府开列书单，为王府诗文集撰写序言，推动了当地的文化建设，等等。

特别是孔天胤在汾州的二十七年间，以文字的形式记载了近百位汾州官员。而孔天胤版的"名宦"与《山西通志》《汾州府志》这样的官方志书，有的是重合的，有的是独属于他自己的表述。他的文字中树立"名宦"的标准，就是国计民生。仅以汾州为例，对于那些为汾州城池的建设、吏治的清明、学风的端正、百姓的安康做出过重要贡献的官员，孔天胤或为其赋诗，或为其父母祝寿，或为其写赠别文，都与当年陕西张治道辈地方乡绅对孔天胤这样的有作为的官吏的感情类似。因而从孔天胤对这些官吏各种形式的记载中，我们看到的是一位对汾州甚至全晋怀着大爱的地方乡绅的拳拳之心。此内容将在后文详述。

第三章 诗歌创作及理论

一、诗歌创作:"诗文高古,海内重之"

孔天胤是一介官员、一位学者,但世传其名,多以诗文。康熙《汾阳县志》将其列入"人物·文行",雍正《山西通志》将其列入"文苑",光绪《山西通志》将其列入"文学录",等等,皆突出其文学成就。而各版方志对其的介绍,也多侧重文学成就,如万历《山西通志》称其"雅好读书,诗文高古,海内重之",康熙《汾阳县志》称其"好读书,诗文高古,直逼汉唐,海内名公咸重之。通讯不远数千里,赠答往复无虚日",乾隆《祁州志》称其"文学优长,政事卓异",道光《阜阳县志》称其"以文章饬政事,有诗名",等等。而明人王兆云《皇明词林人物考》、俞宪《盛明百家诗》、曹学佺《石仓十二代诗选》,清人钱谦益《列朝诗集小传》、赵瑾《晋风选》、朱彝尊《静志居诗话》、陈田《明诗纪事》等选本或诗话、诗人传记类著作中,孔天胤诗歌多有入选,介绍也多侧重其诗文成就。

孔天胤的写诗生涯应该是从青年时代直到老年无间断的。但据目前所掌握的资料,其存世最早的诗篇,开始于嘉靖十三年(1534)冬祁州赴任途中。其间祁州时期、颍州时期、浙江时期、汾州丁父忧时期、致仕后汾州时期诗歌保存数量都较多;但从嘉靖二十六年(1547)丁母忧时期到嘉靖三十三年(1554)致仕前,有八年的诗歌大多缺失,只有部分佚诗可见于各种选本。这八年,除去他丁忧的三年,后五年是他历陕西左参议、陕西按察使、陕西右布政使及河南左布政使的时期,是他人生中非常重要的阶段。这一时期诗稿的佚失,不能不说是孔天胤研究的重大缺憾。

本章结合其生平经历及其诗歌类别,对其诗文创作情况做一简单梳理。

（一）祁州时期：迁客之悲与命运之叹

孔天胤第一本诗集是《履霜集》。这本诗集中诗歌的起点，便是嘉靖十三年（1534）冬的祁州赴任。这一年，孔天胤由陕西提学佥事，因选贡不当而被降职为祁州知州。

也许正因为这年冬天的寒风和霜雪给孔天胤留下了太过深刻的印象，其传世的第一本诗集才会取名《履霜集》。而这本诗集中诗歌的起点，便是嘉靖十三年（1534）冬的祁州赴任。"履霜"，语出《周易·坤》："初六，履霜坚冰至。"《说文解字》："履，足所依也。"指鞋，引申为践踏、踩。霜，秋霜，见秋霜而阴气始凝。坚冰，坚硬厚实的冰，喻冬天。字面意思是说，当我们脚下踩着霜的时候，阴气就开始凝结，寒冷的冬天就快要来到了。这里隐含着"渐"的意思，比如学者高亨就解释说："履霜，秋日之象也。坚冰，冬日之象也。履霜坚冰至者，谓人方履霜，而坚冰将至，喻事之有渐也。"但也有学者解释说，"至"字当作"极"解，踩在霜上，又踩在坚冰上，就到了极点了，也就是不能再冷了，如果说是厄运的话，那么就该转运了，也就是"否极泰来"。孔天胤取"履霜"之名时是想到了"事之有渐"还是"否极泰来"，我们不得而知。其实以治《诗经》著称的孔天胤，也许在路上想到的仅是《诗经·魏风》中的"葛屦履霜"之句。"纠纠葛屦，可（何）以履霜？掺掺女手，可（何）以缝裳？"这更为切近的山西古代民间歌谣，或许更能唤起孔天胤内心的悲凉之感。孔天胤也许感觉自己就像那位穿着草鞋履霜、用纤纤素手缝裳的贫寒女子，沉浸在凄寒的命运氛围中，无力逃脱，只能不时自怜自叹。

孔天胤写于赴祁路上和祁州时期的诗歌共有二十八首。他在祁州的诗歌史，也可以看作是他的心灵发展史。总体风格偏于沉郁，这与他"迁客"的身份及心理有很大关系。

其"迁客"之思，充斥着赴任的路途。如《甲午冬十二月赴祁州经宿榆次县》：

寒飙转玄陆，穷阴集广途。岁年此沉宴，驾言辞故都。嗟予抱重谴，投荒式余辜。国恩浩无际，海岳容垢污。且试股肱郡，而分铜虎符。衔命不遑安，行行中踟蹰。晋云郁晚冻，榆石含霜芜。疲马恋乡邑，日夕憩城隅。退思有严程，进勉缺良图。交兹起心战，时哉安所须。①

寒风狂吹，天色阴沉，茫茫前路，一望无际。正是岁末，家乡人在准备过年，自己却辞别故乡，踏上了吏途。也许他此刻感觉自己像《诗经·小星》中那个"肃肃宵征"的小官吏一样，因"夙夜在公"而不能与家人相守，暗自感叹着"寔命不同"。是马恋乡邑还是人恋乡邑？马困人乏，更多是对离乡渐远的焦虑。但更令他感到焦虑的，是进退都有压力。

而在到达祁州任所所作的《至郡》中，最后一句"畴予论迁谪，不是遣长沙"，又在"迁客"之外透露出一种庆幸。这里的"长沙"，指远离京城的荒凉之地，也暗含了汉代才子贾谊被黜为长沙太傅的典故。

嘉靖十三年（1534）春节之前，孔天胤开始了对祁州的循行。曾作《夜宿保安寺》一首：

驱策有时命，疲驽谁复论。畏途飞短景，孤寺寂黄昏。鬓改风尘色，衣残雨雪痕。春烟俱著柳，应亦到蓬根。

这其中有"小星"之叹、"迁客"之悲，也有对年华逝去的自怜，当然也有对春天的希望，可谓百感交集。类似的诗还有《晓发望燕台》，虽是一首咏史诗，但在"严程动往役，晓路促悬装"句中，仍有行役之叹。

终祁州一任，"迁客"的身份都像一块无形的巨石，压在其精神生命的最底层。此行是携兄弟孔天民一起来的，春节时兄弟二人于郡斋小酌，孔天

---

① 本诗又见于明俞宪编选的《盛明百家诗·孔方伯集》，及明曹学佺编选的《石仓十二代诗选·明诗选》四集卷四十七《管涔集》。字句略有不同。《孔方伯集》《管涔集》"进勉缺良图"后有"顾昐二庭近，仰跂双阙疏"句，《管涔集》"昐"作"盼"。

胤作有《除夕同弟酌郡斋中》一首。春节后不久，孔天民归汾，孔天胤在《寄弟》诗中，就有"迁客沉时宴，离心属暮云。风尘鸿雁断，原草鹡鸰分"之句，迁客之悲、离思之痛，都令其感到沉重的压力，像头顶不散的阴云，萦回不去。身为迁客，诗中就会常有羁旅愁思。

也许是因为心情压抑加上公务繁剧，嘉靖十四年（1535）春，孔天胤生了一场病，只能闲坐宅郡。"听讼因农简，行春以病妨"（《仲春闲斋》），农事简，因而有时间处理争讼之事；想出行踏春，却因生病不能前行。此时状况，看似闲逸，内心却有着深深的隐忧。这种焦虑，在《病怀》中表现得更为突出：

为邦无异政，病俗且相因。卧似马卿渴，官同原宪贫。违时衰凤是，处世覆蕉真。蓬累诚吾分，何辞不乞身。

马卿，汉司马相如，有才而不得志；原宪，孔子七十二贤弟子之一，孔子去世后隐居茅屋瓦牖，粗茶淡饭而不以为苦。孔天胤此时内心陷入了如司马相如、原宪一样的困境，卧病于一隅，志不得伸，名不得闻，内心的焦虑可以想见。"违时衰凤是，处世覆蕉真"二句，更将这种满怀挫败感的自怜推向了极致。"衰凤"化自"楚狂接舆歌而过孔子"的典故。隐士楚狂接舆唱道："凤兮凤兮，何德之衰。往者不可谏，来者犹可追。已而已而，今之从政者殆而！"（《论语·微子》）"覆蕉"化自《列子》里"郑人得鹿，覆之以蕉"的典故。话说一位郑国人在野外打柴，"遇骇鹿，御而击之，毙之。恐人见之也，遽而藏诸隍中，覆之以蕉，不胜其喜。俄而遗其所藏之处，遂以为梦焉"。明明打到了鹿并把它藏了起来，可竟然找不到藏鹿的地方了，恍惚间他觉得刚才的事情是一个梦，或许自己并未真的打到鹿。孔天胤此时也似乎陷入了这样的梦中。从恍惚中醒来，对自己的处境又有了几分清醒的认知，也就是所谓的"蓬累诚吾分"，自己的职分就在这里。"蓬累"语出《史记·老子韩非列传》："且君子得其时则驾，不得其时则蓬累而行。"《史记正义》注："蓬，沙碛上转蓬也；累，转行貌也。言君子得明主则驾车而事，不遭时则若蓬转流移而行，可止则止也。"可行则行，可止则止，这就是士君子之"分"。

但孔天胤在祁州建庙学、修贞文书院，为诸生讲学，进行学术活动，吏治又极为用心。他对祁州的热爱、对祁州民生的关注，以及对吏治之暇的享受、对"仕"与"隐"的思考，又成为祁州时期诗歌的另一个侧面。

嘉靖十五年（1536）寒食，依例官员要休假，孔天胤于"庭肃春阴澹，斋空人吏稀"之际，写下了《寒食放吏斋居悄然五首》。值此休假之日，他感到"庭闲如息讼，凡隐似忘机"，偷得浮生半日闲之窃喜跃然纸上。他看到"阶树含风绿，檐花傍鸟飞"，闻到"风香生草树"，沉醉一直到"日影挂轩扉"。然而于"涉心宛成趣"之际，依然是"嘿嘿但思归"之心。

《春日郊行三首》是他与当地农民交流的诗，可以看作是他以诗歌劝农桑的作品。

> 公斋稍无事，驱马出郊垌。问俗依村遍，看耕到陇停。攀缘垂柳陌，徙倚落花汀。始信长沮辈，为农薄世荣。
> 乘春试省劝，弸盖临东菑。锄笠参差在，田桑远近滋。晴云微带雨，阳鸟乱鸣枝。好寄逃亡屋，今年胜别时。
> 宿雨春城散，晴滋野色赊。轻云落水际，垂柳带村斜。隐隐鸠鸣树，喧喧雀啄花。窥游使心旷，绿草忘还家。

略有空闲，便骑马出城，问问当地风俗，看看百姓耕种，也是一种乐趣。他甚至想到了《论语》中孔子与子路见到的"耦而耕"的长沮、桀溺，想想这样过一种自由自在的农家生活，也是一件快乐的事，似乎也明白了他们"为农薄世荣"的隐士情怀。第二首中写到，趁着春天，劝农耕桑，似乎在此时，他在殿试中策论农桑的理论才得到了实践。他希望那些逃亡在外的人能够回来种田养蚕，今年的年景要比以往好呀。第三首就完全是在享受乡野之乐了。宿雨过后，春城散在湿气之中；云开日出，野色赊于天地之外。一个"赊"字，便可见诗人野趣。看到此景，怎不令人心旷神怡呢，都流连忘返，舍不得归去了。

思乡也是孔天胤祁州诗歌的一个主题，其中仍有深重的"迁客"之悲与身世之叹。

嘉靖十四年（1535）秋，孔天胤与同僚友朋于祁州城南登高望远，作《九日登南城作》一首。诗中既有登高之乐，也有游子之悲。良朋相伴，登高望远，高谈阔论，推杯换盏，吟诗作赋，指点江山，自是一派热闹的氛围。而于此"携樽吐言笑，把袂凌空苍"的热烈氛围中，诗人却看到"木叶落成雨，草枝垂清霜""饥鸟集水树，鸿雁鸣悲翔"的悲凉场景，想到与家乡的妻子"黄花折盈手，相对惜馨芳"的温馨场面，不禁徒然怅惘悲伤。

因为没有带妻室到任，离家越久，思念也就越深。《秋思八首》便是思念妻室的代表作。当"金井双梧桐，叶叶辞枝飞""白露沾野草，商风吹前林"之时，他感到的是"零落自兹始，孤凤胡所依""容华忽以（已）改，寒凉时见侵"，自觉"四运有承谢，平生多苦辛。岂不念时命，积郁终难任"。自身的飘零之感，在秋风萧索、秋叶纷落时，显得更为沉重。更何况，听到"蟋蟀鸣西堂，促织吟东壁"，不由得"念彼北边客"。他想到妻子此时或许正在"秉烛弄机杼，终夜不成尺"。此句意境，颇有《诗经·卷耳》中思妇"看"到"我马玄黄"的味道，也颇有《古诗十九首》中"纤纤擢素手，札札弄机杼。终日不成章，泣涕零如雨"的意境，或许也有杜甫"今夜鄜州月，闺中只独看"的佳构。

思念亲人，也思念"里中旧"，也就是故乡那些志同道合的朋友，怀念"良朋信高赏，南楼促相将。携樽吐言笑，把袂凌空苍"（《九日登南城作》）的美好时光。嘉靖十四年（1535）秋，在去往河北定州循行的途中，他收到了来自故乡的来信，欣然写下《秋日定州道中得故园诸君子讯》一诗。"何意云中雁，衔书向我鸣。借问何方来，言是故园声"，这种情谊，足以让远在祁州的孤旅感到温暖。连那纸上的词语，都带着故乡的温润。然而在喜悦之余，一丝遗憾又涌上心头："不如会面好，依然别思盈"。

"迁客"的悲凉情绪，即使在其升任颍州兵备，回乡省亲告别亲人的《将赴颍上与亲爱别》中，依然得到了延续：

戚戚揽衣带，仓仓结征轮。童仆已在御，游子难兴身。岂不畏简书，高堂有老亲。欲辞再三恋，强拜泪盈巾。昔人曾有言，言之伤我神。不行无可养,行去百忧新。切切委兄弟,依依托四邻。挥泪自兹去,驱车出城闉。都门杨柳陌,祖饯列朋宾。把酒不能饮,恻怆逾逡巡。隐忍登广途,缄情各未申。日仄渡水河,荒山石磷磷。不见所亲爱,但见车行尘。

此处"亲爱"即"所亲所爱",包括父母、妻子、兄弟及各位同道好友。这首诗写得悲凄婉转,多情传神。无论从情志角度还是艺术角度来看,古今伤别诗虽多,此诗也足登大雅。"不行无可养,行去百忧新",也透露出"为贫而仕"的无奈。

(二)颍州时期:壮怀激烈的边塞诗

作为兵备,孔天胤耳听的是战事,接触的是士兵,熟悉的是军务,自然也会升起生命中的豪情。综观孔天胤一生所作的诗歌,其最具豪情、最有风骨之诗,基本都写于颍州时期。

《奉和翟青石中丞长沙寇平自湘江顺流而下,还军武昌二首》其二曰:

节钺开雄镇,韬钤拥善兵。寇沦卑湿气,师捷洞波声。阵里风雷出,营边草木平。壮猷人共美,方叔好齐名。

嘉靖十四年(1535),湖南宁乡农民梅四保起义,聚众数千人,朝廷派巡抚翟瓒(号青石)等人前往招讨。翟瓒还军武昌,孔天胤写下了这首诗以表祝贺。

首联的"节钺"是符节与斧钺的合称,是古代将帅被委以重任的标志;"韬钤"是兵书《六韬》《玉钤篇》的并称,此处泛指兵书。君命之隆,战略之奇,"雄镇"之伟,"善兵"之佳,所写都极尽豪迈。颔联则是一组对举的句子,民军退败,沦落于卑湿山中;官师报捷,扬名于洞波之上。境界一极狭一极阔,一极暗一极明,对比鲜明,堪称佳句。颈联"阵里风雷"与"营边草木",又将镜头回放至风起云涌的战场,以自然之风雷草木,状写战斗之激烈;而一"出"一"平",又声色具备,将读者的视线与想象带往一望无际的远方。"壮猷"典出《诗经》"方叔元老,克壮其猷",朱熹《诗集传》:"猷,谋也。言方叔虽老,而谋则壮也。"此处是将翟瓒比作方叔。

另一首写给黄臣的《上黄安厓中丞岷梁峻捷十三韵》,也属此类作品中的佳品:

> 烽火沙场静,惊飚苇泽生。简书动帝命,节钺仗师贞。有美中丞烈,曰真绝代英。登坛纡妙计,提旅誓横行。虎豹盘军壁,风云起将营。关山雷鼓震,部垒电旂明。负险狐雏泣,捣虚草剃平。人因先义奋,事以好谋成。杀气霜含阵,销氛雨洗兵。露文摇汉阙,星剑挂秦京。塞静人烟出,川宁物象清。讴歌四土动,恩宠上方荣。吉甫今为宪,非徒麟阁名。

黄臣是位故人,孔天胤为诸生时,曾任山西右参政分守冀南道①。据《明世宗实录》,嘉靖十三年(1534)六月,黄臣以都察院右副都御史巡抚陕西,七月,"虏大举窥马池,宁夏总兵王效、延绥副总兵梁震等拒之",黄臣作为陕西巡抚也参与了这场抗击吉囊入侵的战斗,并获大捷。嘉靖十五年(1536)七月,黄臣受命"清理淮、浙、山东长芦盐法",与孔天胤相逢于淮上。孔天胤写诗追述了黄臣巡抚陕西期间参与的战事。岷,岷州,今甘肃岷县;梁,梁州,陕西汉中的古称。

相比于奉和翟青石之诗,这首诗写得更为英武豪迈,也更为惊心动魄。诗歌开篇先写战事起前的宁静,一个"静"字,为即将到来的战争场面蓄势;一个"惊"字,打破了平静局面,险境陡生。持帝之简书节钺,王命在身,出师贞利。其后一系列关于战场的描写,也颇为生动出色:风云凝势,雷声鼓阵,天地之间满蓄肃杀之气,可谓气势宏大。而"负险狐雏泣,捣虚草剃平""杀气霜含阵,销氛雨洗兵"之句,则更是以自然之幼狐之泣、草木之平、严霜之冷、雨势之纷,衬托瞬息万变的战局和激烈的交战过程。虽是想

---

① 乾隆《汾州府志》:"黄臣,济阳人,正德进士,嘉靖八年驻扎。"

象,如若亲见。在紧张激烈、节奏紧凑的战场描写之后,"塞静人烟出,川宁物象清",与开篇的"烽火沙场静"相呼应,如舞剑之收势,如挥毫之收笔,积气长抒,复归平静。

孔天胤写于颍州时期的以《从军行》《塞下曲》等盛于中唐时期的边塞诗古名写成的诗歌,也颇见其风骨豪情。且看《从军行四首》:

> 雁门北望白漫漫,狐岭四驱渐渐寒。黑海岸边焚房帐,黄沙碛里破楼兰。
> 少年学剑图金印,今日飘蓬老玉关。但使朔方闻姓字,任教枯骨马驮还。
> 渔阳战罢阵初移,万里连营出月氏。相向莫言征戍苦,陇头流水为君悲。
> 黯黯阴风乱朔沙,沉沉孤月海边斜。胡儿吹笛天山曙,回首何人不忆家。

《从军行》是乐府旧题,唐代诗人多借其生发新意,因而此题也成为边塞诗常用题。唐代杨炯、王昌龄、李白、李颀等人都写过《从军行》。虽然边塞诗在中唐已达鼎盛,但身处战争环境,任何时代的诗人都会升起激烈的壮怀,前人佳题佳句自然会触景涌现。另一方面,由孔天胤以《从军行》古题为诗,也可看作他诗歌创作上师法唐诗的理念。

从艺术水准来看,这四首诗颇有佳构。第一首写边塞之苦寒、战争之激烈,第二首抒发将帅建功立业、马革裹尸的壮志豪情,第三首格调转向对将帅个人命运的悲悯,第四首落笔于士卒思乡的悲苦。可以说,四首诗虽都写从军征战之事,侧重点却各有不同。诗中意象,涉及雁门、狐岭、黑海、楼兰、朔方、渔阳、月氏、陇头、沙漠、海边、天山等自古以来边塞之地的代称,运用均恰当巧妙。而诗中也不乏如"黑海岸边焚房帐,黄沙碛里破楼兰""但使朔方闻姓字,任教枯骨马驮还""相向莫言征戍苦,陇头流水为君悲""胡儿吹笛天山曙,回首何人不忆家"这样的佳句,意境之美与人情之厚,皆有可玩味之处。特别是"但使朔方闻姓字,任教枯骨马驮还"一句,大有唐代王翰"醉卧沙场君莫笑,古来征战几人回"的味道,其意境之豁达豪迈或更胜一筹。

再看《塞下曲四首》:

朔草肥胡骑,雄风起汉兵。进军玄菟郡,突阵白龙城。苦雾阴山合,寒云大漠平。誓将骄虏破,不数卫青名。

汉月悬沙塞,胡霜扫玉门。分兵防北塞,出马破西蕃。大将头如虎,三军臂似猿。封侯谁定是,李广不须言。

转战皋兰北,横行瀚海西。胡风吹月堕,朔雾使天迷。骠骑心成铁,匈奴血作泥。捷书连夜去,侯印几时携。

未断乌孙臂,难辞青海头。风沙攒剑戟,霜雪裹毡裘。阵苦胡笳落,军悲汉节留。徒劳公主嫁,不使战尘收。

《塞下曲》也是由乐府旧题《出塞》《入塞》等演化而来的边塞诗的代表性诗题,唐代边塞诗的代表作中,就有许浑、王昌龄、李白、卢纶等人的《塞下曲》。孔天胤的四首《塞下曲》,托言汉室之事,颇有佳句。写塞外之境广阔苦寒的,如"苦雾阴山合,寒云大漠平""汉月悬沙塞,胡霜扫玉门""胡风吹月堕,朔雾使天迷";写战场之激烈、战将之英勇的,如"大将头如虎,三军臂似猿""骠骑心成铁,匈奴血作泥"。皆意境开阔,对仗工整,气韵流畅,风骨清雅。而最后一首写得最为凄绝,"阵苦胡笳落,军悲汉节留",战事不利,唯有和亲;"徒劳公主嫁,不使战尘收",将前方战事与国家及个人命运紧密相连,既有对历史的咏叹,更有对当下将士的激励。

颍州兵备佥事孔天胤以三十二、三岁的正处于而立之年的豪情,亲历兵戎,亲练士兵,更多地深入国家命运的最前线,获得了此前不曾有过的前沿体验和精神成长。而作为政事之余事的从他生命深处流出的诗歌,也极其忠实地记录了他的这段成长,在他的人生履历中,记下最为豪迈辉煌的一笔。

而"兵备在任官期间作诗文,不仅可以抒发情怀、陶冶一己性情,记录当地风土民情,更重要的是带动当地学风,端正善良风俗,借此发挥兵备道以文化武的最大功效"(谢志忠《明代兵备道制度》)。孔天胤在颍州的诗歌创作,同样具有"带动当地学风，端正善良风俗""以文化武"的重要意义。

（三）丁父忧时期：隐士情结与"出世"向往

嘉靖十七年（1538）末到嘉靖二十年（1541）末，因父亲去世，孔天胤在汾州度过了三年时光。三年中因情绪较为低迷，又多与佛家人士往来，因而诗歌中多有关于"仕"与"隐"、"入世"与"出世"的思考。

丁忧期间，孔天胤翻检晾晒父亲的书籍，写有《晒遗书作》一首：

乱简残书次第开，先人遗迹满尘埃。徘徊空宇嗟何及，泣涕斜阳心已摧。

诗歌写了父亲传承下来的书数量之多。先人批读的印迹还留在上面，虽因年深日久而积满尘埃，却依旧清晰如昨。在乱简残书前徘徊嗟叹良久，他只感到天地苍茫，斜阳遥遥。

因为居丧，孔天胤也得以与弟弟孔天民厮守三年。兄弟二人偶尔也会结伴出游，看共同的景致，聊相同的话题。秋日的一天，兄弟二人一起在城西的田间散步，孔天胤赋《秋日同弟西田》一首。诗中所纠结的，依然是入世与出世的矛盾。秋色甚好，山林叠翠，水色清明，金秋送爽，玉英飞扬。居于角落里的蛐蛐儿开始鸣叫，越冬的鸟儿开始飞向南方。农人正在收割，年成不错，佳蔬遍畦，蓬麻挺直，兰芷飘香。看此年景，足以有衣有食，而居于乡间，粗茶淡饭甘于鼎釜之肉糜，草衣麻鞋胜过华绂簪缨。自己此时的境况，"虽非舍尘虑，亦已寡世营"，似乎与那个曾经奔忙在官场的自己分别太久，都不相信那是曾经的自己了。孔天胤此时产生的困惑是："胡为百年内，误驰千载情？"为什么人生短短不满百年，却要有超越千年的思虑呢？他甚至有"逍遥学无生"的出世感了。

在这样的心境之中，佛家出世的禅意似乎比儒家入世的积极更为贴近他的心绪。如《山中怀秋山上人》：

谷口来栖二十年，无人知是上乘禅。还飞锡杖凌风去，却向浮云何处边。

秋山上人，其人不详。由诗句来看，与其说孔天胤是在怀念一位曾蛰伏人间二十年的高僧，不如说他是在向往秋山上人能够舍弃世俗，"还飞锡杖凌风去"的潇洒。浮云邈远，变幻莫测，人入其中，深不知处。而这种潇洒，于他来说也只能是精神构成的一部分，无法付诸行动，对于有此行动之人，也只是心存艳羡而已。

但选择在寺旁居住，还是可以做到的，或许也是他遵从内心声音的一种选择。在写于春天的《卜居白云庵南答友人》中，他写道：

樵隐非关绝世氛，退耕犹属野人群。泉间树色笼青雾，寺里昙华耀白云。暮雨寻僧花锡近，春风藉草蕙兰薰。高情暇日如相问，一饭能烹涧底芹。

康熙《汾阳县志》："白云庵，在城西五里许。"住在白云庵南，听晨钟暮鼓、僧侣诵经，看寺门开合、香雾袅袅，心自然能沉静下来，此前因仕途奔忙而没有领悟的一些人间理趣，也可在此慢慢领悟。他想到，那些樵夫渔夫，或者如长沮、桀溺一般耕作在田亩间的隐士，他们选择这种远离庙堂的"野人"般的生活，并不是为了弃绝尘世，而是在另一个层面感受着真实的尘世。比如自己，此时身居白云庵南，看"泉间树色笼青雾"，自是别有感悟。泉水淙淙悦耳，树色青青悦心，天籁之趣，加上寺庙特有的青雾缭绕，更觉禅意幽深，佛境高远。昙华，佛前之花，世称其花三千年一开，弹指即谢，后多以此喻佛理之难修。佛前之昙华与天上之白云，同样瞬息万变，蕴深不可测之理。二者一居高空一在世间，相互辉映，令人浮想联翩。此联前句实写所见之景，后句阐发参禅之思。第三联则写自己在白云庵旁居住的生活：于潇潇暮雨中，踏着花径入寺访僧，春风吹草香，蕙兰发幽薰，于此美景之中，谈禅论经，何其惬意。最后一联答友人之问：承蒙高情存问，居丧食素，煮饭烹芹，生活尚好。

在这些诗句中，儒家的隐居与佛家的出世，得到了初步的融合。而这也可看作是孔天胤晚年学术思想中儒、释、道能够融会一体的早期萌芽。

在《赠西谷》诗中，他向友人西谷宗正描述了自己卜居白云庵的生活：

方外寻丹壑，山中艺紫芝。意将流水远，身与白云期。夏叶裁书策，春条揽钓丝。柴门隔溪望，袅袅薛萝垂。

宗正，指汾州王府宗亲。西谷为号，其名不详，只知其比孔天胤小四岁①。

诗中表达了暂栖世俗之外、伴山寺而居的心情。"紫芝"在中国传统诗歌中，是隐者的象征。秦汉之际有商山四皓，因不愿出仕而隐居商山，著有《采芝歌》云："莫莫商山，深谷逶迤。烨烨紫芝，可以疗饥。唐虞世远，吾将何归？"此后"采芝"意象就被不断运用，李白有"荣乐一如此，商山老紫芝"之句，杜甫也有"空闻紫芝歌，不见杏坛丈"之句。艺，种。孔天胤在此都不是传统诗诗境中的"采"紫芝，而是自己种紫芝，这就比其他向往隐逸之士的"过客"身份，更多了一种"归人"的安定。此时身居白云庵畔，思绪如流水般旷远，此身常与白云邀约，何等悠然；裁夏日之阔叶以题诗，挽春天之柔枝以为钓，何等闲适。此处景极美，境极清，柴门外溪水潺潺，溪水那头，薛萝铺垂，赏心悦目娱心，颇有陶然忘机之乐。

在写给北村先生朱奇湎的《九月十日出访北村便留酌逮暮率尔赋酬》中，又有"朝霞刈紫芝，夕露餐秋菊"之句，此处已从"艺紫芝"发展为"刈紫芝"。刈，割。春种秋收，可见时光渐逝，紫芝已成，自己隐居"空谷"的日子已久。北村先生长孔天胤二十岁，此时二人之相得，颇有忘年之乐。"世缘非尔知"，高士自不为世俗之人识得，孔天胤甚至希望"从君谢牵束"，随北村先生抛却世俗牵绊，从此处江湖之远，看云卷云舒。然而，这也如同孔天胤希望自己能够"还飞锡杖凌风去"一样，都只是此情此景中一种美好的愿望而已。

---

① 隆庆二年（1568）孔天胤六十四岁时为西谷写有《寿宗尉西谷公六十寿》，据此可知孔天胤长其四岁。

（四）河南时期：酬答抒怀诗

孔天胤的第二本诗集，名为《泽鸣稿》，注有"辛丑"二字。辛丑，嘉靖二十年（1541），当为孔天胤丁忧期满上任河南之时。而此集诗歌也始于河南到任后的《河南省堂公燕因呈省中诸僚长二首》。泽鸣，深泽而鸣，"三年不鸣，一鸣惊人"，这里包含着他对自我处境的重新定位——他要走出"履霜"的自怜自叹，重新亮相，建立一番功业了！

孔天胤在河南任左参议的时间只有一年多，所留诗歌不多。仅见的只有初到时河南省府时，诸同僚为之接风洗尘酬答所作的《河南省堂公燕因呈省中诸僚长二首》；出任河北分守道赴任时，答谢送别诸同僚所作的《大梁城楼雨中留别三司诸公时出守河北》；以及到达辉县分司时所作的《至辉县分司作》三首。

《河南省堂公燕因呈省中诸僚长二首》之第一首，写了阳春三月，绿柳才匀，惠风吹拂，新燕衔泥，真可谓一派春光，满堂晴晖。此时省中同僚欢聚一堂，"雅乐朱弦奏，华觞翠羽飞"，气氛热烈。一直欢聚到日落霞暝，露湿衣衫，大家还不忍离去。"谁谓厌厌醉，还能看紫薇"，一个个都恹恹欲醉了，却还要用迷离的醉眼看紫薇花开。第一首尽写此景之美与此情之浓，洋溢着惬意和感动的情绪。其二曰：

> 不意穷途子，来参大国藩。岳瞻申伯在，棠睹召公存。陪德知无似，齐贤念有敦。称觞拜明烛，倘肯鉴于昏。

首联即道出对于此次升迁的窃喜。河南为中原大省，自古历史人文丰厚，殷商故国与西周、东周旧都都在河南境内，而《诗经》中的"卫""墉""邶"诸"风"，甚至"雅""颂"中的绝大部分典故，都出自河南，可谓俯拾即是。西周时期的申伯和召公，则是后世所有在河南为政者的典范。遗迹犹存，弥足瞻望。

《大梁城楼雨中留别三司诸公，时出守河北》一诗则写得百感交集：

高城杨柳绿森森，正是天涯春草深。孤客不堪时眺望，群公端向此登临。浮云似盖催行骑，密雨如丝散别襟。白首从军谁复念，兹楼一写仲宣心。

春意融融，杨柳青青，春草深深，况有春雨细细，之于送别，可谓颇为应景。省中同僚热情相待，此时又要孤身去上任，情何以堪。"孤客"与"群公"形成对照，此情此景，怎不令人感动。此时浮云如盖，密雨如丝，一如人沉重的心情。然行骑催发，如何能够停留。仲宣，东汉末年文学家王粲，曾写有著名的《登楼赋》。赋中有离家失群的茫然、国事不宁的担忧，却也包含着建功立业的愿望。而这，也正是孔天胤此时心境的写照。

在《至辉县分司作》同样写得百感交集。诗中既有"分疆适名县"的窃喜，又有对此地山水之美与人文之胜的喜爱，并且来此不久，"吏民稍已亲，山溪亦陵缅""百泉如有情，苏门象回春"，此心安处即是家，内心已与人、景相亲相和。看老农灌田，甚至产生了"代躬耕"的向往，归隐之感又在内心潜滋暗长。而这才是他内心最为真实的表白，"余本嗜丘园，谋生厕缨弁"，表达了谋生养亲、出仕做官的不得已。

（五）浙江时期：西湖宴聚与交游登临

孔天胤在浙江期间长达四年，交游颇广，仅其诗文集中提到的就多达三四十人。这其中有孔天胤的同年，也有其恩师，还有同僚，更有当地的贤达名流和隐士。加之浙江优美的风光与悠久的人文历史，历来是文人墨客览赏的绝佳之地。孔天胤与他的同道知交也曾在吏治之暇宴游西湖，湖上阁、石屋寺、西溪、灵隐寺、映江楼、积善毓庆堂、云居寺、东冈寺、昭庆寺、湖上山楼等留下了孔天胤与友人赵廷松、程文德、蔡汝楠、赵维垣、皇甫涍、王廷幹、田汝成、侯一元、万表、童汉臣、周诗、方太古、黄绾、张一厚、钱德洪、许应元等人的身影。这种同道交游、诗文唱和，既是文人雅事、词林佳话，却也在精神层面给予了宦游千里的孔天胤以温暖和力量。

与昔日故交赵廷松（浙江乐清人）的相逢，是个意外，却也充满惊喜。

赵廷松于嘉靖十六年（1537）正月曾任山西按察司佥事，升提学副使。其在山西最突出的两件事，一是惩治山西宗室，二是驱逐内廷宦官召集的采矿者。两次都得罪权贵，侥幸得免（据侯一元撰《明通奉大夫山西布政使司左布政使俟斋赵公墓志铭》）。赵廷松的胆略作风和才华也受到了时任山西巡抚的韩邦奇的赏识，韩邦奇曾向朝廷上疏举荐其为山西提学。检韩邦奇《苑洛集》，可见其于嘉靖十七年（1538）正月的举荐之文，说"臣访得山西等处提刑按察司佥事赵廷松，操履严肃，气节著闻，既有立教之本，诗文典雅，举业精纯，又有立教之具，诚一时难得之才也"，所以希望"遇有提学员缺推补，则庶乎教化可神，而人才有造矣"（韩邦奇《举荐文学官员以备擢用事》）。

　　孔天胤于嘉靖十七年（1538）冬回乡丁忧，乡居三年，与赵廷松多有交游，并将赵廷松义子孝义赵讷收为学生①。二人也曾诗歌唱和，赵廷松写有《少年行》二首，孔天胤写有《〈少年行〉二首用俟斋韵》。然孔天胤丁忧未满，赵廷松便因事离开了山西。据《明世宗实录》，嘉靖十九年（1540）庚子，赵廷松受谗"回籍听候"。嘉靖二十二年（1543）十二月，山西巡抚都御史李珏奏按察使曹嘉、巡按山西御史王汝楫互相考评事，为赵廷松平反，嘉靖二十三年（1544）赵廷松回晋复职，后官至山西左布政使。赵廷松回晋之前，与孔天胤相遇于浙江。

　　《赵廷松集》（线装书局，2009年点校版）卷五有《答孔文谷督学》《湖上次孔文谷韵》《同张岱野、孔文谷登万松岭》等诗，皆是与孔天胤同游所作。

　　孔天胤在浙江循学途中，与当地名流同好一起登临名胜，也为浙江各地留下了不少佳作名篇。

　　孔天胤第二次循学到金华时，拜访了当地隐士方太古。方太古是明中前期金华府颇为知名的布衣诗人，自号"寒溪子""一壶生"。清嘉庆《兰溪县志》记其通《诗》《易》《春秋》三经，一生不仕，负气傲岸，视名利为无物。孔天胤到金华课士，听说此间有此高士，公务之暇便想前往拜访，但方太古不愿见官府中人，所以去了几次都没见到。《兰溪县志》是这么写的：

---

① 赵讷为赵廷松义子事，见陈彩云校笺《赵廷松集》，线装书局，2009年，第377页。

> 方太古家居，孔督学天允（胤）者，耳其名，数欲见之，辄引避。一日孔屏车，徒闲行，入其室，愿结布衣交，即欢若平生矣。

孔天胤徒步前来，以步衣身份求见，方太古才勉强接见。而这一见，即"欢若平生"，结下了深厚的友谊。孔天胤文集中有《冬日再访寒溪》，或即写此事。诗中艳羡方太古的隐者生活，"开径只应来仲氏，灌园那复数于陵"；并感叹自己未能如其一样摆脱樊笼，"嗟予亦有垂天翼，未脱樊笼愧尔能"。

二人性情相投，方太古热情款待孔天胤。临别之时，孔天胤写下了《用韵答寒溪留别之作》，"云里青溪鹤发翁，送予芳水步如风"，状方太古之鹤发仙姿。孔天胤为这种布衣之交而满心欢喜，"临政未必仙凡隔，天上人间会此逢"。嘉靖二十四年（1545），孔天胤循行途中过金华，再次拜访方太古，写有《访方隐君金华山中》一首，对方太古隐者的生活方式表示钦羡，"川观鱼鸟心无累，磵束荆薪手自携。酒性更能如五柳，花林相许抱琴跻"。

在金华，孔天胤还去永康县拜访了故人程文德。嘉靖十一年（1532）孔天胤参加殿试时，程文德是掌卷官之一，因而也算有师生之谊。首次拜访，程文德外出未归，只给他留了一封书信。孔天胤写下了《永康县访松溪先生不果，至馆头怀寄并谢来篇二首》，"绿源阻洄洑，陟巘费陵骋。思攀璃树枝，而犹隔尘境"，千山万水地来访，其人未在，何其怅惘。这一年仲冬，孔天胤获悉程文德在富阳县宝山寺，于是赶往宝山寺，二人终于在此相会。宝山寺一名灵岩宝山院，为唐元和间僧道琳建。二人在此居住三日，秉烛长谈，程文德写下了《与孔文谷督学同过宝山寺论学契怀遂成十律》，其中《宝山》一诗如下：

> 宝山三日晤，萍水百年缘。听鸟危阑外，看云古木边。晨谈及秉烛，宵坐待明烟。道谊真兄弟，相思未别前。

诗中，程文德视孔天胤为兄弟，极言二人相聚谈道论学之欢。

孔天胤得知程文德即将赴任国子监祭酒的消息，于是一路追赶，到严州时才算追到。二人终在富春驿相会。程文德欣喜万分，写下了《会孔文谷喜述》。

孔天胤陪程文德游严陵钓台，登上钓台最高处，临风览古，有感于出仕与出世的矛盾，写下了怀古诗《登钓台最高顶用宋人张紫岩韵二首》。张紫岩，指南宋名相张浚，其子张栻为著名理学家。诗中描述钓台之高，"钓台高出绝云空，无怪垂纶向此中"；咏严光故事，"当时若建策南阳，今日应将邓禹同"。孔天胤认为严光如果献策辅助光武帝的话，也会取得和大将军邓禹一样的功绩。

孔天胤又顺流而下，送程文德至桐庐县鸬鹚门，程文德写有《鸬鹚门别孔文谷督学》一诗：

　　惜别钓台渚，还过鸬鹚门。林木敷嘉荫，人家静石垣。对此牵离绪，把袂尽无言。相逢便三日，依依忆宝山。

二人在浙江的两度相逢显然给程文德留下了很深的印象，后来程文德还在《与孔文谷督学书》中提及："富春之会，钓台之登，鸬门之别，视松溪之访宝山之留，风景益奇，情兴益剧。"

第三次徇学途中，在台州临海县，孔天胤与学者黄绾、兵备副使张一厚曾相约同游东湖，颇为相得。后来在写给张一厚的信中，孔天胤回忆了东湖同游的高谊，称"东湖宴语，永以为好也。达人雅度，无日不怀"。黄绾后来写有《于东湖柬孔文谷提学用张岱野兵备韵》一诗忆及三人同游东湖之事。

孔天胤同年王廷榦时任台州府同知，孔天胤写有《省堂春燕》一首赠王廷榦，"有酒承君子，登筵合众宾。华堂满嬉笑，乐事悉敷陈"，言与同年相聚宴饮之乐。王廷榦写有《和孔文谷省堂春燕赠篇》，"词翰宗学士，江海见情人。置酒临飞阁，留欢皆上宾""道泰以文会，心同惟德邻。冲襟垂至教，高谊念羁臣"，赞赏孔天胤之高才，答谢孔天胤之厚谊。

王廷榦还有写给孔天胤的诗《赠学宪孔文谷》，对孔天胤的仕宦历程及掌教浙江的教化之功进行了较为全面的总结与称贺：

　　道脉承先圣，亲枝重帝宫。名高三殿上，望满五云中。关右儒生化，颍川节制雄。育才端士习，敷教赞天工。吴越声先著，台瓯学更崇。文章程体范，礼乐尽陶融。雁水知迎节，霞山解避骢。诗书归鲁国，将相出王通。桃李依师表，弦歌迎国风。瀛洲闻讲习，仰止意无穷。

写其在浙江的教化，端士习，正文体，明礼乐，课学子。"诗书归鲁国，将相出王通"句，称颂孔天胤为孔子后裔，学术也本孔孟，根本纯正；而山西又有大儒王通，人文丰厚。这是同年眼中的孔天胤，儒者本色，师者本色。

孔天胤循学途中，也多有为浙江名胜与人文的题咏之作。

如到绍兴府时，正逢清明节后，天气晴好，或许是学生表现优异，孔天胤邀请绍兴贤良与生员坐龙首书院大观堂，吟诗作赋："物理欣同赏，天真乐共祈。设心倘如是，携手咏而归。"（《清明后正晴，与贤良文学坐大观堂同赋》）

在处州，孔天胤写有《处州水心亭偶题二首》。第一首为雨后所写，"雨余日初显，亭上风稍寒。缓带闭高阁，加衣坐方栏"。此时，于水心亭赏处州雨后美景，"池清出天表，蕉绿在檐端"，感到尘俗皆忘，甚至忘记了自己的官宦之身，"淡默得所遣，忘其迹微官"。第二首为晨起所写，"晨起坐亭幽，不异山林静"。此时欣赏美景，"湛澹俯清池，纷缊望层岭"。然内心游移，心性不定，"即是可夷犹，心形犹未并"。

在处州府的青田县，孔天胤写有《雨中眺青田石门洞》一诗。

孔天胤到温州府永嘉县时已是初夏。这天夜里，他下榻永嘉行馆，写下《夏夜永嘉馆》一诗，"客路连沧海，归心满旧林。宵忧何所似，波涌大江深"，颇可见其归思。

温州府北瓯江中有孤屿，因南朝诗人谢灵运在此游玩题诗，后命名为江心屿。上建谢公亭、江心寺，素有瓯江蓬莱之称，为温州名胜。繁重的校文工作使孔天胤感到疲惫不堪，于是他乘舟到江心寺散心。在这里，孔天胤与谢灵运有了短暂的心灵交会，写下了《江心寺是康乐所云孤屿，予校文久疲，寻景暂适舟，泝舟从登，含毫存览》一诗。孔天胤读《永嘉志》，读到谢灵运《命学士讲书》及《白石径为民行田》等诗，感慨万千，与士子一起缅怀其人。孔天胤想到的，并非仅仅是谢灵运山水诗的高妙，更是其"才为高世置，名犹远迹振。改服莅邦牧，宣条属明亲""讲训发誉髦，经畴授甿民"教化士民的功绩。谢灵运被祀永嘉名宦，当地人还为其在东山书院建有祠庙。①

在温州境内，孔天胤于课士之余，游览当地名胜，登临寻访过雁荡山龙湫、能仁寺、灵峰洞、谢公岭、石门潭等地。离开温州，途经岭店驿，孔天胤自感官职卑微，仕途渺茫，写有《出山至岭店驿自嘲》："凌峰尚谢云间鹤，在泽聊同谷里兰。及见督邮还束带，婆娑谁比一微官。""云间鹤"多形容人聪颖、举止端庄，"谷里兰"则比喻人品高洁、幽雅。督邮本是代表守官督察县乡、宣达政令兼司法等的小官，孔天胤自感身为提学副使，见了督邮这一类官吏还需要整饬衣冠，教育官职的卑微可见一斑。

天台山是台州胜景，历代文人墨客途经此地多有游赏。孔天胤也曾游天台，写有《天台路流眺》《国清寺》《桐柏宫》《石梁》等诗（俱见《盛明百家诗・孔方伯集》）。在天台山桐柏宫，孔天胤写有《桐柏宫憩眺》一首，想到了仙人王子乔，"怀仙王子晋，驾鹤去氤氲"；表达了对归隐生活的向往，"信兹永可托，将此谢人群"。抗倭名将张铁有和诗（见张铁《剑崖集》）。

在湖州，孔天胤游历了当地名胜归云庵。归云庵在道场山南麓，据传唐代诗人间士和隐居此处，明代正德间又有名士孙一元归隐于此。孔天胤写有《宴归云庵，是孙太初隐处》《晚登道场绝顶，烟云变幻，两仪混茫，旷然凝视，有若鸿荒》等诗。前诗中，孔天胤写道："林间处士去不返，山里孤云常自归"，对历史深处那位隐居的诗人默默致敬；"函诗剩有天仙句，壁字还增佛日辉"，其人不知何处，然旧诗仍在，遗迹尚存，仅供同道者怀想凭吊。

台州应该是孔天胤留下痕迹最深的一个州。孔天胤曾命台州诸生以"赤城霞起而建标，瀑布飞流以界道"为题写赋，孔天胤自己也有诗，其中表达了归隐之心："吾已识吾庐，归来可拂袖。"（《校文台郡，命诸文学赋"赤城霞起而建标，瀑布飞流以界道"，予亦倡言有归来之意》）

孔天胤写于台州之诗甚多，后编为《霞海篇》一册刊印，惜乎散佚。嘉靖四十五年（1566）林大春在给孔天胤诗集所写的序言中说："始先生仕浙中，尝著《霞海篇》二千余言。其自叙天台、雁荡之胜，以为不让华嵩。"据《四

---

① 见同治《温州府志》卷九、民国《台州府志》卷九十六。

库全书总目提要》,诗集《霞海篇》仅为一卷,"凡诗三十四首"。但至今成谜的是,《霞海篇》并未收入《孔文谷诗集》中。

孔天胤在浙江也写有不少思乡诗。

在第一次循学途中,正逢寒食节,课士繁重又难见成效,孔天胤就已有"归心只涌大江湍"的诗句(《寒食客中作》)。嘉靖二十三年(1544)中秋,孔天胤作《中秋无月》诗,其中有"抱影难为照,乡心托梦归"句,也是其归心的写照。嘉靖二十四年(1545)秋,孔天胤经过漫长的循行课士返回杭州,写有《秋夜二首》,"残烛耿余辉,单衾寂无语。还闻塞北鸿,愁绝江南旅""忽是岁芳晏,而余宵暑长。此时偏不寐,端使坐怀乡",孤寂怀乡的情绪尤其浓烈。嘉靖二十四年(1545)中秋,又是阴天,已经连续三年中秋无月了,孔天胤感慨万千,思乡之情如刀割,写下了《浙中三载中秋俱不见月》:"客鬓正宜昏镜里,乡心无奈大刀头。凭栏绕绕看乌鹊,匝树惊飞使我愁。"

(六)陕西时期的几首佚诗

孔天胤从嘉靖二十六年(1547)到嘉靖三十三年(1554)致仕归汾前,整整八年的诗稿无存。而对于孔天胤陕西五年研究最大的缺憾,也在于他写于陕西期间的诗稿几乎全部散佚。截至目前仅能找到五首,即《送秋渠出巡》《送张秋渠出守庆阳》《新理右辖书斋》《蓝田辋川是右丞别业》《送林行人西使还潮阳》。

《送秋渠出巡》《送张秋渠出守庆阳》是写给陕西左参议张铎的。

张铎与孔天胤同年好友谢少南有同乡之谊,且同为"金陵三才子"之一[①]。陕西期间,孔天胤与张铎颇为相知。《送秋渠出巡》今见于钱谦益《列朝诗集》丁集《孔榜眼天胤八首》:

　　方此惊春驶,如何动使车。惠风流草际,新雨到田家。绿荫

---

① 雍正《陕西通志》"名宦·刘达",称刘达为"上元人,贡生,与谢与槐、张秋渠称金陵三才子"。

垂堤叶，红牵鹅水花。可因吏事迥，不为惜年华。

春雨惊春，万物萌发。张铎出巡，二人将要小别，孔天胤自是依依不舍。只因吏事繁剧，朝廷事大，身为朝廷命官，为了一方安定，抛掷年华尚且不顾，又何惜这满目的春光呢？由此诗可见二人之交好情深。此诗也见于清人赵瑾编选的《晋风选》，赵瑾评点此诗："云静草闲，饶有幽况。"

《送张秋渠分守庆阳》见于《晋风选》。全诗如下：

北地天为险，清时人作城。惠风花鸟待，春草吏民迎。塞静还催饷，庭闲但省耕。须知省中旧，樽酒忆平生。

这是张铎分守陕西庆阳（今属甘肃）时孔天胤的赠别诗。这其中有着诸多贴心细切的叮嘱，还有对友人的诸多宽慰。赵瑾评点此诗："笔气爱婉。"可谓至语。

《新理右辖书斋》与《蓝田辋川寺是右丞别业》亦见于《晋风选》。《新理右辖书斋》云：

一室盖庭阴，聊将吏隐心。芝兰香欲化，书史义还寻。月幌笼虚白，薇垣琐静深。犹如结茅地，未远此山岑。

这是孔天胤对自己右布政使生活的描述。由诗歌风格也可知，孔天胤在陕西时期诗风更为成熟，颇有王维诗歌平淡深远的禅意味道。前诗中"吏隐"二字，与嘉靖十四年（1535）祁州时期的"吏似闲为隐"（《春夜即事》）相呼应，时隔十六年，这种以闲为隐的心态依然是他吏治之暇"偷得浮生半日闲"式的小惬意。赵瑾评点此诗："机息神恬。"深得其诗要旨。

在《蓝田辋川寺是右丞别业》中，这种"机息神恬"的味道更为浓厚：

辋水高人去，蓝庄旧迹沉。烟霞疑画障，松桂俨词林。竹馆弹琴断，花宫照月深。应知不灭意，惟有玉山岑。

也许孔天胤发现,自己的故乡人王维(山西祁县人)也曾为"右丞",与自己布政右使(亦称"右辖""右丞""右使"等)的官职颇为相似,且均在陕西,这就在历史深处有了某种会心。此诗更像是作者对于王维当年生活和心境的一种情境体悟,因而也颇得王维诗风的精髓。赵瑾评点此诗:"听视超声邑外"亦为至语。

《送林行人西使还潮阳》是孔天胤陕西时期写给林大春的诗。嘉靖三十一年(1552),潮州林大春以行人司行人身份出使陕甘,于咸阳晤会了时任右布政使的孔天胤,二人一见如故,结为忘年之交。林大春离开陕西将回潮阳,孔天胤以诗相赠:

> 使节从天上,还车自日边。新知方自慰,忽别转凄然。灞馆花如霰,关程柳似烟。相看春正暮,何以报离筵。(《送林行人西使还潮阳》)

本诗今见于光绪《潮阳县志》卷二十二,作者署名为"明陕西布政孔天允(胤),河汾人"。

对于这位比自己小十八岁的行人,孔天胤因得友而喜,也因离别来得太快而伤感。"天上""日边"既使诗境阔大,又道出对这种邂逅的惊喜;"花如霰""柳似烟"既道出离别春景之迷离,又语含不尽之张望,写得情深意切。

林大春临行,孔天胤送了一册自己刻于浙江时期的《霞海篇》给他。林大春五言长诗《塞上读〈霞海篇〉寄管涔子》,既对诗歌本身进行了点评,也对自己的陕西之行怀有美好的回忆。诗中,林大春对孔天胤推崇备至,称"当代推词伯,如公思独玄""奇文振岩穴,丽藻发林泉"[①]。

孔天胤与林大春一生都只有这一面之缘,其后林大春历户部主事、户部员外郎、湖广江防佥事、河南睢阳陈州道佥事、广西苍梧道佥事等职仕途也历尽波折,但每到一处,都颇有善政。特别是隆庆二年(1568)任浙江提学,

---

① [明]林大春:《塞上读〈霞海篇〉寄管涔子》,《全粤诗》卷三五四。岭南美术出版社,2010年,第十一册。

到了孔天胤曾经工作过的岗位上，同样写下了精彩的一笔。那一年，隆庆帝为册立太子，诏令各地选拔诸生入贡太学，林大春集中两浙生员两千多名试于杭州，挑选了九十名赴试，结果"适试首选者六人，余悉高等"，殿阁大臣无不称异，朝廷通令各地今后选取贡士当以浙江为模式。后林大春因得罪权贵被免职归里，浙江士子沿途相送，不绝于道。林大春家居十八年，著书立说，施教乡里，特别是主修了《潮阳县志》，成为令潮阳人至今感念的一代乡贤。

孔天胤与林大春虽然再没有见面，但二人一生中还有两次重要的交集。一次是嘉靖三十六年（1557），张时到关西募兵，在汾州遇到孔天胤，孔天胤托张时带一首诗给林大春，题为《赠张职方募军北还兼寄怀林石洲户部》，表达了对林大春的怀念；第二次是嘉靖四十五年（1566），林大春为孔天胤的四卷诗集写了序言。

这五首逸诗，可以作为孔天胤陕西时期诗歌创作的一个侧面。

（七）归汾后的生命之叹与人情之暖

嘉靖三十四年（1555）春，孔天胤终于实现了他久已有之的归田梦想，成了他后来时常自称的汾州"野老"。归乡二十七年间，孔天胤诗歌创作不断，他一生中的绝大部分诗歌，也都写于这一时期。这从他诗集的情况也可得知。

《孔文谷诗集》四卷，第一卷《履霜集》写于祁州时期到丁父忧时期，收入诗歌近六十首；《泽鸣稿》写于河南、浙江时期，收入诗歌亦近六十首，加上《盛明百家诗》中收入的浙江时期诗歌，共计七十余首。陕西时期仅有五首佚诗。也就是说，其致仕前存世诗歌不足一百五十首，当然也和诗歌大量散佚有关（《霞海篇》未计入）。但即使如此，其数量依然不能与致仕后诗歌数量相比。

致仕后诗歌，包括《孔文谷诗集》第三卷、第四卷，均为《渔嬉稿》，写于嘉靖三十四年（1555）到嘉靖三十九年（1560），总收诗歌一百六十首。而从嘉靖四十年（1561）开始，一直到万历八年（1580），每年刻一卷，共刻成《文谷渔嬉稿》二十卷，二十年间诗歌总计一千九百余首。其致仕后二十六年的诗歌,总量超过了两千首。

归乡后的诗歌,包括述志诗、纪事诗、闲适诗、登览诗、交游诗等多种类别,本章仅述其归乡之初的述志诗、闲适诗及其关涉亲友的诗歌,其余类别将于其他章节分叙。

《渔嬉稿》第一首题为《渔嬉》,可算作其后二十二卷诗歌的一个总纲。他以一首五言诗,阐述了自己的归来心志。诗歌前六句为:

> 平子赋归田,愿同渔父嬉。我今归已遂,舍此更焉之。言鼓沧浪枻,式歌濯缨辞。

平子,东汉辞赋家张衡,字平子。当时宦官当道,朝政日非,豪强肆虐,纲纪全失,张衡深感既无法等到社会清明之时,又没有报国之路,于是向朝廷自请退职,以归隐田园的实际行动表示对黑暗政治的决绝与抗争。张衡去世前一年写下了一首优美的抒情小赋《归田赋》,成为后世官员辞职归田的经典。《渔父》是《楚辞》中的经典篇目,屈原遇渔父于江上,在与屈原探讨了一系列关于"自放"的问题之后,"渔父莞尔而笑,鼓枻而去,乃歌曰:'沧浪之水清兮,可以濯吾缨;沧浪之水浊兮,可以濯吾足。'遂去,不复与言"。渔父也成为世事黑暗时隐者的代称。

如今,孔天胤深感张衡之《归田赋》已替自己代言,而渔父之濯缨濯足的状态也正是自己所向往的生活,所以他表示"愿同渔父嬉",这就是他致仕后前两卷诗歌命名为《渔嬉稿》,后每年刻一卷《文谷渔嬉稿》中"渔嬉"二字的来历。

初归汾州,是一种终脱牢笼的轻松和窃喜,甚至有回顾来路的种种心悸。如在《春林即事》中,他总结了自己二十余年的仕宦生涯:

> 廿年尘土客中春,今岁春才属隐沦。欹枕杖藜随处得,野花啼鸟认来真。

这一年,孔天胤五十一岁。告别二十多年奔波的风尘,终于可以在汾州故土度过归来后的第一个春天了。出门皆春意,只因心上春。野花因情摆,雀鸟啼归人。认真识花鸟,从此皆兄弟。文谷本色是诗人,这种怡然自得之乐,也只有一颗诗人的心能够流连体会。

归来好啊,"形踪稍似鸡群鹤,得返云松自在飞"(《述怀呈程古川旧巡四首》)。归来后的很长一段时间,孔天胤都沉浸在一种脱险的侥幸和后怕之中,仕路的坎坷给他留下的心理阴影,并非很快就能消除。一首《与南洲上人叙归二首》,将这种侥幸得脱的心理描摹得淋漓尽致。第一首曰:

　　一官廿载苦伶俜,好似玄奘去取经。万怪千魔俱历尽,刚刚存得本来形。

"西游"故事的传说由来已久,晚唐五代即有《大唐三藏取经诗话》,元代又有《西游记平话》《西游记杂剧》,与孔天胤同时代的淮安才子吴承恩(1510~1582)又将其演绎为百回本神魔小说,使其成为中国"四大名著"之一而流传至今。孔天胤将自己二十余年的出仕之路,比作玄奘的西天取经,一路上历尽万怪千魔,却能侥幸得脱,以"本来形"平安归来,不可谓不幸运。而第二首中,这种侥幸心理则表达得更为直接:

　　巨蟒伺人横作岸,含沙射影暗如尘。当时就合江中葬,不意归来有此身。

这两首诗,既将仕途之险恶、人心之不可测描摹得生动传神,也是一个儒家士君子在历世事之险后,无力荡平人间是非,只能选择退守的无奈心态。他选择了以"用舍行藏"之"藏",打开儒家士君子"隐居以求其志,行义以达其道"(《论语·季氏》)的另一扇大门。

归来后,他也更在精神上接近了古代汾州寓贤卜子夏,写下了《寄题子夏石室》:"道存身退老于斯,石室千年尚可窥""梯云直上心犹壮,带月空回力已疲",这是说子夏的,也是说他自己的。他甚至感叹两人同样"不遇",原来,"由来吾党合栖迟",他们在精神层面,是有着共同的旨归的。(《寄

题子夏石室》）

种竹种菊，种田种菜，日子成了另一种节奏。霜雹打田堪忧，却也常有乐趣。这种生活的小忧小乐，孔天胤在《自笑一首》中写得最为生动：

  人言拙老固相随，体向吾身信有之。艺黍石田逢雹打，种蔬卤壤著霜披。奸馋僮仆如油滑，顽钝妻孥似马疲。自笑瘸僧能说法，不能行矣但支颐。

僮仆奸馋，妻孥顽钝，自笑自嘲，却也趣味无穷。

当然也有种种忧虑。嘉靖三十六（1557）年，孔天胤五十三岁。当年一春无雨，至五月始雨，孔天胤作《喜雨》四言诗，体现了对民间疾苦的深切关怀：

  自春不雨，迨于仲夏。田之弗苗，亦胡以稼？匪岁伊凶，维时我谢。我行弗逮，我旋弗灾。我求弗饱，曷甚我饥。上天有淹，忽其有祁。我畴晚植，以需口食。望秋且遥，枵腹中昃。众厌膏粱，我免沟洫。

归来的二十七年间，孔天胤也一直在反思回味自己这一生。

四言诗《自题山岩屋壁》诗，不妨可看作是其对自己人生经历的思考和总结：

  畎亩余夫，山泽臞父。略览诗书，粗穷邹鲁。厕足云逵，滥名天府。一命敷文，再命守土。三命如前，五教斯溥。既典藩宪，式昭王矩。名位攸崇，不能伛偻。众口铄金，大人解组。复厥初衣，保我衡宇。梦醒从伊，习习诩诩。泠吹满窗，月华在户。人谓我今，亦已太古。我欲求之，蔑无所取。

较之初归的情绪化，此时的诗已写得较为平和。

六十三岁生日时，赵讷写诗为他祝寿，他回有《中秋行生日答阳豁》一首七言古诗,以三十二句的格局,再次对自己的成长、宦游、归田之路进行了总结梳理。"少年学文守章句",自信满满,宁与父母守困穷,也"结衣不肯干王侯"。"中岁登名猥随牒,关河江海无奇烈",近三十岁才走上仕途,四方奔走,无多建树,又遇"几处阴晴",仕路坎坷。"照彻关山嫌短梦,惊飞鸟鹊阻安枝",人生不过一场大梦,梦醒时人生已老,"销魂最是临觞夜,叹老偏当皎镜时"。

万历二年(1574),在归乡二十年后,孔天胤写有一篇《渔父说》,更进一步阐述了这种归隐之志。他说,渔父有三,一是鲁国的渔父,《庄子》记其"与孔子言于缁帷之林",批判了儒家的仁义、忠贞、慈孝、礼乐思想;二是楚渔父,《楚辞》记其遇屈原于江上;第三就是汾汀渔父,也就是他自己,"妻织布,儿纬萧,苍首治石田,计其所入以糊余口。有微羡焉,则沽取鸱夷而酣,就芦苇而卧,窃自视之,翩翩一渔父也"。鸱夷,盛酒器。他还对自己这种"渔父"的状态进行了生动描述:"其野莽苍,其滨寂寞,鸟兽之过我者,日数百而不惊,除罔两问,景绝迹无与晤谈者,而后嗟斯人之孤也。"(《渔父说》)

这种描述显然有些自嘲和夸张,但其精神的内核却是不差的。归田之后,孔天胤非常享受这种"水边花底倍相亲,稚子老妻欢不歇"(《中秋行生日答阳谿》)的生活。

归乡后,弟弟孔天民与学生赵讷成为其重要的诗友,而对儿子孔阶的教育和期望,也成为其人生的重要部分。由其诗歌所寄的情怀,人生也得到了诸多安慰。

孔天民终生未第,归乡后的几年间,兄弟依然得以相守。嘉靖三十八年(1559)再试不第后,孔天民以举人出仕,于嘉靖四十年(1561)出任直隶南宫县教谕。民国《南宫县志》"教谕":"孔天民,汾州,举人,嘉靖四十年(1561)任。"嘉靖四十三年(1564),孔天民转任山东东明县知县。孔天民外出任职期间,兄弟二人多有诗歌相寄。任南宫教谕期间,孔天胤写有《夏日端居有怀南宫弟二首》,诗中有"鸿羽分飞处,棣华连理时。相思杳难制,极目夏云滋"之句,表达对弟弟的思念。得弟弟来信,孔天胤满心欢喜,写《喜南宫弟书至因便寄答二首》,其中既有"书到未开心已定,封皮先写报平安"的对弟弟的担忧,又有对自己近况"独冷斋中寄寓身,青袍无改二毛新"的描述。生日时,孔天民有诗以赠,孔天胤回以《生日寄答南宫弟见寿之作一首用来韵》,诗中写"气同连碧树,心远共长川。今夜双鸿影,遥天一镜悬",可见兄弟情深。特别是孔天民任东明知县后,孔天胤的诗《寄答东明弟》中,出现了"鹡鸰原上迢迢望,鸿雁何时共渚田"这样的略带招隐式的相守期盼。在出任东明县知县两年后的嘉靖四十五年(1566),孔天民即卸任还乡,再未出仕。其年,孔天胤六十二岁,孔天民五十二岁。

对于这个结果,孔天胤是满心欢喜的。他一口气写了《喜东明弟还山诗十首》。在此录第三首共赏:

迢迢五载别,空此郊园扉。春草秋更碧,仰视征鸿飞。抚景心欲绝,涕下不可挥。今日破为笑,靓子遂初衣。

一别五载,故里郊园因他的离开而变得空旷,自己目望征鸿,抚景怀人,常有"春草年年绿,王孙归不归"之问。如今弟弟平安归来,不禁破涕为笑,看弟弟换上入仕前的寻常衣着,觉得日子又回到了从前。

在其他几首中,他劝慰弟弟,"穷达有自分,华缨非所悬",要懂得放下,适时归来;"归来复归来,薄田口可糊""在家贫亦好,帝乡不可期"。归来了,兄弟还可结伴同游,"西山多爽气,翠彩杂烟岚""兄弟时既翕,和乐诚且湛"。特别是《棣华轩即事两首》,更把这种情绪表达得淋漓尽致。

兄住东头弟住西,一壶新熟往来携。非关好饮相征逐,共对花林听鸟啼。
兄解微官弟亦辞,到家俱是黑头时。如今尚觉容颜好,长有春风面上吹。

这诗写得真可谓脍炙人口。孔天胤非常享受这种兄弟相守的平常日子,住得不远,不时携酒来往,不是因为爱喝酒,而是喜欢一起看着花林、听着鸟啼,享受这种平静的家居生活。第二首则更是写得心花怒放,庆幸二人均能于未老之前归来。如今容颜尚好，春风吹面，笑漾眉梢，多好的日子啊。

隆庆二年（1568）九月九日，六十四岁的孔天胤与五十四岁的孔天民结伴登高，孔天胤写有《同乾石弟书台登眺九首》。诗歌写得兴致盎然，称"我家兄弟乘时兴，联步紫霞调玉笙""书台高处与霞平，霞外清光万里澄""登高佳日赋新诗，五柳先生会意时。此意亦应人会得，醉吟寒菊两三枝"，颇见兄弟相伴之乐。

而于嘉靖三十年（1551）生于陕西的孔阶，在孔天胤归田后也一日日成长起来。万历元年（1573），二十二岁的孔阶入选国子生，赵讷有诗祝贺，孔天胤写《儿阶入学，阳谿君有诗见教，倚韵奉酬》一首，诗中有"喜看一脉缀斯文，却恐趋庭学未勤""愿借光风作时雨，洒开桃李遍吾汾"句，对儿子的未来及汾州的未来抱以积极的期许。万历三年（1575），孔阶游太学归来，孔天胤作《喜儿阶游成均回诗以勉之》一诗。成均，官设最高学府的代称。孔天胤希望儿子能立大志、成大业，无愧天人：

> 观国觐明主，还家慰老亲。春衫青草色，旧卷绿窗尘。宇泰天光发，斋虚夜气新。肯因潜大业，行可对天人。

而孔阶的仕途显然还不及孔天民，连举人都未得中。但孔天胤对此也并不认为是坏事，四民之业，有业即可，未必一定得走仕途。倒是年年除夕，父子一起守岁，孔天胤对此颇为享受。隆庆五年（1571），写有《守岁庆云山房儿阶侍焉》一首；万历六年（1578），写有《戊寅除夕儿阶具觞守岁》一首；万历八年（1580），写有《庚辰除夕儿阶奉予守岁》一首。这种平淡的父子相守，给他的老年生活带来了颇多安慰，"呼僮吹笛鼓频和，庆我身康儿复贤"，再没有比这更让人踏实了。

赵讷是孔天胤在嘉靖十七年（1538）至二十年（1541）丁父忧期间所收的学生，也是孔天胤生命中极为重要的人。孔天胤归乡后，赵讷也成为他精神上的重要交流对象。

虽说孝义邻近汾阳，但要从孝义到汾阳也有一段不近的距离。然而无论他们此时都身在故乡，还是在后半生大部分的时间里各奔东西，这份师生情谊都一直坚如磐石。

赵讷于十九岁中举，可谓少年才俊。孔天胤后来记其与赵讷成为师生的原因以及他对于赵讷的欣赏：

> 阳谿子之从吾游也，以吾一日之长也；而吾与阳谿子游，则以其生乎吾后，其闻道也先乎吾。当是时，道之上者，吾不得而语也，亦非吾之所能语也；乃阳谿子默而识之，不言而信，其有语者，特其最下者耳。（《汾上讲余录序》）

在孔天胤看来，赵讷的聪明睿智，当在自己之上，而且行在言前，"不言而信"，与他的名字"讷"义颇合。孔子所提倡的君子之言行，便是"敏于行而讷于言"，孔天胤认为赵讷之品性，本身就是对这个字的理解和践行。孔天胤对赵讷这种赏识，颇有些孔夫子赏识颜回的味道。当年孔夫子评价颜回："吾与回言终日，不违，如愚。退而省其私，亦足以发，回也不愚。"（《论语·为政》）老师所喜欢的学生大约就是这样的，不自作聪明，不狡辩剿说，默而识之，退而自省，终获之于心，当其与老师再次交流时，已非昨日之水准，而教学相长，老师也常常能获得新的启悟。

对于得遇这样一位高师，赵讷也深感幸运，一生都对孔天胤执弟子礼，敬爱有加。而赵讷对于孔天胤思想、精神及其文学传承最大的贡献，就是非常注重搜集整理孔天胤的诗文作品。在两人相识二十七年后，赵讷将老师与自己的诗文汇编成册刊刻成书，名为《汾上讲余录》（今佚），孔天胤为之序，称其内容为"余两人诗，自嘉靖庚子（1540）至隆庆丁卯（1567），皆赠答寄忆而作"；孔天胤晚年时，赵讷不但多次参与了孔天胤诗集的校勘工作，还在孔天胤的诗集之外请刻全集，并亲自写序。对于老师的思想，他一直怀高山仰止之思：

> 讷也不才，忝厕门下，仅供洒扫，敢与斯文。执经三十年，虽未敢望登堂而入室，闻言千万语，亦私窃蠡测。（《请刻孔文谷先生全稿书》）

使老师诗文得以流传，他觉得也是自己身为弟子的职分所在。孔天胤殁后，为孔天胤写墓志铭的，还是他的这位高徒赵讷。

当然，师生二人一生聚少离多。赵讷在故乡时，孔天胤宦游四方；孔天胤致仕不久，赵讷又走上了仕途。但赵讷的每一次过访，都令孔天胤喜出望外，正如他后来在诗中所写："荆扉无客见招寻，一晤高贤喜不禁。下榻幽兰当谷映，开窗凉树满庭阴。"（《和赵阳豁乐寿园即事之作》）许多时候，赵讷让他看到的，是"道"的承续，是未来的亮色和希望。

赵讷自嘉靖十九年（1540）考中举人后，屡试不第，孔天胤归田后，也得以经常随侍左右，孔天胤也应该是把很大一部分精力放在了对赵讷的指导上。嘉靖三十七年（1558），赵讷再次去参加会试，孔天胤作诗《送赵孟敏会试二首》，对赵讷此番得中充满信心："目送者谁子，飞鸿凌紫烟。天人今擢第，乡国早推贤。日射黄金榜，风生白玉鞭。长安多意气，先遣报书旋。"果然，赵讷得中嘉靖三十八年（1559）进士，消息传来，孔天胤大喜过望，作《寄赠赵生登第》一首，称赵讷"久知嗟蠖屈，今却羡鹏骞""运合风云里，身依霄汉边""高文宜著作，共等贵招延"，对赵讷的前程充满良好的祝愿。

此后，赵讷先后出任直隶江都知县、刑部主事。二人诗书往来，互寄问候，表达思念。嘉靖四十三年（1564），赵讷父赵思商卒，孔天胤写《敕封文林郎、江都县知县、前清苑县主簿、致仕恭孝先生岐山赵公墓志铭》，详述其生平。赵讷丁父忧三年，二人又得以常相过往，来往于汾阳、孝义之间，这由孔天胤诗题《和答赵阳豁登楼之作》《逃暑园中赵阳豁适至便留小酌二首》《同赵阳豁题苑内莲池》《月夜坐树下同阳豁作》《新岁喜阳豁来晤》等可知。

隆庆二年（1568），赵讷服除，补户部主事，孔天胤送行并作《送尚书郎赵阳豁北上》，"鹓鹭趋朝还接武，夔龙补衮自成行。心旌马首多回恋，自是荣辉满北堂"，诗中既有深深的祝福，又有百般的不舍。孔天胤诗集中附录了赵讷的和答诗，对故乡与其师的不舍也现于字里行间："眼见浮云忽相掩，心惊旅雁未成行。适来花里宜春服，何日寻师一上堂"。别后，二人互相寄诗，彼此牵挂。

这里还有一则佳话。隆庆三年（1569），赵讷以户部主事差管徐州仓，于徐州夜梦其师，"于梦中得寻，行至半道即迷，不知路而回"（《和答赵阳豀使君四月廿七在徐州见梦之寄》诗前小序），惆怅良久。醒后作诗寄给老师。诗曰：

> 终日思君不见君，清宵梦里转分明。关河宁阻来时路，江海遥怜去国情。北极风云方际会，西山豺虎且纵横。何当回我邯郸道，洒扫门墙尽此生。

终日相思，必当形之于梦。思而不见空惆怅，梦里相逢更伤神。什么时候才能停止仕途的奔波，日侍老师左右？收到赵讷寄诗，孔天胤非常感动，回和诗曰：

> 别离无想应无梦，有梦还愁路不明。云树可遮千里面，江河能御百年情。形神静夜龙山合，意气遥天珠斗横。一笑漆园蘧栩处，漫将尘物等浮生。

他劝赵讷莫要牵挂，自己颇有庄子浮生之乐。师生情深，令人动容。赵讷徐州事毕，过家省亲，师生又有短暂时间的相伴，孔天胤作有《喜阳豀户部分曹事竣过家省觐，因赠五言二律》《喜阳豀员外以九月一日过汾见访》《喜阳豀再过见访》《冬日宴赵阳豀复移小斋，夜坐得六言四句二首》等诗。孔天胤也曾亲往孝义探望，作《宿阳豀西郭草堂》等诗。赵讷回京上任，孔天胤作《送别阳豀户部在香林寺作》，诗中"出处两当明圣世，悲欢一系友朋心。谁堪妍景空琴酌，伐木时闻山鸟音"，道尽情深。赵讷和诗云："久知奔走非吾事，无奈风尘违此心。试问相思何以遣，还凭早晚惠佳音"，相约常相寄书，以慰相思。

这年，赵讷诗文集编印完成将刻，自京师请老师作序，孔天胤为作《阳豀集序》(《阳豀集》又名《赵孟敏集》)。孔天胤给予了极大鼓励，引孔子"君子居其室，出其言善，则千里之外应之"(《周易·系辞传》)，自己于汾州为千里之外的赵讷作序，正合孔夫子此句之意。

隆庆五年（1571）四月，赵讷母亲卒，孔天胤作《敕封太安人赵母田氏墓志铭》和祭文《祭赵母太安人田氏文》。赵讷丁母忧,又有三年与老师常相过往。万历二年(1574),赵讷起复,任四川保宁府知府,孔天胤作诗《赠赵阳谿出守保宁》。这一年,孔天胤已经七十岁了。赵讷在保宁只任职一年就致仕了,孔天胤作《喜保宁太守赵公还山》表示祝贺,称"羡君解印还东山,鸿飞冥冥不可攀。昔去寒斋掩松径,今来夏阁开云关"。他还亲往孝义看望赵讷,《访赵阳谿孝义道中作》,"碧山学士家何在,白石岩扉护紫霞",充满寻路探问的乐趣与即将相见的喜悦。

从万历三年(1575)到万历九年(1581),赵讷陪伴了孔天胤最后的六年时光,也成为孔天胤在儿女之外的另一份牵系和心灵上的依傍。

二、诗歌理论:神韵、性情与"名通之论"

孔天胤除了写诗,也写诗话。晚年他在写给诗社好友王道行的信中说:"兹岁间申仰德之怀,某一岁中赋诗几百首,又草诗话数十条,待开春缘呈,乞点定,兹不备不恭。"(《与王龙池方伯》)但孔天胤的诗话大多散佚,其诗学主张只零星见于一些诗集序中。

(一)初仕陕西时期:诗以盛唐为上

孔天胤任陕西提学佥事后,一直致力于纠正当时"崄涩乖戾"的文风,作文要求"必法秦汉,删繁剃稊,划异归同"(张治道《送提学孔文谷先生序》),作诗则提倡以唐诗为宗,这一点,与明代诗坛"前七子"(李梦阳、何景明、徐祯卿、边贡、康海、王九思、王廷相)的诗学理论颇为相合。"前七子"的诗学主张,是"文必秦汉、诗必盛唐",欲以复古为革新,对抗当时千篇一律的八股习气及虚浮、萎弱的"台阁体"。孔天胤这一诗学观,在其为樊鹏诗文集所写的序言中也可见出。

史载樊鹏与当时享有明代诗坛"前七子"之称的何景明、边贡有交游,对于诗学颇有见地。关于樊鹏之诗,明末学者钱谦益评曰:"其论诗一以初唐为宗，亦原本于仲默（何景明）也。"而明代陕西诗人赵时春对樊鹏诗的评价还要高一些，他认为，樊鹏之诗"源出于何大复氏（指何景明），独坚壁立玄甲之帜，不复袭其师说，灿然成一家言"。

在序言中，孔天胤梳理了诗歌的发展史。他说，唐初，"诸君子乘运跃鳞，回风涣藻，则约入驻麾谐，俾就格律，淫织始删，声音肇兴，或拾遗寻源，燕许之流，一时响著"。燕许，指燕国公张说、许国公苏颋，史称"燕许大手笔"。唐天宝间，作诗者称盛于一时，诗风之积累渐入佳境，"虽未骤极大成，然钟石毕陈，条理具在，因而集之，其变不可胜用矣"。到宋代，虽有人欲学唐诗，然"厌薄其初"，"溯王孟之绪风，被高岑之末照者崛起其间，是为拾钟石而求乐之成，虽挚旷无益也"。到明代，"士彬彬多鸿茂，然道胜艺远，揽式登彼岸者已"，道胜于艺，诗的艺术性呈现出一种下滑的趋向。因此，提倡从唐诗源头学起，是一种非常有益的诗学路径，而樊鹏的诗正是师法唐诗的典范：

信阳樊南溟子……因授四卷之诗，余乃读而叹曰："是非唐诗称正始者耶？"其读雄，其调古，其风流邈矣。而其天才俊异，神思英郁，其孰能当之？夫大雅不作，吾衰谁陈？太白有忧，然人能弘道，非道弘人，述而作者，其在南溟之子。若此纶者，刻之以传可也。（《樊氏集序》）

孔天胤一读到樊鹏的诗，就大为赞叹，认为其诗是本于唐诗诗学正途的杰作，"其读雄，其调古，其风流邈矣"，"神思英郁"，时人难当。而当时诗风之不振，连李太白泉下有知都会感觉"有忧"了。

因此也可看出孔天胤的诗学理念，是以盛唐为宗的。

（二）首提"神韵"说

在颍州任上，孔天胤与亳州学者薛蕙交游颇多。薛蕙不仅是著名学者，还是著名诗人，因而孔天胤也深受其学术、诗风的影响。"神韵"二字，即受薛蕙的启发而提出。

先从二人交游说起。薛蕙为正德九年（1514）进士，据《明史》本传，其在刑部主事任上，因谏武宗南巡而"受杖夺俸"，不久引疾归乡。嘉靖时"起故官，改吏部，历考功郎中"。因参与"大礼议"之争下镇抚司考讯，并被夺俸三月，不久南归故乡亳州。《明史》评论："蕙貌癯气清，持己峻洁，于书无所不读。学者重其学行，称为'西原先生'。"

嘉靖十五年（1536）冬，孔天胤初到颍州，就去拜访了亳州名儒薛蕙。令他没想到的是，薛蕙对他也是一见如故，倍加赏识。孔天胤后来回忆自己初见薛蕙时的情景及其以后的数次来往，依然非常激动：

> 余往岁丙申，初谒考功于谯城大宁斋中。考功一见余，即莫余逆也。留饮阑夕，赋诗见志，后数往来，并丧尔我。（《薛诗拾遗序》）

孔天胤对薛蕙的敬重，除了其品行操守的"持己峻洁""植品之高"，其"于书无所不读"的博学笃厚，更有其在诗歌风格上的超拔脱俗。

初谒薛蕙，孔天胤便被一代名儒薛蕙在故乡的隐居生活打动了，钦羡之余，写了一首《题薛西原先生园中》：

> 解组一官后，开荒十亩间。著书探道德，栽药养容颜。碧柳门常闭，浮云意自闲。坐令鸥鸟下，日夕竟忘还。

颇有陶渊明"结庐在人境，而无车马喧""问君何能尔，心远地自偏""山气日夕佳，飞鸟相与还"的意境与韵味。

对于孔天胤这样的青年才俊，长孔天胤十六岁的薛蕙颇为看重和赏识，这从他所写的关于孔天胤的诗中即可看出。检薛蕙《考功集》，可见有《赠孔汝锡》《南园对月与孔汝锡》《苏允吉侍御、孔汝锡佥宪同觞小园，薄暮值雨骤作，四韵奉呈二公》，皆孔天胤过访时所作。苏允吉指苏祐，时以监察御史巡按南直隶。孔天胤离开亳州回到颍州后，薛蕙写过两首怀念孔天胤的诗歌，其中一首，是他在看到孔天胤送他的洮溪砚之后，睹物思人而写，用的就是孔天胤《题薛西原先生园中》的韵。诗曰：

> 多君金马客，就我竹林间。对酒频移席，论文一解颜。词臣翻补外，野老合投闲。颍毫殊相近，诗筒约往还。

诗题曰《次韵酬孔汝锡》，诗后还有小记："余有洮溪砚，乃孔汝锡所赠者，每怀其人，因成斯咏。"

薛蕙此诗，用孔天胤前诗"间""颜""闲""还"四韵，内容却与孔天胤赞赏他的隐士生活不同，表达的更是对孔天胤的赏识和怀念。诗中称孔天胤为"金马客"。金马客，典出《史记·滑稽列传》，指出自官署的高贵客人。金马客相就高士隐居之竹林，志趣相投，相谈甚欢，"对酒频移席，论文一解颜"。一个是兵备颍州、身居要职的青年才俊，另一个是博学多识、诗才名世的退居老臣，二人情投意合，自然谈兴颇佳。好在"颍毫殊相近"，于是每次别后，二人还要"诗筒约往还"，约定下次来访的时间。

薛蕙怀念孔天胤的第二首诗，是在一个冬天。那天下了雪，薛蕙对雪思人，写下了《对雪怀孔汝锡》一诗：

> 美人一为别，胜日辄相思。独对山斋雪，遥怀琼树枝。置书常满袖，枉驾竟愆期。寂寞罢琴酌，空吟招隐诗。

中国古代诗歌中，"美人"意象多指圣主贤臣、友朋知己。薛蕙以"美人"形象喻指孔天胤，足见其对孔天胤的欣赏之情，也体现了二人的情谊之深。"枉驾竟愆期"句，道伊人总也不至，等待总是成空，颇含几分幽怨，却也有几分天真。

嘉靖十七年（1538）孔天胤升陕西右参议。收到将赴陕西的邸报时，孔天胤的住所里发生了一件奇事。孔天胤在颍州养有一只鹤，没想到的是，收到邸报后，这只鹤竟然自己飞走了。孔天胤写诗一首，并把这件奇事讲给薛蕙听。薛蕙也大为称奇，作同题诗一首。诗中写道："使君拥传西征日，孤鹤依依恋主鸣。阶下起为垂翅舞，云间去作断肠声。"① 连鹤都为主人的离去而断肠悲鸣。不过薛蕙相信，"颍水今朝应暂别，缑山他日会相迎"，缑山，仙家之山，相传王子乔于缑山乘鹤成仙。薛蕙用这个典故，将人与鹤的传奇相知，当作一则佳话，赋予了美好的意义。

孔天胤常与薛蕙论诗，因而对其诗歌理论也颇多会意。孔天胤晚年在回顾薛蕙的诗歌理论时，总结说：

> 诗以达性，然须清远为尚。西原薛子论诗，独有取于谢康乐、王摩诘、孟浩然、韦应物。言"白云抱幽石，绿篠媚清涟"，清也；"表灵物莫赏，蕴真谁为传"，远也。"非必丝与竹，山水有清音"，"景昃鸣禽集，水木湛清华"，清远兼之也。总其妙在神韵矣。(《园中赏花赋诗事宜》)

谢康乐，即谢灵运；王摩诘，即王维。"白云""表灵"皆谢灵运的诗句，"非必"为左思之句，"景昃"为晋代诗人谢琨之句。正是薛蕙的"清远"之说，引发了孔天胤在诗歌理论上的重要贡献，提出了诗歌的"神韵"说。

清代学者王士禛在其《渔洋诗话》中，将"神韵"说进一步发展成为一种重要的诗歌学说。王士禛《池北偶谈》卷十八"汾阳孔文谷天胤云：诗以达性，然须清远为尚"条，为历来"神韵说"研究者所重视的资料。但后来人们说到"神韵"说，多以为是王士禛之首倡，殊不知这两个字的最先提出者是孔天胤，更不知孔天胤提出这两个字，是受薛蕙"清远"论的启发。

对于"神韵说"，钱锺书先生在《谈艺录》中有较为客观中肯的评价。他认为，"无神韵非好诗；而只讲有神韵，恐并不能成诗"。他说：

> 神韵……《池北偶谈》卷十八引汾阳孔文谷所说"清远"是也。而按《沧浪·诗辨》，则曰："诗之法有五：体制、格力、气象、

---

① 孔天胤诗已佚，薛蕙《考功集》中有《孔汝锡得陕右少参邸报，台中旧养一鹤，俄鸣舞而去。汝锡感而赋诗，因作同一首》。

兴趣、音节。诗之品有九：高、古、深、远、长、雄浑、飘逸、悲壮、凄婉……可见神韵非诗品中之一品，而为各品之恰到好处，至善尽美"。

但孔天胤所提出的"神韵"，毕竟是诗歌中重要的一个方面，他的初衷也并无"只讲神韵"的意思。后世王士禛将其发展为诗学理论，遵从者过分推崇这一理论，才导致了"神韵"的放大，想来也并非孔天胤的问题。

（三）"在事为诗""情事合一"的诗学观

嘉靖二十四年（1545），洪楩刻宋代计有功所著的《唐诗纪事》，即将付梓之际，请孔天胤为之作序。

《唐诗纪事》是一本诗话批评类著作。孔天胤在《重刻唐诗纪事序》中介绍，南宋甲申年（1224），怀安府代理知府王禧（字庆长）曾刊刻该书，然"年代既远，印版磨灭，或无再刻之者，故其书罕存，即有传者，但钞本尔"。如今洪楩重新刊刻，实在是大功一件。

在《重刻唐诗纪事序》中，孔天胤阐释了"在事为诗"的诗学观：

> 夫诗以道情，畴弗恒言之哉；然而必有事焉，则情之所由起也，辞之所为综也。故观于其诗者，得事则可以识情，得情则可以达辞。譬诸水木，事其源委本末乎？辞其津涉林丛乎？情其为流为邕（畅）者乎？是故可以观已。故君子曰："在事为诗。"

班固在《汉书·艺文志》中所说的"感于哀乐，缘事而发"，基本奠定了"情事合一"的诗学基础。明确提出"在事为诗"的是汉代纬书《春秋纬·说题辞》："在事为诗，未发为谋，恬淡为心，思虑为志，故诗之为言志也。"孔天胤举例阐释了"在事为诗"的原理。

得事方可识情，得情方可辞达。就好像水和木的关系，事是水、木根本，辞是渡口与林间小路，而情可以使水于林间顺畅流淌。孔天胤梳理了自唐代以来的诗学演变：唐诗"皆情感事而发抒，辞缘情而绮丽，即情事之合一"；到宋代时，理学兴起，儒者又推杜甫等人，"而以格调声律为品裁，然但言理而不及事"；到明代中期，"性情说"渐起，又走向了另一个极端，"然自性情之说拘而狂简或遂略于事，则犹不穷水木而徒迷骛乎津涉、蔽亏乎林丛，其于流畅益已疏矣"。无论偏向于格律和言理，还是偏重于性情，都失之于"无事"。孔天胤认为，"如穷水木，或不喻其时代与人物，是既不晓事又安识所谓道情者与？夫所谓声调者，亦亵言也已"。

《毛诗序》中曾提出"在心为志，发言为诗"，强调诗言志，但朱熹并不赞同这种诗学观，如孔天胤所说，"《诗》三百篇，《毛传》盖其纪事，今为考亭（指朱熹）所绌，然欲究遗经，当必考之"。所以，《唐诗纪事》一书，"其艺流之源委，文苑之本末，利涉之方航，发蒙之朗若者"，于诗学有着重要的价值。

洪楩刻、孔天胤作序的《唐诗纪事》，如今台湾"国图"有藏，孔天胤序落款为"明中宪大夫、浙江提刑按察副使敕理学政、汾阳孔天胤汝锡甫撰"。清代学者王士禛在《池北偶谈·毛传如纪事》中引用了孔天胤《重刻唐诗纪事》中的句子：

> 孔文谷序《唐诗纪事》云："《诗》三百篇，《毛传》盖其纪事，今为考亭所绌，欲究遗经，当必考之"云云，实名通之论。

"名通之论"，此评价不低。而"行役诗"，或可看作"在事为诗"的一个类别。

嘉靖三十一年（1552），孔天胤在关中刻同年谢少南的《谪台稿》，提出了"行役诗"的特点：

> 行役而赋，诗人之义远矣。盖《泰》《履》之言难兴，而羁思之感易作。故登山临水，缅尔长谣；别鹤飞鸿，凄然异调。咸缱绻于去国，并徙倚乎怀乡。无有离而不伤，伤而不歌者也。夫《国风》婉思慕，《小雅》善怨悱，由来岂迩也哉。时有作者，要惟

当斯情耳。(《谪台稿序》)

这段表述,或可看作他在《重刻唐诗纪事》中提出的"情感事而发抒,辞缘情而绮丽,即情事之合一"的诗学观的深度阐发,也可以看作是一则独立的诗话。这里强调的是真情实感的重要性,因"事"而生"情",因"情"而成诗,一切皆自心出,非为诗而诗。而这一诗学观,在谢少南的诗中得到了极好的呈现。谢少南因官职之迁,心有所感,因而每有登临,便会感物赋诗,即所谓"取感于情"也。

在这个基础上,孔天胤总结:"夫诗可以兴,吾得其情焉,是故行役之赋,贤人所为述志也。"兴、观、群、怨是诗歌的四大功能,而"兴"的核心,即在于"情",也即《毛诗序》所说的"在心为志,发言为诗",以言述志,本述其情也。在序文的最后,他还提出了中国儒家知识分子写诗的两种境界:

嗟乎!世固有服奇抱玄,深文朗质,不扬声辉于清庙,则流音采于川涂,亦理也哉。

庙堂之高与江湖之远,甚至行役之途,都是诗人赋诗之所。关键在于"感事"而生"情",因"情"而成诗,情事合一。

(四)浙江时期曾追随"六朝派"

正德六年(1511),随着杨廷和之子杨慎登科入京为官,意识到"前七子"复古思想的弊端,主张学习六朝诗歌,并渐成势力。这个流派,学界称之为"六朝派"。杨慎等人倡导六朝诗歌,反对"七子"诗学,主要原因是不满"七子"派门径太狭,正如清人朱庭珍在《筱园诗话》中所说:"明七子论'文必秦汉,诗必盛唐',戒读唐以后书,力争上游,论未尝不高也;然拘常而不达变,取径转狭,犹登山者一望昆仑,观水者一朝南海,即傲然自足,而不知五岳四海、九江五湖、三十六洞天之奇,天下尚别有无数妙境界也。则拘于方隅,必不能高涉昆仑之颠,远航大海之外,徒目崖而返,望洋兴叹已耳。"

由浙江陈鹤为孔天胤《霞海篇》所写的后序，可知孔天胤在浙江时期曾追随"六朝派"。

陈鹤在梳理明代诗学由"台阁体"到"七子"的复古派后，盛赞"七子"之诗"郁郁洋洋，铺张玉响，可谓千载复见汉唐之世"。但他认为，一味复古，也容易走向另一个极端。孔天胤的诗与"复古"派有所不同，或许更接近"六朝派"的主张。

《四库总目提要》介绍《霞海篇》时，称孔天胤浙江任内诗歌多模仿三谢，即谢灵运、谢朓和谢惠连，但没有学到其精髓；而且好用古字，如《望司成程公诗》起句曰："瞻涂脰来旌，邂逅欣遽斯。"称"以'脰'字为引领而望之意，是不止札闼鸿休矣"。"札闼鸿休"出自宋代欧阳修和宋祁之间的一则故事。欧、宋二人曾同修唐史，宋祁喜欢用古奥之字，欧阳修不好直接说，便在其门上写道："宵寐匪祯，札闼鸿休。"宋祁看到后说，不就是"夜梦不祥，书门大吉"吗？何必要写成这样呢？后世常用该典喻指某人好作艰深古奥的词句。《孔方伯集》中收有该诗，惟"脰"字作"逗"。"脰"本意为"脖子，颈"，罕用，不易理解。类似的罕字、僻字在集中随处可见，比如《江心寺是康乐所云孤屿，予校文久疲，寻景暂适舟，泝舟从登，含毫存览》中有"珍木蔼葱攒，雕薨郁危抗"，与其退居林下后诗歌的明白晓畅相比，模仿六朝的痕迹十分明显。但孔天胤以谢灵运为学诗对象，也多有以清新之语表达闲适自得心境的好诗，有不少都颇具六朝山水诗的特征，这一点从本章前文所举诗句中也颇可见出。

与孔天胤同时代的顾起纶（1517~1587）在《国雅品》中，引用孔天胤的诗句"窗暝垂岩树，庭昏带野烟""石室排云上，松门闪雾重""萝幌晴峰色，花钟夜磬空""一室尽攒云里树，空园全绕石中溪"八句（今存孔天胤诗集中俱无，或为《霞海篇》中诗），认为孔天胤诗与其同年包节诗类似，"二家意象都新，融炼并工，令人倾炫心目，斯江、鲍之流欤？"江、鲍，南朝梁文学家江淹和南朝宋文学家鲍照。此或也可作为孔天胤曾经追随"六朝派"的一个证据。

清代学者朱彝尊在《静志居诗话》中评价孔天胤之诗时说："管涔山人如新调鹦鹉，虽复多言，舌音终是木强，盖深不取之。"大约所指即是这一阶段模仿六朝而未达至境的情况吧。

陈鹤指出，孔天胤诗强调声律和对偶，且具有"简淡温厚"的特点，而"简淡之思，可以养情；温平之调，可以敦政；宽厚之气，可以善俗"，实现宣示教化的目的。也许正因为如此，孔天胤的《霞海篇》才得到当时部分人的推崇。

（五）"艺无本而不立，言靡文而弗行"

在关中为胡侍刊刻的《胡蒙谿续集》中，孔天胤写有一篇序文，结合胡侍诗歌的特点，提出了自己的诗学观：

> 盖其缘情建标，则穷神内莹；体物施采，则含景外彪。细则析于毫针，钜则周乎溔沆。故程宪司契，检镜独持；淹疾莫窥，首尾咸丽焉。即使楚材同生，汉俊齐世，与谈赋心，盖亦如斯而已。

胡侍是明中期著名诗人，不仅与张治道、薛蕙、刘储秀等"约为诗会，并以诗名都下，都下称'西翰林'"，而且"与信阳何中舍（景明）、谯郡薛考功（蕙）齐名"（张才《胡蒙谿集序》）。因胡侍与刘储秀、张治道、许宗鲁等人均为一方名贤且时时过往，孔天胤及其同僚也与其多有交游。胡侍集中有《夏日孔方伯汝锡、谢学宪应午招燕郭西原二首次谢公韵》一诗，是孔天胤与同年谢少南邀请胡侍到西原同游，唱和而写。胡侍诗集中还有一篇《借菊亭诗》，其序云："孔右丞、谢学宪携余集于许中丞之新亭，乃借邻圃盆菊置诸亭中，金葩粲然，益增佳致，就以'借菊'命名兹亭。良风厌厌，清欢不尽，将期雪日再集于斯。群公有诗，余仰和焉。"胡侍、孔天胤、谢少南齐聚许宗鲁新亭，还借了邻居花圃中的菊花放在亭中，所以这个亭子被众人命为"借菊亭"。借菊亭中，众人兴致颇高，相约冬日下雪后再来宴集。是时众人皆有吟咏，胡侍也作诗相和。胡侍诗中有"胜地高朋不易逢，况增邻菊助秋容。新亭正与新名协，花气偏和酒气浓"句，文朋佳会，其乐何极。

西晋陆机在《文赋》中说："诗缘情而绮靡，赋体物而浏亮。"这是区分诗与赋文体特色的著名论断：诗以抒发情志为主，赋以描状外物为主。在这种理论建构下，诗词文赋要么"缘情"，极抒一己之微情；要么"体物"，极状外景之豪富。而描写之细，能细若针尖；铺陈之广，能广若无际。所以，那些依照程式契据吟诗作赋者，就好像照着镜子孤芳自赏；那些存有隐疾而不察者，他们的文章自然是首尾华丽而正文缺乏缘情体物的诗情和哲理。而楚汉之才俊若在世，和他们谈诗论赋，他们的观点也不过如此罢了。那么什么样的诗词文赋才是健康的？孔天胤认为：

夫渊岳其衷者可以列高深，金玉其相者可以叙文质。摭华拾实，艺无本而不立，言靡文而弗行矣。

这其实就是孔子所说的"质胜文则野，文胜质则史"在文学领域的运用。学问广博深厚，这是文之"质"，可以使文章达到思想和哲理的高度和深度；言辞雕琢打磨，则可以增加文采，给读者以美的享受。《诗经·大雅·棫朴》："追琢其章，金玉其相。"指的就是琢磨良材刻上花纹，使器物更有品相。诗文创作，理亦相同。优秀的文学艺术作品，就是"质"与"文"的最佳结合。《左传·襄公二十年》中，孔子说："志有之，言以足志，文以足言。不言，谁知其志？言而无文，行而不远。"孔天胤所言，也是这个道理。

（六）"诗不必李杜"

谢榛写有《四溟诗话》，又名《诗家直说》。谢榛的诗学理论，与"前七子""后七子"所倡导的"诗必盛唐"基本是一致的，但他又有独特理解。他认为唐诗之可学者，未必只有李、杜二人，尚有王维、孟浩然、岑参、高适等人，共计十四家。他主张初唐、盛唐十四家"咸可为法"，"选李杜十四家之最者，熟读之以夺神气，歌咏之以求声调，玩味之以裒精华"，而"得此三要，则造乎浑沦，不必塑谪仙（李白）而画少陵（杜甫）也"。除此之外，谢榛也较重视诗歌创作的"天机"，反对模拟太甚："今之学子美者，处富有而言穷愁，遇承平而言干戈。不老曰老，无病曰病，此摹拟太甚，殊非性情之真也。"并且强调"人不敢道,我则道之;人不肯为,我则为之"的独创性,都是一些较为先进的诗学主张。

孔天胤的诗学主张与谢榛有相通之处。

谢榛《四溟诗话》中记载了一则关于孔天胤的诗话,引用了孔天胤谈诗的两段话,当是孔天胤所写诗话的内容。这两段今不载于孔天胤诗文集,因而谢榛的记载就颇为珍贵。其一云:

> 孔文谷曰:"陈子昂之古风尚矣,其含光飞文,怀幽吐奇,廊庙而有江山之致,烟霞而兼黼黻之裁。着色成文,吹气从律,则燕公曲江高矣,美矣,擅其宗矣。杜子美称李太白诗清新俊逸,然却太快;太白谓子美诗苦,然却沉郁,缘其性褊躁婞直,而多忧愁愤厉之气。其用字之法,则老将之用兵也。王摩诘、孟浩然、韦应物,典雅冲穆,入妙通玄,观宝玉于东序,听广乐于钧天,三家其选也。过此以往,不能遍观而尽识矣。"

孔天胤同样主张诗不必李杜,其他如陈子昂、张说、王维、孟浩然、韦应物等人皆有可取。在诗风上,陈子昂尚古,"含光飞文,怀幽吐奇",能够将庙堂之思与山水之美、自然烟霞与士君子情怀很好地结合;格律上,则重唐代燕国公张说,称其"着色成文,吹气从律",可谓高美。王维、孟浩然、韦应物等人,其诗"典雅冲穆,入妙通玄",读此三人的诗,如"观宝玉于东序,听广乐于钧天"。即如李白、杜甫,在他们互评其诗时,也都能谈得出各自的优劣,杜甫评李白诗清新俊逸却失之于太快,李白评杜甫诗情虽苦却得之于沉郁。

由于谢榛《四溟诗话》流传之广,"含光飞文,怀幽吐奇,廊庙而有江山之致,烟霞而兼黼黻之裁"也成为后世人对陈子昂诗歌的经典评价,只是在后世流传的过程中,人们多不知此句出自孔天胤;即便从《四溟诗话》中读到"孔文谷曰",也多不知孔文谷为何人。

谢榛所引的孔天胤诗话的第二段是:

（孔文谷）又曰："长篇是赋之变体，而去一'兮'字；近体则研炼精切，隐栝谐俪，如文锦之有尺幅；绝句皆乐府也。长篇当以李峤《汾阴行》为第一，近体当以张说《侍宴隆庆池应制》为第一，杜甫《秋兴》则'闻道长安似弈棋'一篇尤胜。绝句如王摩诘'广武城边逢暮春，汶阳归客泪沾巾。落花寂寂啼山鸟，杨柳青青渡水人'与'渭城朝雨'一篇。韦应物'雨中禁火空斋冷，江上流莺独坐听。把酒看花想诸弟，杜陵寒食草青青'，皆风人之绝响也。"

这是孔天胤对诗歌体式流变的看法。他认为，长篇诗歌其实就是赋的变体，只不过不再有赋中的"兮"字而已；近体诗（又叫今体诗、格律诗）则多用典且讲究对偶，然文锦虽华丽篇幅却有限；而绝句本来就是乐府诗的变体。只有明白了各种体式的原型及发展流变，才能更好地把握这种体式的写作规律。孔天胤还各举了例子，由他所举的例子也可知他的诗学观和诗歌取向。李峤《汾阴行》可作为长篇诗歌的典范，张说《侍宴隆庆池应制》、杜甫《秋兴八首》其四可作为近体诗的典范，王维《寒食汜上作》《送元二使安西》、韦应物《寒食寄京师诸弟》可作为绝句的典范。

谢榛将孔天胤这两句诗话收入他的《四溟诗话》是有道理的，因为孔天胤所主张的诗学观，正可以作为他的学唐诗不必李杜，十四家皆有可学的诗学观的重要佐证。也许在诗学观上的相通，也成为谢榛与孔天胤相知交好的一个重要原因。

（七）诗道"性情"，情志为一

归居汾州后，在为宗室子弟兰轩《太霞闲宇集》所写的序言中，孔天胤提出了"性情说"。

中国诗学最主要的两种观点，一是"诗言志"，一是"诗缘情"。前者出自《毛诗序》"在心为志，发言为诗"，后者出自陆机的《文赋》"诗缘情而绮靡"。如今诗学界普遍认为，明确提出并大力倡导诗歌"性情说"的是袁枚。《随园诗话》卷十六，袁枚针对"阮亭好以禅悟比诗，人奉为至论"

的情况，提出："诗者，人之性情也。近取诸身而足矣。其言动心，其色夺目，其味适口，其音悦耳，便是佳诗。"其实比袁枚早生二百多年的孔天胤，已经明确提出了"诗以道性情"之说。孔天胤说：

> 诗本乎心者也。在心为志，发言为声。声成为文，文有音为诗。故诗以道性情，性即心也，情即志也。情有喜怒哀乐，则诗有欢愉悲怨。情正则为赋为比为兴皆正，情僻则为赋为比为兴皆僻，故曰"思无邪"。然必以养其性情，察善恶之几，存其善端，绌其不善，常使清明内湛，灵颖外敷，感物而动，实中其声。是故作周诗者，本以综文而见孝弟之性。优柔平中而发者，温厚之体也。

"诗言志"，而"志"与"情"本为一体。所以，诗本乎性情，性情正则诗正。所以写诗者若想让诗正，首先得养性情使之正，存善绌恶，中平温厚。

孔天胤还认为，"性情"正的根本，在于涵养深；而涵养深的根本，则在于有"理趣"：

> 锦上花开、长空云起者，妙有之用也。妙之又妙者，玄之又玄也。惟涵养之深者能自得之，此性情之理也。沧浪严氏曰："诗有别趣，非关理也。"盖未识夫理生趣、趣含理乎？

涵养深厚者，自然得性情之正，能够从锦上花开、长空云起这些日常景物中悟到诗情。而关于诗之"理"和"趣"的关系，宋代严羽《沧浪诗话》认为，诗自有别趣，与"理"没什么关系。孔天胤认为此说有偏颇，"理"与"趣"本为一体，"理"可生"趣"，"趣"中又自然包涵着"理"，怎么可以说与"理"无关呢？

（八）大夫之赋："得性情之正者，始得声律之和"

正因为"性情"对于诗歌有着重要作用，所以不同的人写诗，就体现了不同的性情。比如"大夫之赋"。

何谓"大夫之赋"？孔天胤在为其师刘储秀《刘西陂集》所作的序言里，有着较为深入的阐发。他认为，如刘储秀般曾身任要职，有过庙堂经历，而后归于江湖重操文章旧业的"贤人君子"，以这种身份写作，"以上则歌咏盛德，以下则敷扬理事，以经纬则神情内融，以组织则机象外著"，上下纵横，皆有见识与机理，因而诗境广阔，"可以章教，可以树风"，足为当世之师。

他认为"大夫之赋"最重要的特点，就是得"性情之正"，与"雕篆者"有很大的不同。所谓"雕篆者"，即雕琢文字辞章者。格调之高出乎性情之德，本此则下笔凌驾千古，略加润饰便大美琬琰。而"使匠心者诠其品，宗眼者按其节，或辨迹于表玉，充类于说金，察巧于屠龙，课真于画马"，重于文辞技艺，取巧乱真，然色相再美也不免流于趋竞，终为小技。这就又回归"诗言志"的大主题上：

> 夫诗言志，以道性情。性静而虚，不能不感；情动而直，不能不应；应于心，不能不宣诸其口；发于声，不能不矢诸其言。诗者，言之成声，声之成文者也。是故其所感正者，其应和；其所发粹者，其矢精；其所会正和粹精者，其文雅以醇。《诗》三百篇，皆由此选也。（《西陂先生文集序》）

先有志，其后才能有诗；性虚静，情正直，诗自然粹和精醇。《诗经》三百首本此而选，后世评价好诗的标准，也皆以此为据。扬雄有言："诗人之赋丽以则，辞人之赋丽以淫。"孔天胤认为："夫则，则准乎性情；淫，则假于色相。准乎性情者，以言志；假于色相者，以志言。"古诗之作，虽也华美而本乎性情；辞赋之作，太过修饰铺陈，就是追求色彩外相。这里有着本质上的区别：是以诗"言志"还是以诗"志言"。出发点不同，路径不同，结果自然也不同。好的诗歌，是诗人长期的学问、性情"养"出来的：

> 故以道性情，言乎其诗；以养性情，言乎其学。故渊以养静，笃以养虚，凝以养动，专以养直。养得其养，神明自莹。

广博深厚以养静，笃志坚守以养虚，凝神聚志以养动，慎独纯粹以养直。《老子》有言："致虚极，守静笃。"内心虚静，加以学问、性情的长期积养，动笔而为诗，直道而行路，则"神明自莹"，言语行动皆属上乘。这些，"复何色相之可假，而言语之可学耶？"那些"雕篆者"，"彼拘方于体裁，丧偏乎格调，外矣"。好诗不当外求，重在内养。这个道理，同样适用于其他的艺术形式。

嘉靖四十二年（1563），在为山西兵备副使刘泾《晋阳稿》所作的序中，孔天胤再次谈到了"大夫之赋"：

古有之曰："登高能赋，可以为大夫。"夫大夫奚俟于赋哉！盖赋者，敷也，敷在心之志而发之言也。大夫负经世之材，涵宰物之智，必也有是志乎？有是志而后有是言，方其含章渊默，则机缄莫窥；及其感物造端，则深美可见。（《次山晋阳稿序》）

赋，就是敷；敷，就是布，就是铺。布其心志，而成诗成言。大夫有经世之才，心志高因而诗格自高。这种"高"的进一步深化，就是渊深而美。"大夫之赋"因其言说方式，也有诸多表现，然皆可由言及志：

是故即其言而知之，其言之温厚也，而知其可以教；其言之平达也，而知其可以政；其言之中正也，而知其可以位；其言之和乐也，而知其可以育。故曰：可以与图国政，故可列为大夫也。

从这个意义上来说，刘泾之诗"虽篇章殊制，要之皆温厚、平达、中正、和乐之言"，因而可以称为"大夫之赋"。

（九）武将之诗：横槊而赋，"锵锵鸿藻"

武将是诗人群体中一个独特的存在，然而明代以文臣任武职，武将也大多为以"五经"举业的书生。"武将之赋"的独特性，在于其关注的视角多为军事、战事,所表达的也多为建功立业的情怀,因而也有着更多的豪情。其人多"执法之臣""元戎之宰",《诗经》有所谓"吉甫作颂,穆如清风",《大雅》中的很多诗篇,就是经营四方的武臣所写。孔天胤在颍州时期所作诗歌,也多属此类。

其风格特点,在孔天胤为许宗鲁所写《陵海二集题辞》中有较为形象的表述:

> 盖龙蟠虎踞之雄,重关绝塞之险,萧条滓沆之形,澹惨烟沙之态,胡笳边马之音,刁斗寒宵之叹。或军乐甫陈而悲歌互动,或春草迟绿而朔吹已梢,如兹之感,其至非一,皆足以生临望之思,引别离之绪。此怀乡之情,恋国之念,二集之中,交相发焉。

这段论述,也可作为对于边塞诗歌特点的一番绝佳诗论。身在边塞险境,风烟惨淡,胡马悲鸣,也许更能深切体会唐代边塞诗人高适《燕歌行》中"杀气三时作阵云,寒声一夜传刁斗"之句的情境和含意。许宗鲁作为一代诗文大家,其诗歌中所传达的边塞风情及"怀乡之情,恋国之念",都真切而传神。

在为山西巡抚杨选[①]诗集所作的序言中,孔天胤认为,武将正是因为"观风问俗之际,不忘太史之陈;临戎决策之时,有裕横槊之赋",所以能写出独特的武将之诗。此类诗与文士之诗的区别,就在于风格硬朗,"桓桓鹰扬""锵锵鸿藻",非"雕虫之生,营小技于窗间,挥寸管于畦径,操不割之铅刀,徒无因而强作者俦也"(《杨东江诗集序》)。

这同样是"性情之正"所"养"出来的诗。

---

① 杨选,字以公,号东江,山东济南府章丘人,嘉靖二十三年(1544)进士,《明史》有传。嘉靖四十年(1561)升总督蓟辽副都御史,"条上封疆极弊十五事,多从其请"。进兵部右侍郎,因边事处置失律,被人弹劾以勾结敌寇,激怒了明世宗,"刑部如帝指论选死,即戮于市,枭其首示边,妻子流二千里"。多年后平反,妻、子始归。

第四章　图书刊刻

明代由于印刷技术的进步，出版业得到空前的发展。明代所刻图书，有"官刻"和"私刻"两种。孔天胤一生刻书甚多，在陕西、颍州、浙江、陕西、汾州时期皆刊刻了不少图书，尤其是浙江时期，孔天胤的刻书呈现出集中化、批量化、高端化的状态，主要有两个方面的原因：一是明代刻书业普遍发达，江浙一带犹盛，文化氛围使然；二是孔天胤身为提学副使，编选教材、刊刻典籍、教育士子本来就是其职责的一部分。孔天胤刊刻的图书大致可分为两类：第一类是前贤名典，刊刻此类图书一是为了保存优秀典籍，二是为了与志同道合者交流学术，三是为了向学官及诸生作为教材推行，以此倡导"正学"；第二类是师友同道的诗文集，刊刻此类图书既有保存师友同道优秀作品的良好愿望，又表达了个人的欣赏趣味和学术情怀。

孔天胤所刻图书大多有序，由其序言，我们也可了解其刊刻的机缘及其所要表达的愿望。以下就两类刊刻分别来谈。

一、前贤名典

此类图书大多刊刻于浙江时期，也有一部分刊刻于第三次任职陕西时期。浙江时期所刻前贤名典包括《集录真西山〈文章正宗〉》《资治通鉴》《明道先生语略》《朱子晚年定论》《越绝书》《越艺正诠》等；陕西时期所刻前贤名典包括《西京杂记》等。

（一）刻《集录真西山〈文章正宗〉》三十卷并序

《文章正宗》是宋代理学家真德秀编选的文选读本。真德秀（1178~

1235），号西山，福建浦城人，是继朱熹之后的理学正宗传人，同魏了翁（1178~1237）一起，在确立理学正统地位的过程中发挥了重大作用，创立了"西山真氏学派"。《文章正宗》的内容，《四库全书总目提要》称："是集分辞令、议论、叙事、诗歌四类，录《左传》《国语》以下，至于唐末之作，其持论甚严，大意主于论理而不论文。"

嘉靖二十三年（1544），孔天胤"选工雕印"，重刻了真德秀的《文章正宗》并作序，目的是"布令学徒与举业兼资习之"。序言中，孔天胤阐述了自己对此书的认识以及重刻此书的意义，在于让士子学有所本，学本"正宗"。何谓"正宗"？他说："六籍所载，皆圣人之道。道者，正宗之谓也。"正宗也就是"圣人之宗"，也就是"性道"之理，"惟得其宗，则载籍之间皆性道，性道之外无文章矣"。他还引真德秀之言"士之于学，所以穷理而致用也"，说重刻《文章正宗》，就是"以明义理，切世用为主"。这三十卷刻了约半年时间，"经自嘉靖甲辰（1544）孟夏，而于仲秋之望落成"（《重刻文章正宗序》）。

《集录真西山〈文章正宗〉》现存有嘉靖二十三年（1544）孔天胤刻本和嘉靖三十九年（1560）范唯一重刻本，中国人民大学图书馆、台湾地区"国图"、美国国会图书馆等单位有藏。孔天胤刻本山西师范大学图书馆、祁县图书馆也有藏本，被列入《山西省第二批省级珍贵古籍名录》。孔天胤刻本后曾被翻刻，可见其影响之大、刊刻之精。

孔天胤对此书颇为看重，刻成后，曾将其寄赠给山西按察使张子立，以报其助接家人来浙之恩。此事还有个小插曲。当时孔天胤到浙江上任，因父亲新故，"妻妾俱留奉老母"，但"四十无儿，万里孤泊，终非人情"（《与廖东雩年丈》），嘉靖二十三年（1544）夏即有"欲取家口来浙"的打算，但"缘路远艰""边信及水潦"而未能成行。九月二十四日孔天胤在出试金华途中忽然得到音讯，报其家眷已到浙江。孔天胤大喜过望，对安排并护送其家眷至浙的山西按察使张子立"感激诚入骨髓"（《与张南墅宪长》）。孔天胤修书致谢，说不能亲自拜会，"谨修状并封新刻《文章正宗》一部报使者还报门下"。孔天胤晚年还曾将此书推荐给汾州第八代庆成王朱慎锺，说"《文章正宗》《古今韵会》《唐音》、李杜等书，乃本朝教太子诸王、翰林吉士之书，宜各置一部，列之玉几，但暇则取玩味"（《上庆成王宗川》），可见对此书的看重。

（二）刻《资治通鉴》二百九十四卷、《资治通鉴考异》三十卷并题词

孔天胤在浙江任上所刻的最大部头的书，就是宋司马光所撰的《资治通鉴》。刻这一大部头的史学著作，也是孔天胤的正学术之举。在《刻司马温公资治通鉴题辞》中，他说："余谬领提调，与诸生修《大学》之道，居经史之业，遂私以前说，质诸有道，佥谓不愆。乃从事雕缮，用布学官，弟子择善而多识之。其书凡二百九十四卷，另《考异》三十卷。"刊刻的目的是让诸门生弟子"择善而多识"。

孔天胤为《资治通鉴》做了简介：

> 有宋司马温公，患（司马）迁、（班）固以来文字繁多，学者不能遍综，乃删削冗长，举撮机要，取关国家兴衰、系生民休戚，善可为法、恶可为戒者，上自战国，下讫五代，为编年一书。积之岁月之久，成之任理之专，治道弘备，观览不烦。故英宗亲赐名为《资治通鉴》，神宗亲序其为"博而得其要，简而周于事，典刑之总会，册牍之渊林"焉。

这段文字是目前所见对《资治通鉴》最准确、最简洁的介绍，可入于文学史。短短一段文字，既有对《资治通鉴》内容、记事始末的简介，又有对其成书、得名过程的简介，还有中肯简要的评价。

孔天胤认为，《资治通鉴》是《史记》《汉书》等史学著作在关乎国家兴衰、生民休戚标准下的精编版，其编选的目的有二：一是删繁就简，便于通览；二是能够经史合一，运用于实际。他说："惟在学者溯流穷源，经史合一，征往察来，体用不二，庶于治有兹尔。"《资治通鉴》除了有经世之用，很大的意义也在于使学者"善可为法，恶可为戒"。如果读经不能明是非、

察善恶，只囿于语言文字之间，又有什么益处呢？

《资治通鉴》嘉靖二十四年（1545）孔天胤杭州刻本，今国家图书馆藏有多部，其中两种无题跋，另一种卷末有东莞莫伯骥号天一藏钤印，并有清藏书大家周星诒跋。跋中写道："嘉靖甲辰浙江刻本《资治通鉴》世推善本，盖出自唐太史家宋版文字。"

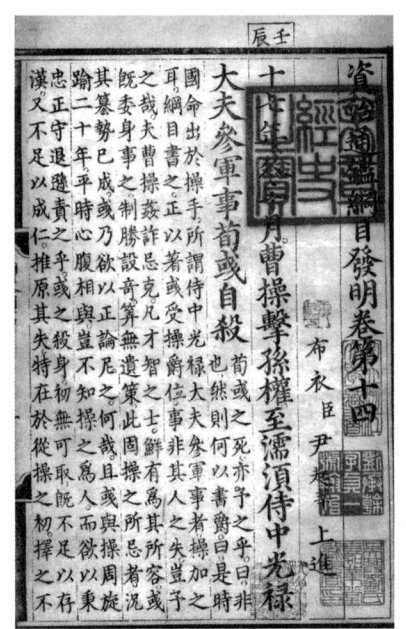

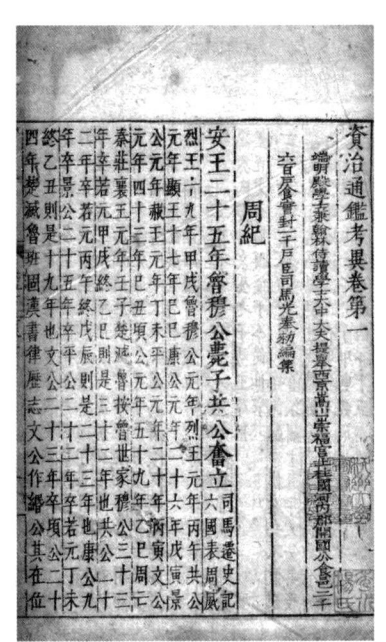

图10 《资治通鉴》及《资治通鉴考异》孔天胤刻本书影

在书未刻前，孔天胤同年钱薇曾写有《与孔文谷督学论通鉴书》一文，对孔天胤有志于刊刻该书大加赞赏。钱薇希望孔天胤能够就原版《通鉴》中的一些错误和疏漏进行修订补正，比如五代部分，钱薇认为失之于粗疏。后之注释者独重胡三省本，但胡本"援引或蔓而注释或烦"。

书刻成后，孔天胤曾将《资治通鉴》八十八册寄给浙江学者郑晓。信中称"《通鉴》一部八十八册奉览，开岁或得面伏并幸垂省"，并希望郑晓能重刻《史记》《汉书》，说"《史记》《汉书》，咸贤人愤志而作，故《汉书》是刘歆作之，而班固辑而成耳。愿公卒成此不朽之事。向见海石先生（钱薇）

亦云有志于此，但未见其书也"（《与郑淡泉先生》）。孔天胤晚年为庆成王朱慎锺所开列的书单中，将《资治通鉴》列入王府必读书，称"窃计四书五经、《性理》《通鉴》乃本朝经筵进讲、便殿观览之书"（《上庆成王宗川》），朝廷都要讲读，何况王府。

（三）刻程颢《明道先生语略》并序

《明道先生语略》是孔天胤在浙江任上刊刻的理学著作。明道先生，即宋代理学家程颢。孔天胤在《刻明道先生语略序》中阐述了刊布此书的原因。他认为，儒学传至宋朝，周敦颐和程颢、程颐兄弟为正宗，而程颢之学说最为醇正，"其言简粹精贯，直指道源，顾伊川（程颐）不及也"。其后学者，即使朱熹，也没有完全领略其中和之意，而朱子之章句又是士子必读书，"今学者徒守朱子之章句，而不知尚考其师友渊源之所自，则无本之学也"。因此孔天胤咨询同年王畿，辑录程颢语略，刊刻流布，"刻与同志者共学焉"。

（四）刻王阳明《朱子晚年定论》并序

《朱子晚年定论》是明代理学家王守仁（阳明）的重要哲学著作之一，集中体现了其心学思想。王阳明认为，朱子在其哲学理念中已有心学元素存在，于是依据其心学思想重新对朱子的论著做了新的阐发。"朱子病目静久，忽悟圣学之渊数，乃大悔中年注述误己误人，遍告同志"，故"世之所传《集注》《或问》之类，乃其中年未定之说"（《朱子晚年定论·阳明子序》）。

孔天胤在《刻朱子晚年定论序》中说，朱熹的最大贡献，是将学术著作的训诂之学，渐过渡为义理之学。朱熹为《周易》《诗经》及"四书"等作传注，"初意盖欲由讲解以为入道之门"，并非就是学术定论。然"一时门人遂以缀辑而张大之"，加上后代学儒者固守其说而不详其旨，"至于信传而不信经，从人而不从天，学术支离，道体蒙障，则章句为有祸焉，此门人党伐过矣"。朱熹晚年对自己前期著作多有悔意，孔天胤认为，"朱子已非自诳，而学人之自诳者于今犹烈也"，"世之学者徒守朱子中年未定之说，而不复知求其晚岁既悟之论，竞相呶呶，以乱正学"。正因为如此，见到王阳明所辑《朱子晚年定论》一书，孔天胤认为这才是朱熹学术中最有价值的部分，当世学者应该深省之。

孔天胤对朱熹还有一点不满，就是其曾批判隋末山西学者王通。孔天胤致仕后写有一文，对王通受到朱熹的批判发表了自己的看法：

> 王通挺生绝学之后，志欲兴周公之功，修孔子之业，实为吾道立一赤帜。而朱晦庵詈之，曾"互乡童子之弗如"，谓其"僭拟圣人"。夫圣人可学而至也，拟之而言，何僭之有？（《王朱辨》）

王通《中说》是一本语录体的书，仿照《论语》的答问式，记载的是王通与其门人、朋友问答之语。其答语中，对儒家学说做了精当的阐述，且针对南北朝以至隋代的现实，提出了许多前所未有的新见解、新认识，在中国哲学史上占有重要地位。然朱熹曾批评《中说》是"僭拟圣人"之作，贬斥王通不如"互乡童子"，孔天胤认为太过了。"互乡童子"语出《论语·述而》之"互乡难与言，童子见，门人惑"，指难以交流的无见识之人。孔天胤更认同孟子"人皆可为尧舜"、王阳明"圣人可学而致之"的观点，因而对朱熹苟责王通表示不满。

孔天胤刻成《朱子晚年定论》后，曾赠给学者薛应旂（1501~1575），薛应旂如获至宝。

嘉靖二十四年（1545）冬，薛应旂从南京至江西建昌县上任，过钱塘时，孔天胤携酒踏雪过访，并将所刻《朱子晚年定论》等书赠送给他。薛应旂离开后，写信给孔天胤表示感谢："数年未获一睹颜色，昨过钱塘，重辱高谊，追饯驿亭，从容尊俎，沃领教言，且辱惠书刻数种，于路读之，益见执事学究本源，不遗末艺……两浙诸生何幸得师如此"，赞扬孔天胤"公之成己成物之功用，岂在古人下哉"（薛应旂《与孔文谷提学》）。薛应旂后来还写有一信，再次表示感念："乙巳（1545）雪中，公顾我于钱塘江上，且携觞痛饮，意气慷慨。别后途中作一诗，书于《赤壁卷》尾寄上，竟不得达。"（薛应旂《与孔文谷书》）五年后，薛应旂也升任浙江提学副使，又重刻了《朱子晚年定论》一书，在序言中，他写道："视学至浙，进诸生而问焉，乃蒙障犹若未尽撤者，而文谷所刻则既散逸矣。余为之慨悼者久之，检诸故箧，向所示原本则固宛然在也，因命工翻刻之。"并回顾了嘉靖二十四年（1545）与孔天胤关于此书的一段佳话："曩岁乙巳冬，余以谪官赴旴江，道出武林（即杭州），值文谷孔君董浙学政，送余浙江驿下，携所刻《朱子晚年定论》见示。"

（五）刻《越绝书》十五卷

《越绝书》是一部史书，共十五卷，是记载春秋时期吴越历史的重要典籍。它以春秋末年至战国初期吴越争霸的历史事实为主干，上溯夏禹，下迄两汉，旁及诸侯列国，对这一历史时期吴越地区的汉民族政治、经济、军事、天文、地理、历法、语言等多有所涉及，被誉为"地方志鼻祖"。作者为汉代袁康，一说为袁康和吴平（《四库全书总目》卷六十六）。

孔天胤嘉靖二十四年（1545）刻本今收于《原国立北平图书馆甲库善本丛书》（以下简称《甲库》）第二百六十六册。书前两页残缺，未详孔天胤是否有序。书前田汝成序云："文谷孔子提学两浙，得是书而悦之，曰：'入其疆而不习其故，非学也。'校其讹舛而梓焉。"嘉靖二十六年（1547）浙江人陈垲又进行了重刻，与孔天胤刻本同在《甲库》第二百六十六册。台湾"故宫博物院"也有藏。

（六）刻《越艺正诠》并题词

《越艺正诠》刻于嘉靖二十五年（1546），孔天胤《越艺正诠题辞》篇末注明写作时间是"丙午三月廿七日"。刻此书，所针对的是"近来缀文之士，学不求心，心不明理"的现象。孔天胤在题词中也道出了其文章观：

　　文章本有正体，要在明畅典则。至于长短丰约，惟准才情，各著理象。故诠辞达意，意尽而止。譬犹玉水璇流，方圆自莹；春华秋实，启结有因。决非水木离其本源，而别资假合也。

孔天胤指出文章的宗旨在于"明畅典则"，在文字表达上，要做到"诠辞达意，意尽而止"，而不能聊为凑合。然"近来缀文之士，学不求心，心不明理，惟事装演割裂迎合"，这都属于"假合"，也就是拼凑语言文字。"都属假合，则真者安在？"假合之文俯拾皆是，导致的是"千篇一律，辞理双亡，繁衍愈长，疵冗愈甚"，学者却"沿差袭伪而执迷不悟也"。孔天胤认为《越艺》一书"有端人雅士之文"，可以"一雪此陋"，于是和知府商议下书坊雕行。孔天胤认为，"夫物甚微细，然实风猷所关"，所以希望此书的流布，能够为士子的文风带来较好的影响。

此书今未见著录，不详存否。书名《越艺》，或作于绍兴。

（七）刻《学政事宜》

孔天胤在浙江时写信给曾任山西提学副使、左布政使、巡抚副都御史的陈讲，说："即月出校浙东，会冯宪长便，谨附状承候起居，略布腹心，并上绢帕一端及《薛诗拾遗》六册、《学政事宜》四册请教，幸惟垂省。"（《与中川陈宗师》）由信中可知，孔天胤在浙江还刻有《学政事宜》，惜今佚。

（八）与张臬一起刻《西京杂记》并序

此书刻于关中。嘉靖三十一年（1552），时任陕西右布政使的孔天胤与左布政使张臬共同刊刻了《西京杂记》，孔天胤作《刻西京杂记序》。

关于刊刻的原因，《四库全书存目丛书》所收《孔文谷集》中称"余携有旧本在巾笥中，因听左使百川张公谈西京故事，多后学所不闻，云本《西京杂记》，余遂出其书，百川公即取而刻之，以广其传"；而《四部丛刊·子部·西京杂记六卷》孔天胤序中，本段此句作"余携有旧本在巾笥中，左使百川张公下车宣条，敦修古艺宪之事，余因出其书商之，遂命工锓梓，置省阁中，以存旧而广传"。前者说是张臬主持刊刻，后者说是两人商量一起刊刻。这个版本后世多称为"孔本"："《西京杂记》孔天胤刊本又称孔本，十一行二十字。清代之际由江安傅氏双鉴楼所收藏，晚清之际上海涵芬楼曾从双鉴楼借印了一些刊行于世，民国以后张元济编辑发行的《四部丛刊》中《西京杂记》影印版就是据上海涵芬楼刊本而刊印发行的明嘉靖三十一年（1552）孔天胤刻本。中华书局1961年版、罗根泽注《西京杂记》也以孔本为底本"[①]。今检《四部丛刊》，亦可见在孔天胤序文前专有一页，写有"上海涵芬楼借印江安傅氏双鉴楼臧（藏）明嘉靖孔天胤刊本，原书版匡高营造尺五寸六分，宽四寸三分"字样。

西京，西安的旧称。该书是一部描写发生在西汉时期的长安逸事琐闻的笔记小说，记载了梁孝王与诸文士枚乘等集会作赋之盛况，而"昭君出塞""卓文君私奔司马相如""匡衡凿壁借光"等许多令后世人耳熟能详的故事皆首出此书。

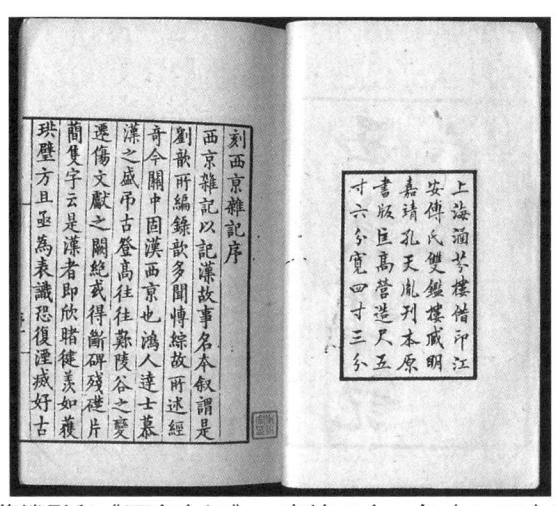

图11　涵芬楼影印《西京杂记》，嘉靖三十一年（1552）孔天胤刻本

对于刊刻此书的意义和价值，孔天胤认为，西安在汉代有着一段难得的繁华，"鸿人达士，慕汉之盛"，历史文化也有着零星的留存，好古之士寻访古迹，然"吊古登高，往往叹陵谷之变迁，伤文献之阙绝"，偶有所得，

[①]　李文娟：《西京杂记文献价值研究》，山东师范大学古典文献学专业2008年硕士论文。

便如获至宝，珍爱有加，“或得断碑残础，片简只字，云是汉者，即欣睹健羡，如获珙璧。方且亟为表识，恐复湮灭”。在此背景之下，《西京杂记》在西安重新刊刻，就有着重要的意义，因为《西京杂记》中对关中旧时繁华，有着非常详细的描述和呈现：

> 乃若此书所存，言宫室苑囿，舆服典章，高文奇技，瑰行伟材，以及幽鄙而不涉淫怪，烂然如汉之所极观，实盛称长安之旧制矣。故《未央》《昆明》《上林》之记，详于郡史；卿云辞赋之心，阂于本传。《文木》等七赋雅丽独陈，《雨雹对》一篇天人茂著，余如此类，遍难悉数。然以之考古，岂不炯览巨丽哉。

孔天胤这段话的核心意思是在说，文学作品的历史价值许多时候大过史志记述。《西京杂记》虽为笔记小说，却记述了大量西汉辞赋的创作背景及其内容。比如辞赋大家司马相如，其《长门赋》极写未央宫之繁华富丽、凤箫声动，歌舞升平，其《上林赋》极写昆明池之碧波荡漾、上林苑之广阔壮丽及汉天子游猎的盛大规模，描述之详，铺陈之细，郡史如何能及。史志重在客观记述，去细节而记线条，言简意赅，因而读之只知大概；文学作品却可以极尽铺陈描述之能事，毫发毕现，光怪陆离，将真实宏大之场景与细微生动的细节展示在读者面前。卿云，司马相如（字长卿）与扬雄（字子云）的合称，也是汉代大赋的代表人物，孔天胤认为，他们的辞赋，比《汉书》等史记类文献记述更为宏阔。即便如中山王刘胜的《文木赋》、董仲舒的《雨雹对》等，所描写的景致、所陈述的情怀，也都各有难得之价值。如果能一一考其文而寻其踪，岂不是更能回放当时的现场吗？

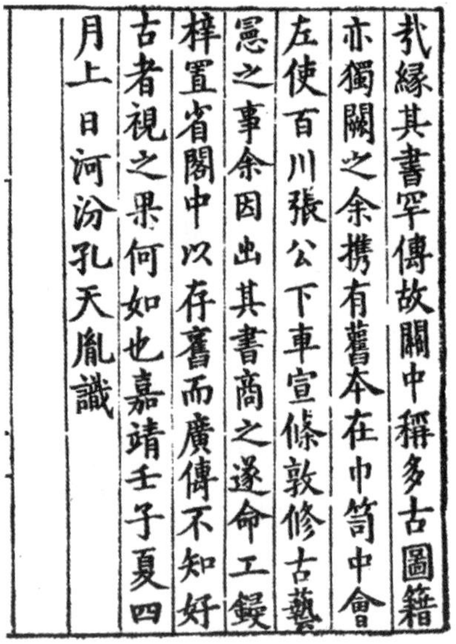
抑緣其書罕傳故關中稱多古圖籍
亦獨闕之余携有舊本在巾笥中會
左使百川張公下車宣條敦修古藝
慁之事余因出其書商之遂命工鋟
梓置省閣中以存舊而廣傳不知好
古者視之果何如也嘉靖壬子夏四
月上日河汾孔天胤識

图 12　孔天胤《西京杂记》序末页

正因为致力于考古的人缺乏文献的依凭，所以这方面的工作就有着诸多的缺憾，而很大的原因，就是《西京杂记》的流传甚少，出现了文化上的断层，"缘其书罕传，故关中称多古图籍亦独阙之"。这也是刊刻此书的必要性。

孔天胤对《西京杂记》是极为熟稔的，其中的故事也在他内心深处留有深刻的记忆。就在他归汾后多年，六十四岁的时候，还写了一首与《西京杂记》相关的诗，诗题曰《息机一首》，诗曰："说道忘机未息机，一场闲气好乖违。与民救苦知谁是，为国驱残计已非。周处合怜身幸免，黄公那晓力衰微。桑榆尚自存余照，犹恐浮云乱夕晖。"诗题下小记："黄公事出《西京杂记》。"黄公事见《西京杂记》卷三："有东海人黄公，少时为术，能制蛇御虎，佩赤金刀，以绛缯束发，立兴云雾，坐成山河。及衰老，气力羸惫，饮酒过度，不能复行其术。秦末有白虎见于东海，黄公乃以赤刀往厌之，术既不行，遂为虎所杀。"孔天胤在此诗中，表达的是自己年老力衰、无计报国的伤感。

二、师友同道诗文集

对师友同道诗文集的刊刻贯穿于孔天胤陕西、颍州、浙江、汾州的每一个时期。下面依次梳理。

（一）刻樊鹏《樊氏集》并序

如今有文字记载的孔天胤主持刊刻的第一部书，是樊鹏的《樊氏集》，刻于嘉靖十三年（1534）任陕西提学佥事期间。前文已述，孔天胤刊刻樊鹏诗集有两个原因，一是二人既为同僚又相交好，二是樊鹏的诗符合孔天胤诗歌重盛唐的诗学观。

关于此年孔天胤《樊氏集》刻了多少卷，这里还须特别说明一下。

有学者说嘉靖十三年（1534）孔天胤刻《樊氏集》十二卷①，这一说法显然不确。现在学界较为普遍的说法，是嘉靖十三年（1534）孔天胤刻《樊氏集》七卷，今藏于中国国家图书馆善本室的《樊氏集》，前七卷注明"汾州文谷子孔天胤刻"，后三卷注为"信阳知州永康亦溪吴九经校刊"就是明证。然检《樊氏集》，却会看到第五卷《出塞行》的诗前小序"嘉靖十五年六月六日，虏犯庄浪"云，标明写于嘉靖十五年（1536）；第七卷《贤山诗》前小序"嘉靖十七年秋，汝南兵备胡公延禄、尚书张公"云。由此可知，孔天胤嘉靖十三年（1534）不可能刻好第五卷以后的内容，所以孔天胤嘉靖十三年刻《樊氏集》七卷的说法也是不确的。比较合理的推断是：嘉靖十三年，孔天胤《樊氏集》只刻了四卷，这从他为《樊氏集》所写的序言"信阳樊南溟子著诗四卷""因授四卷之诗"句可知；而五、六、七卷，则是孔天胤于嘉靖十八年（1539）补刻的。现台湾有《樊氏集》藏本十二卷，称"嘉靖十八年孔天胤陕西刻本"，也只是笼统的说法，但至少点出了嘉靖十八年这一时间节点。《樊氏集序》也当是在第一次刊刻时所写。

《樊氏集》四卷刻成时，樊鹏正值丁忧，"忧居间不胜郁病，近感暑湿，病更甚月余矣"（《答孔文谷子提学书》）。恰在此时，于河南信阳家中收到了《樊氏集》，大为感动。在回信中，他阐述了孔天胤此举对于自己的意义："昔颜氏得孔子而名斯彰，后王充遇蔡邕，书遂行于天下，凤骥自附，乃令幸矣。"孔子对颜回评价之高世人皆知，孔子称赞颜回好学且仁，"有颜回者好学，不迁怒，不贰过""回也，其心三月不违仁"。正是因为孔子的肯定，当时及后世学者才对颜回倍加推崇，颜回之名才得以彰显。而东汉学者蔡邕，见到王充《论衡》即如获至宝，密藏而归，后着力加以推扬。没有蔡邕这样的文化名人的倾情推荐，王充《论衡》也不可能通行天下。樊鹏将孔天胤与自己比之于孔子和颜回、蔡邕和王充，感激之情溢于言表。

---

① 杜志强《〈浚谷文集〉中所见明代作家的评论资料》："《樊氏集》十二卷刻于嘉靖十三年（1534），今仅台湾有藏。"《宁夏师范学院学报（社会科学版）》，第35卷第4期。

(二)刻王崇庆《海樵子》《五经心义》《端溪先生集》并序

王崇庆嘉靖三年(1524)时曾以分巡冀南道副使驻汾州,为汾州的教育做出了重要贡献,时年二十岁的孔天胤得到了王崇庆的赏识。但王崇庆在汾州只待了一年,嘉靖四年(1525)就因母亲生病而回乡终养了。回乡后,王崇庆除了奉养老母,便一心研究学问,著书立说,筑室讲道。嘉靖五年(1526)九月,王崇庆将自己与老师湛若水的问答内容汇编为《问疑录》(此文现收录于《湛甘泉先生文集》)一卷,在家塾中刊刻成书。

作为对孔天胤青年时代影响较大的官员和学者,孔天胤对王崇庆一生都非常敬重。而在整理刊刻其师作品方面,也做出了重要贡献。在他为官的不同时期,亲自或请别人帮忙刊刻了王崇庆的理学著作《海樵子》和《五经心义》,以及个人诗文作品集《端溪先生集》。

《海樵子》是王崇庆养亲期间所著,孔天胤刻于祁州。嘉靖十四年(1535)夏,孔天胤在祁州任上,由同年史褒善(开州人,字文直)处得到王崇庆的《海樵子》一书,"余读是书,辄有感云",便开始主持刊刻并作序。

孔天胤认为《海樵子》是一本"究道德之广微,探性命之渊懿,达古今之大观,洞出处之时义"的论著,其所讲之理,"申扬幽眇,极际广崇",有着经典的意义。其内容包括"道器""相臣""化醇""知理""潜孚""交际""执中"七篇,是一本论述学理的杂著。其体制,《四库全书总目提要》称其"多摹仿王通《中说》、周子(周敦颐)《通书》、张子(张载)《正蒙》之体"。尽管《四库全书总目提要》不够客观地评价其"大抵老生常谈",但在当时,这样的著述却凝结着王崇庆读书悟道之心血,如孔天胤所说,"夫道以神会,神以心一,一以静凝,是固可以悟学,可以观道,可以达天,不谓之训典矣乎?"同样令人称道。

孔天胤初刻的《海樵子》今已散佚,今存《海樵子》,是嘉靖十七年(1538)吕景蒙重刻并作序的本子。序中说:"是书,汾阳孔文谷先生已尝刻之祁州,既而先生复有新得,文谷得之,命予增入。时予颍州判转知汲县,乃重加校正,复刻于汲,使同志者有所观感而兴起焉,不徒泛泛然以广其传而已。"这两次刊刻，为保存明代学者王崇庆的这部学术著作，有着非常重要的意义。

《五经心义》刻于汾州丁母忧时期，孔天胤托汾州知州李当帮忙刊刻。

孔天胤在浙江任职时，曾收到过王崇庆由河南开州捎来的一封短信，信中提到："僭著《五经心义》，尝托订确，不知课士之暇曾及此否"（王崇庆《与孔文谷书》）。

王崇庆所说的《五经心义》，是他在嘉靖十五年（1536）七月将自己所著的《周易议卦》《尚书说略》《毛诗补义》《春秋断义》《礼记约蒙》五部著作合编而成。但此书一直未行刊刻。孔天胤收到信后，即回信给王崇庆，说"所示《五经心义》"已核校完成，"方欲刻而传之，人人俟成，另报"（《与王端溪翁》），可知孔天胤在浙江时就已准备刊行此书，但因母亲突然去世，事情就被搁置了。回汾州丁忧期间，他将书稿带回汾州，"时汾州守李君见而悦之，则梓之郡斋，以明学也"（《刻王端溪先生所著经义序》）。汾州守李君，指当时的汾州知州李当。万历《汾州府志》："李当，河南嵩县人。举人，嘉靖二十八年以真定府推官升任。"李当主持刊刻《五经心义》并请孔天胤为之序。

《端溪先生文集》刻于嘉靖三十二年（1553）陕西右布政使任上。此书是孔天胤在吏治之暇亲为编次并刊刻的，共八卷，包括王崇庆平生所著诗、文、书信、记、碑志等。今存于中国国家图书馆的《端溪先生文集》八卷本，即为"门人汾阳孔天胤编次，建业张蕴校刊"。张蕴为王崇庆属吏。

王崇庆在母亲去世后，于嘉靖二十年（1541）被复职叙用，任陕西行太仆寺卿，其后几年一路高升，历官四川右布政使、四川左布政使、工部右侍郎、礼部右侍郎、礼部左侍郎等，官至南京吏部尚书。嘉靖三十四年（1555）四月致仕，时年七十三岁。

孔天胤编订刊刻《端溪先生文集》八卷本时，王崇庆正在南京礼部尚书任上。

王崇庆曾在信中对孔天胤说："吾子故人也，且知我为最。"（王崇庆《与门人汾州孔进士汝锡书》）可见在他的一生中，是将孔天胤作为知他最深的门生小友来对待的，因而由孔天胤来编辑其平生诗文，应当是最合适的人选。

（三）刻薛蕙《薛诗拾遗》四卷并序

薛蕙卒于嘉靖十八年（1539），当时孔天胤在汾州丁父忧。嘉靖二十三年（1544），孔天胤在浙江任上读到薛蕙《考功集》中写自己的部分，不禁涕泪交流，大为悲痛：

> 既余别先生去，而先生亦与世别矣。先生精契道本，神领圣宗，当朗曜天庭，烛世迷暗。然河清难俟，嗟乎！嗟乎！独其书存耳，兹卷不与焉。卷中有赋洮溪砚一篇，乃先生揽物怀余。夫先生怀余。余可得；余今怀先生，先生其可得耶？展卷挥涕，言不成章。（《薛诗拾遗序》）

孔天胤另写有《读〈薛考功集〉感而赋之》一首，"一览西原作，阑干涕莫从"，仍然是悲伤莫名。怀念先生对自己的深情，"义谛昭如日，言诠穆似风"。如今"生死原相托，幽明遽不同"，遥望亳州，想象中"谯坟宿草长，苦县暮云重"。

孔天胤了解薛蕙才德，知其著作甚多。他认为薛蕙著述多而传者少，当时可见者也就是《老子集解》《约言》和《考功集》，所以希望能够整理先生遗作以便传世。他到河南上任后，不仅派人吊于墓，而且到其家求取遗作，可惜"求书其家不得"，又辗转"得遗诗若干于朱灌甫所"。朱灌甫，即朱睦㮮，周藩宗正。在浙江课士之余，孔天胤就将所搜集的薛蕙遗诗辑录刊刻，"谓之'拾遗'。然虽属短篇，顾其称指，亦已玄矣"（《薛诗拾遗序》）。这或许是对这位亦师亦友的忘年交最深的纪念。

由孔天胤给陈讲的信"略布腹心，并上绢帕一端及《薛诗拾遗》六册"（《与中川陈宗师》）可知，孔天胤所刻《薛诗拾遗》为六册。今无刊本流传，唯台湾有抄本，且只有四卷。

（四）刻林春《林东城文集》二卷

林春是孔天胤同年，当年会试高中魁首。今检《嘉靖十一年会试录》，可见其中所录例卷即林春文章，各考试官、同考官对其评价都极高。林春中进士后历司封员外郎，不久以母病乞归，起补吏部文选郎中，卒年四十四（《明史·林春传》）。

孔天胤初仕陕西后，曾寄诗稿给在京任职的林春，林春回信评价说："《履霜》[①]之作，其出自然，唐人不尽风致于执事（指孔天胤）发之，敬服敬服。"（林春《寄孔文谷》）但林春也给孔天胤提出了一个更为重要的建议，那就是不要过分沉迷于诗歌，而应多着力于孔孟之学。林春认为："诗人之上更有圣人，愿学之心当不以此易。彼昔孔孟未尝以诗名，而后世言圣贤者归之。"孔孟皆不以诗名世，有志于经世治国者又如何能沉迷于诗？当然，林春也认为，"其工诗若李、杜、陶、谢，真能脱去常格，而功名富贵皆不足以动心，信人豪矣。然较之孔孟，或未之及"。李白、杜甫、陶渊明、谢朓等人，重诗文而轻功名，可谓人豪，但其于人类历史文化的贡献，恐怕难及孔孟。林春作为长孔天胤七岁的同年，此语可谓真诚率直，也颇见林春的才识。

后孔天胤因选贡不当被贬官祁州，林春又寄信来，说到选贡之事，也颇多微词："议及执事转官祁州，盖此以慎文柄者之心，欲求贡之得人耳。然材有不可求，岂能一一如人意哉？亦救时之计也。"林春勉励孔天胤："恭念执事以道自尊，以义自守，外物之来，信能直受。"林春认为孔天胤之迁，是祁州人民之福："祁民何福，而得执事之一往耶？"且相信孔天胤不久即会有升迁，"度不久淹，终当大用"（林春《再柬孔文谷》）。

林春卒于嘉靖二十年（1541）孔天胤丁父忧期间，孔天胤到浙江任职后，主持刊刻了林春的遗作《林东城文集》。

《林东城文集》孔天胤嘉靖二十五年（1546）浙江刻本，今台湾"国图"有藏。中国国家图书馆有民国《海陵丛刻》，《林东城文集》为第五卷。卷

[①] 林春信写于孔天胤任职陕西期间，故此《履霜》所指当不是孔天胤后来的《履霜集》。

中有王畿叙、冯良昌跋、张淳跋、林晓晖跋。其中张淳为林春弟子，林晓晖为林春之子。

王畿在序言中写到，林春文集由其弟子张淳辑录，恰逢孔天胤督学浙中，"因出以谋诸督学孔文谷子。文谷子毅然图所以刻之，而以校雠之事托诸荆川（唐顺之）"。孔天胤请唐顺之为之校正，校对完毕即在浙江开雕。

张淳在跋中也写道："文谷孔公刻之浙中，诸子晓辈归而藏之于家。予虑其传之弗广，移之州治而遍行焉，庶东城之学传之天下，后世当有知之者矣。"

林春初学于泰州学派的代表王艮，得其真传，以格物致知之论闻名南省；又与黄绾、邹守益、罗洪先、王畿、唐顺之等人相互切磋，曾就理学之本源展开讨论。但因中年早逝，未形成自己独立的思想理论和观点，故不被后人所重视，研究也相当缺乏，不可谓不遗憾。

（五）刻皇甫涍《东览篇》并题词

皇甫涍，孔天胤壬辰科同年，直隶苏州府长洲（今江苏苏州）人，与皇甫汸（字子循，号百泉）、皇甫冲（字子浚）、皇甫濂（字子约）为四兄弟，皆以才名，人称"皇甫四杰"。孔天胤也有文对皇甫四杰表示赞叹，称"海内名英如我百泉先生，昆玉文星，朗鉴珪璋，特达四美，全于吴门"（《与百泉皇甫先生》），"昆玉""四美"，皆言其兄弟俱优。

嘉靖二十三年（1544）三月，皇甫涍升浙江按察司佥事，分管浙东区域。检皇甫涍《皇甫少玄集》，可知其在浙东期间，寻雁岭馆，发郡城之天台山，观石梁，夜宿万年寺，作有多首寄忆诗。其中有一首题为《发郡城之天台道中述所经览，寄孔、谢二宪副，赵、何二佥宪同年二首》，便是在由郡中到天台山途中所写，其中"孔、谢二宪副"指孔天胤与谢庭莅，"赵、何二佥宪"指赵维垣与何天启，五人均为同年进士，均在浙江任职。

孔天胤与皇甫涍既为同年又颇为交心，两人交游唱和颇多。嘉靖二十三年（1544）秋天，孔天胤冒雨拜访皇甫涍，皇甫涍写下了《雨夜孔文谷见过》：

浪迹寡吾与，逢君慰所思。升堂惭座客，入室羡文辞。木叶城秋后，窗灯夜雨时。敦交值兹晤，宁止乐新知。

诗中皇甫涍写到自己性格"寡吾与"，但见到故人十分欣喜，更何况是在雨夜。这年除夕，同为离家游子，皇甫涍写下了《除夕与孔学宪》："之子惠同襟，委化开予思。谌尔绸缪故，聊以忘岁时。"

杭州西湖边昭庆寺是一处略显僻静、闹中取静的所在。闲暇之时，孔天胤经常在这里读书，皇甫涍也经常来此。皇甫涍写有《孔学宪读经昭庆寺予过赠此》一诗。他们的同年，时任台州府同知的王廷幹，写有《和皇甫少玄赠孔文谷读经昭庆寺之作》和诗。孔天胤还写有《翠筠山房同皇甫少玄三首》，皇甫涍有《昭庆寺翠筠禅房同孔学宪》和诗。

孔天胤与皇甫涍之弟皇甫汸也有交游。孔天胤曾写信给皇甫汸，称"此来吏越，得奉少玄教范，因得窃奉先生之绪余，然更恨不及门也"（《与百泉皇甫先生》）。孔天胤向皇甫汸求教，"夫鄙人世所不道，而高明不金玉其音，岂以孺子为可教耶？"皇甫汸回有一诗《寄孔督学》：

宪府新开越水东，瀛州似与海门通。谈经直采先秦上，文学多陪后乘中。一自西京辞宿卫，遂今南国奉余风。几人修刺怀衣袖，犹恨无从谒孔融。①

诗中既有对孔天胤学问、文采的赞赏，又有无从会面的遗憾。

然而不久后，情势突然急转直下，皇甫涍被免职了。

嘉靖二十四年（1545），皇甫涍因南京刑部员外郎任上旧事，被以"不职"罢免。时人多愤慨，皇甫涍的同乡，"吴中四才子"之一的文徵明（1470~1559）就在文中写道："南迁考核，惟视一时实履以为黜陟，近时乃有既徙官而征其旧事者，因得以其私意中伤之，然非险恶大憝，亦不敢公肆诋毁。君初阙曹未及上，再任亦无几时，竟以胜任推擢，曾未数月而以不职论黜。呜呼！

---

① ［明］皇甫汸：《寄孔督学》，《皇甫司勋集》卷二十六。

群耳目何可涂也。"①

当时，孔天胤正在循学途中，路过天姥山时，"忽闻此恶信，便急渡江，欲送临风之发，然至则行矣，怅惘可知"（《与皇甫少玄年丈》）。惆怅之余，孔天胤写下了《别怀送少玄》。庆幸宦路有同道，"薄宦不求达，佳人欣与俱"；伤悼同道舍己而去，"如何舍之去，茫茫向烟雾"。如今，"丹枫驿里行人少，括岭苍头偏忆君"，人在旅途，倍增离思。

皇甫涍回乡后，有《寄孔学宪同年》，表达了对仕途的厌倦和纵情山水的向往："霜猿寂寂人初到，萝月悠悠思转生。不愁天路莓苔限，愿接浮丘羽翼成。"孔天胤回信对当前世事表达了无奈的情绪："不谓天道近垂，人事多谬，遂使规矩改错，星辰失行，雅志好修，伤心严谴。夫才贤之生以资世也，今所逢殆若此世道，当复奈何。"并给皇甫涍以安慰鼓励："吾丈抱明夷之爻，秉素位之义，旦夕若有除书，当便勉行，更无芥意，此圣人居九夷，达者觉四遐之事。吾辈今日学问，处此方为有得也。"（《与皇甫少玄年丈》）孔天胤还随信寄上所刻《东览篇》及自己的三十四篇诗稿，请皇甫涍斧正。

《东览篇》是皇甫涍担任浙江按察司佥事期间，巡按浙东时所作。孔天胤在题词中称其"求造托之理，则朗照而鉴之积也，绝响而知谷之存也"，并称其为"大夫之赋"中之优者，"有斐今篇，式绍往哲"（《东览篇题辞》）。

嘉靖二十五年（1546），皇甫涍"待次里中，郁郁不乐，病卒"，一代才子悲情陨落。其同年、同道者，闻之无不既惊且悲。《明史·皇甫涍传》云："涍沉静寡与，自负高俊，稍不当意，终日相对无一言。居官砥廉隅，然颇操切，多忤物，故数被谗谤云。"

皇甫涍《东览篇》今未见传本。

（六）刻张治道《嘉靖集》并序

嘉靖三十一年（1552）夏，孔天胤辑张治道在《张太微集》《太微后集》

---

① ［明］文徵明：《甫田集》卷三十三《浙江按察司佥事皇甫君墓志铭》，文渊阁四库全书本。

之后所作诗文，编次刊刻了《嘉靖集》，并自为其序，序末注明时间为"嘉靖壬子仲夏上日"。

《嘉靖集》中收有张治道记二人交游的诗歌多篇，如《同文谷西陂庄赏花》《和答孔文谷方伯同张秋渠少参携酒枉过留饮之作》《孔文谷方伯、张秋渠少参携酒枉过留饮索赋》《赏文谷席上和西陂自寿韵》等。由这些诗题，可知孔天胤常与张治道同聚刘储秀宅，也常与张铎一起前去拜访。对于这些后生晚辈的来访，张治道自是欢喜欣慰，在《和答孔文谷方伯同张秋渠少参挟酒枉过留饮之作》中，他写道："忽报轩车过草堂，顿令门巷有辉光。篇诗况领百朋惠，松菊从教五亩荒。老去尚看书满架，客来全仗酒盈觞。独怜江海十年卧，敢谓云霄万里翔。"不仅是欢喜，还有诸多感慨。在《孔文谷方伯、张秋渠少参携酒枉过留饮索赋》中，他写道："岂是高人室，能烦二妙来。开堂留下榻，携酒复登台。邂逅情偏切，提携诗可裁。领言真绝倒，落日尚追陪。"三人倾心长谈，"论文成雅会，忧国有余哀"，同为国事担忧。他认为，自己与此二位晚辈，"翰墨元同调，形神安可猜"，本是同道中人，希望"从此数来往，无劳首重回"，可谓情真意切。

在《嘉靖集》序言中，孔天胤回顾了自己与张治道十几年间的交往以及刊刻该书的原因：

> 余复作迁客，别而之四方者凡十有七年。又复来作关吏，见太微子所著作益蔚乎其甚盛也。顾前集已为知己者刊刻成书，后所集者若有待焉，余遂自买梓亦为刊刻。

由此可知孔天胤刻《嘉靖集》是"自买梓"私刻，而非官刻。

序言写得很简短，探讨的是天下"文籍"越来越多，为什么还要再行刊刻的问题：

> 自有文籍以来，积而至今，文益瀚繁，书益栋隆矣。要之，皆为作者存厥美誉，所以表世垂法，盖世教衰微，文命罕迪，忠信进德者希，而修辞立诚之事遂已难矣。故善言无致于再三，博

文必广于多蓄。

孔天胤认为,从古至今,特别是到明代出版业发达之后,文籍更可谓浩瀚。但总体来说,刊刻图书多是为了使作者扬名后世,而其中世教的成分已经很少了。文章很少有启迪教化的作用,忠信进德的人越来越少,写文章表达作者真实的意图已经很难了。然而善言是永远都不会令人厌倦懈怠的,多说也无妨,或者就需要有贤人出来不断地说。张治道之诗文,内容上,"其言多惜世嫉邪,源源本本,其源志可睹识焉",堪称世之善言。格调上,其品位之高,"上驰《骚》《选》,旁乾李、杜",《离骚》《文选》之品,李白、杜甫之才,堪为一代典范。从这个意义上来说,张治道之诗,同样是孔子所说的"思无邪"的产物,其心本乎纯粹,诗自然格调清朗,功夫在诗外。

张治道卒于嘉靖三十五年(1556),先于刘储秀两年,享年七十岁。他的知交小友孔天胤为他刊刻的《嘉靖集》,也成为对他落拓潇洒的一生最为珍贵的纪念。含有孔天胤序言的张治道《嘉靖集》,今国家图书馆有善本保存,并见于《甲库》第七百五十册。

(七)刻胡侍《胡蒙谿续集》并序

嘉靖三十一年(1552),孔天胤和张铎一起编选、刊刻了胡侍的《胡蒙谿续集》。

此前胡侍已有《胡蒙谿集》,中书舍人雍州张才为之作序,序末所注时间为"嘉靖二十五年(1546)冬十月"。孔天胤和张铎所编选刊刻的,是胡侍嘉靖二十五年(1546)之后,到嘉靖三十一年(1552)之前的诗文集。孔天胤和张铎各写一序,孔天胤序在集前,张铎序在集后。关于写序的时间,孔天胤在序末说"嘉靖三十一年(1552)秋七月上日",张铎在序末说"嘉靖壬子孟秋望日",几乎同时完成。在表述斯事原委时,孔天胤称"时余与秋渠张子共爱希有,同期广录,虽珊琰之未能,庶锓梓之可就。将命匠作,各叙其旨",张铎称"省署燕闲,爰与文谷右使寔检续篇,类综成帙,列兹文梓,用示同好焉尔",表述略异而其旨相同。

孔天胤的序文,重在讲述刊刻优秀图书对于文献整理和文化传播的历史意义。这一番道理用之于当代经典文献的出版,也依然有着永不过时的价值,可谓金玉良言。他说:

夫显道于艺,而有陈极之观;行言于远,而有载籍之托。是故明著作者振其华,爱传述者表其实。肇文以来,莫之已也。金版王匱之书,流至于今;屋壁山岩之典,式存自古。倘华实之岨峿,亦奚足为有无哉。

正是因为有了出版和传播,那些优秀的文化才能流传下来,从远古到现代,像一条奔腾不息的河流,汨汨滔滔,一路而下。下游之人得以闻得到上游人生活过的气息,听得到上游人的咏叹歌吟;而上游人潜心思考过的有关天地人之哲学道理,也得以濡染后世人的耳目,让后世人可以循着前人的思路继续思考,在吸收的基础上创新,至少是可以少走弯路。正是因为有了"金版王匱"这样的珍贵文献,所以即使遭遇秦始皇焚书坑儒,也还会有"屋壁山岩"的民间藏书得以流传。所以,出版的意义,就在于保存珍贵的历史文献,传之于后世。

而出版优秀典籍,则需要有优秀的出版家,怀着一颗成人之美的心,成就他人。他说:

夫照夜之珍,见之咸袭为实;掞天之藻,揽之畴肯不盈。固好是之钧铸在兹,所同神者尔。抑有矜心相忌,诬瑕掩瑜,专务毁善,弗欣成美,斯狭浅之过,信道之衰甚矣。

孔天胤接着列举了两则文坛佳话:"昔伟长著言典雅,魏文赞以成家;休文丽藻天逸,康乐称其冠世。岂曹、谢之才薄于二子?惟徐、沈之实,故当合爱而同声也。"伟长,三国魏文学家徐干,魏文帝曹丕在《与吴质书》中有"伟长独怀文抱质,恬淡寡欲,有箕山之志,可谓彬彬君子矣",正是当时政治和文坛的领袖曹丕的赞赏,成就了徐干"建安七子"之一的美名。

休文,南朝文学家沈约,谢朓在《酬德赋》中称他为"冠世伟才",孔天胤所说的"康乐称其冠世"当为记忆之误,因为康节是谢灵运的号,称沈约"冠世"者,非谢灵运。孔天胤认为,并不是曹丕和谢灵运(当为谢朓)的才华不及徐干和沈约,而是他们能够互相欣赏、互相推崇、互相成就,这才使他们被时人所重视,也才形成了中国文学的繁荣。所以,"古之益友,何可逮焉",那种互相成就的美德,后世人很难企及。

所以,他和张铎要做胡侍之"益友",让这位失落民间的夜明珠,当年曾经创造过辉煌的"西翰林",释放光芒,使其才识不仅为当世人所知,也为后世人所知。

张铎的序则更多论述了诗与诗人的关系。他认为,胡侍诗文水准之高,是因为胡侍深味"通塞"之理,"通则仰希景运而弘藻肆陈,塞则俯遵厥时而沈忧屡积"。胡侍仕途受挫,然其胆识才略深受时人赏识尊重,他自己也心态豁达,轻物质生计而重精神修养,交游同道,吟诗作赋,不以物喜,不以己悲。由此状态出发所作之诗,自是"通诗";所作之文,自是"通文"。

(八)刻谢少南《谪台稿》并序

谢少南是孔天胤进士同年,先任云南道监察御史,后以御史提调北直隶学校,升翰林院检讨兼左春坊左司直,嘉靖十五年(1536)谪台州府推官,后历任广西提学佥事、陕西提学副使、河南布政司参议、浙江参政。与孔天胤相遇于陕西,就是在其任陕西提学副使期间。

其实二人在同官陕西前就多有来往。大约在嘉靖二十一年(1542)前后,二人曾在京城相遇,孔天胤到浙江任提学副使后,写信给谢少南,称"都门一别,倏已两年。自徂岁一奉音徽,迄今未报。吏纷胶扰,怀抱可知,荒落之余,叨移学职"。他向谢少南倾诉考选之累、身体之病与掣肘之忧,称"即出小考,冒炎力疾,百尔张惶,虽大比属完而疾躯已偻然矣。又事多掣肘,道难遂心"。还向谢少南请教,"赖公之灵,复何以为教耶?悬望悬望"(《与谢与槐》)。嘉靖二十四年(1545),谢少南谪台州府推官,孔天胤也曾按临台州,并创作了诗集《霞海篇》。其间二人曾同游天台寒岩寺,颇为知心。

孔天胤到陕西后，给时任河南参议的谢少南写了一信，称"寒岩别后，遂闻先太君之讣矣，茹苦奔归，不及辞谢。山中四载，复出徇禄，远道逶迤，音尘寂蔑，怀兄惠好，何时可忘。恭承移镇中土，即近关可以通问"。他向谢少南倾诉别后几年来所发生之丁母忧、到陕西之事，且称"多病且衰，嗣且未立，抱关以来，益复无绪。倘不匏系，便当长往田庐，一返自然"（《再与谢与槐少参》）。匏系，语出《论语·阳货》，孔子说："吾岂匏瓜也哉！焉能系而不食？"后成为"不为时用"的代名词，此处孔天胤颇有些观望之意。

　　由这两封信可知，此前二人已颇为知心，孔天胤内心的焦虑、惶恐、脆弱、忧伤，甚至"嗣子未立"的私语，"一返自然"的心愿，都愿意向谢少南倾诉。谢少南到陕西的时间是嘉靖三十一年（1552），由河南参议转陕西提学副使①。谢少南此次到陕西后，任职也较久，据《嘉靖十一年同年序齿录》，谢少南在任陕西提学副使后，升陕西参政、按察使。

　　在陕西任上，孔天胤刊刻了谢少南的《谪台稿》，并和张铎各自作了一篇序。《谪台稿》今已散佚，但据俞宪《盛明百家诗·二谢诗集》小序，"《谪台》《河垣》二稿，乃司理台州、参议河南时作矣"，可知《谪台稿》也与孔天胤《霞海篇》同样作于台州，《河垣稿》作于河南。

　　孔天胤认为，谢少南《谪台稿》作为"谪台纪行"之诗，是迁谪行役诗中品质上乘之作，"是诗当永勒霞标之郡，爰纪台躔之谪云"。而因"关日多暇"，于是"停云远思，因与秋渠太史共阅同叹，各矢叙辞"。如今不仅《谪台稿》无存，张铎的序也随着张铎文集一并散佚，今存于孔天胤文集中的这篇序文，就成为研究谢少南及其诗集《谪台稿》极其重要的资料。

　　对于谢少南之诗，孔天胤大为赞赏。称谢少南之诗，品质之瑰丽高雅，如琼树之林，如白玉之堂；其音韵之精深，如师旷之《白雪》曲，如孔子之《幽兰操》。战国楚宋玉《讽赋》："中有鸣琴焉，臣援而鼓之，为《幽兰》《白雪》之曲。"其品质之高雅、音韵之精深，原因就在于"情"之高尚中和。《论语·八佾》中，孔子评《关雎》"乐而不淫，哀而不伤"；《国语·周语》

---

① 万历《陕西通志》"职官·副使"："谢少南，应天上元人，进士，嘉靖三十一年（1552）任。"

中，邵公语于周宣王："夫事君者，险而不懟，怨而不怒，况事王乎？"正是因为"思而不淫，怨而不怒"，所以谢少南之诗"无复迁人逐客之悲，而有合节中声之趣"，能够保持金玉白雪之质，有《国风》《小雅》之遗风。

谢少南的诗歌水平，也可以从王维桢的一封信里得到佐证。谢少南在桂林任职时，王维桢《与谢与槐藩伯》一信中，称其"两程文柄，雄视词坛，遂以才闻当世"，可见孔天胤所言不虚。

（九）刻许宗鲁《陵海二集》并题词

嘉靖十三年（1534）孔天胤因选贡不当而被贬为祁州知州，许宗鲁曾写诗相送，情甚殷切。其后许宗鲁一直待在关中。就在孔天胤第三次到陕西任职后不久，许宗鲁以原官起用，依旧镇守昌平[①]，时年许宗鲁已经六十一岁了。一年后巡抚辽东[②]。

嘉靖三十二年（1553），孔天胤为许宗鲁刊刻了《陵海二集》并为之题词，其中注明刊刻和作序的时间："刊自癸丑之夏，秋乃告成。及冬而叙之云尔。"但许宗鲁今传诗文集只有《少华山人集》《少华山人后集》，《陵海二集》不存，因而作为它曾经存在过的证据，孔天胤的这篇题词当是重要资料。

按照孔天胤的记载，《陵海二集》是许宗鲁镇守昌平、巡抚辽东期间所作，包括"陵下编"与"辽海编"："嘉靖辛亥之秋，先生以旧德鸿资，诏起东山，爰授节钺，始开府昌平，则上陵之曲以抒，于是有《陵下》之帙；嗣移镇辽阳，则登海之篇攸缀，于是有《辽海》之编。"孔天胤记载的许宗鲁起复时间在嘉靖三十年（1551）秋，误，乔世宁所著许宗鲁墓志铭中记载的嘉靖二十九年（1550）较为可信，从许宗鲁给孔天胤信中所说的"别公再罹寒暑"（许宗鲁回信《答孔文谷书》）也可佐证。

[①] ［明］乔世宁《督察院右副都御史许公宗鲁墓志铭》："（嘉靖）十二年（1533）闲住，二十九年（1550）以原官镇守昌平。"
[②] 《明世宗实录》嘉靖三十年（1551）十月："升驻守昌平都察院右佥都御史许宗鲁为右副都御史巡抚辽东。"

（十）刻刘泾《晋阳稿》并序

嘉靖四十二年（1563），已归居汾州的孔天胤将山西按察使刘泾在山西期间所写诗文编辑为《晋阳稿》（今佚）进行刊刻，并为之序。

刘泾是著名学者何瑭的弟子，与何瑭同列万历《河内县志》、乾隆《怀庆府志》"人物"之"乡贤"，《山西通志》《潞安府志》及陕西《凤翔县志》将其列入"名宦"。雍正《山西通志》记其"晋山西按察副使潞安兵备，分巡冀南。尝与防秋驻师云中八角堡，时北部入犯，激众固守，以身为长城，屹不可动，敌遂退"。

序中，孔天胤称刘泾镇守冀南期间，"有所历览必兴感赋诗"，而言为心声，观其言可知其人其志，"由其言以观其志，亦因以征其材智，则材足以济一世，智足以周万物"（《次山晋阳稿序》）。

刘泾是在山西按察使任上，被人以蜚语中之而罢归的。据万历《河内县志》，刘泾归乡后，"教子著书，布衣蔬食萧然，故诸生等呐言怡容，无长少贫贱，接遇以礼，望重德隆"。评价他"文定（何瑭）之后，一人而已"。所著有《理学四先生言行录》《京华稿》《滇南稿》《晋阳稿》及郡志四卷，万历二十四年（1596）入祀乡贤祠。

（十一）与冯惟讷刻谢榛《适晋稿》并做批点

谢榛（1495~1575），字茂秦，号四溟山人、脱屣山人，山东临清人，明代诗坛"后七子"之一。谢榛一生未仕，因而诗坛亦称之为"布衣诗人"。谢榛曾于嘉靖四十二年（1563）至四十四年（1565）间到山西游历，留下了大量关于山西的诗歌。雍正《山西通志》"寓贤"：

> 谢榛，临清人，眇一目。年十六，作乐府商调，少年争歌之。已折节读书，刻意为歌诗。西游彰德，赵康王厚礼焉。李攀龙、王世贞等结诗社于京师，榛为长。游道日广，沈、晋诸王争延致。沈府王将军中尉多工诗，由榛启之也。榛走塞下，交孔文谷、王

明甫诸公。万历元年（1573）冬，复游彰德，赵穆王尤敬礼之。

由这段介绍可知，谢榛盲一目，少年有才，好游历。游于河南彰德赵王府，受赵康王礼遇；游于京师，与李攀龙、王世贞等结诗社，谢榛还是诗社中最年长的一个。明代"后七子"也有一桩公案，那就是谢榛后来受到李攀龙的排斥，被削名"七子"之外。谢榛以布衣客游诸藩王间，受到山西上党的沈王府、汾阳的庆成王府等争相延请，成为王府座上宾。游历山西时，还与山西的王道行、孔天胤等人有交游。

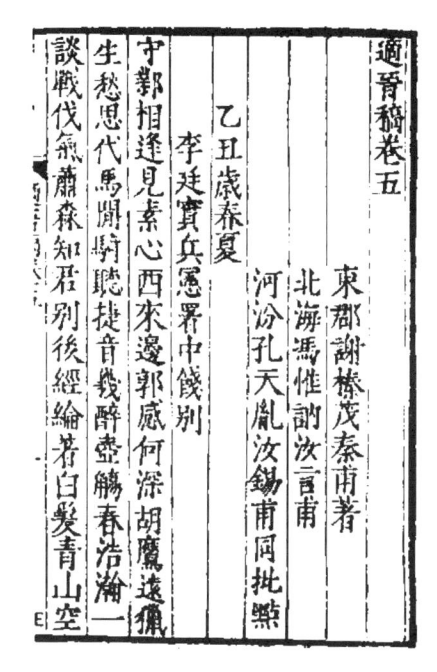

图 13　孔天胤、冯惟讷批读的谢榛《适晋稿》书影

谢榛到达汾州与孔天胤见面时，已是嘉靖四十四年（1565）的寒食节，在汾州从春天待到秋天。谢榛长孔天胤十岁，时年孔天胤六十一岁，谢榛已经七十一岁了。两位诗友的这次历史性见面，也成为中国诗歌史上的一段佳话。后来谢榛离开山西，孔天胤与冯惟讷将谢榛游历山西的诗歌，编为《适晋稿》。冯惟讷，字汝言，号少洲，山东临朐人，嘉靖四十三年（1564）前后任山西右参政。谢榛游山西时，冯惟讷与谢榛多有交游。检谢榛诗集，可知谢榛有《冯大参汝言出饯临汾驿留别》《怀冯汝言》等诗。

嘉靖四十五年（1566），孔、冯二人共同编辑、刊刻、批点了谢榛的《适晋稿》。明人陈允衡《适晋稿跋》中称："《适晋稿》六卷，谢山人癸亥至乙丑客山右所作，北海冯少洲大参惟讷、河汾孔方伯天胤批点校梓。"① 癸亥为嘉靖四十二年（1563），乙丑为嘉靖四十四年（1565），此间谢榛遍游山西，作诗极多。今检《谢榛全集校笺》，可见选自《适晋稿》的诗后，均

---

① 《谢榛全集校笺》，江苏古籍出版社，2003年，第1362页。

有孔天胤与冯惟讷的点评。

有记载称,"后七子"之一的王世贞得到此集,写了《得谢茂秦寄新集时孔汝锡、冯汝言二公为刊定》一诗,"十载兰心托路岐,凌云彩笔健谁知""不尽交游天并老,重来作者世应迟",对谢榛的游历、交游及诗歌进行了总结品评。

(十二)为王崇古刻《蒲坂王氏世德录》《蒲坂王氏世恩录》并序

王崇古(1515~1588),字学甫,号鉴川,山西蒲州人,嘉靖二十年(1541)进士。曾任刑部主事、刑部郎中、安庆知府、汝宁知府、陕西按察使、河南右布政使等职。对于其家世,明人申时行称"其先出龙门文中子,国初由汾阴徙蒲为州人"①,是隋末学者王通的后代。对于王崇古一生的历史功绩,编著有《国朝献征录》的明代学者焦竑有很好的概括,称其"先后官阶十有九转,以刑名著者十二,以兵事著者十八,而公之勋名炳炳耳目"②,即王崇古一生的业绩,十分之二在刑名方面,十分之八在军事方面。而在军事方面的贡献,一是抗倭,二是边防。《明史·王崇古传》记其早在常镇兵备副使任上,"击倭夏港,追歼之靖江""偕俞大猷追倭出海",表现了不寻常的胆识谋略。嘉靖四十三年(1564)改右佥都御史巡抚宁夏,"崇古喜谭兵,具知诸边厄塞,身历行阵,修战守,纳降附,数出兵捣巢,寇屡残他镇,宁夏独完"。后总督陕西三边军务,"崇古在陕七年,先后获首功甚多"。

隆庆四年(1570),王崇古升总督山西、宣府、大同军务。任总督期间,"禁边卒阑出,而纵其素通寇者深入为间",禁止边卒外出,还安排间谍深入敌方进行策反工作,凡有来降者,"悉存抚之",于是"归者接踵,西番、瓦剌、

---

① [明]申时行:《光禄大夫、柱国、少保兼太子太保、兵部尚书、赠太保、谥襄毅王公神道碑铭》,《赐闲堂集》卷十九。
② [明]焦竑:《光禄大夫、柱国、少保兼太子太保、兵部尚书、赠太保、谥襄毅王公崇古墓志铭》,《国朝献征录》卷三十九。

黄毛诸种一岁中降者逾二千人"。正因为如此,当蒙古部族内部发生矛盾时,俺答之孙把汗那吉才会率部来降,王崇古抓住机会,促成了明代历史上著名的"隆庆和议"(详见下章)。

"和议"成功,王崇古受到朝廷嘉奖,孔天胤为其刊刻了《蒲坂王氏世德录》《蒲坂王氏世恩录》两书。两书今佚,唯从孔天胤文集所存的两篇序言中,可略知其大略。

《蒲坂王氏世恩录》刻于隆庆二年(1568),那一年,王崇古之子被荫为国子生。在《蒲坂王氏世恩录序》中,孔天胤追述了王崇古此前因功使其父母、祖父母都受到了封赠事,称其为忠为孝都达极致。"夫孝者,所以事君也;求忠臣者,必于孝子之门",因为一人报国之忠,"荐畀先世,以广其承家之孝",父母、祖父母皆因其而荣,这是大孝。文中,他如此评价王崇古:

> 鉴川公纯备大孝,弘展大忠,为国垂文武之宪,树安攘之勋。其封拜赠锡,翰如连如,盖彤弓不止于一,彤矢不止于百。顾追崇其世,不至极品之隆乎?

《蒲坂王氏世德录》刻于隆庆五年(1571)"隆庆和议"成功之后。王崇古促成通贡互市,大功一件,晋升太子太保,王氏家族极其荣耀,修《蒲坂王氏世德录》,孔天胤为之刊刻并写了序。序中对王崇古收复俺答、通贡互市一事多有褒扬,称王崇古"总督我宣、大、山西等处地方军务,兼理粮饷威略。甫临,丑虏内溃,遂得其爱子慕义归命,名王执叛输款,誓将交臂屈膝,纳贡请降",而王崇古促成此事,"实为国家遏数十年方张之虏,建千百载未有之功"。

孔天胤在序言中梳理王崇古家世曰:

> 鉴川公之先在龙门与荣河者,盖文儒之轨欤?而悠远莫稽。其籍蒲者为始高之祖,皆长厚君子云。高之子孟华公以孝友信义为德,孟华之子敬斋公以方正宽简为德,敬斋之子素庵公以恭仁

果毅为德。止一公起家进士，官至中书舍人，以醇和敬敏为德。素庵之子鉴川公以忠肃恭懿广渊明允为德。其诸德人，不可胜纪。

王崇古以上，其太祖高，高祖孟华子，祖父敬斋公，父素庵公叔父，五世皆德厚君子。

孔天胤另写有一信，肯定了王崇古使俺答部归顺、斩除赵全等叛贼之功，称"比虏自擅不讨之日久矣，自我公忠睿神武，经制万全，遂使其贵子慕义归顺，老酋执叛轮款，誓灭板升诸贼奴，实为我扫门庭之寇矣"，称王崇古"不烦一箭而成圣朝，超古迈今，一大胜事"。并说此事将要写在为其所写的序言中："《二录序》中正要添此一段，所谓铺张不世之鸿名，扬万无前之伟绩"。《二录序》，即指《蒲坂王氏世恩录序》《蒲坂王氏世德录序》。称书"旬内刻完，附张分守驰献"。张分守，指当时冀南道分守左参政张蕙。

（十三）补遗

据瞿冕良《古籍版刻辞典》，孔天胤曾刊刻唐欧阳询《艺文类聚》一百卷、元马端临《文献通考》三百四十八卷、明邹守益《东郭先生集》九卷及《三辅黄图》六卷等。

近人叶德辉《郋园读书志》卷六载："按：文谷者，汾阳孔天胤，字孔当（误），时刻有《文献通考》《资治通鉴》《三辅黄图》等书，盖亦藏书家之好刻书者。"据嘉靖三十二年（1553）谢少南为《三辅黄图》所作序言，该书原本得自许宗鲁，与孔天胤一同校阅，并由霁轩唐氏（即唐时英，字子才，云南曲靖人）刻之。邹守益《东郭先生集》为洪垣刊刻，林春作序，孔天胤校正。

《艺文类聚》是嘉靖二十八年（1549）平阳府知府张松用孔天胤藏书为底本刊刻的。郑光溥（曾督学山西）《山西新刻艺文类聚序》："明年己酉，莆田黄公翠岩以大巡按历于兹，政惟肃义，纲纪益张，乃出所得于汾阳文谷处《艺文类聚》一部，凡十二册，计若干卷，遂因授平阳府事前溪张子松命公校刻，以广其传。"

孔天胤在浙江时还曾计划为田汝成刻《西湖游览志》，因母故未果。田汝成《西湖游览志序》中，说自己的《西湖游览志》写成，孔天胤看后大加赞赏："学使文谷孔公尝览而嘉之曰：'殆郡史也。'美刺并陈欲为锓传，而以忧去。"

孔天胤从出仕到致仕后的四十余年间，刻书二十余种，为保存文献做出了重要贡献，也是中国古代出版史上不可忽略的重要篇章。

第五章　三晋史笔

　　孔天胤的诗文贯穿于嘉靖、隆庆、万历三个历史阶段，因而他的诗文也成为山西嘉、隆、万年间的一份珍贵的民间史料。那些被官修史志所遗漏的人物、事件、细节、情绪，都在他的文章中有所体现。特别是《山西通志》《汾州府志》等方志对一些事件、名胜、人物的介绍，常常直接采写自孔天胤的文章。除了直接撰写《汾州志》八卷并为《山西通志》《介休县志》作序，孔天胤还以各种方式，记载了山西五十余年间发生的大小事件及值得纪念的人物。以下分类梳理。

一、山西三十余年寇乱始末

（一）"庚子之变"与陈讲卫边

　　孔天胤丁忧汾州的嘉靖十七年（1538）末到二十一年（1542）初，正是蒙古吉囊、俺答部不断入侵山西时期。检《明史》，嘉靖十九年（1540），"正月吉囊寇大同"；二十年（1541），"八月俺答、阿不孩、吉囊分道入寇；九月俺答犯山西，入石州（今山西吕梁市离石区）"。蒙古军队不仅限于对边境的侵扰，而长驱直入山西内地，也始于嘉靖十九年（1540），这一年是庚子年，史称"庚子之变"。

　　孔天胤后来在文章中如此记述："嘉靖庚子秋，匈奴寇边，及我楼烦"（《汾东关建城记》）；"昔岁庚子，匈奴掠过雁门高阙，辛、壬、癸、甲四岁，无岁不过。南渡漳汾，东瞰紫荆，西登黄芦，皆流火时来，草死后去。"（《送月山杨君赴清浪军参戎序》）"庚子秋高，胡马南犯，辛、壬相继，益以跳梁。"（《送叠川於公按察湖广序》）嘉靖二十年（1541）秋，"俺答下石岭关，趣太原。吉囊由平房卫入掠平定、寿阳诸处"（《明史·鞑靼传》），山西备受其患。当然最严重的还在嘉靖二十一年（1542），据《明史》，"六月辛卯，俺答寇朔州。壬寅，入雁门关。丁未，犯太原。秋七月……俺答寇潞安，掠沁、汾、襄垣、长子"。曾任工科给事中的涉县人王科也有文记载当时敌军"入三关，至榆次、交城诸地，杀掠数十万众，四方震惊"（王科《涉县新作石城记》）的情况。

嘉靖十九年（1540）八月，蒙古兵攻入山西朔州，并逐渐深入。此时提督雁门等关兼巡抚山西地方的都察院右副都御史，就是孔天胤诸生时的提学副使陈讲。

早在嘉靖十五年（1536），陈讲前任巡抚韩邦奇就开始向朝廷上疏，为山西大同、宁武边境增设防备。据《明世宗实录》，此年十一月，"添设山西三关管粮主事一员，从巡抚韩邦奇奏也"；嘉靖十七年（1538）七月，"山西巡抚都御史韩邦奇请于神池堡及五寨前后各筑一城，设守备一人，益兵八百，马五百匹，俾得据险守隘，以遏虏冲。兵部覆如其言，从之"。就在韩邦奇致仕归乡之后，他的一条关于山西的奏议还得到了朝廷的准许，《明世宗实录》嘉靖十八年（1539）正月，"增设山西三岔守备官一员，从巡抚都御史韩邦奇奏也"。陈讲上任后，继续增加边关武备。《明世宗实录》嘉靖十八年（1539）十月："兵部覆巡抚山西都御史陈讲奏，岢岚州地当要冲，累遭虏患，而隰州等处稍缓，宜改石隰兵备为岢岚、石隰等处兵备，即于岢岚驻扎，且与雁门兵备画地分守，自八角迤北属雁门兵备，自三岔迤南属岢岚。诏从之。"嘉靖十九年（1540）六月："巡抚山西都御史陈讲请修宁武关温岭至老营堡及偏头关野猪沟抵黄河一道边墙，从之。"

尽管武备一直在进行中，嘉靖十九年（1540）蒙古军队的入侵还是让陈讲感觉到了巨大的压力，于是他上疏向朝廷请兵。《明世宗实录》此年八月："巡抚山西都御史陈讲奏，虏从朔州深入，乞兵策应。诏以大同延绥游兵三千往援。再告急，诏调各镇士马及发保定兵，仍令户部亟为转饷。"

听到朝廷诏各路兵马讨伐策应山西边境来犯敌军的时候，身居汾州的孔天胤心情激动，他相信此役定能对敌有所重创，并欣然赋诗《闻出师北伐二首》：

戍楼霜夜动胡笳，吹起阴风满雪花。平世何人闻战斗，中原今日有尘沙。兵分几路连旗出，阵合千重叠鼓斜。共道伐谋须上将，不愁骄虏乱如麻。

　　寒垣秋色满寒烟，正是霜高急虏弦。饮马渐看来近渡，射雕时见落平田。烽传羽檄摇天上，毂转金符下日边。大将谁为窦车骑，会当名藻勒燕然。

　　这两首诗，写得壮怀激烈，大有颍州时期《从军行》《塞下曲》的风格。

　　戍楼、霜夜、胡笳，这都是边塞意象，也都是战斗意象。中原地带，人民生活一向安稳，何曾与这些意象所指代的真正的战场有过交集！然而因为寇乱，人民深受其难，不得不卷入其中。好在，朝廷出兵，一场大战即将来临，大同延绥游兵、各镇士马、保定兵"兵分几路连旗出"，那战场阵势，一定排山倒海，擂鼓震天。对于这场大战，孔天胤抱有必胜的希望，"不愁骄虏乱如麻"。第二首，这种豪迈之情得到了更为乐观的表达。他相信，这场北伐师出有名，士气定会大振，而战斗也一定会大获全胜。孔天胤在此也鼓励前方将士建功立业，名扬后世。

　　事实上这场想象中声势浩大的战役并未真正打起来。也许是各路兵马迎战的阵势让蒙古兵有所收敛，"未几，报虏出境"，敌人撤离了。尽管如此，明世宗还是命令山西边境的守备工作不能放松，下诏曰："上曰，虏虽去，不可忘备。仍行延绥、大同，若再遇警，移文至日，径自督发应援，不许拥众自卫，致误事机。"（《明世宗实录》）

　　作为山西巡抚的陈讲自然也略略松了一口气。但他还有更深层的忧虑，因为处于战时，山西各地守备官员上朝入觐，不但路上不够安全，而且在紧急时候会贻误战机。于是他再次向朝廷上疏，请求按照战时特殊情况，对这种常规性的入觐制度予以调整。《明世宗实录》嘉靖十九年（1540）十月："山西巡按都御史陈讲奏，免岢岚、保德、忻、代等州，河曲、兴、岚、静乐等县正官入觐，从之。"此后又下令各州县，要求缮城筑堡，加强防范。他说："今郡县外无河山之险，内无藩垣之固，奈何用戒不虞哉！"（孔天胤《汾东关建城记》）

陈讲为保山西一方平安所做的政绩，令时人感怀。后历代《山西通志》都将其列入"名宦"。雍正《山西通志》记其"增筑城堡，边境赖之"，语言简洁，概括准确。对于陈讲在山西的贡献，作为"门人小子"的孔天胤在后来的书信中也表达了感激之情："若保厘经略弘济，艰难吁谟，实惠系我民，思者不能忘也，不能言也。"（《与中川陈宗师》）

（二）於敖修汾州东关城，"匈奴三入而不敢近汾之境"

於敖任分守冀南道左参政是在嘉靖十九年（1540）。万历《汾州府志》记其在任期间，"时强宗内乱，骄虏外侵，吏民皇皇，莫知所措。公下车经略，遂以帖然。因创作外城及四乡堡寨，寇盗不敢犯，民永赖之"。

孔天胤在总结於敖的汾州德政时称："公之德政，吾不能悉言之，吾举其大有二焉，其安内、攘外者乎？"两个方面，一是安内，二是攘外。所谓安内，即惩治强宗。当时之汾州，"盖苞孽强盛，豪恶肆兴，威劫武断，怗党贼刑"，以至于"百姓不能安其居，长吏不能尽其法，事势汹汹，人心疑畏，盖不知所止矣"。而於敖来了之后，"威惠并布，治不数月，而纲纪肃然；罚不数人，而强慝衰弭。由是郡中清宴，四境复安堵如故焉"。所谓攘外，即阻止强寇入境。当时边关守备将士对于敌兵侵扰应对不暇，"边关失守而战不及施。杀人如麻，掳掠载道，盖不知所止矣"；於敖来了之后，"文武兼资，增城附廓，筑堡郊遂，广选兵戎，修备器械，币无所费而民皆悦从。由是匈奴三入而不敢近汾之境，追兵一出而尤多斩虏之功焉"（《送叠川於公按察湖广序》）。嘉靖二十年（1541）蒙古军队就曾攻入石州，三次路过汾境，因为汾州城墙坚固、守备严密，未敢攻入，这不能不说是於敖的功劳。

於敖当时所建外城，就是如今的汾阳东关。孔天胤《汾东关建城记》记述了於敖修城的背景和经过。孔天胤还以生动的语言描写，记载了於敖当时所说的话：

（叠川於公）即慨然语吏民曰："是在我矣。夫汾编氓十万，城中居中者不及十一，而占有东郭外者殆十之三焉。其势三面当郡孔道，其民市殷富，然旷屏蔽，何以示守焉？故专为一城以保障之，宜奠先此矣。"

这段话所记载的信息量非常丰富。当时汾州居民共有十万，住在城里的却不及十分之一，而住在东城外的却有十分之三。这是为什么？其中原因，如万历《汾州府志》所载："东关城汾宗繁衍，城内府第十之七八，士夫军民多居东关。顾城垣未设，大有可虞。"占人口十分之一的宗藩府第高大宽敞，占据了汾阳城内的大部分空间，而广大的士夫军民却只能挤住在东城外一隅之地。东城外没有城墙，一旦寇兵过境，这些处于低层的"士夫军民"将毫无屏障。所以於敖决定"专为一城以保障之"。

作为分守冀南道的省级官员，於敖调动当时汾州的各级官吏，开始群策群力，营建东关城。"檄州判马君负图等，迹久湮之故址，循强占之原基，定之表经，载以绳约，谕居民各以其力而修筑之"。马负图，万历《汾州府志》记其为河南尉氏人。汾州判官马负图负责沿用城墙旧址，要求强占者退出原基，勘察裁量，并晓谕民众，各出其力，共同修筑城墙。"而太守张侯，又新政而善作，于是百姓欣然，以为为己防患，乃协心趋事，并力献工，不阅月而厥城告完"。太守张侯即张珺，嘉靖十九年（1540）任汾州知州。上有於敖掌控大局，中有知州、判官亲自调动、亲力亲为，再加上晓谕到位，老百姓参与的积极性是非常高的。

从嘉靖十九年（1540）九月到仲冬，工事仅三月而成。新建的东关城，"延袤九里有奇，楼堞四望而森严，视内制盖翼翼如也，由之诸乡之堡亦次第以考成焉"。有了城自然就会形成乡和堡，一切都井然有序，"士夫军民"的生活秩序得以重建。

（三）翁万达总督宣大与《海居图》

嘉靖二十五年（1546）至二十八年（1549）孔天胤丁母忧期间，山西依旧处于战乱之中。检《明史》，二十五年（1546），五月俺答款大同塞；二十七年（1548），八月俺答犯大同，九月犯宣府。边事不宁，朝廷又有奸相严嵩当政,可谓雪上加霜。《明史》载,嘉靖二十七年(1548),"逮总督陕西三边侍郎曾铣……三月杀曾铣","逮夏言……十月杀夏言"。此事因议收复河套而起,"总督三边侍郎曾铣力主复套,条上十八事,帝嘉奖之。大学士严嵩窥帝意惮兵,且欲杀旧阁臣夏言,因劾(曾)铣,并(夏)言诛死,自是无敢言边事者"。曾铣曾于嘉靖二十三年(1544)至二十五年(1546)任山西巡抚,据《明世宗实录》,就在他调离山西前不久,还曾向朝廷进言为山西向朝廷请银:"巡抚山西都御史曾铣言,北楼口新设游兵,粮料缺乏,户部议给太仓银二万六千余两,许之。"曾铣之死,天下震惊,更令山西官民震惊。

孔天胤虽身在汾州,然不能置身事外。当时山西情况,孔天胤如此记载:"自北房跳梁,越过云中高阙,至晋内境,刘劫视若无人,元元逃死不暇,三河震惊,畿辅互动。山东之民,不得安枕而卧。盖历庚、辛、壬、癸无宁岁焉。"(《海居叙赞》)在这种情况下,山西非常需要有魄力、有作为的朝廷重臣前来防守。当时的宣大总督是一代名臣翁万达。

翁万达于嘉靖二十三年(1544)十二月总督宣府、大同,曾与曾铣一同防守大同等边境。作为历史上著名的军事家,翁万达在总督宣大期间,修筑了大同长城。据《明史》,嘉靖二十五年(1546),"总督翁万达与巡抚詹荣奏议修筑大同长城三百余里";还制造了火器,《明史》载:"(嘉靖)二十五年,总督军务翁万达奏所造火器,兵部试之。"翁万达其人,《明史·翁万达传》评价其"为人刚介坦直,勇于任事,履艰危,意气弥厉。临阵尝身先士卒,尤善御将士,得其死力"。

对于这样一位倾力守卫山西安全的官员,孔天胤与众多山西官员一样,对其充满感激之情和仰赖之意。翁万达因久在边防,远离故土,思念父亲温玉,曾命画工绘《海居图》一幅,当时按察使杨宣、左参政陈耀、右参政刘玺等人"乃各缀一篇图次,原本德业,归美世家以慰",孔天胤为之写了《海居叙赞》一文,记其事之始末。

赞文中,孔天胤回顾了翁万达治晋之功,称其"修筑塞垣,扃钥大门,崇堠亘野,轒辒相望。盖百夫守之而万虏莫前,稍稍出奇则所向无敌矣"。轒辒,古代用于攻城的大型木制战车。翁万达命工绘《海居图》是在边事渐宁之后。

嘉靖二十八年（1549），翁万达父殁归忧。《明史·翁万达传》载，"万达事亲孝，父殁，负土成坟"。亲自背着土为父筑坟。《明世宗实录》嘉靖二十九年（1550）二月："赐兵部尚书翁万达父玉祭葬，从其请也。"也是因当时翁万达功劳极大之故。

据《明史·翁万达传》，嘉靖三十年（1551），因俺答进犯气焰甚炙，翁万达于忧中被召还京，"万达家岭南，距京师八千里，倍道行四十日抵近京"，帝"迟之"，正好授人以口舌。曾铣被杀后，仇鸾代之为总兵镇守大同。此人曾被曾铣弹劾下狱，曾铣死，他因厚赂严嵩之子严世蕃而出狱并成为大将军。此时他又以翁万达赴任迟来而构陷，翁万达被斥为民。嘉靖三十一年（1552）八月，仇鸾与严嵩争宠失和，被人揭其私及不轨之事，革职忧惧而死，死后世宗皇帝以叛逆罪名对其开棺戮尸，也可谓恶得其所。仇鸾死后，翁万达被召以代之，可惜"未闻命卒，年五十五"。

翁万达起家进士，诗文俱佳。《明史·翁万达传》记其"好谈性命之学，与欧阳德、罗洪先、唐顺之、王畿、魏良政善。通古今，操笔顷刻万言"。一生著述颇丰，有《稽愆集》《稽愆诗》《东涯集》《总督奏议》《三镇兵守议》《平交纪略》《思德堂集》等。今检上海古籍出版社1992年版《翁万达集》，可看到其中关于山西边防的奏疏多篇。

（四）"丁卯寇乱"与宋岳御敌

隆庆元年（1567），岁在丁卯，这一年，孔天胤六十三岁，已致仕汾州十余年。

九月，山西发生了俺答大举入侵之事。据雍正《山西通志》，俺答兵"分六万骑四道并入，入井坪，入朔州，入老营，入偏关"，因边关没有挡住，军队长驱直入，于九月十一日打到石州城下。石州城破，"被害男女死者数万"。《明穆宗实录》也有"虏俺答寇山西，石州陷之，杀知州王亮采，扬言欲移兵南向""时西虏俺答兵尚留壁石州间，出精骑抄掠交、汾等处，山西骚动"等记载。

石州得名于唐朝乾元年间，因为隆庆元年（1567）的这次城破，"石州"

成了一个永远的历史地名。当时从署事太原府同知李春芳请,"'石''失'不分,叶声不吉,更名永宁"(万历《汾州府志》"沿革·永宁")。这是官方的说法,民间对此说法颇不以为然,认为城如此易破,如何叫得"石州"?此名反而是一种讽刺,索性改为"永宁",以期百世之宁。

此事给山西带来巨大的震动,孔天胤有多篇文章写到这一惊天事件:"比岁围臣失守,北虏跳梁,隆庆元年九月至入我内地,大肆杀掠,时石州城守不设,致虏攻袭"(《介休县缮城记》);"隆庆元年丁卯,北虏跳梁,攻石州城破,遂凭凌我疆堡"(《新甓汾州城记》);"元年,大虏入宁武关,长驱兴、岚、石、汾等十余州县,横肆杀掠,而石州破,乃满载循故道而归。当是时,来不堵拦,去不邀击,盖二百年所未有之变"(《赠范大参请告东归序》)。

石州城破后,"寇分犯文水、交城、灵石、平遥,遣间入汾内应"(雍正《山西通志》)。孔天胤在写给好友王纬的信中,更详细描述了当时寇乱的情况,其中更多的是对守备及乡民的谴责和失望:

北虏破石,至汾八日方退,淫烧杀掠,惨不可言。庸暗抚臣,奸顽将士,先事既不能哨探提防,临事又不能堵截援救,坐视危亡,漠不休戚。乡民平日好勇图斗,不胜杯酒片言之愤,及闻虏至,骨软魂消,至有一堡千数百人死于六七贼之手者,其无义气如此,岂天知所废不可支耶?(《与王龙冈》)

孔天胤所说的"至汾八日方退",更准确地说是在汾州城外盘桓了八日,并未攻入汾州城。雍正《山西通志》记载,当时俺答部派遣间谍进入汾州城做内应,被分守左参政宋岳识破,"参政宋岳擒之,焚其伪书。寇攻汾八昼夜,不克,引去"。宋岳,字伯镇,号承山,浙江余姚县人,嘉靖四十四年(1565)以分守左参政驻汾州。

宋岳抓间谍,焚伪书,严防守,蒙古军八昼夜而未攻下汾州城,使汾州吏民免受到灾殃。但汾州之外的文水、交城、灵石、平遥等处,情况就糟糕多了。令孔天胤气愤的有两点:一是那些官员,先前不预防,临事不防备,而是"坐视危亡，漠不休戚"，也就是他所说的"来不堵拦，去不邀击"；二是乡民平时为一点鸡毛蒜皮的小事，或者喝两杯酒就义气用事、好勇斗狠，可是敌人来了却"骨软魂消"，躲得远远的。在无人与敌对抗的情况下，致使一堡千数百人死于六七贼人之手。

孔天胤有诗《丁卯九月望日北虏寇汾凡八日始回感而赋之》，状写了当时山西遭遇寇乱的情况：

> 生当明盛时，老作山林叟。自幸保余龄，晏然终白首。何知异患干，狂胡入郊薮。凭陵复虔刘，见辱良可丑。主将兵不援，稷助亦何有？饱满去仍迟，骑纵来还陡。无地可安居，谁能善其后？恨不叫天阊，申严四夷守。

本计划归乡养老，享受盛明之世的归田之乐，谁知竟有此祸。敌兵入城，如狼入羊群，百姓任其屠戮。而当时主将无援，防守无力，任敌劫掠烧杀，饱足而去。当此之时，什么地方是安全的呢？上天可知百姓遭此劫难吗？为何不派天兵天将把中华大地牢固守护？

如果说这是一首申诉之诗，其中充斥着对命运的自怜和对上天的哀告，那么《虏寇杀掠焚烧之余风雨大作，走回人口仍多冻死，及被官军遮杀诈充首功，因成口号四首以代七哀。时九月廿七为立冬之日》，则充满着深重的悲愤，其中满溢着对官兵的抨击、对百姓的哀怜：

> 死者纵横生怨哀，疾风寒雨更相摧。可怜铃柝孤城夜，却恐仍吹胡骑来。
>
> 残喘颠连脱系归，口无含糗体无衣。天将杀气摧还尽，劫数真成不可违。
>
> 高衔大纛是何人，拥众遥遥避虏尘。烽火在汾军去代，询津觅路与金银。
>
> 丁男被虏暂存生，皮帽皮衣护虏营。间道得归仍是祸，官军遮取作功名。

其一写百姓已惨遭屠戮,再加上疾风寒雨,活着的也都战战兢兢,听马嘶而胆战,闻胡笳而心惊。其二写百姓侥幸得以活命归来,却无衣无食,依旧面临着冻饿而死的危机。其三讽刺那些哗众取宠、趁乱招摇的官兵,敌在此处而兵去彼处,不是去正面迎敌,而是去敌寇离去后的地方趁机发国难财。其四写被敌军劫掠而去的乡民,受敌人胁迫替其守营,好容易从敌人手中逃脱而归,却被官兵充当俘虏,杀死以充战功。

好在,汾州"大城四关,幸安堵如故,儿妇辈俱各平安"(《与王龙冈》),这都是宋岳之功。

对于宋岳的这一大功,孔天胤写了《乾楼献俘一律赠承山相公》一诗以做称贺。诗曰:

> 始作雉楼凭镇远,今为虎帐坐临戎。运筹神鬼森严里,唤号风雷指点中。壁有献俘知算胜,虏因清野怨回空。怪来督府援兵绝,望见胡尘已向东。

乾楼,在汾州城西北,嘉靖四十五年(1566)宋岳修建。

与宋岳一起防御汾州城的,还有汾州知州齐宗尧。齐宗尧,直隶昌黎县人,嘉靖四十五年(1566)任汾州知州。万历《汾州府志》记其"为人慷慨有胆略,隆庆丁卯秋北虏入寇,直抵汾城,乃躬率士庶,捍御保全,加卫河东运司同知,仍管州事,寻调知州"。雍正《山西通志》与此记载类似,称其"忠直有胆略,遇事慷慨直前。隆庆丁卯北敌入寇抵城下,宗尧登埤设守具,指授捍御方略,卒得保全"。

因御敌功勋卓著,山西督府与巡按御史上疏请求重用宋岳,然而事情的发展远远出乎人们的预料,就在宋岳"方申画兵防,抚绥残破,蓄作夜思"之时,却遭人谗言被罢免了。孔天胤在《送承山宋公南还序》中为之大抱不平,称朝廷是"用一言之毁,废千人之誉"。他提出了一连串的反问:"夫中外展寀之臣诚多布列矣,其纯洁端平、恺悌明睿如公者几?文德懿衷、武以威敌如公者几?议事以制、不为刑辟如公者几?不侮矜寡、不畏强御如公者几?处烦以简、济变以通如公者几?礼检宗藩、道兴学校如公者几?"这连珠炮式的反问，其实也是对宋岳其人其功的最好概括。如此德才俱佳的优秀人才反被罢免，会伤害天下士子之心，"夫公誉之而不用，私毁之而不察，窃恐贞人智士，将望望而皆隐矣"。

（五）山西各地增城缮墙

隆庆元年（1567）这次大的兵患，使明穆宗心惊胆战，也使山西巡抚痛定思痛。一段时间内，陆续惩治玩忽职守的官员，并免除了蒙古兵所经过的文水、交城、清源、交口、霍州、石州、汾州、孝义、介休、平遥等州县的税粮。出于安全考虑，这些州县及蒙古军队可能经过的榆次、太谷、徐沟、太原、阳曲、寿阳、盂县、平定等县的正官也可免上朝觐见（事见《明穆宗实录》）。但如果俺答再次入侵呢？这些措施显然都无补于事。

所以，其一，要加强边防建设和管理；其二，更要加强内地防范措施。

加强边防，重在将有魄力、有才能的管理人才放到边关重任上。范大儒就是在这种情况下升为山西参政移镇老营堡的。

范大儒于隆庆二年（1568）任山西右参政。到任后，"尽易其往之玩弛，申宪令以作士气，率忠义以启人心"。具体来说，是在险阻处做防御工事，明察暗访以绝奸细，修筑圮坏的城壁，增挖浅矮的沟垒，积储粮食，修缮器用，严明纪律，勤于训练，兴利除害，顺人所乐，"军实所资，罔不弘济"，可谓极有作为。范大儒在任期间，"边鄙尽宁，民用生息，一道皆倚以为重"。孔天胤认为，范大儒之贡献，不惟在边地，汾州亦被其泽，"公以良翰钥其北门，至今汾人亦倚以为重"（《赠范大参请告东归序》）。

加强内地，则有山西巡抚杨巍向朝廷条上三事。

杨巍于隆庆二年（1568）任山西巡抚。雍正《山西通志》"名宦"记其"隆庆初，晋右副都御史巡抚山西。所部驿递银岁征五十四万，巍请减四分之一。修筑沿边城堡千余里，檄散大盗李九经党"。检《明穆宗实录》，隆庆二年（1568）正月，"山西督抚官陈其学、杨巍条上边防三事"，一曰"严修守"，令各郡县城堡修筑高厚，令居民编为保甲且练且守；二曰"设将领"，太原参将宜仍驻内地，汾州宜增设参将一员，统兵三千居之，至防秋则移驻石州，拒守要害；三曰"实内地"，以往山西恃大同为藩篱，如今敌军频年深入，藩篱无所复恃，内地应多加招募，令州县有勇士之徭，卫所有壮士之役。这三事都得到了朝廷允准。

对于杨巍提出的"设将领"，汾州增设参将一员，也很快得到了实施。这位参将姓程，号一山，其名不详。孔天胤《程参戎刻〈窗稿〉序》中记载，隆庆元年（1567）丁卯寇乱时，始有参将驻汾，程公就是在这个时候来到汾州。来汾后，"拥旌建牙，陈师鞠旅，调战阵之具，饬钲鼓之教"，有纲有纪，有文有章，"汾人知有军容自兹始也"。建牙，武将镇守而设官署。隆庆三年（1569），孔天胤有诗《赠程一山参戎始建牙汾郡一首》，记程一山参将在汾州建武备官署之事：

北阙授符推毂后，西河分阃建牙初。弘修军礼昭文幕，远阐兵威到朔庐。戍静关山和月唱，氓安陇亩带经锄。方知上将收全胜，顿令边庭绝羽书。

诗中对程参将到汾州后建官署、整军容之事，给予高度赞扬，并对其守卫汾州安全抱以希望和信心。

对于杨巍提出的"严修守"，山西各地守备纷纷开始筹划，增筑城墙，加高加固。孔天胤记载了介休县、临县、汾州城的增缮。

介休增城是在知县刘旁的主持下进行的。光绪《介休县志》："刘旁，湖广兴国州举人，隆庆二年任。"乾隆《汾州府志》记其"隆庆元年以举人知介休县"，由孔天胤文章也可知隆庆元年（1567）任较为确切。历代《介休县志》都将其列为"名宦"，嘉庆《介休县志》记其御房之功，"时北寇入境，公缮城浚濠，守御有方，民不惊窜。寇知有备，遁去，境赖以安"；乾隆《汾州府志》记其"边寇大至，守御有法，民赖其德"。他在任上增修了介休城，雍正《山西通志》记介休城："隆庆元年知县刘旁加城高一丈二尺，帮厚八尺，濬壕深广。增敌台一百余座，各葺窝铺，每间阔二丈有奇。孔天孕（胤）记。"

孔天胤《介休县缮城记》记载，蒙古军入汾州城下，八昼夜攻城不克，而与汾州邻近的介休同样没有被攻下,原因就是"介休以县尹刘君备御有方,得不被害"。虽然此次有惊无险安然度过,但难保下次还能守住。恰在此时,省府官员令各县都加固城防。刘县令省览介休城,说现在的介休城,承平之时不可谓不牢固,但要在战时折冲御侮,则必得增缮才可以。于是着手缮城,并提出增缮原则为"小费而大成",具体措施则是"均田里以出其力,酌公帑以出其财"。因为缮城之事关乎万家安宁,所以"民乐于趋事,工乐于售能,不数月而考厥成绪"。建成后的介休城,如《山西通志》所载,城增高一丈二尺,帮厚八尺。周围雉堞、楼橹、敌台之类也皆"有业有严,式坚式好"。有了这样一座坚固的城墙,百姓的安全得到了保障,"无事则与之休息,有事则与之守之,可以折冲,可以御侮",可谓"举一邑之民而遗之百世之安"。

也就是在"当道下令缮城"(《临县修城记》)的政策指令之下,与石州城邻近的临县也开始了修城之举。

临县今为吕梁山区,汾州升府前属石州,升府后属汾州府。其地理位置,"望河阻山,介于兴(县)、岚(州)、汾(州)、石(州)之间,近塞邑也"。因为"民俭而足"且"城小而窳",所以"虏入辄犯",和石州一样都是容易被蒙古军队侵袭之地。所以隆庆二年(1568),知县吴潮对临县城进行了大规模的修缮。乾隆《汾州府志》"职官":"吴潮,陕西渭南举人,嘉靖四十五年任。"关于临县修城之事,雍正《山西通志》记载:"隆庆元年,知县吴潮石包全城,孔天孕(胤)记。"此条记载有误,孔天胤文中,记修城工事起于隆庆二年(1568)四月,七月竣事,历时三个月。

孔天胤这篇记文今见于《孔文谷文集》卷九,雍正《山西通志》"艺文志"全文收录。其被收录的原因之一,当是吴知县"石包全城"这一壮举颇可作为后世修城之典范;原因之二,当是孔天胤此文写得极有水准,记事详备而语带豪情,同样可作为后世修城碑记中的典范。

记文始于吴知县到任后的"省览咨访,稽民物之利害,条政事之缓急",而后其"登陴而望黄云、紫金诸山,则喟然叹曰"。所叹何事?其观临县之山形物产,思考如何因地制宜修缮城墙:"始吾欲崇墉以砖,今观其土石之防,冒林莽之蓁丛,则砖可伐石而代也。即析薪以炼灰,不事省而功倍乎?"临县本山区,多石多林,伐石代砖,伐木炼灰,就地取材,可不是事胜而功倍吗?

有了这个思路，吴知县"募匠师，征力役，计料广扬，备器用，储口食"，设定了一整套的修城方案，再加上"简委群能，躬励督察"，一场就地取材的修城之役就此开始。"运石成岸，积灰成邱（丘）"，而参与修城之吏民"趋事踊跃，鼛鼓弗胜"。修成后的临县城，"其包土城而为石也"，这就是《山西通志》中所说的"石包全城"。孔天胤对修成后的临县城形制的描述，是全文中最精彩的部分：

广六里五步，高三丈五尺。其直如绳，其方如矩，其淳如渊，其峙如岳，其密如栉，其坚整如铸。而女墙楼橹，天棚旗帜、枪炮矢石之类森其上；重濠叠堑，品窖伏锋、战车涌械之属罗其下。当是时，地无百雉之筑而险有金汤之固，环视旁邑，莫兹之为强矣。

当各郡县开始纷纷修缮城墙、增强防御时，汾州的缮城工事也一直在进行中。孔天胤《玄天上帝阁记》《新甓汾州城记》记载了汾州城从隆庆三年（1569）开始一直到隆庆六年（1572）结束的修筑工事。

汾州城原"方广一千六百丈，高三丈二尺，盖王制百雉之轨云"。隆庆三年（1569），汾州知州宁策到任后，为安攘计，大缮城筑，将城墙增高到四丈八尺。宁策，万历《汾州府志》记其为"河南河内县人，隆庆二年（1568）以举人调任"。

孔天胤曾与出身王府的东皋宗尉于夏日登上北城新楼，东皋宗尉作诗一首，孔天胤和之（《和东皋宗尉盛夏登北城新楼赠太守宁公之作一首》），描述北城新楼："栋彩虹霓如欲奋，剑华菡萏不胜拈""示威逾表重关隘，设伏应教万弩潜"，足可以御敌，保城中吏民安全。

但这次修建总体上规模较小，"宿土暴见筑，压则多坼"。宿土，即原来种庄稼的土，用于建筑则质量不好。于是隆庆五年（1571）二月，分守左参政张蕙和当时分巡副使"更议所以甓之"。甓，即用砖砌以加固。

万历《汾州府志》记张蕙任山西左参政驻汾的时间为隆庆四年（1570）。张蕙制订了新甓汾州城的工程方案，包括五个方面：定功、定料、定值、定财、定委。定功，即使用工匠民夫之数；定料，即使用砖及石条、石灰之数；定值，即所用料折合为银之数；定财，即征银之数；定委，即每处工事用官民之数。预算精细，所列数据详备。

隆庆五年（1571），张蕙升宁夏巡抚，孔天胤在《赠抑斋张公巡抚宁夏序》中对其"未半而节钺启行"之事深表遗憾，认为张蕙所开创之役，已精确核算并精准布置，"度遗矩昭确，必罔怠弛，而惠泽远也"。

张蕙升职而去，新任分守左参政纪公巡接手其事。工程一直到隆庆六年（1572）壬申七月才告成。其后又有一点余绪，"绪其瓮城之未甓、壕升之未挑者，复次第综理，至万历元年癸酉六月告完"。此次修城，前后历时三年四个月。新甓的汾州城，"其雉堞联延，楼橹相望，什器储偫，填委错阵。其上隆宗寥廓，日薄星回；其下盘纡巩固，环堤夹渠"。孔天胤感叹："往犬羊在牧，人情匈匈鳃鳃，城惟恐其不高，池惟恐其不深；即高且深，犹恐其不固。今三者至矣，则何以益之？""犬羊在牧"，指蒙古军队入侵之事。如今的汾州城，城之高、池之深、守备之固，三者俱备，汾州吏民从此可高枕矣。

（六）王崇古与"隆庆和议"

蒙古军队犯边三十年，皆因封贡和马市而起。嘉靖年间，俺答曾屡次上书，希望互开马市，并承诺此后不再犯边，但由于边臣屡杀来使，马市开了一段时间又告失败。世宗皇帝杀掉主开马市的仇鸾，并下令此后再有敢言开马市者斩，于是终世宗朝，都无人复敢言及马市之事。俺答、吉囊、昆都力兄弟继续不断犯边。当是时，"自河套以东宣府、大同边外，吉囊弟俺答、昆都力驻牧地也，又东蓟、昌以北，吉囊、俺答主土蛮居之，皆强盛"。当时有明朝叛人赵全等人，俺答令据古丰州地，"招亡命数万，屋居佃作，号曰板升"。赵全等人尊俺答为帝，治府第，"制度如王者"；并"日夜教俺答为兵，东入蓟、昌，西掠忻、代，游骑薄平阳、灵石，至潞安以北"，可谓气焰颇盛，明朝廷也对其奈何不得。不仅如此，朝廷官员因此事获罪者甚多，"起嘉靖辛丑，扰边者三十年，边臣坐失事得罪者甚众，患视陕西四镇尤剧"（《明史·王崇古传》）。

隆庆四年（1570）冬，事情有了转机，俺答抢了孙子把汉那吉所聘女子，把汉那吉一怒之下，率妻子十余人到明朝来投降。于是朝廷内部，就有了一场纳降还是不纳降的争论。而引发这场争论的人，就是王崇古。

《明史·王崇古传》称王崇古"条封贡八事以上"，提出了俺答封贡、互市的八件大事，再次在朝廷引发了一场大讨论。"诏下廷议，定国公徐文璧、侍郎张四维以下二十二人以为可许，英国公张溶、尚书张守直以下十七人以为不可许"；尚书朱衡等五人则认为封贡可以，互市不可以；只有金都御史李棠极力主张应当全部允许。穆宗皇帝听从了王崇古等人意见，诏封俺答为顺义王，先后在宣、大及延绥、宁夏开马市。互市之后，王崇古广招商贩，任其在边境贸易，"自是边境休息。东起延、永，西抵嘉峪七镇，数千里军民乐业，不用兵革，岁省费什七"（《明史·王崇古传》）。

孔天胤在写给王崇古的信中，对俺答封贡一事发表了自己的看法：

> 至于市马进贡，乃远人来服之效。时出犒赏，不过费国家九牛一毛，其视他费若何？顾公总统方略，省岁防不赀之费以广储蓄、养锋锐，更令郡县略仿唐时府兵之制各积官粮，各养民兵，则内治有自强之实，外寇不足虞也。（《与王鉴川督抚》）

远人来贡，所出犒赏对于国家财政来说，不过九牛之一毛，所以不应该吝惜这点经费。这点经费，可以通过省防税、积官粮得到，而这种办法还可以使国家实力强大。实力强大了，外寇就不足为患了。

当然给王崇古写信谈封贡一事的，不仅孔天胤一人。孔天胤同年蔡汝楠也写信给王崇古谈及此事，嘱其在通贡互市之后，仍不可大意，而应严加防范，要整饬兵马进行镇压，使其不敢抢掠（蔡汝楠《与王鉴川》）。孔天胤旧日的老上司葛守礼也写信给王崇古，称"贡议既成，所当留神者，善后之图尔"。赵全虽除，但其"招亡命数万，屋居佃作"之人，"有携贰之志，此正可用问之时，设法招徕，令其复为我人，则夷虏之外癣不足忧矣"。但总的说来还是要严加防备，"尤愿整饬兵械，比常加谨，始可为仓卒之备，虽虏或问之，亦曰备他盗尔"（葛守礼《与王鉴川司马》）。这些都可谓良言，也说明在当时的情况下，人们对于俺答部是否真心归顺、是否不会再有劫掠是将信将疑的，提出防备方案也在情理之中。

孔天胤又写有《题大司马王公靖边五图》，当是为王崇古所作的题画诗。诗共五首，分别为《单于款塞》《三秋晏然》《万里鹰扬》《铃阁萧闲》《功垂带砺》，称贺王崇古安边之功，"匡国歌周雅，安边倚夏卿""赫赫大司马，远猷平朔方"。诗中两处出现"闲"字，"弓闲青海月，甲卷黑山霜""绝徼尘烟灭，严城鼓角闲"，表达不费兵甲而屈人之兵，以招抚为上的安边政策。孔天胤认为，"和戎非上策，柔远自殊勋"，只有能够"柔远能迩"，远人来服，才是真正的长治久安之计。

"隆庆和议"结束了明蒙之间二百多年的战争状态，开启了明朝与蒙古右翼诸部和平互市的局面，并且对以后的国家、民族、地区之间的关系发展产生了深远的影响。这是明蒙关系史上的重大事件，也是孔天胤所见证、参与的一个历史大事件。隆庆五年（1571）之后一直到明末，汾州及整个山西都未再受战乱之灾，百姓得以重建家园，孔天胤也得以享受归乡后的安宁生活。

二、山西各地水利建设

（一）於敖主持修复介休西渠

孔天胤丁父忧期间，山西冀南道分守左参政於敖除了主持修建了汾州东关城，还主持修复了介休西渠。

西渠是介休洪山之渠。洪山古称狐岐山，《山海经·北山经》载："又北二百里，曰狐岐之山，无草木，多青碧。胜水出焉，而东北流注于汾水，其中多苍玉。"北魏郦道元《水经注》也有记载："胜水出于狐岐山，东流入汾。"明万历《汾州府志》"山川"之介休："狐岐山，又名洪山，在县东南二十里。山中有狐洞，可通十里，山腰有泉。"因《山海经》和《水经注》都称洪山之水为"胜水"，洪山之水也因之而得名"胜水"。胜水之源建有源神庙,相传为介休宋代乡贤文彦博所建。文彦博曾于此修渠引水,以利民用。雍正《山西通志》"山川"介休县:"东渠、中渠、西渠,宋文彦博引胜水作三渠,溉北张、韩板(韩屯、板裕)诸村田九十余顷。"洪山之水也是灌溉介休农田的重要水源,正如孔天胤在《介休县兴复西渠水记》中所说,"县东南有胜水,出狐岐之山,其流湛洋汪濊,实惟沃壤之资、力农之本"。

孔天胤认为,介休有此得天独厚的胜水资源,如果能加以善用,"通沟滨、畜陂泽,则奋臂而云兴,决渠而雨注,田恶可腴而凶年不忧,盖因天分地之自然也"。然而如今的情况是,"细民未知其利,庸吏暗于化裁,则水之用微矣"。享有天赐的资源而不能善加利用,其中更多是人为因素;而在人为因素里,官员的因素更大一些。

孔天胤追述文彦博修渠之事:"自宋文潞公始作三渠,分引此水,溉田其东渠、中渠则由东北灌寝张、宋、安(张兰、宋祐、义安)等村之田,西渠则由石河而西经邑城黉泮,灌寝韩板等村之田,百姓飨其利。"然年深日久,"石河壅阏,西渠乃遂不流,盖近百年莫之能复焉"。泥壅渠塞,最严重者就是西渠。西渠不流,靠西渠之水灌溉的广大村庄之田就不能享受水利之便,百姓生活失去了保障。而此事近百年都没有官吏来主持修复,其原因,大约也如孔天胤在修复祁州庙学时总结的四点:"俗吏慢之尔,庸吏弃之尔,贪吏吝之尔,骄吏避之尔。"(《书庙学碑后》)

幸好,分守冀南道左参政於敖来了。於敖到了介休,"寻介子之桂树,访有道之林丘",拜谒乡贤介子推和郭有道的遗迹,"观风川谷,问水郊源,遂得西渠所由废兴"。得知西渠现状,于是召集吏民,对他们说:

> 泉流之兴,以利民也,而今乃堙废如是。夫石河之壅有不可辟者乎?是则吏不为民,故行水失时,地利有不尽焉。其盍治之哉?

孔天胤记载了於敖之言,一位有为官员的形象跃然纸上。

有了分守参政的命令和规划,介休地方官吏也都行动了起来。在县丞、主簿及新任知县的一致努力下,河被挖深了七尺,再以石砌之成渠,"西渠之水，遂复流如故焉"。而此役，也只"十日而功成"。十日可成之事，百年而无人主张，可知地方吏治"为"与"不为"之间的差别。

西渠修通，又辅以相关的配套建筑，"又为凿泮池，广桥门，受新泌之流"。孔天胤也不忘写百姓的反应："于是士民欣然，谓公一旦而贻万世之利。"于百姓万世有利，这才是修渠的重要意义。

（二）河东太平县造水车溉田

嘉靖三十四年（1555），位于山西河东的太平县发生了一件让百姓欢呼雀跃的大好事，那就是百姓学会了像南方一样制作水车，并用水车浇灌田园。百姓"平地亩作渠塘，造水车以援水"，水车使水位升高，浇灌面积更广，速度也更快。太平县只制造了七具水车，就已浇灌田园两千多亩，大大提高了浇灌的效率。此法一出，河东其他郡县纷纷效法。这样的事在山西，"为昔之绝无者"。这技术是一位浙江来的山西按察司佥事，河东分巡道赵祖元所传授的。

赵祖元，字宗仁，浙江东阳人，嘉靖二十三年（1544）甲辰科进士，也是嘉靖二十二年（1543）秋孔天胤任浙江提学副使时所考取的举人之一。赵祖元教民用水车灌田，太平县知县邹学书修书一封驰送汾州，请他们共同的老师孔天胤为此事写记，作为刻碑勒石的文字。邹学书是嘉靖十三年（1534）孔天胤任陕西提学佥事时在陕西所考取的举人之一。

邹学书在信中说到，太平县"地硗而农惰，吏不能劝久矣"。如今赵祖元教民以水车法，车只七具而灌田二千余亩，照此推广开来，"民不可胜泽也"。最重要的是，"吏于是亦能以劝农"，可谓一举而官民两利。孔天胤应其所请，写了《太平县肇兴水利记》一文。

记中说，水利之事大矣。以前大禹治水，不仅在于疏浚，还有更大的意义，就是"诚令四海万世，得于舟楫之余，旁引而田之，蒙其浸溉，用弗阻于饥"，让百姓交通便利，更免受饥饿之苦。所以，禹是"智仁之大者"。而一方岳牧，本来就应该是"禹之徒"，应当秉承大禹精神，"因民所利而利之"。李冰治蜀修都江堰，西门豹治邺引漳水灌溉，都是利民之举，因而他们也都是智仁之人。如今河东是汾河所流经的地方，"出山之泉，行潦之水，又无地无之"，并非真的无水可用。但长久以来，"晋地少沃野而多凶"，就是因为有水之利而民不知用。如今民知水之利，水流布而化雨，进而使坚硬瘠薄的土地转而为膏腴，自会形成良性循环。因此，赵祖元其功大矣。

赵祖元确实是值得山西人纪念的一位名宦。据雍正《山西通志》："丙辰地震，河东蒲州境覆压过半，盗乘之猬起，抄劫昼行，祖元设方略解散其党，而悉籍其金钱之无主者数十万官贮之。且新其城堑，境以无事。"在任山西兵备副使期间，又将水车灌溉法推广到汾阳。雍正《山西通志》"水利·汾州府·汾阳县"："嘉靖间副使赵祖元，疏渠，造江浙水车，教民引水灌注，民甚利之。"

孔天胤的这篇记文，也成为太平县甚至整个山西引入江浙水车灌溉法的一篇极有价值的历史资料。雍正《山西通志》："下尉泉，在县东下尉村西北，流细而长，地有苇。孔天孕（胤）《太平县肇兴水利记》：'嘉靖乙卯，分巡河东东阳赵公祖元为民行水溉田，而教以水车之法如江南诸郡邑，悉令民平地亩作渠塘，造水车以援水。县令邹学书曰置水车裁（才）七具，灌田二千亩有奇。'"

（三）徐沟县修复三渠

徐沟设县在金大定年间，明清时属太原府。1952年，徐沟县与清源县合并为清徐县。

嘉靖三十四年（1555），山西按察司佥事杨胤贤受命督理屯田事务，下令各郡县察看旧渠田是否有不通需要修复者。在此指令下，徐沟知县董润上报，说徐沟县有三条水渠需要修复，分别是金水渠、嘉平渠、沙河渠，并以书面材料写出了三条水渠需要修复的原因及其修复的方案。杨胤贤看后大为称善，请当时的太谷知县，也就是嘉靖三十一年（1552）孔天胤在陕西时所取举人王学谟进行复核。王学谟复核后上报："诚甚名当，倘明公朝准其行，即军民久受其惠矣。"杨胤贤于是下令董知县实施修渠工程。三渠修复，董知县认为"兹事体远大，实使君杨公惠之，宜勒石以引勿替"，于是请孔天胤为之作记。

孔天胤在记文中详细记载了董润所列的徐沟县三条水渠的情况。金水渠"西流过榆次县车罔（今车辋）等村，地势西南高、东北下，因失渠道，致厥水岁淹两县"，居舍农田受害者不计其数；嘉平渠"通流殆三十五里，后水涨道湮"，上流豪强得以用水种其地，而下流之民"每欲挑濬辄被阻拦"，"盖水利不通者三十年矣"；沙河渠以前"上自榆次县圪塔村，经流张花等村屯，下至徐之逯家营东西王苍等村，连引小河山水溉灌不穷"，"后河徙渠涸，又渐壅以风沙，遂亦关塞久矣"。三条渠不通已久，亟须修复以利民生。

得到杨胤贤的准许后，董润分委众官，着手修渠，从嘉靖三十五年（1556）二月十五日到四月初五，不到两个月而大功告成，修复了三十年不通的三条水渠。除了记述三条水渠各流经多少村、溉田多少亩，孔天胤更多阐述了此事的意义。他认为，屯田水利向来是关乎民生之大事，职在其位的官员应当极其重视。但此事，首创者用心良苦，中途废弛却往往无人修复，因此废弛后的修复者就极为可敬。所以无论是首创者还是修复者，都是有一颗"仁人心"的人。

孔天胤所记之事也载于雍正《山西通志》"水利志"："孔天孕（胤）《修复三渠记》：'徐沟县知县董润状申宪使小竹杨公曰……嘉靖三十五年（1556）二月十五日命率夫兴作，至四月初五日告成。计金水渠通流一十一村，溉田一百九十九顷一十二亩；嘉平渠通流一十四村，溉田一百一十二顷六十八亩；沙河渠通流一十村，溉田一百一十二顷八十亩。"

杨胤贤对孔天胤极为敬重，不但写信与孔天胤探讨学问、寄文稿请孔天胤审阅，还赠以米肉改善孔天胤的生活。孔天胤曾写《与杨小竹少参》《再与杨小竹少参》两信，对杨胤贤有着极高的评价，他说："世隆道微，幸明公为天地立心，为生民立命耶。山中草木亦欣欣向荣矣！"落脚点依然在于民生。

（四）汾州兴修水利

万历四年（1576），孔天胤还为汾州兴修水利之事写了碑记，当时主持汾州水利修复者，是分守冀南道左参政张士佩。

张士佩到任后，问民疾苦，了解到汾州义安里有渚水一区叫猪城泺（一作潴城泺），此处水道不通，导致每逢天雨暴涨，就会弥原淹野，败坏民田，受灾者有七里十一个村；但逢旱的时候，此处的水却不能用来灌溉。张士佩认为此事非小，于是决定疏通。在考察的基础上，他制订了相关方案，然后征民施工、扩堰、通渠、增深增广，只用了五个月就大功告成，于是数百年淤滞之陂一朝通理。渠通，民可得好田两万三千四百余亩，况且"渠水久积，犹足以资灌注而退滩之馀，又倍利阮麦"，可谓益处多多（《分守冀南道左参政濠滨张公创开田渠碑》）。孔天胤如此评价张士佩开田渠之功："不动声色而开万世之利，遂俾山泽宣而气通，水土演而民用，其诸经世之备为可知矣。"

万历五年（1577），张士佩升山东按察使，七十三岁的孔天胤作《郡史赠言》，全面总结了张士佩在汾州的功绩：一为创开田渠，二为澄清吏治、救民疾苦，三为禁奸镇猾，四为重视教育，五为整肃军风，六为团结同僚，记载了一位持政有方、卓有建树的汾州名宦。孔天胤还写有《赠张濠滨使君总宪山东》一诗，尾联"却念晋人攀忆处，野棠含露绿芬敷"，表达了对这位分守参政的感念之情。

三、孔天胤与山西的几部志书

中国之有志起源很早，有人说是《山海经》，有人说是《禹贡》，但真正将地方志普及全国各省、府、州、县及边关的，是明代。朱元璋建立明朝后，倡导全国各地都修方志。为了统一规划方志体例内容，明成祖朱棣还两次颁发《纂修志书凡例》，对志书中建置、沿革、分野、疆域、城池、山川、坊郭、土产、贡赋、风俗、户口、学校、军卫、郡县、廨舍、寺观、祠庙、桥梁、古迹、宦迹、人物、仙释、杂志、诗文的编纂均做出具体规定。这是现存最早的关于地方志编纂体例的政府条令。由于政府的重视及督促，明代地方志成书数量可观，《明史·艺文志》史部地理类收书471种，但也有人粗略统计，称终明一代,所修方志当在 1600 种以上。①

孔天胤曾写到志书的重要性:"夫志,史也,以史官为之书也。古者列国皆有史官,故皆有书以纪其事。"本来就应该有专门的史官来修志述史,然"古者列国皆有史官,故皆有书以纪其事,自郡县之异制,则有守令而无史官",修志这件事就落在守令身上。但此事并非守令的分内职责,可为可不为,朝廷也不会将其作为考核官员的标准,因此尽管守令三年一任来来往往,但真正有志于在为政之省、府、州、县修志的却并不多见。守令不修志,还有三个重要原因:一是"守令之务,又有急于史者。则将先其所急,而后其所缓";二是守令平时吏事繁杂,"文书盈于几阁,车马靡于道路,橡吏委于刀笔,功课析于米盐",能将这些日常之务处理妥当,已属不易;三是志书难修,考证不易,"岁月无久住之时,载乘无世家之统,斯于稽古礼文之事阙矣"。然而志书又太重要了,记阴阳风雨可以顺天功,观山陵川泽可以识地德,观王公大人、贤人贞士则可以宣人纪。修志的意义,还在于"执三极之矩,弘万类之纲,纂一邑之事,系四方之风",其旨宏远矣。况且,"道有污隆,政有登降,俗有沿革,事有损增。酌古以准今,彰往而察来,因故以求利,考衷以度中,备是物也,其可阙乎?"(《介休县志序》)

孔天胤所讲的这个道理影响深远。万历二十二年(1594)河南修《新乡县志》时,主修梁问孟在其志书序言中还引用了孔天胤的这段话:

> 尝闻之汾阳孔氏云:邑令之务,有急于史者。文书盈于几阁,则应务之难;车马填于道路,则奔走之难;橡吏委于刀笔,则检阅之难;功课析于米盐,则催办之难。且岁月无久任之时,载乘无世家之系,欲以博咨精究,昭垂不朽,可易言哉?②

这段与孔天胤在《介休县志》中的原句略有不同,但大体不差,当是在转述时加了作者自己的见解。作者梁问孟,号静斋,嘉靖四十四年(1565)

---

① 黄燕生:《中国历代地方志概述》,1988 年。
② [明]梁问孟:《新乡县志序》,咸丰《新乡县志》之"艺文志"。

进士，新乡人。据《汾州府志》《汾阳县志》，梁问孟万历十二年（1584）曾任山西左参政驻汾州，当时孔天胤已故去三年矣。梁问孟后升山西按察使，官至宁夏巡抚。由梁问孟的引用，也可知孔天胤对县邑修志之难的论断具有一定的代表性。

孔天胤归汾后为山西修志述史所做的事，有以下几件。

（一）主纂《汾州志》八卷

汾州历史上有《汾州志》《汾州府志》《汾阳县志》，概念间存在一些容易令人混淆的地方。但了解了汾州的沿革历史，就会对此有一个较为清晰的认知。汾州于万历二十三年（1595）升汾州府，在此之前所修州志为《汾州志》；设府之后所修的府志叫《汾州府志》。而《汾阳县志》也是在设府之后，各县有志的情况下，以县的规制所修。

如今我们所能见到的汾州的志书，《汾州志》均散佚；《汾州府志》有两种，分别为明万历版和清乾隆版；《汾阳县志》有五种，分别为清顺治版、康熙版、乾隆版、咸丰版和光绪版。而按陈光贻《稀见地方志提要》[①]所说，汾阳设府之前，仅《汾州志》就有三种：

> 汾阳之有志始嘉靖三十三年（1554），知州陈秉忠、州人王纬为《汾州志》。越六年（1560），冀南道彭范、州人孔天胤增成之。万历十一年（1583），知州白夏、州人王缉又踵其事。

此说也见于清代所修县志的"旧志序"中。康熙版《汾阳县志》引旧志中王缉序言："汾故无志，自嘉靖甲寅岁，先兄龙冈草创之，殚精竭力，汇成四册。己未，文谷孔公修饬之，酌古准今，厘为二册，锓梓并传。"康熙版主纂者赵日昌序曰："明嘉靖甲寅前，吾汾尚无志也。邑人王龙冈草创之，

---

① ［清］陈光贻：《稀见地方志提要》，齐鲁书社，1987年。

其后孔文谷、王龙洲相继纂述。"主修者周超序中也称"创自王刺史，而修于孔方伯"。

遗憾的是，这三种《汾州志》都没有保存下来，我们今天所能看到的汾州最早的志书，就是万历三十七年（1609）知府王道一"邀本府乡绅名士"所修①的万历版《汾州府志》。而志书的修纂，一般都是后书在前书的基础上增成。所以，三种《汾州志》，其实就是《汾州府志》和《汾阳县志》的蓝本。

在此重点介绍第一版和第二版的《汾州志》。

汾州历史上第一本志书，是在嘉靖三十三年（1554），由汾州知州陈秉忠主持，汾州举人王纬主纂的。

陈秉忠，字汝诲，号芦山，直隶遵化县（今河北遵化市）人，嘉靖三十二年（1553）任。陈秉忠在汾州颇有善政，孔天胤在为其母九十岁寿时所写的《寿陈母太孺人九十序》中，总结了三点，称其"以礼正宪而强宗戢焉一也，以俭节庸而积冗捐焉二也，以简要御烦而百物叙焉三也"。嘉靖三十五年（1556），陈秉忠因其治汾之功而受到巡按御史嘉奖，孔天胤作《芦山陈公受御史台旌奖序》一文以赠，总结了陈秉忠在汾三年的治绩，称"芦山陈公守吾郡三年矣，非为民之志弗存也，非为国之事弗行也，以正强御无懔，以抚疲黎无扰也，而又听断之审，宣序之虔焉"。主修《汾州志》，应该说是其在汾州最大的贡献之一。

而主纂者王纬，则为了修这汾州历史上第一部志书，付出了极大的心血。在志序中，他说到自己为修汾志，"躬历四境，咨访搜罗。西至禹门，登万户山，过向阳坂，逾金锁关，跨龙隐泉；东下涉万谷河，循汾水之涯，迤逦而南，抵中阳界"，中阳，即今之孝义。王缉是顺着汾水一路上下，亲自考察其源头，遍访水边之山，可谓艰辛。而在汾州境内，"谒狄武襄祠，过文潞公旧宅，访宋之问故墟"，访问汾州乡贤狄青、文彦博、宋之问的足迹，"凡山河之形胜、人物之遗迹、建置之因革，无不手录"。亲自撰写，还要"稽核典章，参考图籍"，工作量之大可以想见。从考察到完稿，"两更寒暑，稍稍完此

---

① 万历《汾州府志》点校版冯其福序，山西人民出版社，1994年。

数篇"。作为《汾州志》的首创者，王纬付出了常人难以想象的艰辛，可以说他是汾州志书当之无愧的先驱。

嘉靖三十九年（1560），由彭范主修、孔天胤主纂了第二版《汾州志》。

彭范，字克宪，号东溪，河南灵宝人，嘉靖二十六年（1547）丁未科进士，嘉靖三十八年（1559）以左参政分守冀南道驻汾州。彭范产生修《汾州志》的念头，是因为看到康海所修《武功志》，因其"文简事赅，心窃慕之"[①]。但到汾州后，却看到汾州的志书繁简失当。而主纂者王纬不在汾州，已于嘉靖三十五年（1556）出仕，任鄢陵县知县。幸好汾州还有才高德隆的致仕乡绅孔天胤，于是他对孔天胤说："郡有善志则邦多闻人，汾志未修，非缺典乎？"彭范此问，也成为后来有人质疑王纬所修之志是否存在的依据，称孔天胤才是《汾州志》的首创者。但客观理解，应当是彭范对现有志书不满意，认为没有按照志书的体式将汾州应该记载的内容记载下来。彭范接着记载：

公（指孔天胤）遂慨诺。旁搜博采，按旧择新，实则据事而直书，文则删繁以就简。《地理志》而图籍可察矣，《建置志》而兴废可稽矣，《藩封志》而茅胙有征矣，《祠祀志》而秩宗不废矣，《田赋志》而惟正可供矣，《官师志》而贤才可辨矣，《人物志》而尚友有资矣，《选举志》而贤能不蔽矣。

孔天胤对于彭范的约请积极响应，广泛搜集材料，从旧志中去粗取精，依据实际情况秉笔直书，文字表达上删繁就简，于是形成了八卷本的《汾州志》。

孔天胤所修《汾州志》之八卷，其中所列八项内容是依据明成祖所列凡例及汾州当地当时情况，所列出的最为重要的部分。以一己之力而将一州之地理、建置、藩封、祠祀、田赋及历代官师、人物、选举列出，是一项极为繁剧的工作。彭范评其修《地理志》而使汾州之图籍可察，修《建置志》而使汾州建筑之兴废可稽，修《藩封志》而使帝王之脉在汾州的发展繁衍有征，

---

① 《汾州志》彭范序，收于康熙《汾阳县志》。

修《祠祀志》而使汾州祭祀之礼不废，修《田赋志》使汾州赋税征收有据可依，修《官师志》而使曾在汾州任职的官员贤劣可辨，修《人物志》而使汾州历史上名人高士得以彰扬，修《选举志》则可使汾州历代走上科举仕途的学子得以留名，因而其意义极为重大。从这个意义上来说，有人主张孔天胤是《汾州志》的首创者，也是有道理的，因为孔天胤所修的州志为后来汾州府及汾阳县的志书初创了基本体例。

八卷本《汾州志》修成，孔天胤在序中先述王纬草创之功，称"其有功于郡岂不钜哉"。而当时由他来增修《汾州志》，是因为他归乡之后，很长时间里都"废著嘿塞，杜门绝省问"。嘿塞，即塞嘿，塞默不语之意。既不著书又不多言，还闭门不多走动，当时汾州的一干官员，分守冀南道彭范、汾州知州张朝宪、汾州同知黄宬前来拜访，对他说，闭户而不著书，怎么可以呢？不如把汾州的志书修一下吧。孔天胤听从了大家的建议，"于是取郡志修之，定为八卷……合而观之，则一郡之事聊可概而半"。孔天胤对自己所修之志较为满意，但既不忘"承前"，称"因于王君之所搜讨，益信其为国史才不可没也"；也不忘"启后"，称"至于宏备精核，有望于博雅君子焉"。

万历十一年（1583），孔天胤去世两年后，知州白夏主修了第三版《汾州志》。他在序中称："汾故志，盖文谷孔大夫所纂次。"因历三十年，事以时异，人以时殊，所以需要重修，于是令王纬之弟王缉主纂。第一版《汾州志》，王纬实地考察历时两年而"数月书成"；孔天胤增成第二版，于"嘉靖己未九月始，庚申正月锓梓"，历时四月余；王缉在此基础上再修则只用了三个月。王缉在序中说，他在增修时，"余今分类纪事，惟准先兄而立义，修词多资文谷。虽时异势殊，稍有笔削，而纲领条贯均无所更易"。由此也可见孔天胤志书基本体例之完备、文辞之精准，后来修志者皆可沿用。

（二）为嘉靖版《山西通志》作序

除了主纂《汾州志》，嘉靖版《山西通志》也有孔天胤的一份功劳。

嘉靖四十二年（1563），由山西巡抚杨宗气主持、山西提学副使周斯盛主纂的嘉靖版《山西通志》成，杨宗气和巡按山西御史王好问各写一序。其中王好问之序由孔天胤代写。

雍正《山西通志》记山西志书之历史:"山西之有《通志》始于明成化中督学佥事胡谧,其后嘉靖中则副使周斯盛,万历中则按察使李维桢皆踵事。"另有更详的记载是:"旧志始于明成化甲午(1474),督学佥事胡谧创修。越九十年嘉靖癸亥(1563),督学副使周斯盛重修;越五十九年万历辛亥(1611),按察使李维桢重修。"

明代《山西通志》的三个版本,成化版十七卷、万历版三十卷今已点校完成,由中华书局出版,嘉靖版三十二卷存二十七卷,影印本可见于中国国家图书馆《甲库》第七百一十册,其中有杨宗气、王好问序各一篇。检《孔文谷文集》卷四,可见与王好问序内容相同之《山西通志序》,题目后有"代作"二字,可知王好问序为孔天胤代作,雍正《山西通志》则将该篇《山西通志序》列入孔天胤作品小辑中。

因为是代王好问而作,所以语气上皆拟王好问之口吻,称"晋志之阙久矣。余按部之初,盖申理之,暨余事竣,而其书二十篇成。是为山西之《通志》。云二十篇者,曰《图考》,曰《建置沿革》,曰《星野》,曰《山川》,曰《风俗》,曰《物产》,曰《田赋》,曰《户口》,曰《祠祀》,曰《封建》,曰《职官》,曰《学校》,曰《古迹》,曰《帝王》,曰《名宦》,曰《人物》,曰《选举》,曰《艺文》,曰《武备》,曰《杂志》焉"。然综观所有内容,"志之事二十,以言其化裁者三,盖《风俗》《学校》与《职官》焉",这三项都关涉化裁之事。"职官举则学校兴,学校兴则风俗美",所以,一切向善向美的根源,皆在于官师之良:"官师之良也,而正学也,而使民兴行也。由是而田赋登也,户口增也,人文观也,贤才奋也,兵食籾也"。所以,《职官志》才是这本志书二十项内容的灵魂,也是为后来之职官所撰写的教科书,比之单纯的记事修史有着更为深远的意义。

关于《山西通志》的二十卷,还有两段小插曲。

一是王好问寄《山西通志》初稿给孔天胤请其代写序言时,《山西通志》只有十九卷,后来又看到目录,才知有二十卷。孔天胤曾写信给王好问,称"奉闻志目,道中原开十九,今闻林广文仍撰《帝王》一篇,则其书乃二十篇矣。叙语开十九者,乞皆更作二十"(《与王西塘侍御》)。孔天胤所说的林广文,是当时的汾州学正林大槐，听闻后来又加了这一卷，孔天胤请王好问将此前序言中所说的"十九卷"改为"二十卷"。

二是汾州学正林大槐因参与修纂《山西通志》而获御史嘉奖，并被作为贤才荐之于朝廷。林大槐，号虚溪。万历《汾州府志》"学正"："林大槐，福建莆田人，举人，嘉靖四十一年任。"因同在汾州，孔天胤对林大槐多有了解且极称其贤。他曾有文称赞林大槐，"君以八闽名才，举进士于乡，乞疏愿就学职，以待临轩之策，于是署学正于汾之学也"（《赠学正虚溪林君以贤荐奖序》）。林大槐赴省参与《山西通志》的编撰，孔天胤曾写《送林先生赴省修志一首》：

晋乘阙无诠次久，编摩今喜属才贤。三长自觉雕虫陋，六善谁知司马玄？花发杏坛明彩笔，草深芸馆拂青毡。河汾弟子多归向，挟策寻师到讲筵。

诗中既写了山西志书久阙须修的必要性，又对林大槐之才及其对于汾州学子的教化之功表示称贺。孔天胤另写有《旌贤叙语》，是为林大槐因修志有功受御史嘉奖和推荐所作的贺文。孔天胤文中称："晋志之阙者百年，比修之而无效者复十有余年。经先生总揽独运，搜遗补漏，考异定同，注记编纂，简瞻闳该，不半载而成一家之言，垂三晋之信，于是称先生之道，文质彬彬焉。"（《旌贤叙语》）

（三）为隆庆版《介休县志》作序

隆庆五年（1571），介休知县刘旁主修了隆庆版《介休县志》，由教谕李斗主纂。孔天胤为之作序。序言中他说："介休为晋名邑，顾独无志。二百年来，令尹兴国刘公始搜辑而草创之，而以学谕关西李君事编次，不三月而其书成焉。"关西李君即李斗。后升芮城知县，又修《芮城县志》，今存。

孔天胤也梳理了介休历史上的名贤，"夫邑之先民，有介之推之亢节，郭林宗之贞固，文彦博之忠勋，皆毓灵于光岳，垂耀于土风"。"介休三贤"

介子推、郭泰、文彦博已成为介休的精神名片,"而遗黎薰习往往袭其余韵",代代相传。彰显当地名贤的功绩,使其更好地发挥教化作用,修志的意义也在这里。

此版县志今已不存,如今可以看到的最早的《介休县志》即为清康熙版,其后还有乾隆版、嘉庆版、光绪版和民国版。因此,孔天胤文集中的这篇序言,就成为介休最早的县志是由刘旁主修、李斗主纂的隆庆版县志的一个重要证据。

四、山西题名碑、庙学、祠阁、寺观建设

(一)题名碑

如果说地方志是刻在纸上的历史,那么题名碑就是刻在石头上的历史。虽然题名碑许多时候只有名录,但可以立在官署或庙学之前,不仅有记载历史的意义,更容易被人直观看到。

孔天胤任河南左参议分守河北道时,曾为卫辉府写过题名碑记,其中写到了官府立题名碑的意义,在于将所任官职之姓氏、履历刻于石上,"其人之贤否,政之得失,布之纪牒,传之父老,咸可指而议焉"。任乡间父老指点品评,也对后来者起到一种榜样和警示作用。孔天胤所写的山西各处题名碑记有三篇。

其一,分守冀南道题名碑。嘉靖三十八年(1559),彭范主持创立了分守冀南道的题名碑,用以刻石的文字《分守冀南道题名记》即由孔天胤撰写。孔天胤认为,汾州府作为冀南分守道的驻地,历代分守官员皆驻扎于此,如王崇庆、葛守礼等名宦,都曾为冀南道分辖的潞安府及沁、泽、辽、汾四州特别是强宗难驭的汾州做出了重要贡献。以题名碑的方式将他们的姓氏、事迹记载下来,是一件极为重要的事情。

当是时,彭范来到汾州,不数月而纲纪有序,"烦冗者芟,幽隐者达,奸匿者化,疲困者苏"。然后坐堂上而喟然叹息说:前面的分守道是如何治理的,我没有看到;如今我如何治理,后面的人也看不到。于是开始查找以

往记载,"稽之卷牒,得胜哲如干人,断自(嘉靖)元年壬午以及于今而题之石,仍虚左方以俟其后"。

孔天胤在记文中主要探讨了"名"与"实"的关系。他写道:

> 凡政府之有题名尚矣,所以彰往而察来也。彰往者,名;察来者,实。孔子曰:"文、武之政,布在方策。其人存,则其政举。"其名实之归乎?是故实中其声者谓之端,实不中其声者谓之衮,言名以实存也。名以实存也者,修治其具,而政之纪也,题之不可以已也。

文、武,指周文王和周武王。但由此推及所有为政者,人在政举、人走政息也是一个普遍的道理。虽然同样职在其位,为与不为,如何作为,其治政思想不同,治理的结果也不同,而其中名不副实者也大有人在。题名碑的意义,一在于当时以其实而存其名,二在于后来者以其名而察其实。孔天胤还举周文王的两个儿子召公奭和毕公高的例子,两人一分于陕西一分于东郊,由于治理得当,万民和谐,都能行文王、武王之政,所以人民为召公咏《甘棠》,康王为毕公作《毕命》,皆"题鸿名于当时,垂茂实于后世"之举。

其二,汾州题名碑。冀南道题名碑刻立三年后,汾州官署也在汾州同知宋嘉猷的主持下,首次创立题名碑,并由孔天胤作《汾州题名记》。宋嘉猷,号伴芦,乾隆《汾州府志》记其为陕西耀州人,岁贡,嘉靖四十一年(1562)任。孔天胤文中记载,"嘉靖壬戌之秋,同知宋君嘉猷始取新志所载,守贰题石刻之"。新志,当指孔天胤所修之《汾州志》;守贰,指知州、通判等官。有志可据,查找历代官员名录及事迹就容易多了。前人是后人的一面镜子,孔子说过,"见贤思齐焉,见不贤而内自省也",说的就是这个道理。而对于汾州官员的能力和品质要求,孔天胤也提出了自己的看法,因为"汾为大州,大则为务也殷,务殷则需才也重,是故任官必选贤与能矣"。具体说来,有四点要求:

> 有以辨之,必聪明宣哲而莹于智者也;有以胜之,必强毅果

确而劲于勇者也；有以威之，必廉正直方而精于义者也；有以惠之，必慈和恳恻而笃于仁者也。

一是能辨是非，二是能胜奸邪，三是能威四方，四是能惠民生，这是能力要求。而具备以上能力，则还需要相应的品质：能辨是非者必当有智，能胜奸邪者必当有勇，能威四方者必当有义，能惠民生者必当有仁。对于汾州这样的大州，为官者必具智、勇、义、仁四德，若无此四德，就会陷于昏惰甚至暴虐。所以，汾州的题名，是"事之章也，政之纪也，风之不可已也"。而对宋嘉猷此功，孔天胤认为"于斯宋君之达于政也，虽百世可睹也"。

其三，宁武关督府题名碑。嘉靖四十三年（1564），孔天胤六十岁，已是致仕归汾的第九年。这一年，山西宁武关都督府始修题名碑，山西都督金事董一奎请孔天胤作碑记，孔天胤作《宁武关督府题名记》。

据乾隆《宁武府志》，董一奎，宣府前卫（今河北张家口宣化县）人，一位战功卓著的武将，曾任游击。据《明世宗实录》记载，嘉靖三十七年（1558）八月，俺答部犯宣府、赤城等处，游击董一奎等率兵御之，斩首十二级，夺马百匹；雍正《山西通志》记载，嘉靖三十九年（1560），俺答薄太原城下，围西门，当时巡抚在代州，援救不及，游击董一奎以援兵至，出城战于西门外，大战从早晨一直到正午，逼敌退守，"相持至半夜，寇遁"。因其战功卓著，一路升职。明代武将之编制，由高到低分别为总督、总兵、副总兵、参将、游击、千户、百户等，董一奎由游击而升参将，由参将而升副总兵，又由副总兵升都督金事充任总兵。①

宁武关督府修题名碑，与冀南道、汾州府修题名碑不同，因为宁武为"九边重镇"②之一太原镇的治所，同时属山西"三关"（另两关为雁门关、偏头关）

---

① 《明世宗实录》嘉靖四十年（1561）十二月，"以宣府东路参将都指挥同知董一奎充副总兵协守大同"；嘉靖四十二年（1563）十一月，"升大同副总兵都指挥使董一奎为署都督金事，充总兵官镇守山西"。
② 九边，又称九镇，是明朝弘治年间在北部边境沿长城防线陆续设立的九个军事重镇，分别是辽东镇、蓟州镇、宣府镇、大同镇、太原镇（也称山西镇或三关镇，治所在宁武）、延绥镇（也称榆林镇）、宁夏镇、固原镇（也称陕西镇）、甘肃镇。

之一,是防御蒙古游骑侵入山西内地的重要关口。早在正德九年(1514),小王子在犯宣府、大同等地后,就攻入宁武关,掠忻州、定襄、宁化。所以明代历任山西巡抚都非常重视宁武的边防事宜。嘉靖十九年(1540)六月,山西巡抚陈讲就曾上疏朝廷,请修宁武关温岭至老营堡及偏头关野猪沟抵黄河一道边墙,朝廷准许了陈讲的请求。然自嘉靖十九年(1540)之后,蒙古军队多次突破宁武防线攻入山西内地,而宁武督府之大小武将,也战斗在第一线,可圈可点、可歌可泣甚至流血牺牲之事不可胜数。正因为如此,董一奎感叹"大将名氏不可无记",于是凿石作题名碑于庭。

在题名碑记中,孔天胤先介绍了宁武关之地理位置,"山西之关三,而宁武在雁门之西、偏头之东"。这个位置,于全国都有着重要的战略意义:京师以大同为右臂,而代郡之雁门、宁武、偏头三关又是大同的外围关卡。只有内之大同、外之三关全部牢固,这条京师右臂才能强劲有力。

孔天胤介绍了宁武关历来设守备之情况:弘治七年(1494)设守御千户所,正德九年(1514)添设守备,当时副总兵驻御偏头关。到嘉靖二十一年(1542),由于敌兵突破边关防线南下进犯汾州、沁州等地,于是朝廷开始在宁武设大总兵。宁武关总兵统率游击六员,带甲数万。再到嘉靖四十三年(1564),又在老营堡设副总兵驻扎。宁武关设守备已有七十年的历史,中间历将帅无数,而有太多将帅在这里浴血奋战,如果连姓名都没有记下来,既对这些将帅不够公允,于宁武关也是一个重大缺憾。

孔天胤在这里还提出一个重要观点,那就是边防安全"不在于险,而在于守;不在于守,而在于人"。这就大大突出了人的因素。防守此处的人需要具备哪些素质?他认为:"勤诚则笃忠也,明久则孚信也,抚绥则恤仁也,果毅则宜义也,运筹则哲谋也,敌忾则克勇也。"忠、信、仁、义、谋、勇,缺一不可,而守备还须"悦诗书,敦礼乐",因为这是"义之府,德之则,利之本"。懂义利,方可知战守之理,明进退之道。当然,最重要的是要懂运兵之法:"见可而进,知难而退,军之善政也;兼弱攻昧,武之善经也;绝利一源,用师百倍也。"所以,边关之守备,因其任重,故更须戒慎。或战或守,动中权略,相机行事,皆得益于守备的智慧与才能。而立题名碑,就是让后来的守备者览前任之名录,对照忠、信、仁、义、谋、勇几条原则,思考这样一些问题："先今所著概桓桓虎臣，扬声沙漠之陲，功光节钺之表然具体忠信仁义而兼资谋勇者几人？复德义者几人？谙政经者几人？绌嗜利者几人？审机权者几人？"在这样的审视与探问中，"君子览贞珉，抒品藻，必有以别之矣"，从而以其为镜，砥砺自身。

（二）乡贤祠阁

嘉靖十五年（1536）秋，汾州要为三贤阁立碑，其时孔天胤由祁州知州升为颍州兵备，上任前回汾州省亲，业师冯思翊请孔天胤写碑记。

三贤阁，是为卜子夏、段干木、田子方三位寓贤所修的阁。孔天胤《重修三贤阁记》称，此阁虽然最初不知建于何时（"其人与时莫之考尔"），但这位最初的修建者，建此阁一定有三个原因：一是"钦古人之风"，二是"表其地之重"，三是"章（彰）教焉"。此阁历年来偶有修建，"然正德以来，摧落颇甚，为识者所闵叹"。嘉靖以来，乡耆及当地官员又经过两次修建。一次是嘉靖元年（1522），汾州知州何贤主持修建。万历《汾州府志》记何贤为河间人，正德十六年（1521）任，"为人倜傥，政尚惠和"。这次修葺并未完工，"工用中辍者久之"。嘉靖四年（1525），汾州知州郭铿接续其事，修葺完工，并手书"三贤阁"三个大字于其上，"则是阁之壮丽犹夫昔者"。又过了十二年，也就是嘉靖十五年（1536），汾州仪宾李恕提议立碑记其事之始末，并将出资人的姓名垂刻于石。

孔天胤一生为汾州及山西写过无数类似的碑记，记载了山西大大小小的事情百余件。就所见资料，这当是他现存的第一篇碑记。一般来说，这种碑记多由当地德高望重的乡绅来写，这也是孔天胤致仕归汾后写了大量此类文章的原因。这一年他只有三十二岁，由此可见当地官民以他这位榜眼为荣的情状。

（三）庙学、学田

嘉靖四十二年（1563），汾州知州吴道南修通了汾州学宫外的泮池，师生皆以为是件大事，需要勒石立碑，请孔天胤作记。孔天胤作《创建泮宫亭桥记》。

泮宫也叫学宫，最早指贵族学校，《礼记·王制》："大学在郊，天子曰辟雍，诸侯曰泮宫。"后渐渐成为官学的代称，相当于庙学。庙学外多有半月形的泮池，孔天胤在祁州建庙学时，棂星门之南也修筑了泮池。汾州庙学前原也有泮池，但失于修治。

吴知州到任后，看到泮池淤塞，感叹说："是之谓'学海'也，而顾堙之哉。"泮池是"学海"的象征，"学海"怎么可以淤塞呢？"学海"之语出自扬雄《法言》："百川学海而至于海"，是说百川处于流动奔涌的状态，所以能成为海。泮宫前有"学海"，学者就会以其励志，悟为学之道；淤塞失治，则"学海"之义尽失，如何得了！于是，吴道南命工治理泮池，除其淤塞，以通其蓄泄。池通了，"学海"碧波荡漾，成为庙学前一处亮丽的胜景，但吴知州觉得还缺点什么。缺什么？缺亭，缺桥。有池无亭，池和人处于分散的状态，无法亲近；有亭无桥，人又怎么能在水中水外自由往来？于是又在池中央筑一台，台上建亭，并命其亭曰"聚奎"；亭之北又修一桥通于路，并命其桥曰"步云"。

宋岳也是一位为汾州教育做出过重要贡献的官员。

宋岳在汾州教育史上所做的两件大事，一件是嘉靖四十五年（1566）创置了汾州学田，另一件是隆庆元年（1567）三月主持重建了汾州庙学。对于这两件有利于汾州教育的大事，孔天胤都写有碑记。

孔天胤《创置汾州学田记》记载，宋岳以汾州赎罪人之银购置私田百亩籍为学田，以出租学田之银作为教育资金，这是汾州教育史上从未有过的举措。孔天胤认为其意义极大。当时汾州学子共三百有余，而按例得食廪者只有三十人，因此贫困学子是大多数。因贫困而导致了各种丧节失礼之事，学子无法专心学习，学风也无法得到纠正。而有学田之后，学校的正常秩序得到维持，汾州学风得到纠正，学子怀感恩孝悌之心，民风也为之而化。宋参政"举一事而兼众善，推一心而统四端，仁矣"。

孔天胤《弘修汾州庙学记》记载，隆庆元年（1567）三月，宋岳有感于汾州庙学简陋破败，请于巡按御史，得到嘉允后，主持重建了汾州庙学，于当年九月完工。孔天胤认为，庙学之修与不修，其差别极大，"修则为敬为让，不修则为暴为悖；修则为人事之得，不修则其失也远矣"。而宋参政重修庙学，就是让庙学这样一种官方教育机构更具神圣性，使学子更深刻地领悟儒家修学之门径，这对于汾州的教育意义重大，影响深远。

孔天胤除了为汾州教育事件作记，还为其他府县关涉教育事件写碑记。于是经由他的记载，我们也看到了明代嘉隆万时期山西一些府县庙学修建的情况。

隆庆三年（1569），介休知县刘旁主持修建了介休庙学。孔天胤《介休县兴修庙学记》记载，知县刘旁初来介休，即看到介休县先师孔子庙及儒学虽未大坏，然亦渐渐颓圮，于是产生了修葺的念头。但因当时御敌修城事急，于是修庙学之事拖到了隆庆三年（1569）。修成之后，庙的殿庑、大门环墙，学生的堂舍门垣及尊经阁、坊表牌，皆转败为成、易腐为新。刘旁主持修庙学事也见于雍正《山西通志》："介休县儒学，在东南隅，旧在县治东……隆庆间知县刘旁、高钧先后增葺。"

万历三年（1575）秋，平阳府的浮山县庙学修成，时年已七十一岁的孔天胤写有《浮山县弘修庙学记》。记文称，浮山县文庙学官曾毁于地震，后来有过一些修复，但总体规制甚陋，明朝二百余年一直沿用。嘉靖十年（1531）在全国倡导修庙学、立敬一箴时，曾有过补建。但又历四十余年，东西斋皆颓圮，庑宇藏室俱坏，导致凡祭祀、宾宴、讲学、行礼，都藉草依壁，不蔽风雨。隆庆六年（1572），新任知县左桐议捐俸募工修复。民国《浮山县志》："左桐，直隶密云人，岁贡，万历二年（1574）知浮山县。创设明伦堂，振兴文教。"知县主持并捐俸禄，县丞、主簿等亦捐俸从之，再加上学官中的师生、县中士夫乡民一并出资，集众力而重修庙学。工程到万历二年（1574）春结束，"改建文庙五间，东西各七间；明伦堂五间，东西斋各五间。前建戟门五间，门前建棂星坊一座，中凿泮池"，一切都"秩秩其有条，翼翼其有礼也"。

同一年，灵石县庙学修成，孔天胤写有《灵石县重修庙学记》，今见于万历《灵石县志》。

（四）寺观祠庙

对神灵的信仰和祭祀，是中国古老的文化传承，也是民间战胜艰难困苦的精神源泉。正是基于这样的民间信仰和精神需要,中国古老的大地上出现了很多寺观祠庙,成为中国人民长久以来的精神寄托。这些寺观祠庙的作用,正如孔天胤所说,至少有两点作用,一是"与人为善",一是"表地之胜"(《修建石佛寺记》)。

"与人为善"是说,"人有善心即是佛性,情产障之,往往着迷矣。然敬礼佛像之心实未尝泯,故谕以声闻法像则易于启明,因其启明而遂通之,则可以见性。是寺之建,不有以与人之善乎?"(《重修天宁寺万佛阁记》)进寺庙,观佛像,听法声,人自然会受到启迪,从而明心见性,激发善根。

"表地之胜"是说,"地有秀岭、崇山、修渠、怪石、古木、长云、麦陇、桑田,然无幽人以托之、庙宇以经之,则无以包括众美,藻饰奇致"。一座寺庙可以将一个地方零散的景致予以统纳,集众美以成一景,因而也成为一个地标性的建筑。

据其文集,所记寺观祠庙建设有以下几处。

其一,汾州云林庵。嘉靖二十八年(1549)九月,丁忧期间的孔天胤为汾州云林庵作《云林庵记》一篇。云林庵重修的时间在几年以前,按孔天胤记载,"其经营在嘉靖二十三年(1544)秋七月,明年冬十月落成,后四年秋九月作记"。孔天胤记其事,既是为地方事件作记立史,也是在通过这样的文章,表达对于佛家境界的敬意及其行善化民行为的彰显。

孔天胤回顾了汾州云林庵修建之经过:

> 沙门释圆知,字大觉,道号云林,家世寿阳李氏,少从师学佛,入黄芦山,苦行精修若干年,得证正真之果。以嘉靖某年游锡汾阳,侨居羊市,即玄帝庙隙地构舍息焉。

"云林"是僧人大觉的道号,俗家寿阳人,学佛得道,游历汾阳,在汾阳玄帝庙附近的空地建舍居住。当时其在汾阳影响极大,不但汾阳宗藩应声而至,而且"郡中王侯贵公父老人等咸重信之"。正是因为其在汾阳"教应之广",而所居之地"枯宅之隘",所以"集众缘,总以善力,置本市东隅闲地一区,计若干亩,造云林庵"。云林庵的建构:"上建观音堂三间,傍(旁)

建小厦各三间，后以砖甃一洞室前有小圃，遂成一兰若焉。其地东接新城，楼雉郁纡，西迤人烟，喧填不入。南望平皋，光景超忽。北枕通衢，群动流衍。"云林庵建成，"里氏人孔氏之子，遵修师宪行愿皈依，一时居净理者，推厥师弟为道胜焉"。

孔天胤自己也常游历于此，"余杖履暇游，每至斯所，览厥玄况，未尝不爽然失区中之恋，寥然起霞外之惊"。寺中也常常讲经论道，对当地藩宗、王侯贵公有着重要的教化作用。

所以，这一方寺观，不但成为汾州一个景观，更成为汾州宗族、王公、百姓的一种精神寄托。富贵贫贱在此显得不重要，重要的是不同身份的人在这里获得了精神上的一致；现实中的不平等与诸多纷争，在这里也得到了某种程度上的化解。有了这样一种积聚善念的所在，再加上佛家因果报应的观念，确实使汾州一时"毒事不生，平怀并尽，风流清简，俗尚慈良"。

其二，汾州金龙四大王祠。金龙四大王的原型是一个人，名叫谢绪，南宋钱塘人士，因其行四，故称"四大王"。宋亡，谢绪四方奔走联络抗元，但因大势已去再难挽回，在金龙山（今浙江杭州安溪下溪湾）投苕溪自尽。人们崇敬他的气节，在溪北塑像立庙。最早金龙四大王信仰在江浙一带，后北移扩展到黄河流域。明代中晚期，山西、陕西陆续有了关于金龙四大王祠庙的记载。

据孔天胤《金龙四大王祠记》，"大王旧不祠于汾……江南之祠金龙也，或亦犹是也。而他所之亦祠之也，则自今始也"。今检山西地方志及明人文集，关于金龙四大王的记载多见于万历、崇祯年间。孔天胤记载，汾州金龙四大王祠起修于嘉靖三十二年（1553），修成于嘉靖三十三年（1554），记于嘉靖三十四年（1555）。这篇记文，保留了珍贵的历史资料，使山西始有金龙四大王祠的记载提前到了嘉靖三十四年（1555）。

其三，汾州石佛寺。检《山西通志》，可知山西诸多郡县皆有石佛寺。如雍正《山西通志》载，屯留县"石佛寺在县西北十八里余吾镇，唐贞观二年（628）建"；平遥县"石佛寺在县西北张村，唐大中元年（847）建"；宁乡县（今中阳县）"石佛寺在县西克胡村，元至正三年（1337）建"；沁源县"石佛寺在县东南，宋皇祐间建"；汾阳县"石佛寺在城东北四里米家庄，唐大顺二年（891）建，明嘉靖间修，孔天孕（胤）记"。由以上信息可知，各地石佛寺多建于唐、宋、元时期。

汾州石佛寺位于汾州城东北四里的米家庄，"其地背山面流，沟塍连络，庐井交疏，人烟之辏而风景之丛也"。此寺一直保存完好，但近岁为大水所没，仅存基址，所以邑人任敬等人筹谋修复。据孔天胤记，汾州重修石佛寺的工程始于嘉靖三十七年（1558），成于嘉靖三十九年（1560）。而经费一部分由任敬等人筹措，另一部分由门僧真澍、住持本僧等协助筹募。

对石佛寺的形制，孔天胤也做了细致的记载："先起正殿三楹""增建东西廊各三间，西廊塑西方大乐之景，东廊塑罗汉十王。又首塑释迦、文殊、普贤三像于正殿，俱文以金碧。又建伽蓝、土地堂二所，以至僧堂寮舍斋厨器用，俱焕然一新焉"。

其四，太原崇善寺。

崇善寺今位于太原市迎泽区狄梁公街，与文庙邻近。游览往拜者不绝如缕。孔天胤《重修崇善禅寺记》立于崇善寺后院一间僧舍前，无碑亭以覆，风吹日晒雨淋，一些字迹已残损脱落。此文未收入孔天胤文集，笔者于一个秋日正午，抚碑逐字抄录。碑首是"赐进士及第、通奉大夫、河南布政使司左布政、河汾山人孔天胤撰"，碑末落款是"嘉靖四十二年五月吉日立"。

崇善寺创建于唐，明洪武年间晋恭王朱棡对其进行了较大规模的扩建。孔天胤的碑记明确记载了崇善寺在明代嘉靖四十二年（1563）前的历次建修经过，这个经过是太原僧人智泽托其僧友兴旺向孔天胤转述的，碑记也是受智泽所请而写的。碑记开篇写道：

夫崇善寺者，乃全城第一丛林也。晋恭王开国之初肇建此寺，为洪武十有四年，至成化十六年重修。历岁既大祲，见颓敝，嘉靖三十三年，住持僧性能遵师了宥遗语，货所积衣，资办斋会，众为修葺，托因具启。

丛林，僧人聚居之处，即寺院，语出班固《西都赋》之"松柏仆，丛林摧"。明洪武十四年（1381）初建，成化十六年（1480）重修，已历时百年，而嘉靖二年（1523）距成化十六年又历四十余年，加上岁祲，其颓敝可知。

嘉靖三十三年（1554），住持性能遵从其师了宥法师的遗言，开始筹集资金。嘉靖三十四年（1555），在晋简王朱新㙉（1536~1575在位）的主持下，修葺事得以落实。本来是计划小规模修建，增加"佛像墙垣供器等件，僧置钟鼓碑亭六座"，但修缮过程中，发现大悲宝殿尚多缺漏，于是决定"具启通篹"，资金不足，再次大加募化，又得若干金。晋恭王还"令奉礼官员书录校役，督同寺僧兴理"，寺庙才得以完整修葺。在修葺过程中"掘地而获石碣"，还有意外发现。时人皆知崇善寺"原系古白马寺"，得石碣才知"复云延寿寺也"。于是在寺中立石题名，曰"白马存基，延寿故址"。但崇善寺原本也不叫崇善寺，而叫宗善寺，雍正《山西通志》

图14 太原崇善寺内《重修崇善禅寺记》碑，孔天胤撰，嘉靖四十二年（1563）立

记载："初名宗善寺，僧不能久居，堪舆家增山字，遂名崇善，土人名新寺。"但改名在何年，不得而知，只知在嘉靖四十二年（1563）孔天胤写碑记时，此寺已叫崇善寺了。

经过修葺，崇善寺焕然一新。募化所得资金修完崇善寺后还有节余，于是推其所余，将位于徐沟县南严村的普昭寺也一并修葺了。此次修葺崇善寺，开始于嘉靖三十四年（1555），以嘉靖三十九年（1560）告完，历时五年。

孔天胤在记文中对重修崇善寺的意义给予了极高评价。他说："太原襟四塞之要重，控五原之都邑，左有恒山之险，右有大河之固，南有石岭之关，北有云冈之塞，而雄藩剧镇列其中，高衙大蘖临其上。"山河巨丽，人烟繁盛，确宜"仿中天积翠之台，藏法苑大一之界"。如今寺庙修成，"珪组蝉联，车马云奏，凡岁时祝庆，水旱祈禳"，佛家祈福众生有了场所，而得道高僧"会坛玄讲"，加以"兰盆花醮，莲社香斋"，此处定是一派繁盛景象。有了崇善寺之大观,"岂惟壮山河之巨丽,宝于大方广法为有替焉"。

当然,无论是历代修建者还是为此寺新修作记的孔天胤都不会料到,八十余年后的清顺治三年(1646)春天,一场不明原因的大火,不但将巍峨豪华的晋王府化为灰烬,而且将崇善寺内的大部分建筑都一并焚毁,幸存下来的只有大悲殿及一些附属建筑。清光绪七年(1881),山西巡抚张之洞在崇善寺的废墟上建造了文庙,从此崇善寺一分为二,文庙占了大部分地方,而仅占原寺面积四十分之一的大悲殿就成为古白马寺、明崇善寺的代表。

孔天胤的这篇碑记,就成为明嘉靖年间崇善寺重修始末的一份珍贵史料。雍正《山西通志》在记载崇善寺历史时,也提到了孔天胤的这篇记文,称"崇善寺,在城东南隅,旧名白马寺,后掘地得石碣,复改名延寿……嘉靖三十九年(1560)重修,题曰'白马存延寿故址',孔天孕(胤)记"。

其五,汾州灵岩寺。汾州灵岩寺今存于汾阳市杏花村镇小相村的西北隅,名护国灵岩寺。据康熙《汾阳县志》:"灵岩寺,在城东北二十五里小相西,隋唐历代修饰,宏丽壮观,后建石塔,方伯孔天胤为《寺增修记略》。"这里所说的《寺增修记略》一名《灵岩寺增修记》[①]。孔天胤记中未写灵岩寺增修的时间,但据"落成时鸿胪李西岩氏亦施饰金像"可知推大概。李廷儒于隆庆元年(1567)去世,可知此寺增修在此之前。

据孔天胤记,灵岩寺隋唐时已存,"自隋唐以来莫之或衰,修葺代有人也,近数十年稍稍残阙",郡人任廷佐等舍财增修,"增修长廊若干间,又于大雄殿前增建多宝佛塔七级"。

其六,汾州天宁寺万佛阁。关于天宁寺万佛阁的修建,孔天胤记事甚详。

雍正《山西通志》之"古迹·汾阳县"记其在"爱子村北三十五里"。寺中有东汉介休名士郭有道的旧宅,"有道先生尝设教于汾天宁寺,即其地"。嘉靖四十五年(1566),在左参政宋岳的主持下,汾州天宁寺万佛阁修成,孔天胤作《重修天宁寺万佛阁记》。

---

① [明]孔天胤:《灵岩寺增修记》,《孔文谷文集》未收录,见康熙《汾阳县志》卷二之"寺观"。

孔天胤碑记中述天宁寺之历史，称"其寺莫稽所起"，大约是在隋唐之间。唐宋时该寺俱名太子院，到明朝才改为天宁寺。唐代曾有名僧道一禅师居住其中，宋代曾有善昭禅师住持该寺。善昭是中国禅宗四十三代祖临济派六祖，因而天宁寺也成为北宋中国禅学临济派的重要祖庭地。在善昭主持期间，天宁寺曾经有过一段不寻常的辉煌，"参学之徒雾拥云集，有六大士听法而来"。而且当时还流传着一则佛偈，说"胡僧金锡光，为法到汾阳。六人成大器，劝请为敷扬"。一时间，"地以人胜，故称汾阳门下、西河师子，而寺益以彰也"。明朝建国已历二百年，其间虽累有修葺，但都规模不大。直到嘉靖四十三年（1564），才有居民募化工资，悉心兴理，将广殿、长廊、门墙等易朽为新，焕然改观。更为别致的是，将寺后的万佛阁另设为一园。

孔天胤很喜欢这个园子。他感觉，"踏阁遐观，世界寥廓；凭栏俯眺，山水苍茫。虽处寰中，实居尘外"，于是给这园子取名为"天香玉宇"。万佛阁及其园修成时，已是嘉靖四十五年（1566）秋天。孔天胤陪同分守左参政宋岳来到天宁寺，登临万佛阁。宋岳对其连声称善，即兴题写了"太虚胜览"四字，令制匾悬于阁上，"又集黄华老人书为五言、七言各一绝以纪其游"。这里就又引出了一则关于黄华老人的佳话。

黄华老人本名王庭筠（1151~1202），字子端，号黄华山主、黄华老人、黄华老子，别号雪溪，辽东（今辽宁营口市熊岳镇）人，祖籍山西祁县。金大定十六年（1176）进士，历官州县，仕至翰林修纂。文学家，书画家，还是大书法家米芾的外甥。其父王遵古于大定十三年（1173）任汾州观察判官，王庭筠省亲至汾①，写下了四首诗。民国王堉昌《汾阳县金石类编》中收录其诗。

四首诗以行草刻于汾州学宫，此后成为汾州书法和诗文爱好者的宝典。曾任山西左布政使的温州人赵廷松，也曾在汾阳欣赏该帖，并写有《跋黄华老人帖》②一篇，称其为"名笔也"，"锋神尽出晋法，而大书朗拔，近代所无。

---

① 据王堉昌《汾阳县金石类编》中孔天胤《重刻金黄华老人诗碣》碑后注文。
② ［明］赵廷松：《跋黄华老人帖》，《赵廷松集》卷十二，线装书局，2009年，第460页。

鲜伯机庶几焉，有宋四家下矣"。鲜伯机，指元代著名书法家鲜于枢；宋四家，北宋时期四位书法家苏轼、黄庭坚、米芾和蔡襄。赵廷松认为黄华老人的书法近代无人能及，鲜于枢有些近似，宋代四大家则要差多了。

也正因为如此，宋岳对黄华老人帖中的四首诗极为喜爱，在万佛阁兴之所至，即兴集其中字句为五言、七言各一首。不仅如此，宋岳看到刻于汾阳学宫的黄华老人帖"岁久石泐，字画漫漶"，还命人重新"垄石四面"，模勒刻石，"仍增置一亭贮之"。此事孔天胤有记，诗帖及孔天胤记今见于汾阳市博物馆墙壁上。

图15　孔天胤《重刻黄华老人诗碣》（局部），今存汾阳市博物馆

更有意味的是，六年后的七月七日，孔天胤自己也命工翻刻了黄华老人书法碑二块，立于自家的文苑清居。王堉昌《汾阳县金石类编》云：

> 孔天胤摹刻四石，篆有"隆庆三年（1569）己巳七月七日模勒于文苑清居，石凡四面，山人文谷子志"二行，字径四分，原在汾阳县文庙，今因冯军驻庙，已湮没矣。

可惜的是，孔天胤原立于文苑清居的黄华老人诗碑，民国时就已湮没。

孔天胤在天宁寺万佛阁碑记中,说到自己平生所见:"余宦游海内,辙迹几半,见空林古刹得留名称胜于天下后世者,未尝不有高僧住持、名公题咏而能著现之若此者。"所以一方面,宋岳之题字、题诗,会增加天宁寺之知名度;另一方面,知名度高了的天宁寺,也"尚冀其师有如道一、善昭者主盟其中",再创"汾阳门下""西河师子"的辉煌。

宋岳还令一起来的汾州乡绅们每人写诗一首。孔天胤写的是《奉和承山相公九日登临太虚胜览楼,宴更移席禅堂,悠然有作》,诗中有对宋岳治汾的歌颂,"召公分陕文轩莅,汉使横汾画舫移",更多是对于汾州未来风调雨顺、国泰民安的祝愿,"年华奄冉谁能忍,世界清平此共知"。

孔天胤为天宁寺万佛阁写碑记一事,《山西通志》与《汾阳县志》俱载。雍正《山西通志》"寺观"之汾阳县:"天宁寺在东郭西北隅,相传郭林宗故宅……内有万佛楼,参政宋岳重修,郡人王缉书,孔天孕(胤)记。"康熙《汾阳县志》"寺观":"万佛楼雄伟凌云,参政宋公岳重修,扁(匾)题'太虚胜览',侍郎王缉书,方伯孔天允(胤)为记。"由此两则记载可知,万佛阁为宋岳主持重修。

孔天胤《重修天宁寺万佛阁记》碑民国时仍存,王垿昌《汾阳县金石类编》中即收录此文,碑文后有记,称"碑高五尺许,宽二尺四寸,行各三十九字,径六分半,正书,无题额。今在汾阳县东关天宁寺后院"。碑记文末落款为"嘉靖四十五年(1566)春三月上日,退默愿侗、怀玄履素、玉溇樵隐、金庭羽客、前河南左布政孔天胤撰"。王垿昌注:"玉溇樵隐、金庭羽客,皆孔自号也。"这么长且分四组的自号,在孔天胤迄今所见的文字资料中,是仅见的一次,皆为隐者之别称,也可见其退归自隐之意。

汾州天宁寺毁于"文革"期间,当时被汾阳五金厂占为厂区,遗址上建起了网架队。

其六,汾州玄帝阁。孔天胤《玄天上帝阁记》记载,玄帝阁是隆庆三年(1569)汾州知州宁策在将城墙增高到四丈八尺之后,"建阁城之高顶",并"令道士某募资为铜范,帖金圣像一尊安奉于阁,仍以其余资作钟、鼓二亭"。万历《汾州府志》记汾州共有玄帝庙四座,"一在东郭新巷,少参王文翰为记;一在北城门上,方伯孔天胤为记;一在西郭庆云寺后,侍郎王缉创修;一在东郭东北，太仆卿张更化创建"。故孔天胤所记之玄天上帝阁是北城门之阁，其文中也有"治城北堧旧有一祠奉神"之句。今写有王文翰、王缉、张更化碑记的原碑俱失，三人文集也俱失传，山西、汾州、汾阳的志书中对三人碑记也未收录，因此孔天胤的这篇记文，就成为明代隆庆年间汾州玄帝庙（阁）重修的唯一文字资料。

玄帝为何方神圣？孔天胤《玄天上帝阁记》记载：

> 玄天上帝之神，司元化于北方。其仪披发挟剑。发，法也，犹言万法；剑，检也，以防检非常。即其严威，有解厄诛邪之象焉。

元化，即造化、天地。汾州祀玄帝，其形"披发挟剑"，其寓意，是万法之严、防检之密，解厄诛邪。而玄帝脚下"践龟蛇"，孔天胤释其寓意，"龟者甲兵，蛇者战阵，合而为旗，有捍难御患之象焉"。综合起来，这种造型所表达的，是人们对天神的一种敬畏和祈求保护的心理。而祀玄帝的历史，孔天胤还做了一番考证："考之《太和山志》，实为历代所崇，本朝列圣崇礼益尊已，以故邦域之中，多厥祠祀。"然汾州城北的玄帝庙渐颓圮失修，隆庆三年（1569）汾州知州宁策修缮加固汾州城后，一并重建了玄帝阁。

其七，汾州龙天庙。据孔天胤《龙天庙重修记》，龙天庙是在万历元年（1573），汾州城新甓之后，集民间力量修成。此庙是汾州百姓求雨祈佑之所，正如孔天胤所说：

> 龙天，龙星也，盖主乎农；或曰龙田，云牛马之神，以主乎牧。里中人重农牧，故崇此三灵，祈年于斯，报成于斯。协气布而风雨时，嘉生殖而艺畜繁，神之休、民之赖也。

因为它与百姓的农牧有极大的关系，因而受到民间的崇祀。汾州龙天庙在城西二十里许的安睦庄开原里，两翼有牛王、马王神祠，不知建于何时，只知在明弘治九年（1496）、嘉靖十年（1531）曾重修过。孔天胤记载，龙天庙据汾州地理、人文之形胜，东邻卜山石室，子夏退老之地；南屏绵山，晋文公所封；西连驺虞岭①，原公之水源出之处；北跨龙桥，金宫石乳藏其中。然因寇乱相仍，渐见颓圮。主修者为一位信佛的居士曹大珮及其子曹禄，他们首倡出钱，仗义兴修，里中人同心响应，众缘并力，仅数月而修成。"庙貌为之一新，又添设钟鼓各一以享神也"。

其八，汾州三官祠。据孔天胤《弘修三官祠记》，三官祠在汾州西郭的正西道口，初建于正德十年（1515），正德十一年（1516）完工。那是在孔天胤童年时代，十一二岁的时候。三官庙供奉的是道教的"三官四圣"，三官即天官、地官和水官，相传天官赐福，地官赦罪，水官解厄；四圣即天蓬元帅、天猷副元帅、真武将军、黑煞将军。修建者对三官四圣"皆作金像，郭人虔奉，相率为善，且资凭灵镇保障一方"。百姓之所以倚重此庙，是因为他们认为，"隆庆元年（1567）大虏入寇，近城村堡多罹其害，独此中秋毫无犯，神之佑也"。于是到万历二年（1574）春，"乡耆石廷佑等议弘修之，一以报神之休，一以增严保障"。完工于十月十五，立石于万历三年（1575）三月一日。

工成之后，"其祠增美于昔，其势壮观于今矣"。而重修三官祠的意义，除了祈求护佑，还有更重要的守备意义。孔天胤认为：

> 寇乱之后，有司大议增②缮，东南北三郭俱筑有关城，惟西郭地狭民少，力不能筑城。且地之形，北临断道，西南通一斜巷，正南二百余步皆居民园屋大墙，东则密距大城，惟是西向一路车马通行。今有高台神祠雄据其上，其瓮圈既固且深，真有一夫守之万骑傍徨而不敢入之势，则关城可以无筑，亦用力少而成功多也。

---

① ［清］顾祖禹《读史方舆纪要》："府西北三十里有白彪山，其山石壁巉岩，峰峦耸秀，林木丛茂，泉流飞涌，洞壑层启，村墟联附，为州之胜。相传昔有驺虞见此，亦名驺虞山。"
② 原文此字缺，据文意补。录目王堉昌《汾阳县金石类编》，山西古籍出版社，2000年，第494页。

修三官祠而使汾州可以不筑西关，其意义确实很大。

据王堉昌《汾阳县金石类编》，此碑民国年间仍存于汾阳县西郭庆云寺。碑高四尺三寸，宽二尺二寸，额篆"弘修三宫祠记"两行六字。

据康熙《汾阳县志》，孔天胤还为寿圣寺写过碑记，康熙年间已佚。康熙《汾阳县志》卷三："寿圣寺，在城东北四十里冀村镇，不知何年建，明万历四年（1576）修，孔天胤撰碑记。"后有小字"文不载"。此文同样未见于孔天胤文集。

第六章　哲学思想

一、为政观：君子视天下为一身

从嘉靖十一年（1532）到嘉靖三十三年（1554），孔天胤为官共计二十二年。作为一名饱读圣贤书的士人，孔天胤不仅"在其位而谋其政"，而且一直都在思考着为官之道，以及士君子修身立德的标准。他所确立的标杆，是"古之名臣"：

> 夫古之名臣，禀纯硕之德，摅乂亮之才，应鸿昌之运，册桓赫之勋。出则赋政于外，经营四方；入则赞美元枢，珪黻岩廊之上。誉烈炳乎日月，功流洽乎河海。如《诗》《书》所称周、召、仲山、尹甫之明，尚矣！（《赠中丞印台傅公进少司空还朝序》）

他心目中的文官，是"儒官"；心目中的武将，是"儒将"。"儒"，也即"士"，以儒家之道行文武职能的士君子。"儒官"形象，可以用他在嘉靖三十五年（1556）为汾州训导杨光先（号前源，北直鸡泽人）所写的《青毡独坐图》中的阐述来表述。青毡，青色的毛毯，渐成贫苦生活、安贫乐道的代称，而于官员则多是清正廉洁的象征。孔天胤说，"善喻者取一毡以表之，虽不言清，而其清自不可掩"。然此物虽示贫苦却亦寓珍贵，物质的贫困、精神的富足、情操的坚守，皆集于一方青毡。所以，其意义就如孔天胤所说，"夫青毡者，以表儒官之清也"。儒家知识分子有着精神上的富足，"抱道自娱，不竞利达，不鄙穷约，饮水甘于列鼎，缊袍华于佩玉"，对于物质的要求则极低。一块青毡而已。这块青毡，是儒家知识人的寄身之所，也是精神出发的地方，"一毡之内，万物不能干其志；一毡之外，四海无以喻其宽"。

孔天胤认为，为官者首先要有一颗"仁人心"。什么是"仁人心"？就是视天下为一身之心：

> 君子有是心也，之于天下也犹一身也。身有痛痒则恻然知之，而按之摩之，平复而后已焉；有委瘅焉则谓之不仁，何也？徒有是心而不知之也，斯亦废人焉而已矣。然居官理人，视民之休戚、物之通塞，漠然无所动于心，即有动焉，而不为之所，其为废矣不甚哉？（《徐沟县修复三渠记》）

士君子之于天下，就好像对自己的身体一样。身体痛痒难忍，就会按摩使之平复；但对积劳而形成的疲弊，却往往浑然不知。官员理政，往往如后者，对一些久积的民生疲弊不加察觉，有时候察觉了也不会主动去做，所以导致了政事的废弛。

孔天胤对于士君子行政理想的具体的论述，多见于其为同僚所写的赠言中。以下分类来叙述。

（一）忌"积烦""积玩"

嘉靖二十一年（1542）五月，河南右布政使任惟贤升陕西左布政使，受左布政使张瓉所托，孔天胤写《赠玉台任公上陕西布政左使序》一文以作送别。在这篇赠别文中，孔天胤论述的，一是为政如何才能"不烦"，二是如何改变"民病""兵疲"的现状。

孔天胤回顾了自己初仕陕西期间所见的为政之"烦"："曩余佥事西司间，一来则见受事者纷纷屈膝门外，吏人抱简而集阶次，大方伯（左布政使）处分或不暇退食。当是时，固心厌藩司之烦如是。"初仕时所见吏政之烦，令人生畏。而如今河南的情况，却又"不烦"："今余和家得参议政事，揽清明之化，则又不烦。""不烦"的原因，就是河南两位布政使治理有方。

为政如何才能"不烦"？第一在于为政者有"德"。德之根本，则在于三点：公、顺、敬简。公即公平、公正，顺即顺时、顺民意，敬简，即孔子弟子冉雍所说的"居敬而行简"（《论语·雍也》）。对于公、顺、敬简三者的关系，孔天胤认为："公故能同，顺故能应，敬简故能贞，此三者，德之所以盛也。"第二在于为政者知"易"。孔天胤引用《周易》典故，说"孔子赞《易》，黄帝、尧、舜垂衣裳而治天下，盖言乎其至易也"。"易"的根本，则在于变通。知乾坤之道、通天地之理并懂得变通，自然会为政公顺、居敬行简，而繁杂的吏治也就变得条理了。

任惟贤即将赴任陕西任左布政使，孔天胤简述了当时陕西的情况。当时，"关中民病矣，武备又不振，盖官多政急，食少兵疲"。为什么会这样呢？孔天胤指出其根本原因，一是"积烦"，二是"积玩"。

"民病"在于"积烦"："夫政有体差，税诚不足以病民，其病民者以积烦"。陕西省大官多，"一总制、四巡抚、三巡按以临有司"，然"有司之政常急"且"不知简要"，"日夜徒驱扰百姓以供事，百姓劳苦而不得息"，自然会劳民积烦。"食少"，民自然"病"矣。

"兵疲"在于"积玩"："夫国家命将守边武备，宜日日振，其不振者，以积玩"。孔天胤指出了当时由于奖罚不明，导致将帅只顾自保、将士决意不战的情况：

> 今匈奴杀掠其民，人主帅无论，或战而折伤，即论不备，虽有斩获，仅自赎而已。故将帅皆喜规避，务保全，奸人拾虏弃遗，侦杀其归虏，中者献俘，制臣辄奏捷乞赏，边人尽笑之，将士遂决意不战矣。且居无积仓，行无裹粮，虽廉颇、李牧在，今能为之战？此赏罚之不明，而劝惩之无实，如之何其不积玩也？

将帅只求自保，不能击杀侵略者，反而杀戮归降者以充军功，军中又粮草不足、赏罚不明，士兵如何愿战？即使如今有廉颇、李牧这样的名将，对这种情况也会无可奈何。所以，问题的根本不在于将帅，而在于当政者。

所以，孔天胤赠言任惟贤，相信他能够"推而达之"，将治理河南之经验移用于陕西。去"民病"，"悉除去烦苛，与民休息"；养军威，移书塞上，晓谕镇守抚巡官员，"鼓舞士气，强本足用，蓄养军威"，"毋邀近利，毋取虚名，毋怵祸患"；明奖惩，"请朝廷破条格以广威惠，解文墨以待俊豪"，如此,"三军其无起乎?"这里连具体的措施都指出来了。

(二)边境省份:必得善治之人治之

嘉靖二十二年(1543)秋,浙江按察使卢蕙调任广东右布政使,孔天胤作《叙浙江按察使抑斋卢公晋广东布政右使》,赠文中谈到了对边境省份治理问题的思考。

孔天胤分析了广东当时的情况。地形上"负山抱海,外控交桂,内巩荆吴,闽越岛夷,匪居海中,重译通道";多物产,"濒海多犀象、毒冒、珠玑、翠羽、银铜、果布之凑,号为沃饶"。正因为如此,商贾往往挟取珍货相贸易,因地势险要,贼寇劫掠,商贾间竞利贼杀,素称难治。此地必得善治之人治之,"牧方得人,则边境安宁;或不得人,则往往多事"。

而对于治理此地,他提出的治理方案是:"怀抚震叠,劝导之以礼教,束缚之以刑罚,息其纮纺,而盆缩剂量,使吏奉其职,民安其业,鸟兽革面,梯航遵轨。"孔天胤认为,卢蕙以前任广东参议及浙江按察副使、左参政、按察使期间,"皆廉正不苟,仁义并用。贪戾敛手,氓庶安席,群吏顺令向风,士大夫服德慕谊",此次升职广东右布政使,人人皆谓"重镇得人"。

(三)流亡者汇聚之地:"因其势而理之"

嘉靖二十三年(1544)五月,欧阳必进升郧阳巡抚,孔天胤写了《送大中丞约庵欧阳公抚治郧阳序》,表达了对流亡者汇聚之地治理问题的思考。

对于欧阳必进将去之郧阳,孔天胤分析其地理位置,"郧阳咽喉楚蜀,襟带汉宛,形势扼塞",而当地山林川泽富饶,所以其民多懒惰而少积蓄。但是这地方,因为富饶,所以其他地方的流亡者往往会汇集其地,奸宄易萌,非有大德大能者难以治理。

孔天胤所言非虚,历史上的郧阳是中国第一个特区,其辖地包括了现在的陕西、河南、湖北及重庆部分区域,由时任副都御史的山西人原杰

（1417~1477，字子英，阳城人）①倡议成立。明代中期，郧阳山区流民聚集，暴乱频发，明朝廷曾两度派兵镇压，屠戮无数，但为生存而聚集于此的流民去而复聚，朝廷一直苦无良策。后来朝廷重臣力主招抚，推荐原杰前去。原杰到任后深入郧阳山区走访调查，为民请命，奏请朝廷在郧县设立郧阳府、郧阳抚台，开创了郧阳地区的安定时代。

到欧阳必进去任职的时代，郧阳已经有了较为安定的局面，但依然存在流民难治的问题。孔天胤认为，"夫民一也，编户之民易治，而流徙之民难为"，而"善治者，因其势而理之"。欧阳必进就是这样的人选，一定不会辜负朝廷的期望。

欧阳必进在郧阳时的治理情况，史料较少，仅可见者是其曾发明了人力耕地机。然而欧阳必进的另一身份是权臣严嵩的妻舅，虽官居高位，但受严嵩牵连，时人对其多贬抑之词。

（四）君子为政，本乎"道义"

浙江按察使柯相升任河南右布政使，孔天胤在赠序中阐述了"道义"对于官员的重要性。柯相，直隶池州府贵池（位于今安徽池州市）人，因其家在狮山下，且"铁面洪声，魁梧挺拔，貌亦似之"，遂号狮山②。

孔天胤认为，为官本乎"道义"，以此一以贯之，无论身任何职，都能建功立业，澄清吏治，使百姓安居乐业。

孔天胤阐述了君子本乎"道义"的根本原则：

> 予观古之君子，建功业于天下，流光明于后世，未尝不本之道义，行之刚大。而明君简贤以自辅，俾又以弘化，亦未尝不斯人求之。

---

① 原杰生平见《明史·原杰传》及［明］商辂《南京兵部尚书、赠太子少保原襄敏公墓碑》。

② ［明］丁绍轼：《都御史柯先生文集序》，《丁文远集》卷七。

而柯相正是这样的"道义"君子,"明允而笃诚,刚大而直方",在以前的各任上,"慨然以天下为任""封驳建论,侃侃闾闾,不畏不挠""所在道行义立,黎民允怀,豪御慑服",必是朝廷所求之人。

孔天胤分析当时河南的情况,"河藩居天下之中,处河山之会,宗党磐殖,供馈日繁,百姓困于征使,吏不能恤;萑苇多盗,奸人犯法,吏不能捕;频岁备胡河北,民又怵于兵,吏不能为。以故地称雄巨,而政事多于他省",所以需要的是柯相依旧本乎"道义",化裁得法。

(五)刑狱:重在化裁

这一思想在写给浙江按察使李清和林云同的赠别序文有所体现。按察使,全称为"提刑按察使",是一省主管刑狱的官员。

孔天胤记载,李清"议事以制为度,约法以省为章,故小大之狱,必当其情,吏民之感,攸归于德,遂令苛冗销氛,奸讹息响",不到半年时间,"几于刑措"。刑措,指量刑法而不用。由此可见李清断狱之神,孔天胤赞其"揽辔则江海俱澄,按节则风雷并益"(《赠观察使南桥李公陟蜀藩右辖序》),官员的威惠对于刑狱治理至关重要。

而在给林云同的赠别序文中,孔天胤更为集中地阐述了刑罚的原则及其与教化的关系。

他说,古代"尚德而不尚刑""故唐虞之世,画象而化",以画出刑罚的方式警示百姓。《尚书·吕刑》是一篇阐述刑法的文献,但其所讲的量刑原则,是"务在棐彝",即辅成教化,轻刑罚之用而重教化之实。但后世多不明此理,故刑罚多而重,孔天胤认为,"以刑服民,宪失其本矣"。刑罚越重,民心越乱,"陷溺之民,闵不畏死,故以死惧之,犯法滋甚"。这与孔子所说的"道之以政,齐之以刑,民免而无耻;道之以德,齐之以礼,有耻且格"(《论语·为政》)是同样的道理。所以,"治体好尚,风化影随,岂有追驱",应以"表正"为主。表正,则天理明,人心正。

而林云同这样"禀明允刚正之姿,述唐虞三代之德,道以中庸为依,学以广微为致"之人,无论"敷教浙中"还是"饬兵颍上",皆能"光昭文武,允宪兼资""敷教广服""克终政教,宪化覃流",所以必能"象大《易》风雷之益,取四序春秋之理,推孔孟救世之心,显圣王垂宪之意",其道大行。

(六)"政教为一"

嘉靖二十四年(1545),钱塘教谕张鸣鹤升容城知县,来向孔天胤请教治理之道,孔天胤明确提出了"政教为一"的吏治策略:"文谷子曰,夫政教一而已矣。"(《赠钱塘学谕张鸣鹤升容城知县序》)

而"政教合一"的原则,一是"责己",二是"体物"。所谓"责己",就是"见士之善者若己有之,见不善者若己失之";所谓"体物",就是"夫政出诸心者也,心无窒碍,然后能通乎物,通乎物然后能体物,体物斯可以言政焉"。在此基础上,孔天胤又提出为政八条,即广大、精明、敬简、强敏、不偏执、不徇物、不泥故、不惑纲领,因为"广大可以兼容,精明可以普照,敬简可以弘驭,强敏可以广业,执我见者偏,徇他物者暗,泥陈故者迂,惑纲领者乱"。这八条,就是"政之得失之所出也,民之利病休戚之所关也"。孔天胤希望,张鸣鹤能够研习其中之理,理通,则足以为治。

这种"政教为一"的观点,在嘉靖三十七年(1558)被褚相写入德政碑中,有着更为深入的阐述。

褚相(号元泉)是孔天胤嘉靖二十五年(1546)浙江提学任上所取举人,嘉靖三十五年(1556)任霍州知州。在任上,"申除徐沟、蒲县等处助差银,审定轮编夫役,岁省郡赀数百。创建霍山正学书院,集庠彦肄业其中,朔望亲诣讲学,寒暑无辍"(雍正《山西通志》)。此外重修州署大衙,兴建唐尧古祠,并亲自主持编修第一版《霍州志》。据孔天胤《郡守褚君生祠记》,当是时,褚相任霍州知州三年而政成,而"三载考绩",即将离开霍州,"吏民兢兢翼翼,惧其擢且去也",于是"名其所葺之桥曰'元泉桥'",并建生祠于桥北。

孔天胤另作有《赠霍州守元泉褚君受抚台旌奖序》,总结褚相守霍和别人不同的地方有四点。其他人守霍,"谓其地之陋也而薄之,谓其民之敝也而疾之,谓其士之侗也而弃之,谓其宗之强也而谀之",薄地,疾民,弃士,谀强宗,这四者之弊,所以其政三年也难成。褚相则不同,他是"于其陋者而安之,于其敝者而植之,于其侗者而开之,于其强者而正之",奠民居以使陋者安,厚民生以使敝者立,广学校以使愚者开,肃仪容以使强者正。这种治理方法,一年而政理,两年而政行,三年而政成,并且"怀惠者日以亲也,畏威者日以敬也"。孔天胤认为,文学与理政,二者在褚相身上得到了完美统一。褚相这位江浙才子,夙以文学著闻两浙,如今治郡理政竟也如此出色。文学与政事,二者是可以得到良好的融合的,换言之,就是"有大涵养者必有大设施,有大学术者必有大事功也"。这是用来评价褚相的,却也是孔天胤一贯主张的文人为政的理念。

在为褚相生祠所作的碑记中,孔天胤更多探讨的,是官员"政"与"教"的关系,是民对官"爱"与"畏"的关系:

孟子有言曰:"善政不如善教之得民也。"善政,民畏之;善教,民爱之。夫政教皆治,畏爱一民之心。然谓教大于政,畏浅于爱,岂其道有殊二?盖自尚气用智,言政而不及教者言之尔。若圣人以不忍人之心,行不忍人之政,而仁履天下矣,孰政非教,孰教非政哉?孰畏非爱,孰爱非畏哉?(《郡守褚君生祠记》)

以仁心治政,则政、教俱为一体,政即是教,教即是政;而民之态度,畏、爱亦为一体,畏即是爱,爱即是畏。

(七)官员德政的核心:"廉平宽厚"

孔天胤对官员"德"的思考,集中体现在他给浙江右布政使娄志德所写的赠别序文中。

为政是否有德,从吏民百姓的反应中就可以看出。娄志德将行,"浙之吏民、耆老、缙绅、先生之徒,皆相与祖饯都亭""仁风四流,义气群翕。绸缪填委,倾听骇观""依依终朝,益不忍别"。当时欧阳必进对孔天胤说:"人情之于官也,迎之不若送之之为真也,畏之不若爱之之为至也,然而可以观德焉已。"如今娄公将行，送者塞途，若非其盛德光辉，又如何能让吏民百姓情深如此？

而娄志德其人，"天资敦厚，德性廉谨，忠信而爱人，易简而不苟"，虽身历多职，其德政一以贯之，德政的核心则是"廉平宽厚"。孔天胤称，娄志德任赵州知州时，"以廉平宽厚为治，赵人以和"；在督理甘肃粮饷时，"廉平以处钱谷，宽厚以与军士，而边用足，边人和焉"；在杭州府知府任上，"一以廉平宽厚为治，杭人一以和为，作《青天》之歌"；在福建运监都转运使任上，"既以廉平宽厚为治，而又厘察痼弊，疏通常法，品式精明，综理详密，商民和之"，升浙江布政右参议，"商民怀思，为作《惠我》之歌"；在浙江右布政使任上，"一以廉平宽厚相佐治"，"由是吏奉其职，民悉乐终其惠"（《送勿斋娄公赴福建布政左使序》）。

"廉平宽厚"是孔天胤所赞扬和倡导的为政理念，而由此文也可见出其以民生为上、以百姓反应作为官员评价标准的观点。

（八）"行""知""信""行"及"守常"之道

由"德政"出发，孔天胤又思考官员作为儒家士君子"行""知""信""行"的问题。对这一问题的思考，集中体现在为浙江按察司佥事艾希淳所写的赠别序文中。

嘉靖二十三年（1544）岁末前后，浙江按察司佥事艾希淳升任河南布政司右参议，孔天胤写《赠居麓艾公入觐拜河南布政右参议序》以贺。

孔天胤记艾希淳居浙三年，"用法廉正，用威惠均，又明习吏治而达于民隐，吏以是畏之，民以是怀之，彬彬然执亮君子矣"。君子信而见用，是为政的理想状态：

夫君子修德勉善，孳孳闵闵，昼日以学，蚤夜以思，惟恐不及。及其得也，惟恐不行；及其行也，惟恐不知；及其知也，惟恐不信；及其信也，惟恐不用。盖信而不用，犹不见信也；知而不信，犹不见知也；行而不知，犹不能行也；得而不行，犹不能得也。

所以，士君子的理想状态，就是能得而见行，行而见知，知而见信，信而见用。"是故君子疾没世而名不称，忧终身而道不达"。孔天胤认为，艾希淳如今以其贤其能得以大用，正是信而见用的结果，"夫观于用，可以知吾之见信焉；观于知，可以知吾之能行焉"。

但是许多时候，"信"却未必能见用，这种时候，就非常需要懂得"守常"之道。这个道理，孔天胤是在送浙江参政刘佐升云南按察使时所写的《送前溪先生刘公赴云南按察使序》中阐述的。

孔天胤序文中称，刘佐仕途偃蹇，从中进士到升任按察使经历了三十年。正因为如此，孔天胤在此文中阐述了"君子守常"之道。孔天胤引西周宣王时大臣伯阳父"知常曰明，不知常妄作凶"（此语也见于《老子》）之语，认为宦路崎岖，士无怨尤；即使沉于下潦，也要守君子之常。"自旁观者视之，则有淹驶，有崇卑，有显默，然以概君子之常，则逊于其遇而已矣"。

一个懂得守常之道的人，"耕莘钓渭不为迟屈，阿衡鹰扬不为显伸"。这里暗含着几个典故。耕莘，说的是伊尹，未遇汤时曾耕于莘野；钓渭，说的是姜太公，未遇周文王时曾垂钓于渭水；阿衡、鹰扬，皆显达者，《诗经·商颂·长发》："实维阿衡，实左右商王。"《诗经·大雅·大明》："维师尚父，时维鹰扬。"能"守常"，则无论尊显卑隐，无论身在何处，皆能从容自得，所以"古之圣人可用可舍，可久可速，可盈可虚，可消可息，而吾无怨尤于其间者，常之至也"。刘佐涵养深厚，孔天胤称其"后生读五车书，涵养十年"，获此升职机会是其贤且久，长期经营的结果，这就是"守常"。

（九）《易》之"贞固"与"变通"

孔天胤非常注重学问与为政的关系。他认为，所有的经学都不是语言文字之学，而是致用之学，即所谓"明经致用"。这种思想，在他对曾掌教湖州的宋代理学先驱胡瑗的致敬之诗中即有体现，而在写给黄光昇的《赠葵峰黄先生晋浙藩少参序》中，阐述得更为明确。

黄光昇长于《周易》，孔天胤认为黄光昇对于《周易》有独到的见解，非墨守成规之人："葵峰子之谈《易》也，比于今所传章句为有发挥，守墨之士所不得而喻也。"而黄光昇在浙江政绩卓著，亦源于对《易》的精到见解和应用。黄光昇所运用的《周易》中两个最重要的精神理念，一是"贞固"，二是"变通"。

关于"贞固"，《周易·乾·文言》说："君子体仁足以长人，嘉会足以合礼，利物足以和义，贞固足以干事。"所谓"贞固"，即守持正道，坚定不移。孔天胤认为，圣人之贞固，表现在"其德寂然不动，感而遂通天下"，所以"终日乾乾，不息于诚"。

关于"变通"，《周易·系辞下》说："穷则变，变则通，通则久。"孔天胤曾在廷试策论中，以饱满的情绪论述了他的"权变"观。孔天胤认为，黄光昇是能够将《周易》的这种"权变"理念运用于为政中的，"葵峰子之为政也，亦一本之心极，而能体时而率物，因地而施理，遏恶而扬善，损过而就中"。

正因为黄光昇能够将这两种根本理念用于行政，且"贞固之干，持以不摇；变通之宜，行以不倦"，所以他才会颇有善政。

据《明史》《明世宗实录》等，黄光昇在浙江任内，修筑海塘，治湖蓄水，疏浚山阴、会稽、萧山、诸暨四县水利工程，倡教兴学。在刑部尚书任内还参与审理了"杨选、严世蕃、海瑞三狱""委曲平停，得从宽减"。审理严世藩狱是在嘉靖四十四年（1565），黄光昇等人查明了严世蕃、罗龙文与海寇汪直勾结，聚集亡命之徒准备叛乱，疾书上奏，严世蕃、罗龙文被处死，籍没严嵩家产，黜严嵩及诸孙皆为民。海瑞案是在嘉靖四十五年（1566），户部主事海瑞买棺材，别妻子，散童仆，以死上疏，劝说世宗不要相信陶仲文等方士的骗术，应关注朝政，激怒了明世宗，诏命下狱论死。宰相徐阶力救，黄光昇则把海瑞上疏比拟为儿子骂父，以减轻罪责，并乘机把海瑞留在狱中，营护海瑞甚力。

（十）"道"化为"德"，治小与治大同理

嘉靖二十六年（1547），葛守礼升山西按察使，孔天胤受汾州知州曹宠之请，作《赠与川葛公总宪山西序》。

孔天胤借知州曹宠的语言,记述了葛守礼在汾州的政绩。葛公来前,"长蛇带门,豺狼在野,风发车揭,莫审谁何";葛公来后,"豺狼去野,四民新集,纲纪再陈"。当地官吏,葛公来前,"视事有掣肘之虞,退食无下咽之饫,闭阁多扣击之惊,出道每遮阑之辱";葛公来后,"视事得展靖恭之职,退食得享清闲之燕,闭阁则得读书,而省愆出道则得清尘而整辔"。如果用《诗经》中的句子来说,葛公来前,是《王风·黍离》中的"行迈靡靡,中心摇摇";葛公来后,是《小雅·节南山》中的"式夷式已,无小人殆"。如果没有葛公"镇压于上,劳徕乎下",汾州吏民又如何能够安然无忧呢?

孔天胤由此阐发出"道"化为"德",而"道"在则治小与治大同理的观点。

他说:"公实生民之秀,渊禀文德,廉直敏信,人不敢干以私。廉直故威,敏信故惠。其守吾土,而奸慝化、吏民安者,大端以此。"而这样的品行操守,这样的威惠廉直,用以治理整个山西,道理是一样的:"夫宪司总统教化,匡一风俗,为道甚大,近止簿书听断耳。公至,必弘阐惠威,康我全晋,俾民尽乐其业,吏尽称其职矣,岂一'道'云?"文末又将其推至天下之通理:"然夫出而经营,入而寅亮,我道盖是也。周、召之盛,亦如斯而已。"天下也正因为有了这样的官吏,这样的风骨,才得有周公、召公之盛。

三年后,孔天胤如此评价葛守礼治山西之功:"及参晋之藩、掌晋之臬,实康我全晋之民。"

(十一)"诚心"为民

嘉靖二十九年(1550),孔天胤起复陕西布政使司左参政,当时陕西的左布政使正是葛守礼。八月,葛守礼作后堂名曰"诚心",孔天胤作《诚心堂铭》一篇。雍正《陕西通志》"公署":"嘉靖二十九年(1550),左布政葛守礼建后堂曰'诚心堂',右布政孔天允(胤)记。"此记载中孔天胤官职误,当时他是左参政,这从他自己的文章中"嘉靖二十九年辛亥秋八月,左使与川葛公守礼作后堂成,题曰'诚心',时余为左参政而问义焉"可知。

在这篇铭文中,孔天胤阐述了地方长官"民之父母"的职责:"日孳孳,务颛保民。民不同如面,实同我心。求民之瘼,当不出户庭而如指诸掌,民忽去疾苦而就康悦。"怎样才能做到以民之疾苦为己之疾苦？"诚也。君此心，民亦此心。以心求心，无有弗实，即无有弗当"。以心求心，以爱施爱，只要是为百姓的利益着想，急百姓所急，没有不对的。具体来说，就是"民之所好好之，民之所恶恶之，斯可以为民之父母矣"。事实上他是借此铭文，给为官者提出了一种"诚心为民"的戒条。

（十二）实德重于虚誉

就在《诚心堂铭》写好不久，葛守礼由左布政使升右副都御史巡抚河南，孔天胤作《送与川葛公巡抚河南序》。文中，孔天胤提出了官员要重实德的观点。

孔天胤指出，葛守礼将升任的巡抚之职，非唯显达，实是重任。身为巡抚，所处的是"保厘者"之位："古之所谓保厘者也，非其官尊者，其任重乎？"巡抚要总揽一方，定夺大小事务，令吏民各得其所，其职责之重远大于位之尊显。正因为这个位置非常重要，所以朝廷才要"吁于俊乂，选于杰英，信于历试，显于懋咨"，多方查找，多方征询，历时考察，最后确定最佳人选。"名其才非其德弗予也，名其德非其实弗予也"，有才无德者不可任其职，有德无实者同样不可任其职。所以，"位匪轻授，道不虚行"，朝廷的人才之选，有着严格的考核标准。

孔天胤援引唐虞之世和夏商周三代用人的事例，探讨了"名"与"实"的关系。他说：

> 尧以至仁甄陶之，舜以大智举用之，而其效风动，而其变时雍，荡如巍如，师如谐如，盖非有他，皆取诸其实德者也。惟在圣人为能简之耳。今思此十六德者，有一声音笑貌之可为乎？有一言语文字之可假乎？

《尚书·尧典》记载，尧咨于四岳，推举舜作为继任者，先下嫁二女于舜考察其修身齐家，之后让其处于各种位置以考察其为政能力。考察合格，尧才说:"格!汝舜,询事考言,乃言底可绩,三载,汝陟帝位。"这也就是后来历史上"三载考绩"的出处。尧所考察的,就是舜的实德,非其虚名也。而这些实德,皆非巧言令色、言语文字所能达,而是"纯乎其天,率乎其性"的结果。但后世的人才观却发生了严重的蜕变,"先名后实,投时之好,缘饰之巧,功名会焉",导致的结果是:

> 竽瑟之谈,岐丝之譬,伐檀之赋,朵颐之爻,上士所谓寒心,下士以之变节。如是而言才德之际,名实之间难矣邈矣。

"竽瑟"典出《楚辞·九歌》之"陈竽瑟兮浩倡,灵偃蹇兮姣服",此指好着华服之人或曰纨绔;"岐丝"用杨朱、墨子的典故,阮籍有"杨朱泣岐路,墨子悲染丝"句,喻人生之歧路和环境对人之濡染;"伐檀"典出《诗经·魏风·伐檀》,中有"不稼不穑"句;"朵颐"典出《周易》"颐"卦之"舍尔灵龟,观我朵颐"。孔天胤在此所指,皆为世俗之欲。此类锦衣玉食之徒,皆以名称,而德不相配,皆为"先名后实"之人。此类人占据朝廷,如何得有唐虞之世的大才用世?

葛守礼此番所去之河南,不仅幅员辽阔,且有着深厚的历史文化,它是"伊雒之经,阴阳之会,田庐挐距,人物阜蕃,殷周之故都",治理又有繁复之处。对于河南的治理,孔天胤再次提出了有益的建议:

> 矢其文德,宣其彝宪,则其教易行;息其游惰,敦其本力,则其养易足。廉贪立懦表之清,补偏救弊作之明,返异归同范之一,黜浮崇雅本之公,中州其勿乂乎?

施布文治,广被德政,宣明常法,教化就容易实行;使游惰者力务农桑,民养就容易充足。使贪者廉,使懦者立,补偏救弊,返异归同,黜浮崇雅,河南之治亦易矣。一句话,还是要以"实德"治吏民,使吏民皆重实德而轻虚誉,重实绩而轻浮名,则奸邪不行,吏治清明,民得所安。

有"实德"自会有功业,"夫无实而虚誉者有矣,未有有其实而无其功者也"。他相信葛守礼这样有"实德"的人,定会在河南一展雄才。

(十三)"综统专任""弘毅明当"

有德才的官员,如果能够"综统专任",一定能够创造吏治的美好局面;而对于官员的才德,孔天胤又提出了"弘毅明当"四字要诀。这两点,是他在写给陕西右布政使贾应春的赠文中表达的。

贾应春在陕西由按察司副使一路做到了右布政使、左布政使,嘉靖三十年(1551)六月又升陕西巡抚,孔天胤写《贺大中丞樵村贾公巡抚陕西序》一文以赠。

当时陕西作为"京邑之右臂",担任着重要的物资钱粮供应任务,再加上陕西藩府人口甚剧,"轨物之度,取足田庐",给当地百姓和官吏都造成了极大的压力,即"百姓之供边者什之六,供藩府者什之四"。于是,"县之吏疲于奔命,不得整逋负;寡于循理,不得保茕黎"。逋负,拖欠赋税、债务(的人)。民不堪命,官吏亦不堪命,因而百姓陷于困苦,吏治陷于混乱。再加上"边之吏困于资给,不得养壮士;习于畏缩,不得信远略",可以说民、官、军三方面都出现了问题。在这种情况下,就需要有专任的官员,"综统条贯而经略之",从而"通变其所宜,顺其所乐;振刷其所污,立其所隆"。

专其任,方能总体协调,否则便如人之生病,头痛医头,脚痛医脚,而抗病毒又伤了胃,只会使一切更为混乱。当初贾应春在布政使任位上,因限于布政使只管行政,与管司法之提刑按察使、管军事之都指挥使司都只是平行关系,互相不得干预,所以问题即使非常清楚,也因互相掣肘而不得解决。孔天胤写到,当初贾公在布政使位上,尽管"笃以惠和,宣其廉哲,守以恪恭,布其允敦于前",而对吏民之不叙其业者,"靡不究心如烛照,数计一切,思务保厘,为之康之",然而"犹患关白悬于抚按,枘凿起于异同"。关白,陈述、禀告;枘凿,榫头与卯眼。此二语皆为掣肘之意。为什么才德俱佳且一片忧民之心,对当时的问题也心如烛照,效果却不好呢?是因为"综统之不专,而尊信殊也"。如今贾公升都察院右副都御史巡抚陕西,这些问题自然会迎刃而解:"行其所知,溥其所未竟,如神禹之行水也,而滔滔者安流也;

如孔子之正乐也，而《雅》《颂》各得其所也。"

孔天胤在此说官员"综统之不专"，很大程度上也是他自己随时都会遇到的问题。明代三司各专其职，虽权责分明，然互相掣肘的情况时有发生。而只有选出像贾应春这样在陕西历官长久，才德威望俱佳之官员"综统条贯而经略之"，三司才能得以协调。

巡抚是统摄三司之官，而居于这样重要位置的官员，其德才必得与其位相应。孔天胤写道："夫居弘体毅，君子所以任重而道远；知明处当，君子所以赞化而参仪。"曾子说："士不可以不弘毅，任重而道远。"这是对士君子勇于担当的要求。而对于弘、毅、明、当四字，孔天胤又做如下解释：

> 夫德心广大，弘也；义用强直，毅也；炯物达微，明也；称物平施，当也。

以广大的心性保有美德，以强直的态度坚持正义，洞察幽微，公平恰当，这是为官者尤其是位居显要者必须做到的。唯此才能协理各方。

据《明史·贾应春传》及《陕西通志》，贾应春于嘉靖三十二年（1553）升兵部右侍郎。这年秋，"寇大入延绥，杀掠五千余人。应春督诸将邀击，获首功二百四十，以捷闻"；嘉靖三十三年（1554），"套寇数万人屯宁夏山后，先遣骑五百余入掠。总兵官姜应熊守红井以缀敌，而密遣精兵薄其营，斩首百四十余级，进应春右都御史"。因为功勋卓著，先后有两个儿子被朝廷荫封为官。贾应春还"筑边垣万一千八百余丈，以花马池闲田二万顷给军屯垦，边人赖之"。

（十四）"人无幽显，道在为尊"

无论是在任期间还是退居汾州后，孔天胤都经历了多位官员的辞职离任。其赠序中所表达的，就是"道在为尊"，君子一切以"宜"为标准的观点。

嘉靖二十九年（1550）孔天胤到关中任上不久，其同年，陕西右布政使徐守义便上疏辞归了。孔天胤作《右方伯凤冈徐公请告东还三司赠别序》，其中就是重点谈了一个"宜"字。

孔天胤说，当时朝廷之士，大多入而不能出；山林之士，又大多往而不能返。圣人则不然，圣人的原则是，"可以仕则仕，可以止则止；可以久则久，可以速则速，惟其宜而已矣"。圣人与常人的区别，就在于懂得一个"宜"字。此字写来简单，常人却极难参透，所以常常各执一隅。《周易》有言："知至至之，知终终之。"这才是圣人之大道。因而圣人知至止、知进退、知久速，全凭一个"宜"字，"宜则无执"。《老子》说："无执故无失。"而且进退出入之间，"仁""智"已在其中，"故进退之际，可以观智；出入之间，可以观仁"。孔天胤引韩愈"行而宜之之谓义"之语，将"宜"引申为"义"。所谓"义"，也就是行所当行，止所当止。真正明乎"宜"之道者，其所做之决定，人不能止，亦不能援。由此，孔天胤提出了"道在为尊"的观点，他说：

> 夫人无幽显，道在则为尊；道无方体，宜之则为是。古人其上或以版筑而致大位，或由钓耒而陟师衡，不以为逾；其次或抗行首扬，或降志卑辱，或功成拂衣，或急流勇退，不以为贬，何也？宜也。

人无论幽约显达，无论富贵困穷，关键在于有无"道"，道在则尊，而"道"的核心，便是"宜"。孔天胤还举古人知"宜"之例："于版筑间致大位"者，傅说也，《孟子》有"傅说举于版筑之间"句；"由钓耒而陟师衡"者，姜尚也。他们皆以卑下之身份，成为朝廷重臣、天子之师，人不以其为僭越。而对于那些扬首抗帝王之旨、降志受胯下之辱、功成拂衣而去或急流勇退者，人都不以其为贬，这其中的原因，就在于一个"宜"字。正是基于这种对圣人之道的深切体味，孔天胤认为，如今徐公退隐是"宜"；就算有一天，朝廷以其贤再招入仕，徐公再次出仕，也是"宜"。深味"宜"之道，则所行无不可。

二、武备观："师有不战之胜，兵有时戡之威"

嘉靖年间，蒙古及周边少数民族的不断入侵，日本自海上入侵江浙、福建及南直隶等地，加上内部少数民族的叛乱、各地农民的起义，可谓内忧外患。这些都使承平已久的明朝廷及各地官府手忙脚乱。比如面对嘉靖十九年（1540）到二十一年（1542）山西的寇乱，"当是时，羽书如月，甲士如云，犹无益于折冲，不能当其伤破，何也？兵策久安，而素定未重也"（《送月山杨君赴清浪军参戎序》）。因此，提高武备就成为朝廷及地方的重中之重。孔天胤有多篇文章，阐述了他的武备观。

（一）武将之德：信、廉、仁、勇

孔天胤任职浙江时期的嘉靖二十四年（1545）十月，贵州苗人叛乱，浙江都司署都指挥佥事杨钦被调往贵州任清浪军参将，孔天胤写《送月山杨君赴清浪军参戎序》送别。杨钦虽是武将，却少有远志，曾从湛若水游学，最终归依于阳明致良知学说[①]。

序文中，孔天胤提出真正有能力的武将，必有"鸿谋骏烈"之才，"信廉仁勇"之德。此四字出自司马迁《史记·太史公自序》："非信廉仁勇，不可以传兵论剑。与道同符，内可以治身，外可以应变，君子比德焉。"关于"信廉仁勇"，孔天胤阐释说：

> 廉者，德之辨也；信者，德之固也；仁者，德之宏也；勇者，德之毅也。皆知之而后能行之者也。

此四者，皆依赖于"德"的内在力量。

孔天胤认为，杨钦曾师事王阳明，可谓"有本己之学"。而阳明之学的根本，

---

① ［明］季本：《赠月山杨君擢清浪参将序》，《季彭山先生文集》卷一，北京图书馆古籍珍本丛刊，第 106 册。

就是"以良知为天德"。王阳明"曾以其学行兵定祸,称如神焉,而非书生之亵谈也",如今杨钦深得其理,一定能够以其"德"所生的"信廉仁勇",安定边境。

(二)将要知兵

嘉靖三十年(1551)前后,巡按陕西监察御史姚一元主持刊刻《武经七书》,孔天胤认为此书的意义在于"开迪陕之武人"(《武经七书序》)。

《武经七书》是一套由七部兵书组成的兵学书,包括春秋孙武的《孙子兵法》、相传为战国吴起所著的《吴子兵法》、战国时假托姜太公所作的《六韬》、战国时司马穰苴所著的《司马法》、相传为汉初隐士黄石公所著的《三略》、相传为秦王政时尉缭所著的《尉缭子》、唐代李靖与李世民论军事问题的《李卫公问对》。此七书最初刻于北宋,由朝廷作为官书颁行,是中国古代极其重要的军事教科书,宋朝以来一直作为武学必读书目。

在西北多事而关陕为剧的情况下,陕中重刻《武经七书》,有着重要的武备意义。而孔天胤的序文,则将这种意义做了最为精准到位的阐释。

他开篇即称,武经之书的核心内容即在于将要知兵。他说:

> 《武经七书》载兵家略已明备,故取用焉。武之经焉,某曰:"将不知兵,以其卒予敌也。"夫将而不知兵,则已如欲某,舍是奚适哉!

关中"擅河山之胜,称带甲之雄",历来为兵家必争之地,因而战事仍。所以,关中的"桓桓之将,纠纠之旅",人人皆宜谙晓韬略,熟读兵书。读兵书至少有两个好处,一是战前可"算",知己知彼,算胜攻取;二是胜后可保全功名,因为兵法中深藏"三代揖让之道"。所以,战而胜之,知乎君子相争之理,自然能保全功名。

然而当时由于承平日久,"缙绅则守礼乐,介胄则熙恬门祚而已",民不知兵的情况已经很久了。如今战事突起,人们依然不知事之缓急,这是最令人担忧的;学习武经,就是一件刻不容缓的事。特别是将帅,莅临三军,怎可不学无术?学要有术,首要之"术"就是武经兵书。不唯要学其战略战术,更要明了其"君子之争"的战争理念,做到"内不失己,外不损人"。《武经七书》是战争中的章程,它不是简单的教条,而是可供运用的法则。为将者不仅要熟知,还要会运用。孔天胤举司马穰苴之例,对刊刻《武经七书》的意义做了进一步的总结发挥。当年司马穰苴不过是齐国的一介平民,就因为他熟知并能灵活运用古代的《司马法》,所以齐相晏子称他"文能附众,武能威敌",而齐景公也就把古代的《司马法》附名为司马穰苴之兵法了。

(三)"师有不战之胜,兵有时戢之威"

嘉靖二十九年(1550),陕西三边总督王以旂加封太子少保,孔天胤写文祝贺。文中总述了在边境不宁、四方多事的情况下,将帅之选的重要性:

> 师丈之选,文武之才,足宪万邦而贞六师,而后出则有重于泰山,入则功光乎日月,是为安攘胥臻,内外咸辑,吏尽乐职而民悉序业,夷守定固而戎马闲也。

《诗经·小雅·六月》:"薄伐猃狁,至于大原。文武吉甫,万邦为宪。"赞扬西周名贤尹吉甫讨伐入侵进犯的西北少数民族,文韬武略,是天下万邦难得的表率。《周易》"师"卦:"师,贞,丈人吉,无咎。"《象》词曰:"师,众也。贞,正也。能以众正,可以王矣。"优秀的将帅,就得如尹吉甫一样,具文韬武略,成天下表率,得众正,兴师旅。只有如此,才能安内攘外,吏乐职,民序业,四夷安,戎马闲。在这里,孔天胤提出了一个重要观点:将帅武备的最高境界不是作战胜利,而是"闲","闲"的背后,则是一派安居乐业的升平气象,也就是"师有不战之胜,兵有时戢之威"。

其后,王以旂又在陕西总督边关三年。《明史·王以旂传》总述王以旂在陕西六年修筑边防之功:"在镇六年,修延绥城堡四千五百余所,又筑兰州边垣。"而其最大的历史贡献就是开了延绥、宁夏马市,孔天胤还曾为此受到嘉奖。

王以旂卒于嘉靖三十二年（1553）。《明史·王以旂传》："比卒，军民为罢市。"雍正《陕西通志》："卒于固原，诸镇军民为罢市者数日。"（三边总督开府固原防秋则驻花马池）集市停止买卖数日，以表示对王以旂的悼念。孔天胤的这篇贺文，也成为王以旂在镇抚陕西期间历史功绩的重要文献。

（四）"备不轻用""内余外制"

嘉靖三十年（1551）前后，不少有建树的武将或文武兼备的能臣被朝廷征召到前线，或者被征召回朝。当时陕西有两位官员被征召回京，一位是陕西巡抚傅凤翱，另一位是关南道兵备副使齐宗道。傅凤翱回京的原因："印台公拊循全陕之明年，是为嘉靖庚戌。时秋高，虏乘至于畿辅，皇上思谟猷之臣，列在帷幄，为安攘计，乃咨用宿望，进公工部右侍郎。"而关于齐宗道回京的原因，孔天胤记载："值丑虏跳梁，至于畿甸，上咨选俊乂，将推毂剖符，专任尊宠"，"于是当道上疏，荐者十有二人，而我公杰然称首焉。上于是亟召公还京师"。可知当时在蒙古军队攻打"至于畿甸"、威胁京师的情况下，明世宗诏选能臣，齐宗道便是被当朝重臣推荐可重用的十二位贤才中的第一位。

为齐宗道所写的赠文，集中体现了"备不轻用""内余外制"的武备观。

在孔天胤丁母忧的嘉靖二十六年（1547），齐宗道任山西巡按御史。期间，"部中诸不法一切以惠文弹治之，不少借。有宗室争民田者，公廉得状，立断归民，豪宗胁息"（黄洪宪《明通议大夫、都察院右副都御史云汀齐公墓志铭》）。孔天胤后来也记其在山西时的功绩："公曩按部全晋，属丑虏虔刘之余，公察狱干宪，恤孤保疲，征勇慎封，留田远堠，为晋人计者溥也。"（《赠云汀齐公应召还京序》）嘉靖二十五年（1546）山西乡试，齐宗道为监试官，"所得才士人为多，后先鳞次登膴仕者若而人"（黄洪宪《明通议大夫、都察院右副都御史云汀齐公墓志铭》）。嘉靖三十年（1551）春，齐宗道任陕西关南道兵备副使，与孔天胤再次相遇。《明世宗实录》："副使齐宗道分练各处民兵。"孔天胤也记载："云汀齐公，名御史也。今岁之春，出补陕臬宪副,饬兵关南。"然齐宗道在陕西的时间并不长,不久便应召还京。

赠文中,孔天胤对齐宗道精于吏治的大手笔予以高度赞扬,并由之引出了他对解决当今战事方案的重要观点。

当时陕西关南的情况:"惟关南当蜀汉孔道,绵控郧阳,弘统商洛。其地岩险阻深,其产金石草木之良,其人东西南北之所依负,故有欲焉,则易以争,无赖则易于为暴。或暴而兽聚鸟散,猝然不可扑灭,为闾阎忧。"关南位居险要,岩险阻深;而出产金石草木,使民有欲;且秦地自古就民风刚烈。地僻,有欲,性刚,故易争易暴,且速聚速散,所以存在诸多隐忧,不惟闾阎忧,官民亦为之忧。在这种情况下,非常需要有魄力的官员,捕已形,禁未著,匡邪绥正。而能有此见识魄力者,非有大才大德者不可。齐宗道到任,"开府布令,风猷迥别,条画方陈,景响辄效"。当时正值大饥荒之后,齐宗道扶弱保伤,销萌涤邪,可谓快刀斩乱麻,仅用了一个月情况就大为好转,民生、吏治皆井井有条,他也深得关南吏民爱戴,"郡县凛然承事,吏民畏而爱之无何"。

然而当时国家多难,这样不可多得的人才,需要发挥更大的作用。惜别之际,孔天胤又回顾了齐宗道的武备之路,借此也阐发了自己的武备观及对当前战事的看法:

夫戎,大事也。古不忘战以保大,后好战以饰弱。饰弱者危,保大者安。夫为战均而安危异系,何也?夫古备而不轻用,则内有余;后无备而轻用,则外有余。内余可以制外,故安也;外余则内反受制,故危也。夫师行粮食,师老财匮,与养兵积资、养气节劳者殊也,戢而动与玩而无震者殊也。

《左传·成公十三年》云:"国之大事,在祀与戎。"战事确实是大事,然而古代的战争理念,不忘战是为了保持自身的地位,增强军事力量以对周边有窥伺之心者起到威慑作用,《老子》说"兵者不祥之器也",轻易不能出兵,但不出兵的前提,是要"有备"。如今一些将帅在"无备"的情况下盲目出兵,只是为了掩饰自己所辖军队军事力量的虚弱。孔天胤在这里想要强调的，是"有备而轻用"的理念。这种理念，无论是兵部尚书，还是三边总督甚至省都指挥使，甚至只是某师旅的将帅，都应该具备和明了。许多时候，"无备而轻用"，正是一次次战事失败的原因，而蒙古兵几十年来一直侵扰不断，也是看到了明王朝军队在这方面的弱点。所以，军事的强大在于"内余"，"内余可以制外"，而"内余"的核心，则是"养兵积资，养气节劳"。《国语·周语上》中有《祭公谏征犬戎》一文，在周穆王将要征伐犬戎时，祭公谋父谏曰："夫兵，戢而时动，动则威，观则玩，玩则无震。"意思是说，兵力是储存起来到一定时候动用的，一动用就使人畏惧；炫耀武力就会滥用，滥用就不能使人畏惧。这才是用兵的核心理念。祭公谋父还说过一句话："怀德而畏威，故能保世以滋大。"让敌方能够怀念朝廷的恩德而畏惧朝廷的军事威力，这才是解决边境问题最有效的方法。

齐宗道还朝不久后即出任河南按察司副使，不久又转任山西，以左参政分守冀南道驻汾州，其时"汾地军民错居而宗室多豪难制，公威惠兼施得抚驭之，体晋人便之"。嘉靖三十二年（1553）升山西按察使，嘉靖三十四年（1555）升都察院右佥都御史巡抚大同[①]。

三、对儒家经义及理学思想的阐发

从乡试答卷的解读《诗经》"于万斯年，受天之祜"，得出"故曰夫孝者，善继志述事者也"的结论；到殿试答卷策论农桑，引《尚书》中的《泰誓》《洪范》及《周易》中的经文解读"敦本厚生""抑浮通变"之理；再到后来两任学官，通过与师生论道，及在与时贤学者的通信中多次对讨关于经义的理解，再加上退归后又读书不倦，可以说，孔天胤一生都在对其所学的经义进行思考和意义的阐发，使其能落脚到士君子的修身立德和治世之用。大致来说，他对儒家经义的解读，有以下几方面的心得和创见。

---

① ［明］黄洪宪《明通议大夫、都察院右副都御史云汀齐公墓志铭》，《碧山先生集》，万历二十五年刻本。

（一）"六经"非仅语言文字

孔子编撰的"六经"，因《乐经》的失传成为"五经"。嘉靖十三年（1534）孔天胤在为王崇庆所写的《刻端溪先生所著经义序》中，表达了对"六经"意义的认知：

> 六经，圣人之心也。所谓天地之道、民物之彝、宇宙之极，而非言语文字之云尔也。

孔天胤认为，中国传统文化中的"六经"不仅仅是语言文字那么简单，它们不是单纯的文学作品，而是"经"。许慎《说文解字》："经，织纵丝也。"织布时，横线的"纬"来回穿梭，纵向的"经"恒常不动。东汉刘熙在《释名》中说："经，径也，常典也。""经"就是小路，是"无所不通"的，所以"可常用也"。南朝梁刘勰在《文心雕龙·宗经》中说："经也者，恒久之至道，不刊之鸿论也。"他是说，"经"是永恒的、绝对的道理，是不可改易的恒常教导。

对于"六经"的产生顺序及其内容，孔天胤也做了精准的概括，他说：

> 在圣人，兼两三才，首出庶物，阐道而弘化，叙彝而设教，建极以为天下先，由是变通之而为《易》，经纶之而为《书》，歌咏之而为《诗》，节文之而为《礼》，和畅之而为《乐》，法制之而为《春秋》。皆自其心出之者也，而非言语文字之云尔也。

孔天胤认为，"六经"是圣人弘道天下的教化之书，变通教化的方式而成《周易》，以使人明于天道；筹划治理国家大事，制定治理的策略规章，所以形成《尚书》，以使人明于王道；将日常生活和国事政事形成歌咏，就是《诗经》，传之以使人明乎人情；制定礼仪使人行之有度，于是有《礼》，使人明于人道；《易》《书》《诗》《礼》成而百事和畅，于是有《乐经》，使人明乎天、地、人之通理；而明是非、辨得失、正名分，于是有《春秋》，如孟子所说，"《春秋》作而乱臣贼子惧"。所以，"六经"是中国文化的重要载体，其中包含着中国历代积淀的人生智慧，"皆自其心出之者也"，是圣人为天下生民所倾的一片真心；同时它传达着中华民族核心的价值体系。元代学者王恽在《醉经堂记》中说："五经者，圣人之成法，生民之大命系焉。"所以孔天胤说，它的意义，绝非语言文字那么简单。

孔天胤这一段关于"六经"义旨的发挥，后被清代学者朱彝尊《经义考·通说》所引用[1]。

然而经学体系在流传过程中，所出现的问题越来越严重，主要的原因，就是人们不能体察圣人之心：

> 然自夫子没而微言绝，七十子丧而大义乖。则经垂空文，人挟臆见。垂空文则大道称隐，挟臆见则真知寡传。以不真之知求久隐之道，其不谬叛者鲜矣。

对经义的歧解，自孔子及其七十二贤弟子逝去之后就开始了。甚至可以说，自孔子逝世后，他的弟子们内部就已经发生了分歧，子夏由鲁返晋，退归西河讲学就是明显的例子。他们所坚守传达的"微言大义"没有得到很好的传承，乖误分歧多如牛毛，于是人各以己是为是，以他人是为非。经学要旨成为空文，即使依然在流传，其意旨也已发生了变化。经学中所阐发的大道得不到显扬，而学经者又很难形成统一的正能量。经学作为举业之途，学子人人能言，但少有求其真知者。真知不知，则其中久隐之道必然废弛，对于经义的运用也渐呈毫厘千里之谬，能不令人痛心吗？

那么"六经"的要旨是什么？这要从体察圣人之心开始。圣人之心是什么？孔天胤认为："夫圣人之心，广大精微，纯粹中正，与吾心一也。故发而为德业，传而为训典，皆是物也。"圣人之心即吾心，所以如今读圣人之书，更应体察圣人之心，以圣人之心引导、纠正己心，以此为训典，引导自己进德修业。但当时的情况是，人们读圣人之书，更多"亹亹乎言语文字之间"，

---

[1] ［清］朱彝尊：《经义考·通说》"疏证"，中国书店，2009年，第220页。

沉迷于对语言文字的玩味与引述；"硁硁乎传注之说"，又成为不少人训诂谋生的范本。所以，不求己心，又如何能求得圣人之心？又如何"明经致用"？只能作为科举考试的一种工具罢了。孔天胤认为，"夫不得其心而能折诸事者，未之有也"，不能体察圣人之心，却想有圣人之行，那是绝对不可能的。这也正是导致当下学术不明、人心陷溺现状的重要原因，其危害甚于洪水，让人恐惧于其不可停止。

正因为到了这种程度，王崇庆的《五经心义》才有着重要的意义，它体现的是君子的"畏天悲人之志"，是"读经体道"之行，所做的是"救时反本之学"。真正体察圣人之心，故曰"心义"。

（二）浙江任内关于"心学"的讨论

青年孔天胤在乡试答卷中阐述"民者天地之心"时，就已有趋向于"心学"的萌芽。其后任职颍州，与理学家薛蕙多有交游，而薛蕙之学术思想也偏重于"心学"。薛蕙认为，"天地之间，心无不在"；而心学之要，在于涵养本源，"涵养本源，穷理在其中矣，存久自明，心学之要也"。对于心、天、鬼神的关系，他认为吾心即天，鬼神亦为心，"幽明人鬼，未始不一，上帝固曰天，吾心亦天也；鬼神固曰神，吾心亦神也"；而心之大小，亦取决于人之自身，所谓"宇宙非大，吾心非小，由人自小"。人与人的交往，心交可久，物久有穷，"夫能知者心也，其所知者物交而知尔。心无所不知，物交之知必有穷也"（薛蕙《约言》）。他还强调，"天下之理本同末异，所以异者，由人之用心不一也"（薛蕙《坐忘论序》）。这些见解都颇为精要，也都对孔天胤此后的学术见解有所影响。孔天胤后来在一篇文章中谈到"心"与"义""仁"的关系时说："心也，守曰义。义，吾心也。爱曰仁，仁，吾心也。吾存吾义矣。吾体而行之，无弗宜也"（《赠临津王公由汾州同知升任南京东城兵马指挥序》），"义者，宜也。吾心之裁制，天理之当行者也"（《赠坦斋路公考绩之京序》），颇与薛蕙"由人之用心不一"所导致的结果不同的论断相似，故而人人须"体而行之"，求天下理之本、仁之本、义之本。

浙江是王阳明的故乡，孔天胤曾去祭拜王阳明，写有《祭王阳明先生文》，这既是向王阳明的精神致敬,更表达了他对于当前学术情况的忧虑。他在开篇即写道:"惟圣植教,惟教关心。学由教迪,道以心忧。心义云何,厥惟明德。"这里他提出,教育是关乎本心的一项事业。教育首先在于正心,而正心首先在于明德。孟子提出的"良知",孔子提出的"不惑",都直指本心。但孔孟之心,在流传的过程中渐渐变了味道,"奈何末儒日以支离,矜名外营,逐利狂驰,以富贵为最计,视圣贤为不可"。所以,他称颂王阳明之学术,"光表良知,揭日月而行中天,振唐虞邹鲁之植于已披,道弗堕地,文其在兹"。作为一名外地人,他深感"生不及门"之憾,然如今"斯依于堂,斯践于神,斯对于貌",同样可以体味阳明之学的博大深厚,并力求精研深习,发扬光大。

浙江作为阳明"心学"的大本营,有众多阳明嫡传弟子、私淑弟子以及拥趸。孔天胤同年中,就有王阳明最重要的两个弟子王畿和钱德洪。钱德洪和王畿经常轮流主讲一方,在王阳明故去后,成为浙中"王学"的代表人物。二人都是孔天胤的好友。阳明弟子中,孔天胤和著名哲学家黄绾、戚贤、邹守愚、徐樾、唐顺之等也有往来。此外孔天胤周边受阳明心学影响的人还有很多,如杨钦、钱薇、赵维垣等。与这些好友的谈学论道,也加深了他对于王阳明心学的进一步理解。

如与钱德洪论道,孔天胤重在论自己对"仁"的体悟。在致钱德洪的信中,他对开阁讲学、设疑问难时的情况表示失望,称"至十五伯人,无一似颜子之徒发圣人之蕴者",深感当世学术之不明:

即以程子,当以医家言不知痛养(痒)为不仁,人以不知觉、不认义理亦为不仁。譬最近之说,属题试论,而谕者至一医士而无之矣。学术不明,古圣人所深忧也,而今奈何。(《与钱绪山年丈》)

宋代理学家程颐曾打比方,说医生不知病人之痛痒可谓不仁,而学者不知义理同样不仁。当世之士子,恐怕没有一个真正懂得义理之学的。孔天胤对钱德洪说,此来自己只理会得一个"仁"字,"觉春意在眼前矣"。自己对这个早已熟知的字眼,有了更深的体悟,"但恐风雨飞花,更成剥落尔"。

在写给程文德的信中，则有对"不仁"更为具体的解释。

程文德是当时著名学者，学宗阳明心学，其文皆以载道，为人所珍视。据《松溪程先生年谱》①，嘉靖二十三年（1544）程文德升广东按察司副使提督学校，八月抵家省亲，二十四年（1545）二月赴广东，与孔天胤的相会即在此期间。孔天胤在信中写道：

> 金溪鹅湖，盖或无是之自在也。然而道之大观，必自在如鸢飞鱼跃，而后为浩然之气充塞两间，无有间惕，少有异同。便有不飞之鸢、不跃之鱼，医书所谓"不仁"，《大学》所谓"自欺"者也。（《与程松溪先生》）

"不仁"者，就是那些自欺欺人的人，不得"道"之大观，启而不发，如不飞之鸢、不跃之鱼，学无长进，理无阐发，令人无可奈何。

黄绾是明代中后期著名理学家，官至礼部尚书兼翰林院学士。青年时代心仪于程朱理学，中年后服膺于阳明心学，晚年创立了以"艮止""执中"为核心范畴的哲学体系。

孔天胤与黄绾论学，表达的是对《论语·述而》中孔子所说的"志于道，据于德，依于仁，游于艺"的理解，他所针对的是当时"俗学支离，学者不知道、德、仁、艺为何物"的情况。他说：

> 夫道一而已矣，即天命之性而人之心也，德者自其道之得者而言也，仁者自其道之纯者而言也，艺者自其道之散见者而言也。非有二物也，非在外也。（《与黄久庵先生》）

他认为"道""德""仁""艺"原为一物，且四者之间有相互递进生成的关系。归根结底，还在于一个内在的"道"字，其后三者皆由此而来。

---

① ［明］姜宝：《松溪程先生年谱》，万历刊本，收录于《北京图书馆藏珍本年谱丛刊》第46册。

当时学者以为"游"去"道"已远，实为学术汩没支离的表现。对于"游"之道，孔天胤解释："所谓游者，如神女扬光于清泠之渊，无迷津无骇浪者也，与造化游也，非以艺为美而后游也。"是与"造化"游，而非仅与"艺"而游。所以，孔子所说的"志于道，据于德，依于仁，游于艺"，是"言志在是，据在是，依在是，而后游亦在是也"，皆为一理，皆为一物。因此：

> 道之本也，学之序也，而皆不外乎吾心者也。真知不外乎吾心，则志据依游当必有著，而道德仁艺谓之强名可也。孔子言十五志学，志于道也；三十而立，据于德也；不惑知命，耳顺依仁也；从心不逾，游于艺也。圣人之道，如斯而已。（《与黄久庵先生》）

在孔子，"道""德""仁""艺"贯串于其人生的不同阶段，但其中一以贯之的，便是"道"，是"心"。从这个意义上来说，时下学者"既以艺为格物穷理之资，尚空寂者，又以艺为玩物丧志之累"，都不是圣人"游艺"之学的本义。

与同年赵维垣论学，孔天胤论述的则是对《孟子》"放心"一词及《周易》"洗心退藏"的理解。

在写给赵维垣的信中，孔天胤说，当下学者不如古人，件件粗略，其原因便在于"放心"，也即丢失了本心。孟子曾说："仁，人心也；义，人路也。舍其路而弗由，放其心而不知求，哀哉！人有鸡犬放，则知求之；有放心而不知求。学问之道无他，求其放心而已矣。"（《孟子·告子上》）孔天胤认为，当下学者正因为"放心"，所以追逐世习，于道德性命之理反而无人理会了，"此理不经不管，便如手足废痹，不成全体。全体不成，岂有大用耶？"所以：

> 故知吾辈今日学问，只要收放心耳。性命道德，更无物事，可把捉者，即心便是矣。未有心不违仁而性命道德之不经管者也。性命道德，譬如日月在天，光明普照，万象增辉，天地之化，赖以传施。既万物有坏，此精无朽焉耳。吾辈今日收心，只是经管

此件，若鄙吝内固，外胶不解，虽谈天如衍、炙毂如髡，竟难以语性命道德之真也。（《与赵龙岩年丈》）

"收放心"也就是孟子所说的"求放心"，将丢失的本心找回来。唯有如此，才能真正经营性命道德之学，体悟学问之根本。在此基础上，他提出了《周易》中的"圣人以此洗心退藏""斋戒以神明其德"之理，认为"'洗'之一字，便是吾辈著脚处、下手处。然不斋不戒，皆非'洗'也"。学者应洗心革面，从丢失本心而不知的情境中警醒。

这一观点，在其后来的文章书信中也多有重申。如嘉靖三十二年（1553），孔天胤在关中上《乞休疏》，之后给时任延绥巡抚的张珩写了一封信，以做告别。信中先说自己受张珩教诲颇多，而自己对孔、孟之言，又有了新的领悟：

昔孔子论《诗》，约三百于一"思"；孟子谈学问，总之"收放心"之一言。故诵而不达为无益，学而不思为大罔，皆言道理不全靠书册耳。自传注之书出，记闻之业沿，而心思之学废也久矣。我翁之训，实宣阐圣门之精义，打破俗学之筌蹄，正后生小子省然欲进而未已者也。（《与督抚张南川先生》）

这是孔天胤对孔孟之义学习领悟多年之后，万言归宗，由厚变薄，抽绎出的最为核心的理论。孔子说："《诗》三百，一言以蔽之，思无邪。"孟子说："学问之道无他，求其放心而已矣。"孔天胤在经营圣学几十年后，仅得此二句为孔孟之学的精髓。

（三）解孟子"游于圣人之门者难为言"

嘉靖三十一年（1552）在为王崇庆《端溪先生集》所作序言中，阐发了对于孟子"游于圣人之门者难为言"一句的理解。

《孟子·尽心上》："孔子登东山而小鲁，登太山而小天下。故观于海者难为水，游于圣人之门者难为言。"前面三句似乎都是比喻，唯有最后一句"游于圣人之门者难为言"是实际的道理。站得高望得远，见过大世面，游于圣人之门，应当是有更多学识，提起话头应当如江海奔涌滔滔不绝，但为什么反而"难为言"了呢？孔天胤的理解是：

> 夫言何难哉？难乎其为正耳。圣学不明，先王之法晦，天下之言学者皆任其一偏，言法者复沿袭于敝。是故异端之言满天下，簧鼓时人之耳目，比之淫洼之乐、充塞仁义，比之洪水猛兽之灾，于是众言淆乱，不可稽矣。游圣人之门者则不然。本天道以言学，述尧舜之道以言法。学术审，法轨端，如日中天，如水行地，如绳诚陈，不可欺以曲直；如衡诚投，不可枉以重轻。而百家之言，始梗塞而喙息。而后知其说之难也。

圣学不明，先王之法隐晦，天下乱说纷纭，堪比洪水猛兽。越是不学无术之人，越是敢于胆大妄言；而游圣人之门者，所学为天道，所法为尧舜之道，越接近于道，越虔诚谨慎，知其轻重，只恐言之失当，有损圣人先王之心，有违"道"之本义。因此，是否敢"言"，在于是否有一颗对圣人先王的敬畏之心，是否真正在用心体悟圣人先王之道。

天下有序，虽童子而知礼义。所以，君子立言，其目的是"扶教"，教化天下，使正气流行，礼义遍布，天地人和。端溪先生王崇庆的文集，就是"君子立言以扶教"的范本：

> 余诵览端溪先生文集而编次之，其文浩浩，其旨谆谆，其究非圣人之学不敢谈也，非先王之法不敢陈也。乃知先生游圣明之世，赞皇极之敷，其所以修辞纂言，卓然一出于正。观者体之心可以知德，推之物可以明政，有非言语文字之间尔者，是故可以传矣。

孔天胤认为，王崇庆先生之诗文，有浩然正气充溢其间，并非仅仅是言语文字而已。先生谈学问则本乎圣人之学，言世事则本乎先王之法，皆"游圣人之门"者的谨慎之言。这些诗文传之当世及后世，读者体作者之心，推己及物，可以知德明政，用以指导自己的言行和学习。

（四）领会"四书"，抓其"一纲一领"可也

孔天胤写有《论语解》《大学解》《中庸解》《孟子解》四文，以分而论之的方式，阐述了自己对儒家"四书"的理解。总体来说，他认为《论语》是"圣门求仁之书"，《大学》是"圣门穷理之书"，《中庸》是"圣门尽性之书"，《孟子》是"明善之书"。尽管这四部经典都博大精深，他却只抓住其核心思想，即所谓"只一纲一领焉可也"。

因为《论语》是圣门求仁之书，所以首章"学而时习之"才会论学，论学的目的，就在于学习要得之于本心，"有天理之昭融，无人欲之障碍"，恒能如此，则德自成，可为君子。

因为《大学》是"圣门穷理之书"，所以首章言"明明德""亲民""止于至善"。致知格物，根源还在于求其本心，即所谓"所谓物者，非外铄也，具其吾性而皆备；所谓格者，非旁求也，反之吾心而自得"。吾心之自得，然后可以言知、诚、正，言修、齐、治、平。

因为《中庸》是"圣门尽性之书"，所以首章言"天命之谓性"，目的就在于"明道之本源为人心，不可须臾离者"。言"戒慎乎其所不睹，恐惧乎其所不闻"，是"直截向里功夫"，也就是指向人心；而言"喜怒哀乐"的发与未发，同样取决于人心；言"至诚无息"，同样在言人心。

因为《孟子》是"明善之书"，所以其中"养气"一章，最贴合于义旨。养气的根本，在于"配义与道"，"是故养气在乎集义，要义道充积浑然在中，无所愧歉，方是本体功夫"。发自本心，秉义守道，才能真正明善。孟子有言，"尽其心者知其性也，知其性则知天矣"，孔天胤认为这就是"统言心也"。心、性、天，一理也，"存其心，养其性，所以事天也"，言学，修身，立命，皆由此出发，"此盖天人合一之旨，而非物格知至、造理履事之云云焉"。

这四篇文章，是其一生体悟"四书"所得出的提纲挈领式的认知。

（五）"心即性也，性即理也，理即道也"

嘉靖三十七年（1558），霍州知州褚相《四书肤解》在霍州刊布，孔天胤序之。

"四书"从元朝皇庆二年（1313）正式被确定为科举考试的教本，一直沿用到光绪年间废除科举，影响了中国学子六百多年。褚相之所谓"肤解"，即肤浅之解，也就是孔天胤所总结的，"余览之中夜，知云'肤'者，自谦也"。孔天胤为褚相的《四书肤解》作序，其实也是在借此阐发他自己对"四书"的理解，或者说是对他所精研之宋明理学的综合阐述。他说：

> 夫圣人之学，心学也。心即性也，性即理也，理即道也。

在宋明理学发展史上，程颐提出"性即理"，朱熹提出"心即理"，王阳明则提出"圣人之学，心学也。心即理，心即道"，心、理、道三位一体。孔天胤融会前人之解，总结"圣人之学"的本义，认为心、性、理、道四者皆为一体。在此基础上，"心"与"学"也皆一事，心求之于学，学得之于心：

> 其诸所谓尽心知性、穷理修道，皆学也，而实不外于心也；其诸所谓德行之存、事业之著、文章之炳，皆心也，而实不外于学也。

然而当时之士，多把圣学作为举业之途，而不推究圣学本义。"士以举业为时义，而不推本乎圣学者，诬也。何也？沿俗以为工也，趋时以求售也，溺于末流而忘其源也"，沿俗，趋时，溺于末流，使"圣学或几于息矣"。诚然，"夫士之于举业也，犹农夫之耕也。农夫不能舍耒耜以为耕，士亦不能舍圣学以为举业也"，"四书"犹如农民耕地之耒耜，是不可或缺的工具。历史上，尧、舜、禹、汤、文、武时代，士也皆有学，"然不闻有沿俗之行，趋时之习"；后"周道衰，教化缺，学术不明，人心陷溺，于是有沿俗之行、趋时之习"。自从圣学成为举业之途，学者多"诵其言而不味其旨"，失去了圣学作为中国经典文化体系流传运用的本义。孔天胤用一组排比句，总结了不推究圣学本义带来的弊端："是故想象者无真见，音响者无真闻，记诵者无真知，模拟者无真行，剽窃者无真得。其为举业，亦已荒矣。"只为举业而凭空想象、道听途说、背诵记忆、模拟其言、剽窃其义，圣学如何不荒？孔天胤还举孔子所言"辞达而已矣"，指出"士不患不达，但患不达于辞；不患不达于辞，但患不达于圣学耶"。

在举出世之学者不推究圣学之心的弊端之后，再言褚相之《四书肤解》，先抑后扬，与其前所述情况形成鲜明对照。"元泉褚子，浙名士也。明允深造，有师友渊源之学，家食授徒，成造广益。及牧霍也，则政教兼举，而尤恳恳于圣学之传焉"。政教兼兴，而解"四书"，也是其推广教育之举。孔天胤认为，褚相解经，皆发明孔孟之心，指陈学子举业的正确旨归，想要使学子能够"一洗沿俗之行、趋时之习而归之道"。所以，褚相的用心，并不仅是使后学者得其嘉惠，更重要的是对教育之风、学术之风大有裨益。

四、正心为上、德本艺末的教育思想

孔天胤青年时代深受业师冯思翊先生，名师王崇庆、刘储秀、陈讲等人的影响，进士及第后两任提学，祁州知州任上又建书院、晓谕诸生，陕西右布政使上主持乡试，退归后又与当地学官多有交往，其教育实践及对教育的思考，可以说是贯串了一生的。择其要者，有以下几点。

孔天胤的教育思想基于其理学观点，核心便是"正心"。他反复强调"学术之不明也，心术之不正也"（《策秀才讲学正心文六首》），诸生"有文行之弗修者，皆原于心术之不正；心术之不正者，皆原于学术之不明。"（《叙语》）故提出秀才若要学业有成，必须正心，即端正态度，"一正心，而德明矣。"（《策秀才讲学正心文六首》）孔天胤又指出"夫学，犹种树者也。心则其本根也，文章事业其枝叶也"，学习必须固本培元，培养本根，而《论语》二十篇，《孟子》七篇即为培养本根的基础。具体来说又有以下几个方面。

（一）学达于"道"

在祁州修建贞文书院，孔天胤在书于碑后的文字中，也表达了自己的教育思想。他说：

> 予作书院，表先哲，萃诸生，盖欲贞厥攸观。昔者圣人观天文，察地理，则人经而道用文明，孔子真大成也。孟子大观圣人之道，而推之日月之容光、流水之波澜，极本原也矣。其曰"君子之志于道，不成章不达"，示人以贞观者有序也。诸生其相与事于斯哉，将必有大成者矣。（《贞文书院碑后》）

孔子大成前圣之道，孟子又大观孔子之道，其后学者代代相沿，"道"始得以传承和光大。君子如果有志于道，却不能斐然成章，不能达于"道"之大义，那么，以贞正之心观之，就会循序渐进，日有所得，这样才会使学问渐明。

书院成，诸生群集而至，孔天胤写了一首《贞文书院谕诸生》，以激励诸生明了"贞文"之意，立志于"大成"：

> 大道易遵轨，多歧涉险艰。鸿英正皇览，昏狂瞀穷年。茂明二三子，遐征绋古先。六籍炳天日，百氏纷云烟。披纷极仪象，元化自我旋。文章乃余绪，勋华达渊泉。雅颂夫岂亡，周孔道固然。愿言广德心，旃哉日乾乾。

诗中蕴含着孔天胤的教育思想，他勉励诸生要遵循学之"大道"，不畏歧路和艰险，秉持六经，踵武诸子百家，了悟天地之理。特别是提出了"元化自我旋"，让诸生能够更好地认识自己、成就自己，由自我出发成就天地之德。写文章是学之余绪，有学问、悟大道之后，文才自然如渊泉激涌。末联则希望诸生能够明了自己的一番广德之心，自我激励，乾乾进取，自强不息。

（二）文风：去盛丽而崇朴厚

初仕陕西任提学佥事时，孔天胤就"启迪士类，一皆因之于心而求诸理"，使"诸以言语文字相胜者方退然若无也"（康海《送文谷先生序》），"敦崇教化，严制科条，淑士必先根本为文，必法秦汉，删繁剃稗，划异归同"（张治道《送提学孔文谷先生序》），立足于纠正士习和文风，得到了诸多关中名士的赞赏。

孔天胤到浙江的第一年，即嘉靖二十二年（1543）秋八月，主持了浙江乡试，当年的《浙江乡试录后序》即由孔天胤所撰写。文中他提出了取士时对文章风格的要求，就是去盛丽而崇朴厚：

> 毋乃盛丽之习而朴厚之漓乎？夫雕文刻镂，伤农事者也；锦绣纂组，害女红者也；烦礼缛仪，虚谈伪行，戕士德者也。农事伤，则饥之本也；女红害，则寒之原也；士德戕，则靡之极也。可弗慎与？（《浙江乡试录序》）

孔天胤用了一组排比句，来说明"盛丽之习"的危害。农事重的是实耕实种，如果不能勤劳播种，就算农具雕镂得再精美又有什么用呢？反而是对农事有害的。"锦绣纂组"，奢华费工而不重实用，对女红也是有害的。而"烦礼缛仪，虚谈伪行"，对士人之德同样是有害的。所以，无论是衣食之事还是士子德业之事，皆应以朴厚为尚，力避虚饰奢华。

（三）"假如三百篇俱诵，不曾施为只惘然"

孔天胤主张"明经致用"，反对学者徒诵空文而无补于世。

在湖州课士之余，他想到了曾设教于湖州的宋代大儒胡瑗（993~1059），想到胡瑗的教育理念，于是有了一次与教育前贤的精神对话。他一口气写下了十首七绝，题为《湖州夜坐感怀安定先生十首》。这十首致敬之作中，也渗透着他对于当下科举取士和教育现状的思考。

胡瑗，字翼之，世称安定先生，与孙复（泰山先生）、石介合称"宋初三先生"，是宋明理学的先驱。胡瑗曾应苏州知州范仲淹之请，在苏州郡学设教，订立了严密的学规，一时苏州郡学秩序井然，成为当时各地学校的楷模；胡瑗也曾应湖州知事滕宗谅之请，主持湖州州学，进行了一系列教育改革，如以经义时务教授学生，创设分斋教学制度，采用直观性教学方法等。胡瑗在苏、湖两州郡学创造积累而成的教学方法和经验，被后世称为"苏湖教学法"，也称"安定学法"，培养了大量经世致用的人才，如范纯祐、范纯仁、孙觉、孙览、滕元发（滕甫）、田述古、陈敏、钱公辅、钱藻、张坚、张巨等。《宋史·选举志》载："安定胡瑗设教苏、湖间二十余年，世方尚词赋，湖学独立经义治事斋，以敦实学。"元人柳贯记载："吴郡有学，起范文正公，而学有教法，起胡安定先生。"（柳贯《新修平江路学记》）又有史料曰："吴之有学，肇于宋范文正之遗泽、胡安定之教。"（光绪《苏州府志》卷二十五）

孔天胤的十首诗，皆感叹之语。第一首中，他感叹"当时教授胡安定，今日人间只姓名"，胡瑗的价值和贡献并没有为明时人所充分认知。第二首，他感叹"濂洛关西未有名，泰山安定两先生。苏湖讲治谈经事，总与当时建法程"，胡瑗、孙复等人创立的教育法程，远在周敦颐、二程、张载等人之前，今人却多不识，其法程也并不被人重视。第四首，他感叹：

　　本朝学校弥寰宇，取士惟看十五篇。里选齐分即无用，儒官昏闷老青毡。

士子追求举业，儒官昏闷因循，教育整体上呈现出一种书本化、程式化的教条倾向。第五首，他感叹"假使儒官尽安定，未知若个肯来师"，教职收入微薄，职责重大，如今很难选择到像胡瑗那样的教师；即使教师尽如胡瑗，其"明经致用"的教学法，恐怕也吸引不了多少学生来求学，因为它不能帮助学子"考高分"。第六首，他感叹"今日学堂都破坏，几人经治几人通"，教学环境不好，教师良莠不齐，士子大都不知儒学为经世治用之学，徒解章句以做举业之资。这种感叹集中体现在第七首：

> 莫道明经为上乘，屯田水利亦高玄。假如三百篇俱诵，不曾施为只惘然。

难道诵读《诗经》三百零五篇，仅仅是为了举业吗？难道其中不包含着屯田水利的实际运用？不包含着勉力作为的为政之道？如今教官不能教以其道，学子不能学以其道，才是最令人担忧的。

（四）正心明德，以古道造士

关于孔天胤为浙江教育所做的贡献，明人张洽在《近科题名碑记》中写道：

> 嘉靖二十二年，适河汾文谷孔公督学两浙，慨然以古道造士，士类莫不砥砺兴起。（嘉靖《仁和县志》卷八）

"以古道造士"说的是孔天胤的教育理念，"士类莫不砥砺兴起"说的是孔天胤的教育结果。

何谓"以古道造士"？这从孔天胤写于浙江的《策秀才讲学正心文六首》《叙语》中即可知其大端。前者是孔天胤为诸生讲学时的答问之词，孔天胤自述："吾于诸生有教化之责、斯道之任，故恳恳告之、论之，非哓哓好辩为也。若止以随俗校艺待诸生，诸生亦止以俗艺应常例，则是上下虚蒙，负朝廷养士之实，违夫子《大学》之教。"这是一种责任心使然，职在其位，如果不能以正确的理念引导校正，他自己也会良心不安。

《策秀才讲学正心文六首》题目中所含"正心"二字，也就是孔天胤所讲的为学的根本。他解释《大学》中的"明德"，"方体只一正心，而德明矣"，明德的根本就在于正心。"吾之灵明之体不昧，便是正心，便是明明德矣。此德既明，则千变万化，皆由此出"。孔天胤反对辞章之习，认为这是离叛经学本心的小人之学。但现在的问题是，诸生"亦知空谈大人之学"，但举业为文时，既不如古代功名之士，又不如古代辞章之士。他认为，古代如管仲、乐毅、班固、扬雄者，距"大学"其旨已远，而今人连这些人都不及，更何谈明了真正的"大学"之道。根本原因,就在于"学术之不明也,心术之不正也"。心术不正的表现,就是"日营心于外,纵欲于中",塞其本源,学术自然不得流通。所以他希望,"诸生其自今以始一洗习心,反观吾道,要知学问无他,惟是变化气欲,充养德性,不使陷溺,为孟子所哀,每于心念感物而动之"。孔天胤提出了"正心"与学习、为文之间的关系:

夫学,犹种树者也。心则其本根也,文章事业其枝叶也。

在此基础上,他提出了"讲习讨论""省察克治"之于学习的重要性,"讲习讨论,省察克治,其培养也",培养日久,则"根本贞固,枝叶洪邑,文章炳焉,事业焕焉"。

《叙语》是孔天胤"视学之日久,见诸生有文行之弗修者",所作的纠正学风的文章。他再次提出,文行不修,皆源于心术之不正;而心术之不正,皆源于学术之不明。他认为,"从古学校之教,专为明学术以正人心,而今教者学者,多不为正心"。正因为忧虑于此,他一路"宣条奉宪"循行学校,每到一处,发题校士,"便欲显白此旨,讲明厥术",将此旨"申恳于循行校阅之间"。"正心"形之于文,首先就在于文风明晰,字句皆发之于心,"毋奇字隐语,如吊诡猜谜之类",以炫耀自己的学识而眩人耳目。孔天胤强调为文宜言浅而义深,"或亦浅近之言,而有切深之理存焉"。对于教谕、学正等教职人员,孔天胤也强调他们要懂得"正心"之理,教育的根本,即在于正心。他还举孔子、颜回的例子,"二贤之学岂有为耶?一惟正其心而已矣,而盛德大业自不外是"。这段时间,孔天胤对孔子的一些言论,也有了更为深入的理解。比如他读孔子"文莫吾犹人也。躬行君子,则吾未之有得"(《论语·述而》)之训,体悟到了"君子不患不文,惟患文之失其实;不患不学,惟患学之不能行"的道理。

"正心"还须"正的"。万历三年(1575)左右,汾州知州张一敬重刻王阳明《学的》,请孔天胤作序。此书是嘉靖年间在王阳明去世后,由张一敬弟子孔天胤的同年王畿所编订。序言中,孔天胤认为,"夫学之有的也,犹射之有正鹄也。正鹄者,的也",正鹄本意指箭靶的中心,后引申为目的。

他指出学习的目的是"求至乎圣人之道"。而圣人之道,大而无垠,微不可测,"其精切简易之处,则谓之的",世之学者多习焉不察,务外游不务内观,结果导致失其"的"。而王阳明先生的"致良知"学说指出"良知是虚,格物是实。虚实相生,天则乃见",可谓"千载之疑,一语道尽",这就为学者立了"的"(《文成公〈学的〉序》)。

这就是孔天胤的"以古道造士",阐释经学本源,体悟孔孟之道,强调心正而学正、德本而艺末。这也正如赵讷后来在文章中总结的,"督学秦越,特尚古雅""《秀才诗学正心文》(即《第秀才讲学正心文六首》)等篇,于德艺本末之际三致意焉"(赵讷《文靖先生孔公墓碑》),"惟先生抱道于河汾之间,周流于秦、越、燕、赵、伊洛之表,讲学以正心为本,论文以躬行为先"(赵讷《孔文谷先生诗集序》)。

(五)"先行实而后文艺"

孔天胤在浙江任上,最忧虑的就是当时的士子谈空说虚,"今日教者学者,谈空说虚,斧藻丹臒,不惟不可施之实用,抑已先自伐灵根矣"(《与顾箬翁》)。所以他的教育思想主要着力于两个方面,一是士习,一是学术。这在他到浙江后不久给同年谢少南的信中有所提及:"今所勉图,惟在士习学术之间,他无所计也。"(《与谢与槐》)孔天胤也在致同样身为提学的蔡克廉的信中提到,"道德风微,则俗化之衰先从学校起"。他认为:

> 今日吾辈所事,当定不在考较末艺之一边也。谆谆勤勤,惟以明学正心尽其在我,而不必其从违,则吾事毕矣。仆苦心三年,惟是此意,枘凿之喻,蜀日之评,诚亦有之,而其道则可自信也。(《与蔡可泉提学》)

考选士子是提学职责所在,但所考核、校阅的并非仅仅文章这样的"末艺",端正士习、纠正士心才是根本所在,因此必须从"名学正心"着手。孔天胤在浙江三年,苦心孤诣,至于有"枘凿之喻,蜀日之评"也是难免的了。

枘凿，榫头和卯眼，语出《楚辞·宋玉·九辩》："圆凿而方枘兮，吾固知其鉏铻而难入。"器物上的榫头为方、卯眼为圆，或榫头为圆、卯眼为方则无法接合，故以枘凿比喻互相抵触而不兼容。

致仕后的嘉靖四十二年（1563），山西提学副使周斯盛编辑了一册三晋诗文作品集，名为《崇正录》，选文的标准是"取其文之正者"，刊刻布行。孔天胤应周斯盛之请，为《崇正录》写序，并在序文中较为全面地阐述了"德成而上，文成而下"的道理。

孔天胤认为，周斯盛主盟三晋教育，以德育为先，提倡的是一种教育的正道。《崇正录》，崇，即"崇德"；正，即"正多士之行"。在崇德的基础上校正学风，使诸生士子有本可依，不偏其行，其计远而其功大矣。其实这也与孔天胤掌教陕西、浙江教育时的根本宗旨是一致的。孔天胤一向提倡德本而艺末，欲正学先正心。在《崇正录序》中，他再次重申了自己的教育思想："德行本也，文艺末也。士贵先德行而后文艺也。"

那么"文"与"德"的关系又是怎样的？孔天胤说，文就是崇德的表现，是一种外在的显示：

今夫文者，德之符也。默而存之之谓德，焕而章之之谓文。是故德成而上，而非无文也；艺成而下，而非无德也。特道之物有本末，学之序有先后焉耳，而其理则不之二也。

"德"是内修，"文"是外显，很大程度上是一种互相成就的关系。"德"使文气归于正，"文"使"德"被人更好地了解。两者都非常重要，缺一不可，只是在学习的顺序上，应该是先德行而后文艺。

世间重艺不重德者多，"夫士偏长一艺而或不本于道德之意者有矣，未有有德而不兼善乎艺者也"，这和孔子曾说过的"有德者必有言，有言者不必有德"的道理是相近的。言为心声，心正则言自正，而"文"就是"言"的艺术化表现。周期盛辑《崇正录》的本意，就是让三晋士子由前人之文，观前人之德，"实考德以观其焕然，而非偏长一艺之作所能与也"。崇，于个人来说就是崇德；于整个三晋教育来说就是崇教、崇学，即"崇雅绌浮为尚德之感，崇功事业为敏德之应"。

孔天胤再次阐述了当时三晋教育的情况。由于地域的偏鄙、师资的缺乏，三晋学士在为学的广大精微方面都有所欠缺，往往安于所学，对于没有学过的、见过的，常常有夜郎自大般的信口开河，贻笑于大方之家。而周斯盛主盟三晋教育后，学风发生了重大变化。学风正而文风自正，所以虽然《崇正录》所录文章未必篇篇精品，但倡导德本艺末之旨明矣。

（六）"正学"要义

就在到陕西任提学后不久，陕西提学副使谢少南在当时巡按监察御史姚一元的支持下，于陕西正学书院创陕西学田。孔天胤时任右布政使，应谢少南之请，作《陕西创置正学书院学田记》。

孔天胤在记文的开篇，即讲述正学书院之"正学"的意义：

> 正学书院之设，为简后八郡之柀而别储其中，以讲明正学，以专提学宪臣之统训。盖养一俊才，愈养百庸才；得一正学之士，愈得百谀闻偏见之士，其义大且远哉。

简，选。谀，小。建正学书院，就是为了选拔关中八府优良之士而储备其中，正学风，专统训，着意加以培养。正学之义，就是养俊才、得正学之士，从而力避庸才和小闻偏见之士。接着，孔天胤记正学书院在陕西教育中先隆后废的发展历史及其原因。弘治、正德年间，因为有朝廷经费支持，"多士无田而有养，故高第云集，正学日新"，当是时：

> 师道成而善人众，如邃庵、虎谷诸公之所讲明，对山、泾野诸才贤之所振厉，则屹如晖如，可征而信焉。

这里涉及四个人，两位提学副使，两位陕西状元。

两位提学副使，一为重建书院的杨一清（号邃庵）；一为在陕西教育方面做出重大贡献的王云凤（字应韶，号虎谷，山西和顺人）。王云凤在任陕西提学副使期间，设四科以取士，"曰求道，曰读书，曰学文，曰治事，士皆兴起"；建书楼于正学书院，广收书籍藏之，以资诸生诵览；"取人首名节，次文辞，斥远贪残之徒，进拔中正之士，禁止僧道师巫之术"。这两位提学副使，对正学书院的建设以及关中才俊的选拔、学风的纠正，都做出了重要贡献。

两位陕西状元，一为嘉靖诗坛"前七子"之一康海，弘治十五年（1502）状元；一为著名理学家吕柟（1479～1542，号泾野），陕西高陵人，正德元年（1506）状元。这两位在中国政治、文学、理学等方面均有重要影响的关中状元，都曾在青年时代被选拔进入正学书院学习。

提学官的重视，贤才状元的奋勉，都"可征而信焉"。这都是正学书院在不久前的历史上有过的辉煌。然而明代因战争频仍、藩宗为剧，造成了财力上的极大消耗，使"馈饩竭于虚耗，朋徒寖以散去"。在这种情况下，"提学之臣虽岁一考视，而总集专训之事疏矣"。书院也出现了"屋壁破坏，而堂序榛芜"的颓圮景象。如今若想修复，"必田之而后可以修坠绪"，必须创制学田。学田，即书院和州县官办学校所用的田地，以其收入作为学校经费。

而嘉靖三十一年（1552）陕西创制学田的起因，是因为这一年是乡试之年。陕西巡按监察御史姚一元是监试官，搜罗各地才俊，又担心有所遗漏，于是提议："曷集书院而教之乎？"为什么不把各府县优秀学子集中到书院来集中专训呢？提议一出，身为提学副使的谢少南马上响应。然当时书院残破，经费紧张，拿什么来作为"饩养之资"呢？谢少南就"陈状议"，说可以制学田，其获资可以作为书院养士之费用。同时"先葺整其废舍"，招一些乐群敬业的俊才，"庶几专训，兼总而条贯之，以俟王学之有成"。姚一元对此提议非常赞同，"慨然是之"，请相关部门拿出一定的经费作为创置学田和葺整废舍的费用。

学田成，共"四百亩有奇"，"属西安府管仓同知主之"。因为连年战事且当年收成不好，"时岁大祲，诸王多菜色"，姚一元又提议：学田所得租金如有富余，就要用来资助贫困、婚嫁、丧事，以及刊刻图书、修房建宇之事，让它发挥更大的作用。

（七）守"慎""信"之道

嘉靖三十一年（1552）《陕西乡试录》序言由右布政使孔天胤所写。孔天胤这篇序言，重点就讲两个字，一曰"慎"，二曰"信"。

慎。从姚一元命谢少南主持创学田到集诸生而教之，是其"慎"之始；当地各级官员"克慎厥事""如虔如惟"，以百选三，是"慎"之终。

信。"慎"是必要的，但过"慎"就会失去必要的自信。因此，主管官员要对自己选士的标准和眼光有自信，要对所选人才有自信，而所选士子也要对自己有自信。孔天胤言："主司能自信之，惟俊惟乂，诸士有弗自信者乎？夫信者，实有诸己而无惑于志，故信己可以信人。中心疑者，动必窒焉。"这是一种正能量的传递。

孔天胤还举了两个例子说明"信"的重要性。第一个例子出自《论语·公冶长》，孔子想让弟子漆雕开出仕，漆雕开却说："吾斯之未能信。"漆雕开认为自己还不能见信于人，孔子很高兴，认为他为学之诚、行道之笃。第二个例子出自《孟子·告子下》，鲁国想请孟子的弟子乐克出仕为政，孟子听说后高兴得睡不着觉："吾闻之，喜而不寐。"公孙丑问孟子为什么这么高兴，孟子说："其为人也好善。"所谓"好善"，就是能听得进善言。这两个例子，前者是因学生不愿出仕而喜，后者是因学生即将出仕而喜，其中的关联，就在于两位师者的知人和信人。

结合当时情况，孔天胤对"信"字进行了更为深入的阐发。他认为，古代"九德之行，三物之教"，皆因"真识允蹈，信而不疑"，所以才能"广大流行，亮采而用章"。九德，《尚书·皋陶谟》中皋陶所言，指"宽而栗，柔而立，愿而恭，乱而敬，扰而毅，直而温，简而廉，刚而塞，强而义"。三物，犹三事，指六德、六行、六艺。《周礼·地官·大司徒》："以乡三物教万民，而宾兴之。一曰六德：知、仁、圣、义、忠、和；二曰六行：孝、友、睦、姻、任、恤；三曰六艺：礼、乐、射、御、书、数。"如此多的类别，但都能归于一处，孔天胤认为："虽德有九，物有三，而所以行之者一也。譬诸渊泉，方圆惟所注矣。"九九归一，皆因一个"信"字。

"信"之含义，在古代的典籍中处处都有典范和佳话。孔天胤举《尚书·尧典》中所说的三代之事：舜帝继位而建制设官，将合适的人才用到合适的岗位上，命禹平治水土，命稷播种百谷，命契掌布五教，命皋陶掌管五刑，命伯夷负责典礼，命夔负责典乐，这些"皆自信其所能"。这是君对臣品德、才能之信，更是君对自己用人标准和知人善任之信。三代而下到孔孟时代，依然如此。孔子评说各位弟子的才能及其适合从事的职务门类，也是自信而信人的实例。孔天胤将这一道理落实在对此次所考选的举人们的教诲上：

> 今诸士抱艺抒藻，析理陈道，著之成篇又雍容揖逊、式礼不愆，其威仪文辞俨然，俊乂亦略可表见。即且登用岩廊策名，委质大受，如虞庭小试，如仲尼之徒则何如哉？夫亦慎所以体之矣。故无实而好名，未信而干进，君子耻之，举称得进，匪幸。君用其所养，臣行其所学，化光溥焉，人文茂焉，圣世之所乐观也。兹其究必信而有征，诸士其可以不慎乎！

诸位士子呈现于考卷上的文章，皆文辞俨然，有俊乂之征；而乡试之后的会试、廷试，才是更大的考验，也才更见其能否如舜帝设官分职一样各得所任、如孔子学生一样各有所用。而归根结底，还是那两个字，一个"慎"，一个"信"。慎己之有名无实，明己之有信然后再谋求仕进，否则即使侥幸得进，也并非幸事。天下有才，君臣各得其所，这正是圣人之世希望看到的。信皆有征，焉可不慎？

这段话，既对所录关中士子予以赞赏和勉励，又提出了非常重要的告诫，这里我们能看到的是一位地方官员或是一位长者的拳拳之心。年轻的士子们通过了人生的第一个考试大关，可喜可贺，然而后面还面临着更为重大的考验：会试、廷试是外在的考验，而人格品行之"信"，却是终生的考验。

（八）虚心向学，循序渐进

嘉靖四十二年（1563），汾州知州吴道南修通了汾州学宫外的泮池，孔天胤作《创建泮宫亭桥记》，从儒学的根本义旨，阐发了吴知州通泮池、建聚奎厅、修步云桥三事的深远意义。而阐发的根本，在于"阐道，兴教，迪学"。

通池。"今余以其虚而受、渊而时出者观池，则池其道乎？是故蓄言受，泄言出也。"通池之法，在于水有出有受，虚则受，满则出，正如教育之道，永远保持一种通畅的状态。士子于此，以虚而受，长成而出，浩浩荡荡，皆归于海。

建亭。建亭之意在于"建中而极"，建立中正之道。"聚奎者，文明之象也。天垂象，道显文，真儒出，而其教明也"。天之奎星主文运，聚奎则文人荟萃此地也。《周易》曰："天垂象，见凶吉，圣人则之。"周敦颐《通书·文辞》曰："文所以载道也。"天有奎星而地聚文士，文以载道而道以文显，以一亭之建而冀真儒迭出，愿望良好，拳拳之心明矣。

修桥。修桥之意在于"循序而上达"。"步云者，高明之象也。山川出云，连连不绝而升太空，学之不已，而日进于高明也"。步云桥是要提醒学子，人不可能平步青云，而应沿桥而行，循序渐进，学不止步而日有所进，终将达于青云。

而且，由桥到亭再到池，其中也有着成长的逻辑："君子由教以勖其学，由学以致其道，亦犹由桥以达之亭，由亭以尽夫池也。"具体来说：

  夫道也者，人之心也。心本虚，自欺则窒；心本渊，自满则浅。学者毋自欺，则窒往而虚复；不自满，则浅去而渊存。亦犹夫池之治也，自决其堙者始也。夫以虚渊语道，则微妙而难知；以中极语教，循序语学，则彰察而易见。教也者，教此者也；学也者，学此者也。

这是一段关于"教"与"学"之根本的精妙论述。人自欺则心淤塞，自满则难容物，这两者都是学者的大忌，不能克服此二者，则学难长进。以"虚"和"满"的道理来阐释为学之道，不易为人理解；但如果以建中和之道来谈"教"，以循序渐进来谈"学"，道理就非常明白了。所以，教者如居亭，学者如步桥，这就是教与学的道理。

孔天胤认为，以泮池喻学海，古代初建池者即本此意，但在学海中建立道之基和通道之津，则是吴道南知州的首创，一番匠心在矣。

由一池一亭一桥而生发出一番对教学、学习义旨的阐述，不可谓不高明，而这其中也蕴含着孔天胤对于教育之道和人才成长途径的深入思考。

五、儒释道相融的学术思想

正如康海所评价，孔天胤是一位"纯儒"，有着儒家士君子的济世情怀，然而他对佛家、道家思想的体悟，又是贯串一生的。

（一）儒释相融

早在嘉靖十七年（1538）丁父忧时期，孔天胤就与僧人多有来往，诗歌创作中也对佛家的生活多有向往，如《山中怀秋山上人》《卜居白云庵南答友人》等。致仕后，与佛家人士来往尤多，由其诗题《生日就辉上人饭僧》《斋居忆大辉上人》《辉上人禅室》《避暑春谷庵辉上人便留宴坐》《题辉上人壁室二首》《寄怀庆云上人》《喜云上人见访》《赠安上人》等可知。他不仅向往佛家人"三十年来面壁身，也无欢喜也无嗔"（《题辉上人壁室二首》）的生活，而且"好揽佛氏书，因与释子群"（《辉上人禅室》），希望与高僧共语，以慰老年寂寞，"老怀逾寂寞，将共尔随缘"（《斋居忆大辉上人》）。

而在前文所述其为寺观祠庙所写的碑记中，他对佛家经义的理解和体悟、对佛家教化人心的作用也多有阐释。如嘉靖二十八年（1549）丁母忧期间，在为汾州云林庵所写的记文中他写道：

> 而况朗悬智镜，以超群迷，高谈宗理，用开众听，使合同者春融乎妙有，复初者冰释乎本无。参叩之徒，觌德而情抛恶趣；含灵之党，溯风而心款善缘。即毒事不生，平怀并尽，风流清简，俗尚慈良。不必远寻净土，自然美作仁里。则云林即善菩提之果园，茅庵总黄金而布地。（《云林庵记》）

佛教信仰时民众的最大作用，就是教民为善。这在汾州强宗为患的情况下，具有安定地方的重要作用。而在《灵岩寺增修记》中，他再次写到佛教对于修正人心的意义：

> 如来以蠢动含灵，皆有佛性，舍恶趋善，无非彼岸，故众生咸愿皈依，虽至顽傲亦知顶礼。其善心感者，其尘情忘也。乃若真心不修而徒构丽观，种种迹业都虚忘，而又何利焉？《楞伽经》云："心生即种种法生，心灭即种种法灭。"《佛名经》云："罪从心生，还从心灭。"故知善，一切皆由于心也。寺于心等，寺坏知修，心坏不知所以修，不亦迷哉？（《灵岩寺增修记》）

佛家"修心"的观点，与孔天胤一向秉持的学子求学先正心、官员为政要诚心、士大夫写诗文心正即诗文正而《孟子》的核心在于"放心"等观念，在某个层面是高度相通的。这也是他重视佛教化民意义的原因之一。

除此之外，由其为佛氏书所写的序文，也可见出其对佛氏真意的参悟。

隆庆五年（1571）赵讷丁母忧期间，刊刻了石屋禅师的《山居颂》，并名之曰"云林清籁"，孔天胤作《云林清籁序》。

石屋禅师（1272~1352），法号清珙，元代高僧，相传为江苏常熟人，老而退居浙江湖州西天湖，是一位在中国禅学史上有着重要地位的禅师，日本学者称其为"僧中之仙"。石屋禅师好诗，今存续修《四库全书》中有石屋禅师《山居诗》六卷。其《山居诗》多禅意清远，如"柴门虽设未尝开，闲看幽情自往来""云消晓嶂闻寒瀑，叶落秋林见远山""古柏烟消清昼永，是非不到白云间""竹榻夜移听雨坐，纸窗晴启看云眠""秋风处处堪伤感，且向空山择木栖"等句，境界旷远而意旨深美。

孔天胤在序中说，自己在湖州时就极喜欢石屋禅师的《山居颂》（即《山居诗》），归田之后，好之弥笃。但自己带回来的《山居颂》，因为常常拿给好学之人看，所以常被借去。赵讷听说后，特意抄补一册。但又怕这一册以后也找不到了，于是将其中六十余篇刊刻成书，并名之曰"云林清籁"。为什么叫这个名称？孔天胤释其义曰："籁，箫也；箫，肃也。其声肃肃然清也,则如籁品本清,以其奏于云林,则又清矣。故曰云林清籁者,表其非世俗之音也。"云林,隐居之所。王维有诗:"当时只记入山深,青溪几度到云林。"命之为《云林清籁》,相当于是对石屋禅师《山居颂》的一种再创造。

孔天胤进一步解释云林清籁有别于世俗之音:世俗之音传达的是世俗之情,世俗之情吹出来有哀怨、欢愉、绮靡、亢厉等情绪;"清"音则不同,它是出世之士的心声,"复初乎太朴,返真乎元素。虚明湛寂,妙感玄通",这样的出世之士,要么不言,言则为天籁之自鸣。这种解释中,既有佛家的出世观,也有道家的自然观。《庄子·齐物论》中讲到了人籁、地籁、天籁。人籁是指丝竹之音,多指人为的音乐;地籁则是风吹过大地上的窍穴发出的声音,多为自然之声;而天籁,它的发生和停息都来自自身,更像一种感知上的"顿悟",它是美的最高境界,倾听它,不是用耳朵,而是用心。孔天胤总结:"石屋,其人则出世之士也,其言则天籁也。"

刊刻石屋禅师《山居诗》并序释其义,一方面是为保存文献,另一方面也能看出孔天胤与赵讷师生之间一种思想境界上的默契,更能看出儒家知识分子对释、道精髓的融会贯通。

万历三年(1575),山西五台山寺庙的湛空上人持铜殿僧祖秋崖的两卷诗来找孔天胤,请他为之作序。

秋崖,其人不详,由《清凉山志》卷二所记"成化间,秋崖法师同晋主祈光,遂愿,故建之"及"上为生民祈福,遣中相韦敏建寺,铸铜为瓦,今称铜瓦殿。赐印并护持,命秋崖等十高僧住",可知其为成化、正德间人。孔天胤为此诗作序的原因有两个,一是"地灵",一是"人杰"。

孔天胤记载,五台"其山大五百里,昔文殊现世栖托此中,历代宝之","至今为法界之丛林,人天之兰若焉"。然而由于地高气寒,能用来食用的植物都难以生长;虽有松柏能生,但由于其土不肥,槁壤所蒸,偶尔生一些芝菌也不足以养生,所以僧人罕至。

孔天胤认为,常说神山要么有异人,要么有异物,五台山显然两者具备。五台灵山有异物,是为"地灵":

闻此中时有金银气，或宝镜摄光于云岚之阻，或金灯放彩于雨雪之宵，或见弱翁牵狗，老妪抱儿，转眼又复不见。台盘石上，约可建五丈旗。及其登也，聚之千人不为多，散之百人不为少。凡此亦甚奇矣。

五台灵山有异人，是为"人杰"。一异在于铜殿僧祖秋崖。其诗"言句之半，颇阐宗风""乃优钵之花，开来几叶；菩提之树，秀出一枝"，言理言事，堪称"双彰"。二异在于来请序的湛空上人。这位上人居留五台，以法力募化十方，弘修危刹，大启长廊，以百千珍品供养金像，施舍斋饭，令住山的贫子和游方大众皆得称心，堪称此山之奇士。所以孔天胤写这篇序，一方面是有感于高僧秋崖，另一方面是有感于湛空上人，希望秋崖之诗能够永镇山门。

（二）儒道相融

嘉靖二十六年（1547）丁母忧期间，孔天胤为山西巡按御史齐宗道的《云汀图》写了序言，通过对一幅图的理解，阐发了儒道相融的体道观。

当时，齐宗道因在外久任，思念故乡日照，绘少时读书室于图，来请孔天胤为此图写点文字。孔天胤细看齐宗道之图颇有气象，于是写文以阐幽发微，这也使《云汀图序》一文既有赠文的性质，又有论文的特征，从中颇可洞见孔天胤当时之学识与思想。

文中，孔天胤阐发了天象之云雨与君子之道的关系，并在此基础上探讨"云汀"二字的深意所在。他说：

自以天降时雨，山川出云。云者，水土轻清之气为之，触石肤寸，不终朝而雨，天下有君子行道济时之象。又符景天瑞，为鬻为庆，萧条轮菌，如烟非烟，又放之弥漫，敛之无迹，有君子有道则现、为而不有、功成而不居之象。则云之为义远矣，于是取以名"汀"，而曰"云汀"云。

这段文字中,体现的就是孔天胤儒道相济的哲学思想和人生情怀。《老子》二十三章:"飘风不终朝,骤雨不终日。"《老子》第二章:"万物作焉而不辞,生而不有,为而不恃,功成而弗居。夫唯弗居,是以不去。"雨以时而降,云以时而出,不终朝而雨,是君子济时之象;雨后的天空,云似烟非烟,放之弥漫而敛之无迹,这正是君子功成不居之象。孔天胤此段文字并非附和中国古代文化中的"灾异说",而是借天象论人道,他所要探讨的是中国士君子应有的济时思想和为而不有、功成不居的博大情怀。所以他说,"云之为义远矣"。云为天象,汀为地表,名之"云汀",正是《周易》中所说的乾坤之道、天地之道。

接下来,孔天胤阐发了士君子处境之穷达、隐显与"道"的关系。他说:

> 孟子曰:"穷不失意,达不离道。"斯其以之。夫隐显之迹异,而道义之心同。故君子穷养而达施,达之所施,即穷之所养。如伊尹格天,功光陇亩;颜渊隐居,德当平世。非心同,而能若是乎?

这里阐发的是儒家精神中的"尊道"。真正的"道",不随人的穷达、隐显而有所改变,迹异而道同,它就是士君子所坚守的一种精神坐标。孟子说:"达则兼济天下,穷则独善其身。"支持人的言行表现的都是"道"。伊尹是商朝老臣、帝王之师,《尚书·君奭》引周公语说"伊尹格于皇天",代天言事,可见其尊贵显荣;颜回是孔子弟子,"一箪食,一瓢饮,在陋巷,人不堪其忧,回也不改其乐"。俩处境,一极达一极穷,但在精神的层面,他们有着同样的高度,因为他们"心同",他们守着一样的"道"。

他又引《周易》,阐发了"利用安身"与"崇德"之道:

> 《易》曰:"精义入神,以利用也。""利用安身,以崇德也。"夫义非物,事可持,精非意,必可尽一念之宜。百宜之府,利无不用,安无不处。一德之崇,万有之祖。地平天成,不越庭户。无少庸智,无织自私,气一之动,吾志反驰。

《周易·系辞下》中的原句是："尺蠖之曲，以求伸也；精义入神，以致用也；龙蛇之蛰，以求存也；利用安身，以崇德也。"这里讲的是君子的伸屈之道。屈是为了伸，求其理是为致其用，龙蛇蛰伏是为了生存，士君子防祸保身也并非小人心智，只是为了更好地崇德。这和孔子的"邦有道，不废；邦无道，免于刑戮"（《论语·公冶长》）的道理是一样的。其根本就在于"崇德"，即"一德之崇，万有之祖"。以一应万，以不变应万变，这正是乾坤之道，也就是"云汀"之道。文章最后说：

是故其汀之清平而止者，吾德之正而无碍也；其云之舒卷而适者，吾德之动而无极也。其云与汀之冥合而玄化者，又吾之至盛而不知其所以然也。斯穷达一，万物类，昼夜通，天地位，而后揽于图者，知其义之精；得其精者，超于象之外也。

这就把前面所阐发之理与"云""汀"二字完全融合于一体。"汀"之清平代表的是德之无碍，"云"之卷舒代表的是德之无穷变化。深通变与不变之理，才能融通万物，穷与达同，万物相类，昼夜相通，天地各就其位。这就是图之精义，也是"道"之精义。

归乡之后，他对于道家老子之言有了更深的体悟，大约在精神层面，道家的"守""虚""静""复""知常"等理念，更适于其性格中喜静的一面。在《园约二首》中，他写道：

《老子》有言："知其雄，守其雌，为天下溪。知其荣，守其辱，为天下谷。"愚公既已为溪谷之民，则其所守可知矣。

愚公，孔天胤自称。此外，他又说自己"性好静坐，学《易》之复，以求天地之心"，进而引《老子》说：

《老子》曰："至虚极，守静笃。万物并作，吾以观其复。夫物芸芸，各归其根。归根曰静，静曰复命。复命曰常，知常曰明，不知常，妄作凶。"今也虽未能明，而妄作鲜乎？

引《老子》阐述自己归来后的精神旨归，以此"复以求天地之心"。而那些古代隐者如陶渊明、邵雍、嵇康等人"著文章自娱，颇示己志""隐居自乐，玄酒大羹，微醺朗吟"的生活，此时也更能与其精神相融相通，他希望能学其精髓，"道养得理，以尽性命，毋以思虑销其精神，哀乐殃其平粹"。

孔天胤与道家人物的来往同样较多，由其汾州时期的诗题《仙槐观访王全真道士》《游长春观登鹤鸣古洞听鹤》《毕宿坛道士祈雨》等可知。他甚至将自己的生活与道士作比，称"往山道士习离群，问影扶筇只白云"（《暮春山中一首》），认为自己目前的生活状态正是道士离群索居、问影白云的状况。

嘉靖三十九年（1560），分守冀南道彭范拿出一本吕纯阳的《玄览编》，说他在河南灵宝的父亲家世嗜道，大爱吕纯阳此书，问能否重刻。前文已述，彭范驻汾州期间有两大重要功绩，一是主持创刻了分守冀南道题名碑，孔天胤作了碑记；二是主修了汾州历史上第二部《汾州志》，孔天胤主纂。关于吕纯阳的《玄览编》，应该说是他们的第三次合作。

彭范所说的吕纯阳，名岩，字洞宾，唐末山西芮城人。雍正《山西通志》"仙释"蒲州府，称其"天宝十四载（755）四月十四日巳时生，咸通（860~874）年间中举，进士不第，游长安酒肆，遇钟离权，得道，不知所往，有诗集四卷"。吕纯阳后来在民间被越传越神，被尊为道教仙人，名列"八仙"。山西多有与其相关的遗迹及祠观，仅雍正《山西通志》，就记载平顺县灵显观有吕纯阳题诗壁间；天镇县有洞宾洞，"在笔峰山，深邃，人莫敢入，相传吕洞宾居此"；永济县有吕洞宾故宅，"城南永乐镇，唐即其地，为吕公祠，元为纯阳宫"；阳曲县有纯阳宫，在天衢街贡院东（即今太原市迎泽区起凤街）；徐沟、和顺、定襄等县皆有纯阳宫。

《玄览编》据传是吕纯阳的著述。"玄览"二字，语出《老子》第十章"涤除玄览，能无疵乎？"由书名也可知这是吕纯阳结合现实见闻和自身体悟阐释《老子》思想的一部道学著作，也即孔天胤所说"《玄览编》者，载事之玄者也""夫玄览者，览于玄微也"。此书今已不传，但由孔天胤序文，可知其在明嘉靖三十九年（1560）时仍存，孔天胤说"今其书可睹记焉"。并且，这一年彭范在汾州对此书进行了重刻。

按孔天胤的记载，吕纯阳"禀天授之醇灵，撷民彝之瑰异，缀儒林之藻秀，溯学海之波澜"，最初也是学儒的，后因为屡试不第且遭逢安史之乱，没有举业之途，于是远游求师，贞心进道，"寻参领乎众妙，竟策步于上乘"，对道家思想有所参悟，渐抵佳境，获上乘之学。于是提笔释玄，而其意也在于启悟众生，"正言以筌其理"。于是"其仁存浮世，意在深泽。斯清词绝调，流写人间"。其所造境，多隐多幻，变化多端，"匿景现形，超腾物表"，皆因道家之旨"变化万殊，不可得而测矣"，正如《老子》第一章所说的"玄之又玄，众妙之门"。

对于吕纯阳《玄览编》这样的书，在中国文化经典传播的过程中常常是被屏蔽在外的。其原因正如孔天胤所说，学士大夫大多"非圣之书，概所不观"。遵从儒家圣学，一方面因为这是举业之资，另一方面也因为它是"正学"。但这样的道家之书是否就没有价值呢？当然不是。当年"马迁叙六家之统，惟道是崇；刘向博群书之精，列仙乃述"。司马迁在《史记》的《太史公自序》中，述阴阳、儒、墨、名、法、道六家之优劣，认为阴阳之术"大祥而众忌讳，使人拘而多所畏"，儒者"博而寡要，劳而少功，是以其事难尽从"，墨者"俭而难遵，是以其事不可遍循"，法家"严而少恩"，名家"使人俭而善失真"；唯有道家，"使人精神专一，动合无形，赡足万物"。道家之术还博采众家之长，"因阴阳之大顺，采儒墨之善，撮名法之要，与时迁移，应物变化，立俗施事，无所不宜，指约而易操，事少而功多"。曾治《春秋穀梁传》《新序》《说苑》《列女传》《战国策》群书的西汉学者刘向，不但与其子刘歆编订了《山海经》，还编有《列仙传》。司马迁、刘向这样的大学者，对道学、仙释都如此重视，本身就说明其中有着接近民生、民间、民意的合理成分。

从这个角度来说，彭范为其父重刻吕纯阳《玄览编》，孔天胤为之写序，都是有着一定的现实意义的。孔天胤为此书写序，还和他当时的现实处境及精神底色有关。当时是其退归的前几年，也正在"覃思道德之府，极意逍遥之林"，所以看到此书后，感觉"卷展而义陈，目击而心悦"，正与他近来所思考的人生境界相契合。所以和彭范商议"锓梓兰斋"，兰斋，当是孔天胤汾州刻书之所。而刻此书的意义,则在于"上达览之而神悟,下士闻之而颐解",最终使文垂千古,使天下之士深悟"道在同心"之理。

六、一园一亭有深意

孔天胤有文字记载的廊轩增筑始于嘉靖二十六年(1547)丁母忧之际,那一年他四十三岁。他将其命名为"清阴轩"。轩成,写短文《清阴轩记》以记之:

> 吾所居,左有槐而右有竹,青天白云盖其上,合而观之,有清阴焉。而吾于是得以荫息于其间,知吾之白以守其黑,保吾之定以一其动静,盖吾之主以清。抑又思之:方吾之未息此阴也,而其清非始无也;及吾之既息此阴也,而其清非始有也。有无之间,未既之际,咸不可得而名也,而聊以名吾轩之曰"清阴"云尔。

这篇小记写得颇有画面感:左槐右竹,青天白云盖其上,阳光透过槐竹枝叶洒下来,既得天之光,又得物之护,可谓精美。从色彩及构图来看,槐竹之绿,天之蓝白,槐花之香,绿竹之节,也相映成趣。有这样一方小轩,孔天胤得以常常荫息其间,读书思考。经历了宦海的沉浮,此间他思考更多的是人生之道。《老子》说:"知其白,守其黑,为天下式。"即使明明知道众人所谓的"正确"是什么,也依然安心固守着一条不能趋向大众认同的价值观的路,这就是老子所说的"抱一",老子认为这样才是天下人的楷模。那么,这"白"和"黑"是怎么形成的呢?就好像一阵风来,外在的"动"和内心的"静"之间又是怎样一种关系呢?一时间,孔天胤甚至感觉到了一种时空的错位,他的思想飘浮得更远:我没有荫息于此,这清阴并非就没有;我荫息于此,这清阴也并不是才开始有。那么,用什么来命名此轩呢?"有"和"没有"之间,以及在还没有形成的时候,都不可以作为此轩的名称。想来想去,暂名其曰"清阴"吧。

这清阴,足以自娱自适。东晋陶渊明《归鸟诗》曰:"顾俦相鸣,景庇清阴";唐代柳宗元《饮酒》诗曰:"清阴可自庇,竟夕闻佳言。"这清阴,也足以与佳朋分享。宋代苏轼《补唐文宗柳公权联句》诗曰:"愿言均此施,清阴分四方。"这就是我们现在所谓的"精神家园",一个能够更好地面对自己,也能更好地拥抱外部世界的地方。

孔天胤退归汾州后,先后修筑了不少园林亭轩,而其建设风格及名称,不但有其对人生的回味和总结,更蕴含着其哲学思想。

嘉靖三十七年(1558)筑"寄拙园"时,孔天胤五十四岁。他于此年四月八日作《寄拙园记》,文中写道:

> 地不盈亩,喜与宅近。薄言治之,成一小园。东边修屋五间,一为门,一以住僮仆,三则我居之乎尔。又凿井西南隅,建厨西北隅,而厕其西之缺处焉。其余画五十畦,杂莳花药。墙下窗前稍置竹石,而园斯成矣,因名之曰"寄拙"云。

此为园之形制。而对于"寄拙"一词,他解释:"因名之曰'寄拙',云余生也拙,既于世莫容,及退身求田,又卒污莱焉。"污莱,荒地。回顾自己五十四年的人生路,走得笨拙坎坷;而归来营建一园养花种菜,竟也逢着一片荒地。但所幸,此地可以寄托自己一介"拙人"之身心,"乃仅幸迁迹于斯,则拙者其有寄乎"。生活上得以温饱,精神上得以有寄,若再得"琴书载列,酒茗略具,偃仰从性,调息养真,亲友相存,抚景共酌,陶然悠然,聊以自遂",那自然"固亦拙之余也"。总结此园,深感人生如寄,"余有拙以寄其生,又有园以寄其拙。计于巧虽未得,拙亦弗全失也"。他自己也乐得守拙于此。陶渊明《归园田居》诗曰:"开荒南野际,守拙归园田。"孔天胤之"寄拙园",隐含的也正是"误落尘网中,一去三十年"的慨叹和对"狗吠深巷中,鸡鸣桑树颠"的归田生活的享受。

孔天胤另写有《寄拙园叙志二首》,表达自己的园林之趣。其一曰:

> 罢官无一事,涉趣有斯园。半亩菊成径,三间草作轩。窗前

柱史册,厨里步兵尊。山客频相问,而非车马喧。

诗中暗含的是陶渊明《归去来兮辞》中的"园日涉以成趣",以及《归园田居》中的"方宅十余亩,草屋八九间"、《饮酒》中的"结庐在人境,而无车马喧"。"步兵"则指阮籍。

嘉靖三十九年(1560)筑"愚公园"时,孔天胤五十六岁。在《愚公园记》中,他先记此园来历:"嘉靖三十三年(1554)甲寅典南墺屋址一区,至三十八年(1559)己未贴买之,明年(1560)庚寅六月筑为园。"中间经历六年。此园为何名为"愚公园"?文中他历数自己生平之"六愚":一愚曰"知其不可而为之,进而无位,行而失途,蒙止棘于污,中含沙之射,濒九死而一生,历百折而才返",历半生艰辛皆因愚;二愚曰"上之不能升华蹈沧,下之不能买山而隐",所以安于此一垣之地,出了三倍的高价方才购得,且此地原有大坑,"填万箱土平焉";三愚曰将背后荒城假以为山,将面前废井借以为溪,"晏坐有向隅之形,行汲多抱瓮之累",但"物且不堪,身自恬之",自得其乐;四愚曰"揽六籍之空文,终白首而无效""而今竹几绳床,尚自堆积,风雨晦冥,耽研不辍",老来仍是一书生;五愚曰"绝毁誉之听,断荣辱之观,块然独远,暗然孤莹,惟寂惟寞,抱神以静",甘守寂寞,不亦愚乎?六愚曰"桑榆之光,更期远照,孜孜终朝,亹亹阑夕",老来仍在孜孜探求"性与天道"之精微,则更见其愚。文末曰:"或有问愚公为谁者,对是文谷山人也。"

孔天胤另写有《愚公园答诸公见访二首》《春日愚公园一首》等诗,进一步以诗的形式阐释"愚公"之志。前诗有"草因无路长,树以不材存",借草、树"无路""无用"而得生长之事,阐述了愚而得生的道理;后诗则以"翠逐莺声满,红翻蝶势虚"写园中生趣,以"厨中况有酒,不乐今何如"写园中乐情。

同筑于嘉靖三十九年(1560)的"文苑清居",是孔天胤所有园居中付诸情感最深的一处,他称自己"一岁多偃此中",而此居对他来说,深感"足以自适矣"。据孔天胤于万历八年(1580)写给好友的诗《述怀呈冯孚溪先生,余有园庐在城北郭,比孚溪公卜筑,亦于西郭门,两家相去仅二里间,余既欣邻曲之交，复雅通家之谊，爰因初度，叙意侑觞》可知，文苑清居在汾阳城北。冯孚溪，业师冯思翊之子。

此居筑好，并"稍稍布署"后，孔天胤连写了《题文苑清居十二咏》《解嘲一首》《园中赏花赋诗事宜》等文。不久又在文苑清居东边增置"东树园"，并作《增置苑东树园记》。这几篇文章，将他归田后的乐趣、情趣、志趣阐释得极为充分。

文苑清居中有十二小景，他还请定陶画士郝君绘了十二幅小画：

> 得可图咏者凡有十二，曰"平霞馆"，曰"读书台"，曰"双树轩"，曰"杏花亭"，曰"桐竹山房"，曰"长春洞"，曰"春草茵"，曰"果庵"，曰"槐井"，曰"药栏"，曰"鱼镜"，曰"菊柴"焉。

名皆雅而意皆丰。他接着各述其意旨。取名平霞馆，是因其在高处，若与霞平，正好可以"蓄书卷数千"，前置读书台。双树轩、杏花亭、槐井、春草茵、果庵、菊柴、药栏，其名皆以植物而取，树有槐、杏，花有菊花、芍药，有草有果，有井有亭，因地制宜，因景设名。长春洞是一处向阳的小洞，南面以砖砌之，植以盆卉；鱼镜是砌石作池，"鱼下碧潭，当镜跃也"。一个小小的园内，竟分出这诗情画意的十二景来，足见园主人之诗情和雅兴。这十二小景，也成为孔天胤汾州期间与诸多友人题咏之处，因诗数量多且意境美，使园中这些小景也都成为响当当的名景。

有趣的是，孔天胤《解嘲一首》还以汉赋假托"客"之问与"我"之答的形式，道出文苑清居的寓意所在。"客"问：您这所谓"苑"呀"居"呀的，和"大象之林"相比，"直兔径耳"，就好像象林兔径一样荒陋不堪，至于把它描述得这么美好吗？至于寄托那么多情怀意趣吗？"我"答："昔子陵之潭而名严，子真之谷而名郑也，今为愚公之苑也者，是为苑也。"东汉隐士严子陵隐居于江西富春山，其潭就叫严潭；西汉隐士郑子真隐居于陕西褒谷箕山，其谷就叫郑谷。既然如此，孔文谷隐居之汾州，其苑如何不得叫文苑？其居如何叫不得清居？他还对"文"与"清"做了一番解释：

> 夫文者，道之显；清者，气之纯。天地之间，何道而非气？何气而非道也？且地文之萌，茅甲毕现；天清之湛，光尘属焉。子又安知荒之弗文，而陋之弗清也耶？

"文"中隐含的是天地之道，"清"中隐含的是天地之气，且"道""气"本为一体。文萌于地，清现之天，都是看得见摸得着的，荒陋如何就不得"文""清"呢？更何况，此苑、此居现在荒陋，不代表以后会一直荒陋，主人还可以用心经营："吾方培真灵苑，荫景神居，垂条结华，敷琳琅之药，粲琼瑶之英。"这一番问答，理直而气足，直说得"其人乃嘿塞而退耳"。

文苑清居所增置的东树园最大的特色是有三棵槐树，树旁"有井而洌"，依此形制，在阶前栽花种菊，"畦尽而既以果属之树，令行间茂密，对面森耸"。而对于园中之"垣屋与草木之无次第者"，则"删繁就简，化腐为新"，合理布局，又是一处佳景。此东树园又名"嘉树园"，得名的原因，是出自《左传》的一个典故。《左传》载，鲁昭公二年，晋侯派大夫韩宣子出使鲁国，鲁国正卿季武子设宴招待。宴会场所有嘉树，韩宣子称赞这棵树，季武子于是赋《诗经·甘棠》。孔天胤说："余每爱韩宣子聘鲁，宴于季氏之嘉树，赋《诗》归羡，穆如清风。今吾此三树，殆亦嘉矣。"孔天胤所爱的，是那种高人雅士在嘉树之下吟诗作赋的氛围，他说："余暇而盘桓其幄中，或与少长列坐其次，当画阴垂景，月华穿漏，清言薄酌，亦一乐也。"这才是嘉树园命名的真谛。

嘉树园中还有一景曰"兰雪堂"，其得名的过程，还费了一番周折：

> 文苑清居有"平霞馆""桐竹房"，颇不深邃，欲别作"竹林西馆"，因土性不堪种竹，未果也。今得此，则西馆可以不作。又窃以井湛槐绿，神理交莹，不涉尘滓，情深而文明，有天地之纯清焉，则名其轩以"湛绿"也。白云康老易之曰"兰雪"，今作"兰雪堂"。

本来想种竹，但汾州属北方，土性、气候皆不宜于种竹，只好作罢。况有此三棵槐树而成嘉树园，想象中的"竹林西馆"也就不置了。因为这里井湛槐绿，所以想把槐幄井边参列之小轩命名为"湛绿轩"，但友人白云康老觉得"兰雪堂"之名更好，所以就改为"兰雪堂"了。

白云康老，其人姓字不详，是一位汾州民间高士。孔天胤有多篇诗文写到此人，如《园中录语》："有白云康老者，莫逆交也。其人亡（无）是非、丧尔我，闲往闲来，无将迎焉"，言白云康老之节操清尚；《宴谈》："要白云之康老，度长日之小年"，言二人相得，相伴于美景中终老。孔天胤还写有《邪气解》一文，全文以赋体的形式，拟二人对话，与白云康老论邪气之害及去邪气之法。孔天胤诗《林间习静二首》其一中，有"却嫌形影相争辩，邀致白云康老言"句；《白云康老词二首》称"瑶林一抹青天外，何处白云康老家""白云康老在姑射，冰雪夏林旻火空"，皆言二人相知之深。孔天胤还写有《戏题康老》一首，诗曰：

> 白云康老人难识，似是沉冥一腐儒。天地自将刍狗待，姓名应作马牛呼。落花微雨看朝槿，啼鸟东风听画胡。童冠比来疏问对，多因我已丧其吾。

此诗虽是戏题，却道出白云康老与自己精神深处的相通。其实也就是孔天胤对自己"野老"身份的定位和认同。很大程度上，白云康老，就是孔天胤自己的化身。所以，写白云康老，其实是在阐释自己的精神情怀。

诸园成，交由园丁打理。孔天胤写《园约二首》，"特与园丁约"，对主人到园与客人到园的接待规格，都做了具体的规定。因客"必皆赏我趣者"，因此接待规格颇高，有茶有酒，有菜有肉，有米有面，有果有鸡，鸡许买而不许现杀。大约是赏花之人过多，且多远道而来，主人须备酒食，却给主人增添了经济负担。在《园中赏花赋诗事宜》中，他提出来赏花的人要交点费用。曾经是每人交一钱，以后改为五分，而伙食标准也减为"蒸豚白饭"外加果、饼、酒，不再如以往的八碟四碗、蒸卷粉汤。这是物质层面的约定。精神层面，《园约二首》又讲"自约其修"：

> 曩出行失路，如羽毛之子者，跕跕而飞，蹶蹶而走，几不免

于妖禽怪兽之口也。乃今深居而简出。夫物有同类而相畏者,而况于人乎?故愚公作梦,亦畏与世接矣。即有惠好我者,则莫之逆也。家有薄资,令儿僮各以其力勤四民之业,不妄求利,故颇自知足也。

回顾自己二十余年仕宦路,仍是余悸在心的感觉。如今深居简出,尽力减少与世事的接触,就连做梦也很怕梦到世事。此种处境、此种心态,若有宾朋前来,那定是知交莫逆。而对于子孙今后的发展方向,孔天胤此处也有所设想,那就是若"家有薄资",则助子孙"各以其力,动四民之业",即士、农、工、商。

有了一处可供身体和精神同寄的小园,精神中曾经被压抑的一些因素,就会在此获得良好的生长。这也正是孔天胤筑园的意义。无论是自嘲还是正说,都是他对自己最深的认知和最恰当的解读。

与寄拙园、愚公园相邻的,还有一处园曰"背郭园",也成为孔天胤此后多首诗歌题咏之处。嘉靖四十年(1561)有《首夏背郭园即事》,写到了背郭园"结宇背城阴,聊无外物侵",而这也正如人生,"形骸谢牵束,光景得窥临"。嘉靖四十二年(1563)有《春晚背郭园赋》,"巧智无能拙有余,田园春晚独踟躇",赋园实则是在述志。背郭园中也曾招宴群朋,嘉靖四十二年(1563)有《四月八日背郭园宴集,诸友生夕雨时至,挑灯夜留一首》,"密雨解留人,纷丝系归骑。方将秉烛游,达曙娱心意",写友人宴集之乐。

而在其万历二年(1574)七十岁时为新筑"翠虚亭"所写的记文中,则更展示了儒释道相融一体的思想。

亭作于万历二载春夏之交。亭成,孔天胤还做了一个梦,梦见天帝封他为"翠虚亭长"。七十岁的孔天胤,用词构句更为纯熟老辣,写文造境更为轻逸缥缈。他述翠虚亭观翠之景:

蒙雾雨、涉烟霏则膏如,袭暾曈、晃晴霁则缥如,薄流飚之轻则游如,泫零露之皓则滴如。氤氲掩冉,艳裔闪铄,挹之而不可近,溯之而不知其始之从。(《翠虚亭记》)

变幻莫测,虚实相映,大有《老子》中所说的"恍兮惚兮"之感,而这也正是"翠虚亭"之"虚"字的内蕴。虚者,空也。"意衍之于太虚,及其水波叶脱,翠随解散,究之而不知其终之,委意又太虚敛之",秋天叶落,翠之虚又与太虚之虚相呼应,倒让人"不知虚涵翠耶?翠涵虚耶?"庄周梦蝶,不知庄周为蝴蝶、蝴蝶为庄周,这小小一亭,竟也让人产生了这样的梦中之境。孔天胤进一步解释"翠虚之旨"曰:

> 余欲以翠虚之旨,妙绝于一观。夫即一亭之虚,以自观,乃以观物。物之有形有色,皆受之于天。天以精气孳万物,物得之而为形;天以精神妙万形,形表之而为色。色者,清灵之光也。故君子所性,仁义礼智根于心,其生色也粹然。丧其气者,形如槁木;夺其神者,色如死灭。形神俱妙者,太虚辽廓而无阂,而葆光,而希夷。吾又何以观之?

这就是儒释道相融视角下人对物的观照。以"一亭之虚"观我观物,得见物之形与色,而形色皆形成于天之"气"。所以,士君子的天性,"仁义礼智"根植于内心,外化为重、威、和、正、温等神态颜色;一旦这种"气"消失了,色与形也会自然消失。但这样两种情况,尚且有形、色可观,而世间最妙者,莫过于形神俱妙,却虚幻难观。东晋孙绰《游天台山赋》曰:"太虚辽阔而无阂,运自然之妙有。融而为川渎,结而为山阜。"《庄子·齐物论》:"注焉而不满,酌焉而不竭,而不知其所由来,此之谓葆光。"《老子》曰:"视之不见名曰夷,听之不闻名曰希。"山阜川渎,皆辽阔无阂之自然妙化而成;而后注不满,酌不竭,隐蔽其光辉,令人不知其所由来;无声无色,归于虚寂玄妙。至于这样的化境,又如何得观?

所以孔天胤以"翠虚"二字命名该亭,蕴含着至微至妙的大理。亭筑成,孔天胤另写有《翠虚亭》一首。其中"色缘空自映,香以静成薰""琉璃晓光混,无处著浮云"等句,既状写了翠虚亭之景,又颇含"空""虚"之禅意。儒释道思想在此文中得到了高度相融。

第七章　交游考述

孔天胤一生宦游海内，交游可谓多矣。其分类，可包括亲旧、同年、师友、同道、同僚、文朋等；而由其人生经历分类，又有几个群体，如"汾州、孝义好友群体""进士同年群体""西翰林群体""浙江理学家群体""浙江诗人群体""山西地方官群体"等。以下简述几个群体，并列举几位有代表性的交游人物。

一、汾州、孝义好友群体

孔天胤的汾州好友，知名者如王缉、王纬兄弟，刘尚义、刘尚礼兄弟，李廷儒、李渤、李渔父子，王文翰、李天锡、赵世禄等举人同年，另有郑辂、周伦等人。孝义好友，有赵思商、霍冀、梁明翰及进士同年张冕等人。

（一）王纬、王缉兄弟[①]

王纬（号龙冈）以举人出仕，初任鄢陵县知县，后升武定州知州。知州任上，"时岁饥，纬摄行救赈，政善策奇，所全活数百万人"。嘉靖四十一年（1562）入觐时，因得罪权贵而贬官顺德府学教授，又迁广平府通判、德州知州等职，仕途颇为曲折（孔天胤《王母太安人张氏墓志铭》）。王缉（号龙洲），与赵讷同中嘉靖三十八年（1559）进士。王缉为官多有善政，《山西通志》《汾州府志》俱列"乡贤"。《山西通志》既记其"以母老，养亲不便，疏请就近改助教"事，也记其为官之事，隆庆五年（1571）主持会试，"所收多硕彦"；

---

① 万历《山西通志》："王缉，纬子。"误。

曾以佥都御史巡抚贵州，"有苗归附，钦赐金币，令纪录"。升副都御史巡抚南赣，后升户部侍郎。《山西通志》评价其"扬历中外三十余年，勋绩烂然。所著有《边防纪略》等书。黔人感德，建祠祀焉"。因其功大，其父、其祖先后都得以追封，其兄也因此得荣。乾隆《汾阳县志》："兄弟大夫坊，万历四年（1576）为奉直大夫王纬、奉政大夫王缉立。在安静坊。""父子少卿坊，万历四年（1576）为赠副都御史王鹤、光禄少卿王缉立。在安静坊。""都御史坊，万历七年（1579）为副都御史王缉立。在三贤坊。""三世大臣坊，万历十年为赠副都御史王垣、王鹤，副都御史王缉立。在三贤坊。"

嘉靖四十一年（1562），孔天胤子孔阶聘王缉之女，孔天胤与王缉成为亲家。此事见于赵讷的记载，"生子阶，国子生。后十一年，子娶王氏少司徒王龙洲之女"（赵讷《文靖先生孔公墓碑》）。孔天胤与王缉诗歌酬唱也较多。王缉省亲回京，孔天胤作《送龙洲公还京》；王缉生日，孔天胤作诗《寄寿龙洲光禄》《南山篇寄寿龙洲》；王缉回乡，孔天胤过访王家兄弟，作《孟冬访龙冈、龙洲二翁便留赏雪即席赋呈》。嘉靖四十五年（1566），孔天胤作有《三月初五日寿王龙洲亲家》一诗，"感君高美诚如是，顾我攀援奈若何"句，道二人之相知相得与追攀不得之憾。万历六年（1578），王缉以公事使晋，孔天胤作《赠龙洲公以光禄使晋，寻转太仆还朝》一诗，云"行色又随春草壮，离思空与夏条纷"，表达相思不舍之意。

孔天胤与王纬交游颇多，隆庆四年（1570）孔天胤生日，王纬自德州祝寿，孔天胤作有《酬王龙冈太守自德州寄寿》一诗，诗云"三服使君情独盛，八行遥与寄平安"，表达感激之情。就在这一年，王纬辞官归里，孔天胤作《喜王龙冈使君拂衣还里》两首，其一云：

　　缨绂本非有，解之方若无。灌园仍仲子，著论只潜夫。阴息影须定，道同德岂孤。君休问麋鹿，老圃尚存吾。

孔天胤以一个先归者，迎接着老友的归来。故乡园圃花好，可资共赏；故乡有知交同道，德亦不孤。孔天胤诗集中附有王纬和诗两首，其一云：

>白发投簪满，黄金归橐无。欲寻吟泽叟，还问灌园夫。东海浮云散，西山倦鸟孤。敝庐汾水上，栖止可容吾。

二诗同韵，情怀亦颇同。一是迎接者，一是归来人，话无须多，彼此相知。

归来后，二人得以常相过访，也可结伴同游。隆庆五年（1571）三月三日，孔天胤与王纬等人相聚于天宁寺，孔天胤作《三月三日与龙冈诸公天宁寺宴集》。此后孔天胤生日，王纬多有祝寿诗，由孔天胤《酬阳谿、龙冈二使君见寿二首》《龙冈见寿》等诗可知。

王纬卒于万历四年（1576）。孔天胤作有《哭王龙冈先生》：

>不谓黄鸟时，俄乘白云去。论心少一人，顾影独多虑。恻怆山阳怀，欹歔屋梁语。穗帷飘冷香，空是平生处。

诗中满含着知交零落的悲怆之感。

王缉比孔天胤后卒，孔天胤去世后，他不但主修了汾州历史上第三部《汾州府志》，而且为孔天胤料理了后事。

据赵讷《文靖先生孔公墓碑》，孔天胤卒后的万历二十二年（1594），他们再次为孔天胤立碑，其时孔天胤之子孔阶一家三口俱同殒，孔天胤之女"适常至刚，早卒"；孔阶之女适庆成王弟镇国将军利川之子，"亦先阶卒"。孔天胤身后事，"幸赖龙洲公为主治其后事，俾三侄得护奉祀事"。是亲家王缉主持了孔天胤的身后家事。不仅如此，孔天胤身后十年间，"故弟有二子得以讼争余产，护持其所立孤从嗣，以存祖考之祀"，可知孔天胤身后，余产曾被侵占，经其后嗣讼争，始得追回。赵讷又分己之余产，为其师立碑买石，即"请龙洲王公文其祀堂碑，而讷多铭其墓"。

（二）刘尚义、刘尚礼兄弟

刘尚义为嘉靖十四年（1535）乙未科进士。由行人选御史，在朝有威望，降秦州判官，改知朝邑县，迁松江同知，俱以清介称。擢南京刑部郎中，出补四川佥事，兵备西蜀，兼督松茂边饷。转陕西参议、河南副使，卒于官。

刘尚义与孔天胤一起在汾州长大，又先后中进士，虽各自宦游四方，但也不时会有交集。孔天胤写于浙江的《与刘柏山》一信中，就记载了嘉靖十七年（1538）丁父忧期间，恰刘尚义从京城归来，二人"申车往复，朝游夕宴，甚乐也"。后刘尚义任职陕西，孔天胤任职河南、浙江，一别四载。孔天胤信中向刘尚义提及，一来自己荒于学术，"年来略无所造"，而往昔犹好作诗，近来如非应人之求，再无一句，主要是因为"江上愁心，不遑将母"，思念母亲，无心学术诗文。嘉靖三十三年（1554），刘尚义又与孔天胤一起为朱新堤《奕善堂稿》写了序。

据孔天胤记载，刘尚义卒于大名府兵备道任上，当时他于酷暑中视事，疽发于背而卒于官舍。讣闻至汾，闻者皆为流涕。刘尚义去世后，囊无一金，恰当时王道行任大名府同知，于是资助金钱，刘尚义棺木始得归汾。嘉靖四十二年（1563）刘尚义葬，其弟刘尚礼状刘尚义生平，请孔天胤为之写墓志铭。孔天胤称自己与刘尚义有"金兰之谊"，写铭之事义不容辞。

在墓志铭中，孔天胤记载了刘尚义为官的诸多细节。如在河南道监察御史任上，巡视东城，"发奸擿伏如神，权贵懔然"；在陕西朝邑知县任上，兴废补弊，威惠并行，增拓城堞，为民保障，查正黄河退滩地数百顷，息雄藩之奏争，革顽民之隐占；在松江府同知任上，"会计明当，出纳平名。革侵渔之弊，禁包揽之奸，皆有法可循"，使周边郡县皆取以为法；以山东按察司佥事分巡辽海，时辽海多事，刘尚义处之"如驭六马理乱绳"，有条不紊；以四川按察司佥事整饬安、绵、利、保等处兵备，兼督松茂等边粮饷数十万余，俱调停得当，切中时宜，抚按称其"智勇冠绝时流"，绵中士人为作"廉明刚毅，公惠通敏"八字颂之；陕西布政司右参议任上，督修榆林三路城堡，三月告成，受到朝廷白金文币嘉奖；以河南按察司副使整饬直隶大名卫辉府兵备兼管河道，因劳瘁而卒于官。孔天胤评价刘尚义，为人"简静沉默，质朴少文，然实外和内刚而华美蕴籍"，待人接物和气友善；居官"一以诚心正道而行"；事母至孝，曾于任所迎养，母病期间衣不解带，母丧哀毁至极。

《汾州府志》《山西通志》中，刘尚义俱列乡贤，孔天胤所记的刘尚义《逐蓬集》四卷和《山西通志》所记的《柏山集》四卷俱佚，因而孔天胤的铭文就成为后世研究山西乡贤刘尚义的珍贵史料。

（三）李廷儒、李渤、李渔父子

李廷儒（号西岩）是一位汾州高士。据孔天胤描述，"李公者，汾之大族也""体貌魁梧，性资瓛朗"，少为郡学生，长为国子生，嘉靖九年（1530）任鸿胪寺序班，"时朝廷方兴礼乐之事，振郊庙之仪，得公俊伟，以为宣序光也。大宗伯特雅重之"。因念亲老，乞归奉养。归乡后，上养亲，下育子孙，中"养真田园，决渠灌花间，涉文酒之娱，兼窥黄老之秘"。因其"富而好礼""自郡守而下率乐与公交"。孔天胤还讲了一个李廷儒与汾州知州郭铿的故事，说郭铿任满升迁离开汾州时，把自己的书籍文稿都寄放在李廷儒这里。待郭铿到了陕西任职，李廷儒亲自带着郭铿所寄放的囊箧前往关中，封识无损，关中缙绅皆赠诗称美。从陕西归来后遍游江南，江南之士也赠诗称美。人们都说李公有仙道，望之若神仙。

孔天胤对李廷儒极为敬重。嘉靖二十八年（1549）丁母忧期间，在李廷儒寿诞时，孔天胤就曾写有《寿辞赞述》一文，称"鸿胪李子，魁然巨室，翩然雄采"，描述寿宴之热闹欢腾，"主人醉而宾旅从，天伦叙而心赏极"。嘉靖四十四年（1565）李廷儒八十岁寿时，孔天胤又写有《四月十二日寿鸿胪李公》一诗为其祝寿，称"太平身世占来多，八十余年笑里过"。隆庆元年（1567），李廷儒享年八十三岁而卒，与其夫人合葬，孔天胤写有《鸿胪寺序班西岩李公暨元配孺人武氏合葬墓志铭》，并为其遗像写了《李公像赞》，称其"魁梧镇重，鸿伟肤达，端静有容，深厚不伐"；并述其平生，赞其为"福德之完人矣"。

李廷儒像赞碑今见于王埔昌《汾阳县金石类编》，碑阳为《李公像赞》，落款为"文谷山人、前行省左丞孔天胤赞"。据王埔昌注，"李公画像约高一尺"。碑阴为《西岩别墅记》，是嘉靖三十五年（1556）由石州人张湘（号凤麓，光禄寺卿兼翰林院五经博士）撰写、孔天胤书并篆的一篇关于李廷儒读书处的记文。文中称"李公为诸生时，读书其间，因自号西岩云"。此处风景优美，当时汾州官员和文人雅士多会于此，也多有题词，左参政於敖题曰"西岩别墅",孔天胤题曰"西岩乐处",张湘也曾题其轩曰"四宜",称为一代佳话。李公乐善好施,嘉靖二十一年(1542)蒙古兵入侵时,每遇警,汾人多避其中,并设家塾义仓。李公喜读山西乡贤薛瑄之书,"日喜诵薛文清公《读书录》",并教育子孙"持身以孝悌忠信为本,治家以勤俭恭怨为先"。李公情操及家训,"汾人宗以为法程"。王埩昌注:"碑连额高四尺五寸,宽二尺许,共二十二行,每行四十字,正书,字径四分半。前像赞,后记文。额篆'西岩别墅记'五字,径一寸七分。今在汾阳县西北冯家庄村李公园。"冯家庄李公园遗址今存,除了后人改建为房屋的部分,还有一处倾圮的旧院,堡墙仍在,门墙上的字迹隐约可见,村人称此地为"土堡"。

　　李廷儒之子李渤,号涧南,孔天胤称"余长公二岁",可知李渤生于弘治十六年(1503)。两人的关系,孔天胤称"弱冠尝与余同学",可知为发小。李渤是在父亲李廷儒的教导下成长起来的新一代儒生。孔天胤评价李渤,"孝友著于家庭,忠信笃于朋友,非义不敢为,非礼不敢动,简默而清修者也""克肖其先君"(《涧南李公七十序》)。李渤的经历,是先游太学,后任武定判官,"方仕有能声,荣陟可待,以鸿胪翁老遽乞养归",与其父一样不乐仕进,以养亲课子、游悠田园为乐。万历四年(1576)李渤七十岁时,孔天胤写有《涧南李公七十序》,称"故旧零落。虽有新知,或不若我知公之深,及今不述,后将谁考哉?"并为其寿特绘一图。

　　孔天胤写有与李渤相关的诗多首。嘉靖四十五年(1566),写有《赠李涧南断事六十》;万历二年(1574),写有《宴李别驾涧南于生日作》,在生日这天宴请李渤并作诗;万历四年(1576)除了写有寿序,还写有一诗《李涧南七十》;万历五年(1577),写有《谢涧南翁招赏名花》,可知李渤请孔天胤去赏他的名花;万历六年(1578),写有《雪后承李涧南招饮,即席叙怀》,表二人一生情谊:

　　　　少日同游侣,多成异路尘。惟君尚坚白,与我不淄磷。雪地围炉共,花天对酒频。谁知忙世界,容得两闲人。

　　万历七年(1579)和八年(1580),孔天胤各写有一首《李涧南园观芍药》,

诗题相同，可见其去世前两年，均到李渤园中赏花。万历八年（1580）这首，有"今年花是去年红，去年人觉今年老"句，感觉花红人老。这一年还写有《寿李涧南》，称"新宾应不少，旧友几相临。砚席情偏重，桑榆景共深"，再次表述二人情谊之深。

李渤有兄弟名李渔，号磻溪，曾任四川剑州判官。孔天胤有《孟夏李磻溪园游宴同柳川、水南》《李磻溪席上作》《李磻溪六十》《寿李磻溪》《李剑州邀赏牡丹》等诗，写到二人交游。

（四）举人同年王文翰、赵世禄、李天锡

王文翰于嘉靖二十九年（1550）中进士。乾隆《汾阳县志》："光前裕后坊，嘉靖二十九年为进士王文翰立。在三贤坊。"其父也因之得封赠，万历《汾州府志》："王继，以子文翰贵，赠山东按察司佥事。"王文翰历任寿光知县（1552）、冀州知州（1555）、关南道副使（1567）、莱州佥事等职，多有德政。史载其任寿光知县时，曾书"指南碑"立于明伦堂前，以示百姓勿忘圣人之德；以佥事驻莱州初，为劝民种葛织布，作《采葛行》刊于指南碑阴。

与王文翰的交游，多在王文翰归省之际。嘉靖三十八年（1559）初秋，王文翰出任江西按察司佥事，上任前回乡省亲，临行，孔天胤作《送王西瀛之任江西佥宪》以送。诗云："别久才一还，欢宴谓可长。奈何复言迈，饮饯心彷徨"，然而国家事重，"东南属多事，之纪冯肃将。况有经世器，弘济在舟航"，因而"衔命不宁处，岂得论私肠"。嘉靖四十三年（1564），王文翰以山东按察司佥事出任巡察海道，孔天胤作《送西瀛丈分巡海道》一诗以勉，称"今日看君表东海，河南已起去思碑"。隆庆四年（1570），王文翰辞官归田，孔天胤作《喜西瀛丈归田三首》，其三云："少年同笔砚，投老接田园。瓜蔓相钩带，农书互讨论。琴将流水淡，酒比落花繁。谁谓不嘉遁，已无车马喧。"由少年之同学，各经人生仕宦奔忙后，老来还能于故乡相伴终老，这是怎样一种可贵的因缘。

赵世禄于嘉靖二十三年（1544）中进士。乾隆《汾阳县志》："进士坊，嘉靖二十三年为进士赵世禄立。在三贤坊。"以其宦绩优秀，其父得封赠。

万历《汾州府志》："赵廷璧,以子世禄贵,封户部主事。"于嘉靖四十年(1561)四月二十九卒于任上,得年五十四岁。

嘉靖四十二年(1563),赵世禄归葬汾州田村,其长子赵渊含泪乞铭。孔天胤碑文中记述赵世禄任户部广东司主事时,"时北虏南犯,京师戒严,公主管皇城四门,粮饷、调度、出纳井井有条";任户部员外郎时,"值河南寇乱之余,务得鸿略之臣以底定之,乃推公补河南按察司佥事,分巡河北"。在河北分巡道任上,"察奸敉疲,威惠大著"。丁父忧后分巡河南,当时"大梁视河北殊剧,公治之若轻车熟路,按辔徐行而威惠覃敷矣"。以山东布政司右参议分守辽海东宁,"时其地连岁大祲,人不堪命,公到,罢泛滥之务,调拯邺之宜,发府庾之藏,劝富室之贷,散粟以周土著之贫,煮粥以待就食之困。又处牛种以助耕,设医药以疗疫,掩饿殍之骸,禁流钞之暴。家省户咨,心惟手画。皇皇汲汲如我恫瘝,于是辽左之人陟于危亡而赖以全活也"。在辽左任上,赵世禄病,医者说"疾得之劳瘁,败矣,盖所谓形神俱弊者也",无药可救,卒于官舍。"讣闻之日,一道尽哭焉"。赵世禄为官多年,素清廉,巡按派人检视其囊箧,发现除书、剑、衣服之外,只有俸金数两而已。朝廷感其清廉,命当地官府出资助葬,又遣使护送其棺木归之于汾州故里。当年赵世禄单车就任,及归,也只有两家童,令人唏嘘。

赵世禄墓碑民国时仍存。据王垿昌《汾阳县金石类编》,此碑由孔天胤撰,王文翰书,王缉撰额。民国二十三年(1934)出土,存于汾阳县西郭家庄赵氏本茔。孔天胤碑文,也是关于研究山西乡贤赵世禄不可多得的珍贵史料。

孔天胤另写有《哭西田少参二首》,称赵世禄"生从辽海去,死向蓟门回""只道官如水,谁言命若丝",悲其卒于官;"世人同委化,于子独堪悲""举目皆伤意,何能不涕垂",言同道凋零的无尽悲伤。

李天锡(号近山),与赵世禄同为汾州爱子里人。孔天胤记其学《诗》学《易》,"敷文析理,大雅不群"。然屡试不第,嘉靖二十三年(1544)以举人出仕,任陕西乾州知州。为官颇有善政,到任后,查政之缺漏阻塞者,"疏导宣通,蠲除补葺",仅用一月而"风采顿殊"。后因事被罢,退耕于野,游田庐近三十载,课子明农,"与由夫野老话桑麻之务,接文朋道侣,致杯酒殷勤之欢,洽如也"。卒于隆庆六年(1572)十二月十六日,享年八十有二。

此前其妻已去世，万历二年（1574）夫妻合葬，孔天胤为之写了《乾州知州近山李公暨曹氏合葬墓志铭》。

（五）好友张绅、郑辂、周伦

张绅（号云溪）是孔天胤青年时代即多有交游的好友。张绅少年举业不就，曾游京师、秦府、晋府，后归汾。张绅能写善画，孔天胤称其"美姿仪，善清言，性温爽聪慧"，涉猎书史，通画水墨丹青，兼通辞翰，兴寄所托，往往入妙"。康熙《汾阳县志》也记其"善画，各题诗纪其迹，孔文谷志有山人张绅画题，潇洒不俗"。"题诗"事可从康熙《汾阳县志》中见到，汾阳多处景致均有张绅题诗；"孔文谷志有山人张绅画题"一事，是说孔天胤于嘉靖三十九年（1560）所修的《汾州志》中，有张绅画题，可惜此版《汾州志》今佚，我们无法看到。孔天胤称张绅慕尚饮中八仙，家常酿酒，或举杯独酌，或遇客款留，或社中招饮，未尝不高歌倾倒，有鸢飞鱼跃之趣。"抚景谈谐，善而不虐；间谈世务，亦凿凿可行"。张绅挟策游京师，后又西游于秦。关中名士彭泽、康海都爱其为人，相赠以诗。及其倦游，在晋王府做引礼舍人；既而又倦游，于是归汾。不久游河东，河东人皆重其风流文雅。

孔天胤与张绅知交多年，"余秀才时见礼于宗老北村翁，时先生在北村翁社中，因相识焉。即余解方伯之印，遂与先生为方外交。盖文酒追随，风雨晦暝而不辍者十年。余情在避喧，先生心亦远俗，故交也"。嘉靖四十年，张绅结庐名曰"云溪"，孔天胤作《云溪图卷引》。文中孔天胤称张绅之学是"自得之学"，即"日看云观水，见云之聚散、水之流停，一自然而然"。张绅才高性洁，"绝不猥随世俗，婴请去留，虽荆扉藿食、缊袍带索，晏如也"。孔天胤评价其诗"有诗人隐逸之标"。

郑辂（号平川），先祖为苏州人，因在王府任职而入籍汾阳。其父郑仪，号诗樵，乾隆《汾阳县志》"寓贤"："郑仪，吴人，为端顺王师，遂家焉。不干势利，以诗酒自娱，号诗樵先生。"据孔天胤文，正德十五年（1520）正月十九，诗樵先生于八十四岁无疾而逝。郑仪有子六人，以举人出仕者为三子郑翰和四子郑辂，郑翰为山东淄川县学训导，郑辂先后任陕西韩城训导、高陵县学教谕，均为学职。嘉靖四十一年（1562），郑辂解职归汾，孔天胤作《书郑平川荣归赠言卷》，并为其父郑仪补写《诗樵先生郑公墓表》。郑辂为学官，"有彬彬君子之度，循循善诱之风，两庠士子，皆如七十子之服孔子焉"；返田园后，"安贫乐道，屡空晏如。性喜饮醇，作诗书自娱，诗书往往皆传。而尤工于梅。书法遒劲可饰，风流文雅"（《高陵县儒学教谕平川郑公墓志铭》）。归乡后，与孔天胤多有交游。郑辂卒于隆庆二年（1568），孔天胤为其写了墓志铭。

周伦（号兑川），其先本浙江海宁县人，其祖以留守总旗随侍庆成庄惠王到了汾州并入籍，至周伦已历五世。其父周永浩（1493~1569，字德洪，号毅庵）为庆成王府书办，孔天胤记其处理问题能力强，"宗室藩衍至千，启事业集，真赝混淆。公承旨剖分，无不毕达"；为人慷慨，常救济乡里，郡士大夫皆乐与之游；教育有方，令其子孙全部以儒学为业（《庆成王府书办官毅庵周公暨元配党氏合葬墓志铭》）。周伦为周永浩长子，天生慈孝，视继母如亲母。天性聪颖，弱冠受经师门，敬业乐群，且工书法，翰墨为一时之冠。然而却不通于科第，乡试往往不中，于是奉父命游学京师，依例充国子监生。以国子监生入试依然不第，于是归汾，其时已经三十多岁了。归汾后，设馆授徒，乐在其中。

孔天胤与周伦交游极多，相知甚深。嘉靖四十年（1561）前后孔天胤有《送周以明就例游太学诗序》，为周伦游太学赠别。孔天胤写有不少与周伦交游的诗，如《寿周兑川上舍》《四月八日周兑川昆玉邀谢征君王平原与余同宴峪中园亭，即席有作二首》《暮春同阳豀、龙冈、乾石、竺阳、露泉至谷口，遇周兑川、峪川，邀坐树下一餐，去看柳川竹林，不遇主人，竟觞咏而归，用龙冈韵一首》等。周伦卒后第二年，孔天胤路过周伦读书处，仍伤感不已，作《过北溪草堂是兑川君读书处》：

溪上人何在，林堂事宛然。承家还令子，留客尚高筵。对树悲黄鸟，看花愁杜鹃。谁云宿草长，不使泪如泉。

物是人非，虽有其子相留高筵，然老友已去，怎不令人心伤。

（六）孝义好友赵思商、霍冀、梁明翰、张冕

孝义邻近汾阳，且同属汾州，来往较为方便。孔天胤的孝义好友，有赵思商、霍冀、梁明翰及同年张冕。

赵思商（号岐山），赵讷之父，长孔天胤十二岁。孔天胤后来述其性情："沉敏端厚，颀长白皙，目重瞳子，孝让廉谨，率性根心，规仁矩义，终始不渝"；追其童年，"六岁能让兄取履，九岁读书知大义。尝代兄汲水负薪，以供炊爨。十岁选充秀才，益勤勉嗜学，夜乏膏焚，则就灶下火光读之。由是学日以宏，试必高等焉"。赵思商事母至孝，"母病，公侍不离寝，衣不解带，忧悴吁药，靡所不周。隆冬居丧，哀毁彻夜，至涕泪冰凝，手足冻裂"。屡试不第，母亲去世后，嘉靖十二年（1533）才依例被选为贡生，入太学。一生做的官都不大，最高做到清苑县主簿，后来因赵讷出任江都知县，敕封为县令（《敕封文林郎江都县知县、前清苑县主簿致仕恭孝先生岐山赵公墓志铭》）。但他的学识才华以及品格操守却有史可载，乾隆《孝义县志》"乡贤"："赵思商，嘉靖时贡生，供事部曹，吏误多给廪粟，思商白之所司。后授保定清苑主簿，执法不挠条，时政多为采纳。尤笃乡里，请于县，表节孝，正祀典，除汾宗佃田之弊。常曰：'事苟可以济人，何必在官！'里党多受其泽。祀保定名宦。"

现在已经无从考证赵思商和孔天胤的交往是怎样的一种缘起，如今可见于孔天胤文集的有关孔、赵两家最早的交游证据，是嘉靖十八年（1539）冬孔天胤为赵思商之父赵鸿所写的墓志铭（《溥官赵公墓志铭》）。赵思商出任清苑主簿是在嘉靖二十五年（1546），孔天胤写了《赠岐山赵公拜官清苑主簿序》一篇以表祝贺。孔天胤评价赵思商，"赵公，忠信人也。居业狐岐之山，服行先王之道，常有志于大行"，只是因屡试不第，而常有志不得申之叹。

霍冀（号思斋）为嘉靖二十三年（1544）甲辰科进士。《山西通志》《汾州府志》均将其列入"乡贤"。志记其历任永平府推官、广西道监察御史、清军两浙、巡按河南，因平师尚昭之乱升大理寺寺丞、都察院佥都御史。巡抚宁夏期间，"戎事甚饬"，受到皇帝嘉奖。巡抚保定期间，值饥荒，"严武备，发仓廪民，赖全活"。曾向朝廷上恤军、通商、转输、积贮四事。后三品秩满，封荫，巡抚山东治河兵部侍郎，总督陕西三边军务，"恤死事，

汰诸将不职者，募丁壮，激忠义，修战守具，军容一新"。孔天胤归田后，霍冀与其多有交游。

嘉靖四十二年（1563）三月，霍冀被弹劾，由户部右侍郎调南京工部侍郎。霍冀归省，赴任前，孔天胤作诗《送霍思斋侍郎之留都》。诗中称赞霍冀"按节三河川后顺，提兵两镇虏魂惊"；对其将去之南京寄予美好祝愿，"遥想金陵迓仙鹢，大江秋水贴天明"。嘉靖四十三年（1564）三月，霍冀升兵部侍郎，再次回乡省亲。当时趋附者众，孔天胤没有亲去拜访，而写有《与霍思斋兵部》一信，对其才能大加赞赏，称其"鸿才骏德，为世鼎臣"；并对其"当奏凯还朝之日，兼便道归省之荣"表示祝贺。书中也说到不去拜访的原因，说真正的知己之交，不在富贵贫贱，不在锦上添花，希望霍冀能体谅其心。嘉靖四十四年（1565），霍冀转任山东巡抚，孔天胤作《送霍思斋户侍巡抚山东》一诗以赠。孔天胤与霍冀的更多交往，是在霍冀致仕之后。《山西通志》和《汾州府志》记霍冀是"以议宪臣功罪及京营事宜，两忤辅臣，乞归"的，《明穆宗实录》隆庆四年（1570）二月，"兵部尚书霍冀引疾乞休，上曰：'卿才识敏练，年力未衰，边事方殷，岂可求退？'不允"。然而也就是在这个月，给事中杨镕上疏，称大学士赵贞吉与尚书霍冀议营制不合事，认为霍冀有私，"上览疏不悦，降旨责让冀，令闲住，而慰谕贞吉"。在霍冀与赵贞吉之间，朝廷偏向了赵贞吉，霍冀"闲住"。

在其炙手可热时不去趋附，在其忠而遭罢时反而多有交游，或许这其中也有对霍冀或者他自己命运某种深层次的理解。

万历元年（1573），霍冀父亲霍文会八十寿，孔天胤作《诰封兵部尚书梧冈霍翁登年八十序》，述其家世，并对霍冀给予了极高评价，称其"浚若风猷，为国耳目；饬若疆圉，为国股肱；抚若方服，为国帡幪；代若天言，为国喉舌；调若天纪，为国腹心"。万历三年（1575）春正月二十九，霍冀六十寿诞辰，孔天胤作《霍大司马寿序》及《寿霍大司马六十》诗，称"铭勋已在麒麟阁，论道还须黼黻臣"，给予霍冀极高赞誉。

孔天胤还亲自前往孝义为其祝贺六十大寿。当时有人说，孔天胤七十一岁，霍冀六十岁，老者为未老者寿，是不是有点不太合适？孔天胤说不然，霍冀过寿的日子还多，而自己年老，能为其祝寿的日子不多了。孔天胤是担心自己的身体,怕与老友不能再多见,于是当时唏嘘而别。谁知仅过了不到两个月,霍冀就去世了。"讣至,诚不觉其涕之从也"。孔天胤撰写了行状,并作了《资政大夫兵部尚书思斋先生霍公诔》。

梁明翰(号岐泉)中嘉靖二十六年(1547)丁未科进士。《山西通志》《汾州府志》均将其列入"乡贤"。志记其宦迹,"授刑部主事,历员外郎中,出为庆阳府知府,迁副使,入为太仆寺卿,复出为陕西参政,迁四川按察司使"。记其品行,"性长厚,与诸弟析居,所得俸钱仍分给。居乡赈穷恤困,与人交恂恂礼法。居官平易近人,为副使,抚降贼人,尤称之"。《稀有中国地方志汇刊》收有其所主修的《庆阳府志》二十卷。梁明翰归田后,与孔天胤多有交游。

万历元年(1573)梁明翰母亲八十寿,孔天胤作《赠梁母太老夫人八十寿序》,称"观察使岐泉梁公,忠孝纯懿,为国鼎臣",归田后至孝,"奉太夫人御轻轩,玩芳物,席长筵,罗彩服,睒焉顾之,神怡体适"。万历三年(1575)梁明翰母卒,孔天胤写《诰封太淑人梁母任氏墓志铭》,记在梁明翰几任官职中母亲对其的影响:守庆阳,"化行边郡,有古循良之风,太淑人之教为多";兵备汉中,"汉中深山,多回夷遗种,时或反侧,素称难治,太淑人教君审机,宜重恩信,一道底宁";以陕西参政分守凉州,"凉州介番虏至间,地险而责重,太淑人谕勉如,汉中君从事一如太淑人教,以故西人至今思也"。特别是有一事至今令人称奇,"当之凉,遇虏道中,相去里许,得避免焉,识者知有神护"。梁母教子廉洁,"人以数百金为太淑人寿,太淑人斥去……至今边吏惮服"。梁明翰在四川提刑按察使任上遭弹劾被免,"时论称屈,太淑人闻之,喜曰:'吾老矣,儿归甚慰。'"这样一位母亲,给儿子带来的教益和温暖是极多的,孔天胤述事之详,也表明与梁明翰相知之深,对其母尊敬有加。

张冕(号胜溪)是孔天胤进士同年,历官户部主事、员外郎,补河南按察佥事,升山东按察副使,整饬霸州兵备。今张冕文集佚失,可见二人之交游,是嘉靖二十年(1541)孔天胤为张冕母亲所写《明故张母岳氏墓志铭》(今存孝义市皮影木偶艺术博物馆)。铭中写到二人交游,"余与胜溪同举于乡,又同举进士,朝游夕叙"。

二、进士同年群体

嘉靖十一年（1532）三百多名同年中，与孔天胤有过各种方式、各种层次交往的有二十几位，有很多名气很大，《明史》有传。可考知有交游者，如钱薇、蔡汝楠、王廷、包节、王畿、钱德洪、范钦、皇甫涍、林春、李乘云、谢少南、何其高、李恺、李延康、潘高、王廷幹、刘世用、陈澔、廖希颜、谢庭莅、苏志皋、路天亨、孙校、吕本（一名李本）、赵维垣、茅磐、徐守义等。前文已述及多位，在此仅介绍天一阁主人范钦及山西的几位进士同年。

（一）天一阁主人范钦

范钦，浙江鄞县人，是孔天胤同年中至今依然影响巨大的一位。

说他影响大，是因为如今浙江宁波月湖之西，范钦所建的藏书楼天一阁历四百余年仍保存完好，是我国现存最古老的藏书楼。光绪《鄞县志》"人物"，称范钦致仕归乡后"性喜藏书，起天一阁，购海内异本，列为四部，尤善收说经诸书及先辈诗文集未传世者。浙东藏书家以天一阁为第一有功，文献甚大"。天一阁所藏珍本古籍以明代地方志和科举文献最为著名，在古籍研究特别是明代史研究领域，成为极为重要的资源宝库。据统计，天一阁存书至今有万余卷，其中也经历战乱中的失散，后又陆续找回一部分。清乾隆三十七年（1772）下诏修纂《四库全书》，范钦八世孙范懋柱进献所藏之书多达638种，于是乾隆皇帝敕命测绘天一阁房屋、书橱的款式，仿造了著名的"南北七阁"，用来收藏所纂修的七套《四库全书》，天一阁也从此名闻全国。近年来天一阁藏书也在陆续出版，据统计，20世纪60年代和90年代，《天一阁藏明代地方志选刊》和《天一阁藏明代地方志选刊续编》两部丛书共影印阁藏明代方志216种。从2006年起，宁波出版社陆续出版《天一阁藏明代科举录选刊》，2006年出版《进士登科录》41种，《进士同年录》1种，《进士履历遍览》和其他进士名录4种；2007年出版影印明代会试录38种，

2008年出版影印各地明代乡试录277种。①

不过，建藏书楼是范钦致仕以后的事了。孔天胤致仕归汾后也喜藏书，并建有藏书楼，这从他的诗句"藏书万卷漫磅礴，著文千篇徒隐约"（《岁暮行》）中可知。只是孔天胤的藏书楼没有得到保护，至今踪迹全无。分析其中原因，很大程度上在于范钦后人能够恪守范钦当初立下的"代不分书，书不出阁"的遗训，而孔天胤子女及孙辈凋零甚早，侄辈也没有很好保护，后明末战乱冲击也大，多种原因，共同造成了这一旷世缺憾。相比之下，不能不令人惋惜。

范钦与孔天胤同官陕西是在嘉靖三十三年（1554）初。范钦《天一阁集》："余嘉靖甲寅左辖陕西。"甲寅即嘉靖三十三年（1554）。但二人同官的时间并不长。嘉靖三十三年（1554）春，孔天胤升河南左布政使，离开了陕西；同一年秋，范钦也因丁母忧而归里了。服阙，任都察院右副都御史，巡抚南赣汀漳②，嘉靖三十九年（1560）致仕归里。其时孔天胤也已致仕。今检二人诗文集，仅能见到的是二人在分别致仕后，一在浙江鄞县，一在山西汾州的千里寄诗。那是孔天胤七十岁生日时，范钦的祝寿诗《寄同年孔方伯汝锡》：

> 天涯消息苦难闻，岁久心情倍忆君。文宿迥当三晋野，乱峰晴结五台云。高居不学嵇生锻，发愤真成迁史文。此日山中新酿熟，欲因遥寿慰离群。

千里之遥，自然难通消息，然曾志同道合，也颇多知心长谈，别后多年，自然常常相思。一代文星，如今定当照亮三晋之野，五台云峰也当为之放晴。望君高居汾州，莫学嵇康归隐，只知修身养性、弹琴吟诗，而应如司马迁一样发愤著书。想来山中新酒已熟，遥寄一诗祝寿，以慰离群之心。

孔天胤有答谢诗，是写给多人的，题为《寄谢张东沙、范东溟、吕南渠、陈抑庵、马松里诸老见寿》，其中东溟即范钦。

---

① 柯亚莉：《天一阁藏明代文献研究》，浙江大学人文学院博士学位论文。
② 《明世宗实录》嘉靖三十七年（1558）九月："升河南左布政使范钦为都察院右副都御史，巡抚南赣汀漳。"

（二）山西进士举人同年李延康、潘高、郭忻

李延康，字黄崖，一作黄岩，山西潞州（今长治市）人。雍正《山西通志》与万历《潞安府志》记其生于官宦世家，祖父李鬻为安定知县，父亲李玹为洛南县丞，世有积德；其兄李延馨中嘉靖八年（1529）进士，为登州知府。李延康初授汝宁推官，掌刑狱，后征拜御史，按秦陇、顺天，历官河南佥事、陕西参议、湖广副使，归。史载其所历皆法纪司之官，为人刚直不阿，所以常能随风化裁。曾断汝宁豪狱及治商洛矿徒，不肯连及无辜。当时有母讼子逆者，李延康以真情劝解，使其感泣回心，因此，"吏民感服而权贵多不悦"。归田后，"舆论共推，闻者犹然兴慕焉"。其子李如松，举人，历官户部郎中、衡州府知府。

李延康卒于嘉靖三十四年（1555）九月二十七日，年仅五十六岁。李如松因孔天胤与其父既有同年之雅又曾同官陕西，"相知为最深"，所以修书请人驰往汾州请铭。孔天胤"杖泪而为之铭"。七年后的嘉靖四十二年（1563），李延康妻牛氏卒，李如松再次乞铭，孔天胤又为李延康夫妇写了合葬墓志铭（《中宪大夫湖广按察司副使黄岩李公暨配孺人牛氏合葬墓志铭》）。

因为是同年同官的知心好友，孔天胤记事不但详于史志，而且语含深情。两篇铭文，皆可作为地方史志的补充。孔天胤记李延康"幼颖秀绝群，年十三，充学官弟子，才章玉莹，鸿雅博通"，以《礼经》举业。在汝宁府推官任上，"旁郡讼狱，皆愿李明府直之，即万死无恨"。更为传奇的是，"有疑狱十年不决，公一审成案焉，民服其神"。在汝宁府推官任上，汝水泛滥为灾，多年治理都没有成效，而李延康治之，"民至今赖之"；而"民间徭役被公审者，无不均平"。有位同僚，遇父丧，贫不能归，李延康捐俸赙之。当时，汝宁府有民谣曰"镜明水清，流向三河"，就是对李延康的高度赞誉。

李延康巡抚陕西时，茶马多敝，"公至，疏剔有条，即马政大修"，受到朝廷嘉奖。巡按顺天府，因顺天为畿辅之地，当地官吏称其地法条难以尽施，"公至，兴革利弊，甄淑纠奸"，无论多大的官员，触法及绳，风裁凛然。无少利害之心于其间，"中贵请托不行，阀门犯辟罔贷""墨吏望风咸自解绶而去"，李延康被当地人号为"真御史"。

在以河南按察司佥事分巡汝南、大梁道时，"修属城之圮，辨良吏之诬，

弭妖贼之乱"，可谓"御烦理剧，霆厉风行"。特别是以陕西布政司左参议抚治商洛时之事，孔天胤知之最详。商洛处陕西、河南、山西交界之地，当地流民依险负固，矿徒常于暗中发动骚乱，想要处之得宜，非文武才不能。李延康到任后，"安辑弭御，悉有方略，于是晏然久之"。后有嵩庐之盗窃矿为乱，李延康悉皆捕治，得魁首数人，并令胁从解去，"山民赖以全活者众"。在任上，有老妪讼子之恶，李延康曲为惩谕，使子感悟为孝；有洛南故人犯死罪，此人见是李延康审案，私下里庆幸这下可得免罪了，没想到李延康照样将其正法，却厚其家以报之；有朝廷巡按态度倨慢，李延康正色直言，毫无阿曲，使巡按也对他敬畏有加。在任上，李延康主张清心省事，节用爱人，驭物宽严有体，临事则谋勇兼至。五年未升，而能淡然处之。嘉靖三十一年（1552），升湖广按察司副使，整饬襄阳兵备。但没多久就因事被罢，"中外愕然"。

退归后，杜门乐志，无戚戚容。据孔天胤两篇铭文，李延康所著有《关中集》传于世，又著有《慕终集》四卷存于塾。《四库全书》集部别集类中，著录有《黄崖集》四卷、《关中集》一卷。

李延康卒后，孔天胤除了写了墓志铭，又作有祭文《祭李黄崖宪使文》，称李延康令德令仪，"有才有猷，有文有辞""明粹广博，沉毅肃宁""扬历廿载，终始一节"。李延康的离去，令他悲伤莫名，"悲风四流，愁云远延。我闻我悼，我哀我怜"。《哭李黄岩宪副》诗中，再次表达了自己归来，同道好友却匆匆逝去的愕然与悲伤：

> 我欲紫团①来结社，君胡白日去升天。旧僚诗酒俱陈迹，同榜声名亦惘然。不愤烟生杨柳上，惟怜雪散梨花边。此时回首泪沾臆，春色断肠谁为妍。

潘高，字子抑，号春谷，山西宁化守御千户所（今山西宁武）人。雍正《山西通志》："潘高，宁化人，弱冠登嘉靖壬辰进士，偕名贤讲道修德，视章句不屑也。屡迁大理寺正，狱无遁情，朝多美誉。以忤时宰，外转陕西

---

① 紫团山，位于今山西壶关县。

参议，释冤均赋，惩贪戢强，未几罢归。后持节莅晋者交章荐，卒，不果用。"由这则记载可知，潘高对学问有操守，重道德，轻章句；为官时间虽短而颇有善政，因直罢归。虽经山西历任官员屡次推荐，但终不为用。又据乾隆《宁武府志》卷四《潘高传》、徐阶《明故陕西参议春谷潘君墓志铭》及李开先《潘春谷传》等文记载，潘高嘉靖二十年（1541）以忤权臣而罢官，是年二十七岁。潘高师事湛若水、霍韬，与蒋信、钱薇为友，"讲致良知之学和霸王之略"。所著有《晋乘平交录》《蓄德随录》《攘夷策》《守边或问》及诗文若干卷。

孔天胤还未解职时，曾得潘高一信，回信中称"惟念足下上根超解，卓彼先觉，拂衣尘表，讲道汾亭，诚欲纳鄙人，归来当必得所依矣"，相约归田后结伴讲道（《与潘春谷年丈》）。嘉靖三十五年（1556）初归来时，得潘高寄诗，作《闲居和答潘子抑》一诗，与潘高交流归来后的生活，充满与同道谈心的开心自嘲：

　　自笑狂夫懒更闲，闭门不省窥园间。稀疏短发违僧几，减损凡心与道班。梦转日长仍就寝，兴来瓶罄亦开颜。邻翁剩有幽兰调，时送一篇聊启关。

诗中多为戏谑语，然兴致盎然，有一种相信同道能够会意的情绪在其间。不意第二年，潘高就去世了，年仅四十三岁。孔天胤在《祭潘春谷年丈》中，称潘高"才高一世，心雄万夫。晁、贾之策，颜、孟之儒"；以少年才高而步入仕途，"弱冠登朝，廷尉称平。参藩分陕，安定临泾"；然直道而行，当道不容，"直方难进，舍之则藏。洁归畎亩，忠悬庙堂"。谁料一疾不起，竟至殒亡。自己与潘高，为"同榜之生，合道之友"，今失其友，何其悲伤。

郭忻，字汝学，号龙石，山西壶关太平里人。嘉靖十年（1531）乡试以《尚书》中山西第三名，此后却八试不第。卒于嘉靖三十九年（1560）六月四日，年仅四十八岁。其妻牛氏已于三十三岁时先卒，嘉靖四十年（1561）合葬时，其子来拜，"泪十数行下"，说父亲殁时，言"同年而知我者独文谷兄"，向孔天胤乞铭。孔天胤听后，"为位而哭涕，泣而为之铭"（《乡贡进士郭龙石先生暨配牛氏合葬墓志铭》）。

孔天胤记载了这位壶关才子命运多舛的一生。郭恃五岁丧母，幸有继母抚育。少年有才，乡试时被主司评价为馆阁之才，可惜屡试不第。更为悲惨的是，他嘉靖十年（1531）参加乡试时，其父正坐冤狱，他中试后叩首谢天，说父亲之脱冤狱有望矣。其后，他用十年的时间为父亲奔走，又捐其家资之半，父竟得以不冤。然父亲出狱时已年老目盲，而郭恃也面黎发脱。乡间称其孝，但其父出狱后见家财有损，大为不悦，颇多指责，郭恃又极力平息父亲之怒。嘉靖三十八年（1559）正当会试之时，因得寒疾而不能行；嘉靖三十九年（1560）又遇父丧，哀毁逾礼，病而卒。

郭恃卒后，"里中人伤悼，皆抆泪失声，以为孝子可赎，人百其身也"。孔天胤除了知其孝，更知其多才。郭恃不仅博览群书，博闻强识，而且工书法，又喜阴阳地理星命之学。曾自算其命，说自己病在申岁，卒于小暑之前数刻，后竟应验。

《壶关县志》中收录有孔天胤撰写的《郭汝学墓志》一篇，内容与孔天胤文集中略有不同，当是在刊刻抄录时出现了差别。

三、山西地方官群体

孔天胤在汾州的二十六年，与山西近百位官员有往来，并以各种文字形式为这些山西"名宦"列传。这其中又可分三类，第一类是省部级官员，如周斯盛、曹忭、孟淮、李荷、王崇、王宗沐等；第二类是山西其他府州县的官员，如霍州知州褚相、太平县知县邹学书等；第三类是汾州官员。汾州官员中又分为冀南道驻汾官员、汾州知州、同知、判官、学正、训导六类。仅以汾州为例来看其交游，也是一个极为庞大的数字。

分守冀南道驻汾官员。据万历《汾州府志》，从嘉靖三十四年（1555）到万历八年（1580），共有十四位分守冀南道驻汾官员，加上失载的洪朝选和李侨共十六位。分别是：马九德，嘉靖三十三年（1554）驻汾；程轨，嘉靖三十五年（1556）驻汾；陈珪，嘉靖三十六年（1557）驻汾；彭范，嘉靖三十八年（1559）驻汾；陈洪濛，嘉靖三十九年（1560）驻汾；洪朝选，嘉靖四十年（1561）驻汾；王显忠，嘉靖四十年驻汾；李侨，嘉靖四十一年（1562）驻汾；宋岳，嘉靖四十四年（1565）驻汾；孙一正，隆庆二年（1568）驻汾；张蕙，隆庆四年（1570）驻汾；纪公巡，隆庆五年（1571）驻汾；孙应元，万历元年（1573）驻汾；张士佩，万历四年（1576）驻汾；柴涞，万历五年（1577）驻汾；贾待问，万历七年（1579）驻汾。这十六位分守冀南道官员，除王显忠未发现孔天胤文集中有所记载外，其余十五位均有记载，或详或略，或多或少，或诗或文。这一方面可以看出历任分守道官员对孔天胤这位乡贤的敬重，另一方面也可看出孔天胤对于汾州政事的关注。孔天胤对这些官员生平、性情、为政风格及治绩的记载，为汾州及整个冀南道甚至全山西，留下了珍贵的历史资料。

汾州知州。据万历《汾州府志》，从嘉靖三十四年（1555）到万历八年（1580），汾州共有十二位知州。检孔天胤诗文集，可知除对齐宗尧一字未写外，其余十一位均在其诗文集中出现，孔天胤也以不同的方式，对这些知州的才德及其治汾之功做了总结。他们分别是：陈秉忠，嘉靖三十二年（1553）任；来贺，嘉靖三十五年（1556）任；张朝宪，嘉靖三十六年（1557）任；吴道南，嘉靖四十一年（1562）任；王大经，嘉靖四十四年（1565）任；齐宗尧，嘉靖四十五年（1566）任；宁策，隆庆二年（1568）任；郑逢时，隆庆五年（1571）任；周铎，万历元年（1573）任；杭朝望，万历二年（1574）任；张一敬，万历三年（1575）任；丘梁，万历六年（1578）以山西布政司理问代理汾州知州；董选，万历七年（1579）任。孔天胤以不同的形式，记载了这些知州对汾州吏治民生所做的贡献。特别是增补了《汾州府志》中失载的代理知州丘梁、乔木、卞芷，他们的事迹不见于《汾州府志》，孔天胤的记载，于正史又是一个重要补充。

汾州同知、判官。同知孔天胤写到了七位，分别是王希贤、黄宸、萧相、宋嘉猷、赵崇儒、夏诏、刘褕、陈敬则；判官写到了五位，分别是康渕、杨守公、申九峰、陈以直、王守谦。学正写到了六位，分别是任瑶、林大槐、崔阳、张三畏、宋崇献、陈汝听；训导写到了六位，分别是许义、杨光先、高冈、李应科、尹大志、任世鳌。

孔天胤对这些曾为山西及汾州做出重要贡献的官员的记载，既是对线条化的官方志书的重要补充，也是孔天胤为政思想的重要折射。

四、请序群体

孔天胤在陕西右布政使任上，就曾应巡抚贾应春之请，为陕西学者韩邦奇（曾任山西巡抚）的著作《韩苑洛先生集》（一作《苑洛集》）写序。在浙江提学任上，又应同僚谭棨所请，为杨慎《南中集》作序。退归后，随着名望日隆，"学士大夫，无问远近，识与不识，莫不访问求请，得其篇章，不啻朋锡"（赵讷《文谷孔先生文集序》）。

（一）杨慎

对于杨慎，孔天胤并未亲见其人，但对其早有耳闻。孔天胤在亳州拜会薛蕙时，薛蕙收藏有一部分杨慎作品，并对杨慎评价很高，薛蕙"言先生卓绝之才，弘博之学，其诗唐四杰不能过也"。孔天胤非常想看到杨慎的其他作品，然"山川阻修，云雾塞之"，愿望难以实现。如今在谭棨处看到杨慎之诗，"见此编多于薛处所见，又喜其刻之如古金石刻"，大加赞赏，所以谭棨才请孔天胤作序。

该书孔天胤序前有张含、王廷、薛蕙三人之序。后二人序均作于嘉靖十六年（1537），而孔天胤序则作于嘉靖二十四年（1545），可知此集在谭棨刊刻前已经刊刻过。孔天胤序中也写有"刻中有叙三篇，大抵皆褒美品式"句，可知孔天胤写序时已有这三篇序言。

孔天胤与杨慎终生未见，但应有书信来往。孔天胤同年游居敬（1509~1517，字行简，号可斋，福建南平人）在为杨慎所写的墓志铭里说："任君少海、方伯孔君文谷辈率千里神交，邮书相讯。"[①]任少海即任瀚，四川南充人，嘉靖八年（1529）进士，终官翰林院检讨。任瀚与杨慎、赵贞吉、熊过被称为"西蜀四大家"，又与陈束、王慎中、唐顺之、赵时春、熊过、李开先、吕高被称为"嘉靖八才子"[②]。可惜孔天胤与杨慎书信，二人现存

[①] 游居敬为杨慎所写墓志铭见黄宗羲《明文海》卷四百三十四。
[②] 任瀚有《春坊集》《钓台集》《任文逸稿》行世，生平事迹见《明史·任瀚传》。

文集中均无。有据可查的二人的另一个交集，是嘉靖二十四年（1545）孔天胤刻《越绝书》，杨慎曾为之作题跋。

含有孔天胤序的杨慎《南中集》嘉靖二十四年（1545）谭棨刻本，今故宫博物院图书馆有藏，另见于中国国家图书馆《甲库》第七百四十六册。后者中孔天胤序为孔天胤手书，今人也可通过此书一睹孔天胤书法的飘逸灵动。

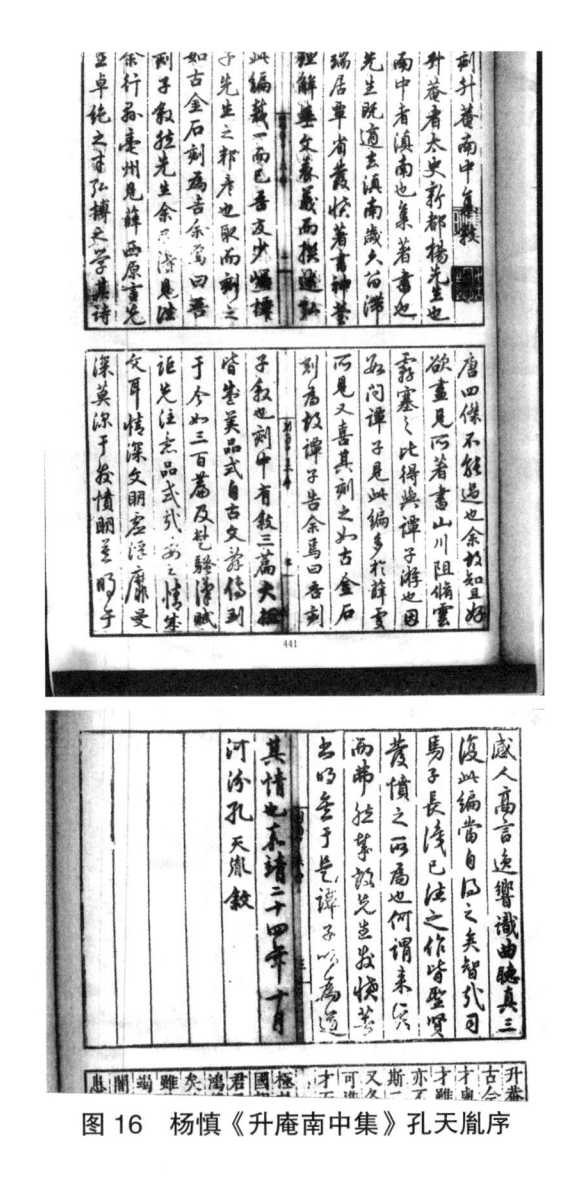

图16　杨慎《升庵南中集》孔天胤序

（二）陈其学

陈其学是孔天胤在陕西时的旧识，嘉靖三十一年（1552）孔天胤任陕西右布政使时，陈其学任陕西按察司佥事，他们一起参与了嘉靖三十一年（1552）陕西的壬子科乡试。嘉靖四十年（1561），陈其学由山西按察使任右佥都御史巡抚大同，寄其父《大竹文集》四编请孔天胤作序。陈鼎《大竹文集》今仅藏日本，简介见于黄仁生《日本现藏稀见元明文集考证与提要》。

（三）汪道昆

同一年，孔天胤还为未曾谋面但当时名声很大的文学家汪道昆写了一篇序。汪道昆，江南歙县（今安徽歙县）人。曾任义乌知县，教民习武；后备兵闽海，与戚继光募义乌兵破倭寇，擢司马郎，累迁兵部侍郎。以诗文名，与李攀龙、王世贞等以诗文相唱和，著有《太函集》《太函副墨》《大雅堂杂剧》等，《明史·文苑》有传。嘉靖四十年（1561），其父汪守彬（1504~1581）（双塘翁）受封为中宪大夫湖广襄阳府知府，母胡氏（1504~1578）受封为恭人，孔天胤受人之托，为作《锡命赠言序》。

（四）刘泾

嘉靖四十一年（1562），山西按察司副使、潞州兵备刘泾为其师何瑭编订刊刻了《何柏斋先生文集》（又称《柏斋集》），趁按部汾州之便，请孔天胤作序。孔天胤作《何柏斋先生文集序》。孔天胤对著名理学家何瑭的评价"先生端默简渊，固不攻文与诗，然理散乎辞，自尔条贯，气泄于声，无不谐美者矣"，也成为后世研究何瑭的经典性评价，被无数次地引用。在何瑭文集刊刻后的第二年，即嘉靖四十二年（1563），何瑭夫人周孺人卒。同样受刘泾与何瑭长子之请，孔天胤为何瑭夫人写了墓志铭（《何母周孺人墓志铭》）。墓志铭中写到了何瑭夫人对何瑭一生的扶助与支持，有诸多细节，同样是研究何瑭的重要史料。

（五）赵成皋王

嘉靖四十四年（1565），孔天胤为赵康王的《居敬堂集》写了序。赵康王朱厚煜，号枕易道人，正德中嗣封赵王，居河南彰德府，嘉靖三十九年（1560）卒。嘉靖四十四年（1565），其子成皋王辑录其作刊刻成书，为《居敬堂集》，请孔天胤为之序，原因是孔天胤"昔岳牧河省，于邦国文献当睹记焉"。今上海图书馆藏《居敬堂集》十卷，刊刻于嘉靖四十四年（1565）秋八月，前附《居敬堂集序》三篇。序一为安阳郭朴谨撰，序二为河汾孔天胤撰，序三为钧阳党以平撰。赵康王《居敬堂集》现山西博物院也有藏，被列入《第三批国家珍贵古籍名录》。嘉靖四十四年（1565）十一月，赵王府遵道书院建成，受到皇帝敕封，成皋王再次千里求记，孔天胤作《敕赐遵道书院记》。

（六）转托孔天民、赵讷请序

嘉靖四十四年（1565），孔天胤受时任南宫教谕的孔天民之请，为南宫县知县王中孚的诗集《西野集》写了序。王中孚，扬州兴化人。史载其为嘉靖三十四年（1555）顺天府举人，在任期间"清慎勤敏，常俸外一无所取"（民国《南宫县志》）。嘉靖四十三年（1564），王中孚主持修建了南宫县学，孔天民再次修书一封请孔天胤撰写碑记，孔天胤作《修南宫县学记》。

隆庆三年（1569），山东致仕官员李舜臣（1499~1559）诗文集《愚谷集》成，其外甥大同知府程鸣伊转托赵讷，请孔天胤为之作序，孔天胤作有《愚谷集序》。程鸣伊，号肖溟，山东乐安人，与赵讷同为嘉靖三十八年（1559）进士，并曾同在户部任职。

五、海内知交同道

孔天胤一生宦游四方，除了以上群体，还有一些出现在他生命不同时期的重要人物。本章仅选七位前文未曾述及，且在其人生中关系较大者叙述。

本书"附录"部分列有一份《孔天胤交游名录及事略》，较为全面地展示其交游情况，以备研究者查考。

（一）中州才子高叔嗣

孔天胤与高叔嗣的交游，在嘉靖十三年（1534）孔天胤被降为祁州知州，回乡省亲期间。

高叔嗣只比孔天胤长四岁，然而他成名和举业都很早。高叔嗣少时受知于李梦阳，与兄仲嗣并有才名，十六岁所作《申情赋》数万言，见者无不惊叹。年十九举于乡，二十三岁中嘉靖二年（1523）癸未科进士。高叔嗣中进士后，先授工部主事，后改吏部，历稽勋郎中。孔天胤参加会考时，高叔嗣为同考官。孔天胤的同年毛恺在为高叔嗣《苏门集》所作的跋里写道："恺也不佞，壬辰就试南宫，缪为先生所录。"① 孔天胤另一同年钱薇在写给高叔嗣的祭文中写道："吾举礼部，苏门列五经师，中吾。"② 还有一位同年周复俊写到了高叔嗣亲授《批点唐音》之事："言念壬辰获隽礼闱，我师吏部苏门高公手授空同《批点唐音》，丹铅烂然，飞驾尘品。"③ 因孔天胤除殿试策论外，嘉靖十三年（1534）之前的诗文全都散佚，我们无法考证孔天胤的会试卷是否也由高叔嗣亲自批点推荐，但从高叔嗣与孔天胤二人的交往中，却也不妨做出这样的推测。

嘉靖十二年（1533）春，高叔嗣出为山西左布政司左参政，是年夏四月离京返乡，十月上旬至晋阳，分守冀南道驻守汾州。④ 高叔嗣在山西期间，其政务之繁剧、舟车之劳顿，不亚于孔天胤在陕西，因为当时"冀南道辖潞安府及沁、泽、辽、汾四州"⑤。我们不妨看看高叔嗣写于山西期间，嘉靖十二年（1533）到十三年（1534）的诗歌：《十一月朔孝义道》《清源县作》

---

① ［明］毛恺：《跋〈苏门先生集〉后》。
② ［明］钱薇：《祭高苏门文》，《承启堂稿》卷二十五。
③ 黄宗羲编：《明文海》卷二百二十一。
④ 据孙学堂《高叔嗣系年交游考》，《中国诗歌研究》第八辑。
⑤ 《明会要》卷七十三《方域三·山西》。

《交城县壁》《太原县西十里亭逢张景周宪使归田》《文水县驿壁读王司仆德徵诗因和其韵一首》《辽州即事》《潞安道公廨署》《进兵介休》《盘沱驿再用沁州壁韵一岁中四出此路》《汾阳道暮晴》《孝义道晓发》，等等，山西的孝义县、清源县（今属清徐县）、交城县、太原县（今太原市南部）、文水县、辽州（今左权县）、潞安（明时为潞安府，今长治市）、介休县、沁州（明时为州，今为县，属长治市）、汾州等地，都留下了高叔嗣的足迹。

明人孙奇逢《中州人物考》中，写到了高叔嗣在汾州时阻止永和王改引马跑泉一事："永和王欲改马跑泉环汾州城，中丞报可。叔嗣曰：'王专其利，奈小民生业何？'卒止。"① 高叔嗣阻止了这项劳民伤财的工程，汾人感其恩惠，争肖像祀之。叔嗣还善于断案，光绪《山西通志》"名宦"记其在山西期间"断疑狱十二事，人称为神"，曾用一个早晨的时间就使十年的冤狱得到昭雪，山西父老皆称其神明。嘉靖十三年（1534），"叔嗣主山西乡试，号称得人"。高叔嗣与刘储秀也有交往，其《苏门集》中有《呈刘西陂先生将按部洛阳道出小园》一首，刘储秀《刘西陂集》中亦有《除日饯别高考功子业之京》《和高宪长子业见示广视堂之作》等诗。

嘉靖十三年（1534）秋冬之际，归乡后的孔天胤与高叔嗣常相来往，颇为相得。有一天，高叔嗣在汾州府衙中翻检自己的旧诗集，兴之所至，写下了《斋中检旧集因呈孔文谷学宪》一诗。

诗歌开篇即是一派肃杀的气氛：严冬已经来临，早晨起来，都能看到庭院中的树上结满了寒霜，不禁思念故乡，深感幽居之苦。然转念又喜，因为汾州充满了赏心乐事与人情之暖：

> 郡中盛儒彦，暇日遂讨论。敢为矜文誉，要识凤所敦。广堂宴晴晖，旨酒湛芳尊。言笑一相投，逍遥穷朝昏。心赏不易值，素交世罕存。疏简本吾性，牵拘守兹藩。高车数来往，无为厌公门。

汾州是个儒士才俊聚集的地方，能与这些才俊不时聚谈，讨论学问诗文，

---

① ［明］孙奇逢：《中州人物考》卷五《高按察叔嗣》。

不失为赏心乐事。更何况,还有孔天胤这样的知交,能够言笑相投,逍遥朝昏。交往非以俗事,而以"心赏",何其难遇;交往非以功利,而以"素交",真诚纯洁,举世难见。自己以一介儒生,本性疏简,然而如果能有志同道合的"心赏"之士、"素交"之友"高车数来往",那么远离故乡做官也就不那么令人厌烦了。

在汾州短暂停留之后,孔天胤即将拜别双亲师友,去往祁州赴任。汾州官员及亲友设宴为他饯行,高叔嗣赋诗一首,题曰《宴别文谷先生赴祁州》。诗中写到,"岁晏冰霜厉,天寒鼓角悲",正是岁末,冰天雪地,霜风冷厉,更增鼓角之悲。送别之时,"军城数杯酒,官舍满篇诗",俱情深义重,依依不忍别。高叔嗣还安慰孔天胤,"才高世总弃,名在众方推",不要因为一时的失意而灰心,令名仍在,定会得到多方支持。所以,要乐观地走向前程,更何况,"郡斋暇北眺,犹接帝京陲",祁州离北京不远,闲来无事时,临窗远眺,说不定还能看得见皇帝所在的京城呢!

去往祁州途中,过了榆次继续北上,过太原,有一夜宿在平定。孔天胤想到了高叔嗣的诗《发平定》:"空山悬日影,长路起风寒。京邑方趋役,边城遂发鞍。孤心向谁是,直道匪今难。不是秦关客,貂裘亦已残。"一"寒"一"鞍",一"难"一"残",都在孔天胤的内心激起了沉重的回响。天气的苦寒,内心的凄寒,鞍马的劳顿,宦海的艰难,都让孔天胤感觉这几个韵脚字表达心情之准确,于是他以高叔嗣这首诗的韵脚,写了一首表达自己当下心情的诗:

旅馆风霜集,山程晓夕寒。复当将尽岁,且尔未休鞍。处世飘蓬是,容身直道难。红颜与鬓鬓,应为雪沾残。(《过平定用苏门韵》)

年关将至,自己却未能休鞍,还奔波在赴任的途中,内心难免升起天涯飘蓬之感。"直道",也是圣人之道。《论语》中有这样一个典故:春秋时,君子柳下惠只做了士师这样的小官,却依然三次被黜。有人对他说:"子未可以去乎?"为什么不离开这个国家呢?柳下惠说:"直道而事人,焉往而不三黜？枉道而事人，何必去父母之邦？"（《论语·微子》）问题不在于是在"父母之邦"还是别的国家，而在于是"直道而事人"还是"枉道而事人"，君子不易其操，在哪里都是一样的。所以孔天胤在此产生了"容身直道难"之叹。高叔嗣感叹的是自己行程中"貂裘亦已残"，孔天胤在此却更多感叹时光易逝而功业难成。

再见高叔嗣，是在两年后的嘉靖十五年（1536）。这年十月，高叔嗣由山西布政司左参政调湖广按察使，治所江夏（今湖北武汉）。这年冬至后，高叔嗣在赴任途中，途经阳武（今河南原阳县），孔天胤专程去阳武馆驿过访。二人酌酒对饮，百感交集，各赋佳句，高叔嗣写有《还次阳武与孔文谷饮和其韵二首时冬至后》一诗。此次相遇给高叔嗣匆匆的行程留下了温暖的回忆。

到江夏任所后不久，也就是嘉靖十六年（1537）初，高叔嗣给孔天胤来了一封信，一来是报以平安抵达的讯息，二来是做知己间的交心存问。信中回忆了这一次的相遇："顷过邑，伏蒙临幸，频日宴语，关宵投分，实深报德良薄，感愧何如。"信中还为薛蕙的遭遇感叹，并表达了希望有机会由孔天胤引荐，前去拜访的愿望："薛西原先生竟不受召，殊为邑邑。未审会见否？"（高叔嗣《与孔文谷书》）后来高叔嗣是否见到薛蕙，不得而知。可以确定的是，在嘉靖十六年（1537）的春夏之交，高叔嗣得到了薛蕙的《老子集解》一册，为之赋诗作序[①]。

在写给孔天胤的信中，高叔嗣还表达了两个愿望，一是"顷有何篇章不惜示及？"你最近有什么好文章好诗句吗？不妨寄来欣赏。二是"鄙作栗生点定者一册附请教，兼新刻，愿乞大序。倘肯惠及数言，即十朋之赐射虎。"一位栗姓书生为高叔嗣点校了新作，将行刊刻，希望孔天胤能为他的新书写个序。

孔天胤是否应邀给高叔嗣写了序，不得而知。因为翻检孔天胤及高叔嗣的存世书稿，均未见到。唯一可知的，就是这是高叔嗣与孔天胤的最后一次互通讯息。

---

① ［明］高叔嗣：《论薛考功所注老子》，《苏门集》卷四；《再作老子集解序》《苏门集》卷五。

就在这一年，嘉靖十六年（1537）的六月十七日，高叔嗣去世了，年仅三十七岁。

关于高叔嗣的死因，一说是"岁大旱，叔嗣祷于山川，中暑卒"（过庭训《明朝分省人物考》，广陵书社，2014年），一说是"是年夏大水，叔嗣祷于山川，归而病，病才九日，卒"（孙奇逢《中州人物考》）。是因为干旱还是因为大水，有两种说法，而这两条信息中相同的部分，却是"叔嗣祷于山川"。他是为民祝祷，劳瘁卒于任上。

高叔嗣在山西左参政任上时，曾主持刊刻了宋人郑伯谦的《太平经国之书》。《太平经国之书》是一本发挥《周礼》之义，参证后代史事，以明古法之善的书。孔天胤到颖州后，托县令翻刻了高叔嗣刊本并为之序。序中写道：

> 明年丁酉，余饬兵颖上，士多藻彦，因出其书，托县尹姜子时习为翻刻之，与诸生同观，又明年戊戌五月而翻刻成。冀南孔天胤。①

或许，翻刻高叔嗣刊刻过的书，不仅是为了"与诸生同观"，更是对知交友人的一种深切怀念。

孔天胤七十一岁时，曾夜梦薛蕙、高叔嗣、张鲲（嘉靖十五年曾任山西右布政使），怅惘良久：

> 余梦与过去人薛考功君采、高廉使子业、张方伯子鱼，行到一处，林渊映带，迥异城域。有半面磨（摩）崖，议题诗其上，余先题"广泽生明月，苍山夹乱流"，笔落而寤。（《纪梦（有序）》）

他们都在他的生命中，刻下了太过深刻的印迹。

---

① 光绪《永嘉县志》卷二十五《艺文志一》收录该序。《太平经国之书》又有纳兰性德《通志堂经解》本，民国上海涵芬楼本、商务印书馆本等。

（二）虚岩山人周诗

周诗，字以言，号虚岩，昆山人，一说常熟人，一说太仓人。为人偏傥，精医理，自谓张仲景以下不能过，少试方药皆神验。有司因其尚医赐之官，拂袖而去。一生不仕，"游武林（杭州），寓僧寺中"。周诗游杭州，寓寺庙，与浙江提学孔天胤书写了一段佳话。

嘉靖二十四年（1545），周诗《虚岩山人集》刻成，孔天胤为其写序[①]，序中交代了二人相识的过程。周诗当时是送友来浙江，"望见山水憺而忘归，尽历九秋，日展游眺"，多有诗作。当时万表等人先得到周诗《吊鄂》一篇，孔天胤看后大为赞赏，"余与龙岩（赵维垣）、少嵋（谭棨）同观，以为绝唱，遂访山人而识之"。

关于周诗和孔天胤的相识，还有另外一个版本，在清代学者钱谦益的笔下却是另外一个版本，二人的相识颇有点江湖奇遇的色彩：

> 提学孔天胤自翰林出，雅负知诗，阅岳鄂王庙曰："何事疥吾壁也？"命隶人彗墨扫之。至以言诗，乃大惊。立命驾往谒，与定交。武林人争延致以言，以言不怿，辞归。（钱谦益《列朝诗集·丁集·第四》）

以言，即周诗。这里说孔天胤出自翰林，是个知诗的人，到岳鄂王庙游览，看到墙上有好多题诗，认为这些水平不高的诗破坏了寺庙的墙壁，于是命隶人清理。但看到周诗的诗时，大惊，立刻前往拜谒，与之定交。因为提学副使的推崇，周诗在杭州出了名，杭州文人雅士争相邀请，周诗不堪其烦，离开了杭州。由此也可看出周诗的孤傲。

周诗在浙江期间，孔天胤曾多次邀约同游，二人写有多首唱和诗。周诗

[①] 孔天胤序见于[清]范邦甸《天一阁书目》（清嘉庆文选楼刻本）卷四之一集部。现存《虚岩山人集》六卷为嘉靖三十五年（1556）孙取益刊本，中国国家图书馆藏本中无孔天胤序。

集中有《文谷孔宪副于合宴竹房》，诗中称孔天胤为"通才"，"通才政多暇，数与野人期""林峦将落日，谈笑同复移时"，可知二人相得之乐。孔天胤循行课士，周诗有诗《江楼饯别文谷孔宪副山人赋诗送之》："群公祖饯映江楼，万壑霜来夜色深。伫立钱塘一片月，心随流水送行舟。"

在众多西湖宴游诗中，周诗有一首诗被钱谦益选入《列朝诗集》，得到了皇甫汸这样的评价："周山人《留别西湖》一篇，尤为《选》体之冠，婉丽以会景，俊逸以宣情，春容以达气，纵笔二百言，无一字蹊径，真得古人之髓。"皇甫汸所说的《留别西湖》，诗题全称为《留别西湖兼柬孔文谷、万鹿园、赵龙岩、田豫阳、童南衡诸君》，诗中写到孔天胤、万表、赵维垣、田汝成、童汉臣众人的宴游之乐，"会心既以玄，感来宁弗亮。结侣得应刘，调逸每相抗。倾座激悬河，芳飙企予仰。绸缪林中娱，万事等飘块。发咏互酬答，真赏由郢唱"；即将离去，"踟蹰行复留，念此意弥广。断梗惜临流，抚膺吐深恨"。

今存有孔天胤送别周诗的书信一通，《孔文谷文集》未收。信中孔天胤自称"侍生"。

（三）山西提学副使曹忭

曹忭（1512~？），字子诚，号纪山，江陵（今属湖北荆州）人，嘉靖二十年（1541）辛丑科进士，于嘉靖三十五年（1556）任山西提学副使[①]。

曹忭与孔天胤为旧相识，孔天胤在浙江任提学副使时，曹忭曾巡按浙江；孔天胤任河南左布政使时，曹忭又任河南布政司参议。所以当曹忭来到山西任职，孔天胤感觉"草木之味，偶定交于五言鸡黍之情，竟如约于千里。念人生之几何，而所遇亦已多矣"（《赠督学纪山曹公陟参江藩序》）。

嘉靖三十六年（1557）秋，曹忭将课士汾州，孔天胤得到消息后非常高兴，在写给当时的山西按察司佥事杨胤贤的信中，称"纪山公旦夕当至，德

[①] 时另有四川巴县人曹忭，字子东，号自山，嘉靖八年（1529）进士，曾任户科给事中，嘉靖三十一年（1552）任浙江参政，亦有名望，二人不可混为一谈。

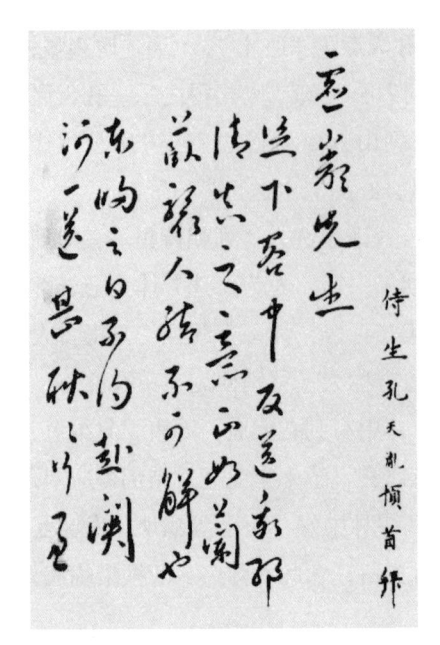

之不孤矣"（《与杨小竹少参》）。曹忭未来汾州时，孔天胤写有《喜纪山至郡校文》一诗，对其到来充满期待，"新秋宿雨夜来晴，星斗高悬分外明。怪底人间占德曜，适从天表迓文旌"，并称"幽谷鄙夫忘却老，欲充童子备将迎"。曹忭到汾州，为诸生开堂宣讲时，孔天胤写有《赠纪山校士》一诗，记载当时场景："九秋气宣朗，八表氛澄清。凌旦莅广堂，大观临诸生。析理发疑难，属藻定章程"，状写曹忭为汾州学子讲经论道、答疑解难、制订章程之事。诗中，孔天胤盛赞曹忭"肃肃俨光仪，锵锵流正声。群蒙仰熙曜，万有会醇精"，为汾州学子能得到这样一位学养深厚的有德君子

图17　孔天胤写给周诗的信（局部）

的教诲表示由衷喜悦。

曹忭在汾州课士之余，曾往孔天胤府上拜访，孔天胤《九日对菊呈纪山》《承纪山枉驾丘园率尔赋训》即此情此景中所写。此后曹忭在汾州访问了国宁寺、白云庵，孔天胤写有《和纪山国宁寺小集》《和纪山自国宁寺访白云庵舆中望卜山》《送纪山至白云庵夜坐觞咏》《奉和纪山公白云庵留别》等诗。不久，曹忭离开汾州将归省署，孔天胤又写有《送别纪山》，"水流赴大壑，民怀属高贤"，孔天胤代汾州诸生，对曹忭课士汾州的功德表示感谢。

嘉靖三十七年（1558）夏，曹忭至平阳府、潞安府等地课士，孔天胤得知消息后，作《闻纪山先生讫试平阳，东巡驻上党，萃考五郡诸生寄怀》一首，诗中对曹忭课士山西，为山西学风之兴盛、人才之得遇充满信心。

嘉靖三十八年（1559），曹忭升江西参政，孔天胤作《赠督学纪山曹公陟参江藩序》，较为全面地总结了曹忭在山西任提学副使时对山西教育的影响。当时山西之情况，"惟是晋鄙，僻处荒陬，三圣攸邈，九原不兴，士生其间，靡所见闻"，于是有见识之士"常痛《葛屦》之谣"。《诗经·魏风·葛屦》

称"纠纠葛屦，可（何）以履霜；纤纤素手，可（何）以逢裳"，注者称此为晋地俭陋、拘谨、无见识的代称，三晋之士莫不以此为耻为忧。因而如曹忭这样有见识、有热情且有方法的提学副使，必可使之有所改观，因而也是山西之幸。曹忭督学山西，"谓锢蔽不可以明善，则示之以讲学；谓卑污不可以致道，则示之以明志；谓越履不可以敦行，则示之以迪伦；谓剿说不可以综文，则示之以本经"。曹忭的付出也得到了三晋之士的理解和推崇，"于是三晋之士，其悟也，如梦之觉；其从也，如水之流焉"。

（四）同安名儒洪朝选

洪朝选（号芳洲）是明中期一位名人，累官至刑部左侍郎，署尚书事。史载其奉旨出审辽王案，因不阿附权相张居正而被罢官归籍。

洪朝选死于万历九年（1581），关于他的死，有两个完全不同的版本。一是福建巡抚劳堪（江西九江人）为诏媚张居正，将洪朝选捕于福州监狱，石压胸口而死；一是洪朝选"乡居武断，夺人产业"，被福建巡抚劳堪拘捕，未几洪朝选畏罪自缢于狱中。此事在当朝引起轩然大波，在朝廷一批大臣的请求下，明神宗下旨福建巡按会同该司道重勘洪朝选一案。万历十五年（1587）五月，经三法司会审，劳堪以"故禁、故勘"之科条，发浙江观海卫终身充军。万历二十二年（1594）洪朝选冤案平反，明神宗嘉其"抚雄镇而随任有声，握大狱而持法不挠"。但此事直到现在也依然是一桩疑案，劳堪故里人一直坚持劳堪是被冤枉的，劳堪为官"有干济才，为民兴利除弊，所在多惠政"[①]，他的不幸都是由洪朝选造成的。

既是疑案，就让它继续在历史的公案簿中存疑。我们在此讲述的，是洪朝选在汾州任分守冀南道左参政时，办的一件缉凶捕盗的大案。这件大案不仅涉及人数多，而且事连王府，可谓棘手。洪朝选办案时间短而有效，颇有大唐狄仁杰的风采。

---

① 同治《九江府志》卷三十二《名臣》，《中国方志丛书》第267种，台北文成出版社有限公司，1975年，第489页。

由孔天胤的《分守右参政芳洲洪公德政碑》一文我们了解到，嘉靖四十年（1561）前后，汾州灾荒，道殣相望，"阽于危亡，十室而九"。所谓穷则生盗，当时寇贼奸宄暗偷明抢，"御人国门之外，劫路康庄之间，日杀不辜以取其财"。孔天胤生动记载了这些人的为恶情状："或骑马擐甲，负弩提刀，攘夺于市而去，夜则穿屋逾墙，探囊发柜；或斫户掷石，纵火延烧，欲以生乱启衅，变诈百出"。当是时，社会秩序一片混乱，百姓陷于水深火热之中："商旅惊弦而却，市肆集木而惴，室家乘屋而瞭，街巷列栅而防，犹不免焉。"可谓防不胜防，人人惊恐。这些盗贼之所以如此猖獗，是因为内有宗藩不法者撑腰，"比党钩连，依凭结纳，有盘根之苞、附枝之孽以为内主"，外有"平遥之豪、赵城之侠以为外主"。两股恶势力相互纠结，"外入则内应，内出则外应"，且"包藏暴露，不可测量"，屡屡得手。因为恶势力过于强大并且涉及宗府，"国不敢问，吏不能捕"，就连庆成王、永和王都奈何不得。这帮盗贼团伙已经让王府和官府都头疼，让百姓都惶惶不可终日了，却还有跟风的小盗贼，"效尤之徒，劫杀担负，兽聚鸟散，谓莫敢我何"。大盗捕不了，小盗也捕不了，汾州王府和吏民都无计可施。

还好，来了大救星洪朝选。

洪朝选来到汾州，只用了一个月时间，就了解了事情的来龙去脉，分为五步，将此案最终告破。

第一步，推行四项措施，"责苛慢之吏，绥困馁之民，禁泛滥之呼，涤挂搭之蠹"，端正官吏态度，扶助受困百姓，禁止惑乱人心的言论，肃清与盗贼有勾连的官吏。这是将有大动作的前奏，或者说是铺垫。

第二步，用了一个月，推行了另外四项措施："申保甲之司，缮城郭之守，严缉捕之令，明赏罚之科。"这四项措施非常有效，可以说把所有官民都调动起来了，以正义的力量对大小盗贼进行了一番"人肉搜索"，仅用了一个月时间，就"尽得内外主之奸状及群盗姓名踪迹"。

第三步，收网。得到名单和踪迹，洪朝选先从内贼治起。他拿着相关法令，把宗藩不法者的名字呈报王府，在庆成、永和二王的主持下，抓了五个作为内应的宗藩。接下来抓外贼，"豪侠之在平、赵者，并以就擒"。首犯就擒，大势已去，"是时内外失据，群丑散亡"，缉凶捕盗之事初战告捷。

第四步，抓捕那些为非作歹、十恶不赦的盗贼头目。当时，十几个小头目藏在以往为他们打保护伞的宗藩家中，存着侥幸心理，观望事情的发展态势。这可怎么办？孔天胤此处的记载颇有意趣："公笑曰：'毚兔置矣，釜鱼焉之？'"毚兔，狡猾的兔子；置，捕兔子的网。早已设下天罗地网，这些网里的兔子、锅里的鱼能跑到哪里去呢？其言轻而其信足，大有周瑜"谈笑间樯橹灰飞烟灭"的味道。洪朝选密令汾州知州带武将进到小头目们所藏身的宗藩府上，在与宗藩谈笑周旋之时，同知趁机带兵搜捕，于是藏匿的盗贼全部被搜了出来，绑在大厅之上，其凶器一并集于大厅，上有血痕，当堂审问，个个认罪。人证物证俱在，藏人的宗藩也哑口无言了。

第五步，做好收尾工作，"收捕效尤之盗"，把那些趁乱跟风行盗的小蟊贼，一一缉捕归案。不多久，这些小蟊贼"亦骈首受缚"。

大案告破，众贼得捕，于是"道路通行，闾阎安处，阖郡转清平之福，四境流昭旷之休"。嘉靖四十年（1561）十二月，汾州知州张朝宪率众官员及诸生张云翔等三百人，要为分守右参政洪朝选立一块德政碑，请孔天胤写碑记。可以说，洪朝选此案办得漂亮，孔天胤此文也写得漂亮。

还有两段小插曲要补充讲述。

一是嘉靖二十三年（1544）孔天胤任职浙江时，二人就曾有过交往，孔天胤曾宴洪朝选于湖中小亭，作《夏日宴洪氏湖亭》一首。真是人生何处不相逢，一别近二十年，洪朝选竟来到汾州任职并到孔园拜访，老友相聚，怎不喜出望外？于是孔天胤欣然作诗一首，题曰《山中喜洪芳洲大参见访，廿年之别，获此良晤，有形斯咏，情溢乎辞》，诗题中即洋溢着满满的喜悦。诗中言二人"江盖初倾日，汾骖嗣晤年。情文还丽密，寒暑自推迁"，忆往思今，情深谊远。也许正因为怀着深厚的相知之情和对老友的真诚赞许，孔天胤才会把这件事记载得如此生动，将洪朝选之举重若轻之言语神态，描绘得栩栩如生。

二是为洪朝选提供线索的还有一个重要人物，叫许义，是庆成王府的教授。据万历《汾州府志》，许义为河南汝宁人，岁贡，嘉靖三十三年（1554）任汾州训导，在任汾州训导五年后，被提拔为庆成王府的教授。嘉靖四十年（1561），许义利用身在王府的便利条件，向洪朝选揭发了宗党中参与盗贼团伙的人员，使洪朝选得以尽数收治。事迄，许义得到洪朝选嘉奖，孔天胤又作《贺葛陂许公膺奖序》，记其事之始末："时宗党有不法者阴聚徒为奸，至暴横而无所忌，盘结而不可解。国君大夫俱莫敢何，公独无所疑惧，一举而发之，大参洪公因按捕之，奏状悉置之法，于是盗贼之害人者消，皇化清国俗正，公之赐也。"

洪朝选为汾州所做的第二大历史贡献，就是刊刻了孔天胤的诗集。赵讷在写于嘉靖四十一年（1562）九月的《孔文谷先生诗集序》序中，记载了诗集刊布的经过。

赵讷在汾州时，见汾州正在编订其师孔天胤诗集，于是准备"捐俸刊布"。后到四川江都知府任上，遇到了已从汾州调离的洪朝选，说其师诗集已在山西刊布，"盖先生不欲以文示人，乃芳洲公请而得之者"。这年秋，孔天胤将刻本寄给赵讷，赵讷为之核校，并写了序言。今《四库全书存目丛书》集部所收的孔天胤卷，《孔文谷诗集》四卷，每卷都有"门人赵讷校"字样。这四卷诗，前两卷为《履霜集》和《泽鸣稿》，第三卷、第四卷俱为《渔嬉稿》。前两卷为旧集重刻，后两卷为新刻，收录了孔天胤自嘉靖三十五年（1556）到嘉靖四十年（1561）间的所有诗歌。

孔天胤写于嘉靖四十一年孟夏的《纪言》，也交代了这四卷诗集刊刻的经过。称当时洪朝选到山西任职，读到了他的诗歌，于是写信来，表达了自己读诗的感受：

　　捧诵佳章，如商彝，如周鼎，不事雕镂而古意宛然。且人情理路一齐迸出，透彻无遗，真希世之奇文，昭代之名家。诚珍之、宝之、爱之、藏之，不啻百朋已也。

洪朝选对孔天胤的诗给予了极高评价，称为"希世之奇文，昭代之名家"，爱不释手。他认为当朝能诗者不过数家，近如何景明、李攀龙之作，可算作秉道之诗，而孔天胤之诗，也当入此行列。"公诗当传于世。至今未颁布海宇者，谁责也？"所以他请求"钜篇发下，容一一校阅，旋登之梓，庶天下宝、古今宝，为天下古今传之"。

孔天胤最初给了洪朝选一卷，但洪朝选认为一卷太少，说"尊稿尚多，仅以一册见贻。岂非知其非入社之人，而故靳之耶？尚容再请"。大约这就是最初刻了四卷的原因。洪朝选甚至谈到了刻工的水平，问"贵处刻字匠不知孰工"，希望能找水平高的工匠来刻。他认为《汾州志》的刻工不好，"若《汾志》，则运笔锋皆刻削无存矣，殊不见佳也"。

洪朝选的信写得如此诚恳真切，孔天胤大为感动。《纪言》中提到，当初在浙江时，洪朝选曾读孔天胤感怀宋代理学家胡瑗的诗《湖州夜坐感怀安定先生十首》，大为称赞，如今时过十九年，洪朝选"尚亲访余诗至欲梓之"，可知"其赏余之心哉"。

一般来说，主持刊刻者大多会在所刊刻的书上写一篇序言，孔天胤此前所刊刻的书也基本都有序，用来说明图书刊刻的原因、过程等。然洪朝选主持刊刻了孔天胤诗集四卷，却并未写序。这从孔天胤给赵讷的信中可得知缘由：

> 向芳洲公为山人刻诗四卷，约到滁阳作叙，以累下执补刻。今此公以奔讣不果，然垂一语以冠卷端，非吾阳豁之知爱也，更畴望耶？寄呈前卷，祈请文坛，倘蒙赐咳唾之余，便得借珠玉之光矣。未审疑然何如，惟高明准裁，不胜觊缕。（《再与赵阳豁》）

信中说本来洪朝选答应到滁州写序的，因逢丁忧而未完成，所以请赵讷为序。信中还附上了为孔天胤为赵讷父七十寿所写的祝寿文，也正是这个信息，让我们准确判断出了此信的写作时间。

嘉靖四十五年（1566），时任山东巡抚的洪朝选，将为孔天胤刊刻的诗集四卷寄给了孔天胤相交于陕西的忘年交林大春，请林大春为之写序。

林大春序言中认为，孔天胤之诗，性术兼该，既具庙堂之忧又有山林之趣：

> 夫先生起家进士上第，历官为方岳长，非隐者之流也，而其辞反多冲逸豪宕之致。入对之后，即以藩臬出为外史，贬徙栖迟且二十年，未尝一日身在朝廷之上，非登歌应制之会也，而其调乃多叶乎岩廊钟鼎之音。

并非隐者却有山林之趣，身不在朝廷却有钟鼎之音，所以，"在江湖而怀庙廊之忧，居京洛不忘山林之趣，是以性术兼该，而《骚》《雅》之道备也"。性，性情；术，道术。《离骚》极写外放之臣的山林之趣，而《大雅》《小雅》又极写朝廷重臣的庙堂之忧。孔天胤之诗，兼具二者之特点。

这件事也让孔天胤非常感动，他在写给洪朝选的信中说："拜命承风，唯有缕刻向呈鄙俚之作，辄辱许赐登坛一语，又征得石洲君之好辞，如是则荆棘而被庆云之惠，瓦砾而蒙冠玉之光，即溘先朝露无悔矣。"（《再与洪芳洲中丞》）石洲，林大春之号。孔天胤感动之余，称今有集如此，又得序如此，就是现在死去，也没有什么遗憾了。

（五）布衣诗人谢榛

前文谈到谢榛游历山西之事。嘉靖四十三年（1564），在还未与孔天胤未见面时，谢榛就曾寄诗探路，孔天胤作《寄酬谢四溟用来韵》，表达了欢迎来访、希望同游的愿望。诗云：

> 春深无奈独临流，一望天涯生远愁。芳草媵人还异县，青山为客几同游？赋成修竹梁王苑，诗满高云谢朓楼。何日扶邛定相问，杨花撩乱水悠悠。

刻于嘉靖四十四年（1565）的《文谷渔嬉稿》中，孔天胤与谢榛的唱和诗有三十余首，占其全年诗歌总量的三分之一；而江苏古籍出版社2003年出版的《谢榛全集校笺》中，谢榛关于孔天胤的诗歌也有近三十首。可以说，这次历史性的会面，使两位诗人的诗思都呈现了一种集中爆发的态势。

寒食节谢榛自潞州至，孔天胤作《寒食喜谢四溟至率尔赋呈》："上党隔年期，西河今日果。欣忘喜倒迎，幸顾席虚坐。春岸柳和烟，山城厨禁火。欢颜浮醽醁，喜气明花朵。"既有寒食节令特征，又满溢着对谢榛来访的喜悦之情。对于此次会晤，谢榛也怀着无比的欢喜，其《至汾州会孔方伯汝锡园亭同赋》云："神交太宇间，万里犹咫尺。道在无贵贱，杖藜随所适。天风吹高云,关山讵相隔?良晤惬平生,论心在松柏。"对二人神交已久并相互欣赏的君子之交做了最恰当的描述。《适晋稿》中,冯惟讷评点此诗:"二君胜会可待,况词格古健,足标矣。"事是赏心乐事,诗是古雅好诗,可谓双绝。

孔天胤邀谢榛同游自家的背郭园、寄拙园等园亭,二人各自赋诗多首。诗歌中既有眼前之景,更有二人互相欣赏的同道志趣。

三月三日,谢榛写有《三月三日集北园孔老同赋》《北园春集同孔汝锡赋得花字》《寒食背郭园宴集同孔丈赋》,孔天胤写有《三月三日邀四溟征君宴背郭园赋》《奉和四溟暮春北园六韵》。谢榛诗中,描述孔天胤其园其人:"园中幽僻仍三径,海内风骚自一家。胜日重招利觞度,老狂随意角巾斜。"有趣的是,《适晋稿》中孔天胤批点曰:"实情实景。"可见对谢榛所描述的"老狂随意角巾斜"有着一种幽默的认同。谢榛"倾盖相知定,当杯各见真""款客连朝席,流觞几曲泉""从教中散醉,况值右军贤",都对孔天胤盛情款待的高谊表示感谢;孔天胤也回以"有美中林彦,陶嘉干木乡。依然惠风畅,藐彼白云翔。羽泛双渠里,襟披五柳傍",赞谢榛情操志趣之高洁,"齐契今犹古,玄同隐亦光""高文和风雅,冲度满天真",述二人友情之真、和诗之乐。

事实上,二人就同一景、同一事而同写诗,在某种程度上也不乏暗中较劲、一比高下的心态。

清明后一日,落有春雪。谢榛游孔天胤愚公园,二人对雪吟诗。谢榛有《清明后一日愚公同对雪,赋得微字》,孔天胤有《奉和四溟园亭对雪一首》。对于这场春雪伤花之事,谢榛第二联言"幸不积阴妨节序,仍将寒色妒芳菲",落脚在"妒";孔天胤言"不怕春阴多黯惨,只愁时景缺芳菲",落脚在"缺"。此联似谢榛意胜。第三联谢榛言"好山尽隔云何迥,黄鸟相期春有违",雪隔好山,黄鸟误期,落脚在自然节令;孔天胤"世间冷暖诚难料,雪里招寻幸不违",落脚在世情冷暖,此联似孔天胤意胜。末联谢榛云"向夕开樽更留恋,出门恐湿谢庄衣",对这场春雪以"恐"收束;孔天胤则曰"酩醴焚枯无限意,呼僮且典鹔鹴衣",暗含李白"鹔鹴换美酒"典故,颇有典衣换酒的豪情。二人诗境之不同,有一种可能性是谢榛在客中,见雪增愁;孔天胤居自家园中，见雪心喜。

其实谢榛一直在通过孔天胤的园林来体悟孔天胤其人，有时候他甚至把自己"代入"到孔天胤的园林，思忖孔天胤居于此园的心情。比如谢榛游孔天胤之寄拙园，就站在孔天胤的角度，赋诗表达了对"寄拙"二字的理解。其《寄拙园有感》云：

> 吾生巧与拙，两端不俱存。老有至拙处，对人莫能言。守拙懒为主，况复居此园。奚奴亦习懒，中庭芜秽繁。皎月照我床，清风吹我轩。贵心不贵迹，达人方可论。

这完全是在替孔天胤述怀。孔天胤嘉靖三十七年（1558）筑此园时，曾写文称"余有拙以寄其生，又有园以寄其拙。计于巧虽未得，拙亦弗全失也"，谢榛此诗则将"拙"与"懒"结合，道出主拙仆懒，使园林芜秽不整，正与园名相符。《适晋稿》中孔天胤批点此诗曰："拙而且懒，能道予之真处。"认为谢榛道出了自己的志趣和心声。

此年由春至夏，由夏及秋，两人于园中赏花的诗有多首；所赏之花，有牡丹、芍药、榴花、蔷薇、桃花、梨花、菊花等。谢榛写有《孔宅赏榴花得清字》《次孔丈对花二韵》《孔宅赏牡丹同赋》《孔宅赏牡丹同赋》等诗，孔天胤写有《三月十有一日园植始芳，适枉四溟诸公小集，分韵得阳字》《庭树有花与四溟对酌同赋，分得来、林二韵》《同四溟对梨花桃花有感各一首》《四月一日同四溟对蔷薇作》《和四溟观种菊一首》《折园中牡丹送谢四溟》《折园中芍药送四溟馆》等。由这些诗题，即可见二人皆钟情花事，并寄友情、诗情于花中。

谢榛游汾期间，孔天胤曾陪同谢榛前往介休吊东汉名士郭泰（字林宗）墓，二人各自有作。孔天胤诗前有小序，称"公旧宅在郡，今为天宁寺，而墓在介山"。谢榛《吊郭有道墓》诗云：

> 贤哲遗碑古，中郎无愧颜。名超党锢名，道著隐沦间。朱凤一鸣世，白云长在山。祠前挺苍柏，过客莫能攀。

对郭泰之贤哲正直表达由衷敬意。史载郭林宗经常品题海内人士，不为危言核论，故在李膺、陈蕃等抨击谋诛宦官事败被杀的党锢之祸中得以独免。谢榛所言即其事。祠前苍柏之高，喻墓主人才德之高。孔天胤《同四溟吊望郭有道墓》则更多借史咏怀：

旧宅化空林，高坟存大邑。洪中水折旋，绵上山环立。樵牧姓名知，莓苔碑板湿。自非圣人徒，明保谁能及？

洪山之水旋而流，绵上之山环而立，斯人已逝，美名今传。但孔天胤思考的是，千载以来，士君子积极入世，却多难以明哲保身，在这点上，或许郭泰可以作为一位老师。

孔天胤还陪同谢榛登汾州万佛楼，孔天胤写有《伏日登万佛楼》，谢榛写有《和孔老登万佛楼》；同游汾州峪中，集于宗亲柳川园中，孔天胤作《首夏七日与四溟游览峪中，宴于柳川池亭用小村韵》，谢榛作《柳川园亭宴集同孔老赋》。

天下没有不散的筵席，谢榛于这年的秋天离开汾州去往潞州游历，孔天胤写有《忆昔行赠别四溟先生》，诗云"忆昔未见君子时，渺如天上攀琼枝。今日相逢复相析，相看终作长相思"，表达了未见前的钦慕、见面后的相知相得及离别时的难分难舍；就连自然山水也在极尽挽留这远方的嘉宾，"汾水白云遮去路，太行黄叶洒征鞍"；回归中国传统送别诗中"悲莫悲兮生别离，乐莫乐兮新相知"的主题："世间何事最为乐？独有新知愈歌咢。世间何事最堪悲？独有生离在路岐。"询问来年是否还可相见："山中无所有，赠君池畔柳。来岁轻丝流乱时，可能其下一杯酒？"谢榛写有《留别孔丈汝锡长歌行》一首，述二人情谊，"十载神交几书札，明时大雅非凡俦"；如今将离，"人生聚散等落叶，不堪怅望关山秋"；别后定会相互思念，特别是在对月或登楼时，"此别西河去上党，相知两地随淹留。可怜南北对明月，雁声凄断时登楼"。谢榛此诗，冯惟讷于《适晋稿》中批点："老别知己，凄宛有情。"可谓至语。

那么这两位诗人的同题唱和之作，水平高低如何？据明人王兆云所辑《皇明词林人物考》"谢榛"条,谢榛在山西时,与孔天胤的唱和集曾编为一集:"旧在山西时,汾州孔天胤赓和,曰《同声集》,其风益下,不如孔也。"而在"孔天胤"条则说:"(孔天胤)诗文俱可传,与谢茂秦唱和,诗尤优于谢,盖谢入晋而江淹才尽,孔反掩出其上矣。"[1]王兆云认为谢榛在汾州时与孔天胤唱和的诗歌,不但不及其前期作品,甚至不及孔天胤,而孔天胤"诗文俱可传",也是对孔天胤诗文水平的肯定。

在此简单介绍一下谢榛将去的潞州沈王府的情况。

洪武二十一年(1388),朱元璋封二十一子为简王,封沈国。沈国永乐初年在北京,后迁潞州。之后历康王、庄王、恭王、安王、惠王、宪王,嘉靖三十一年(1552)继以宣王。沈宣王朱恬烄,万历《潞安府志》记其"天资聪颖""懿德卓行,冠于诸藩";雍正《山西通志》记其"好学,工古文词"。沈宣王朱恬烄有诗集《绿筠轩吟帙》四卷,今存二卷,收入《甲库》第六百九十四册。谢榛游潞州,受到了沈宣王的热情接待。雍正《山西通志》"寓贤"之潞安府称"沈府王将军中尉多工诗,由榛启之也",可知谢榛到潞州后,带来了沈王府诗歌的繁盛。

由孔天胤《与诗人谢四溟》一信中"李生再来,再得公教音,知旅邸安和为慰"可知,谢榛到潞州后,托一李姓书生带信给孔天胤,报知已平安抵达,及自己在潞州的近况。谢榛在上党,登山临水,并与沈王及诸宗亲唱和,又有许多新作。孔天胤回信称:"闻诸睿宗恩礼愈盛,而华园浩唱、玄馆清言亶亶焉,愈出愈奇,其性情可知也。"孔天胤惊讶于谢榛诗思之精、诗律之细,"公近日藻思更精,诗律更细,于老年营魄,觉无焦劳否?"七十一岁依旧藻思精敏,诚为可贵。孔天胤又钦羡谢榛诗的无烟火气,"仆每羡公无米粥之谈,前人未道,果如其言,尝信口道出,信手拈出,不犯思议功德有何不了,更须破除烟火煎熬耳"。破除烟火煎熬,说到底,就是要脱俗,要能超越烦琐庸常的生活而获得清逸空灵的诗思。

谢榛的汾州之行,还有一个重要的人,把谢榛、孔天胤、沈宣王等人联系在一起,形成了一个交游的小圈,这个人就是宋岳。

---

[1] [明]王兆云:《皇明词林人物考》,齐鲁书社,1997年。

谢榛诗中有《宋大参伯镇见过，午睡失款，赋此以谢》《宋伯镇招钦署中，赋得长字》《瞻远楼为宋大参伯镇赋》《雨雹有感呈宋大参》《次宋伯镇游王文父西园韵》等诗。《雨雹有感呈宋大参》中，谢榛与宋岳交流了面对雨雹的苍生之忧："击瓦骤破群雀惊，进阶倒回众儿喜。痴儿不解老夫忧，指点门前说未休""苍生所望在禾黍，更欲馈饷供边头。于今宋玉夜无寐，岂待落木方悲秋？"

后宋岳被罢，谢榛在离开山西多年后，依然为之不平，写有《汾州以分守参政如胡世甫、葛与立、马子懋、程信夫、彭克宪、陈元卿、李子高、宋伯镇、孙格卿、张时芳、纪恒甫诸公，皆旧识也。宋有御房之功，不见知当道，解官归越，嗟哉》一首。谢榛回顾了山西的各位分守左参政，胡缵宗、葛守礼、马九德、程珪、彭范、陈洪濛、李侨、宋岳、孙一正、张蕙、纪公巡，皆旧识，唯有宋岳被罢一事，令他久久嗟叹，不能释怀：

> 边尘连岁静于扫，胡马曾嘶汾上草。落日偏增流水寒，白云不减青山好。宦游此地故知多，半是闲门雀可罗。伯镇守城功自见，农桑依旧满西河。

谢榛离开山西后，与孔天胤多有诗歌互寄。谢榛《中秋宿来远店无月怀孔老》一诗中，客途愁思，兼怀知交，有"雨隔团圆夜，天违浩渺秋。关山增客感，乌鹊向人愁"句。孔天胤于《适晋稿》中批点此诗："有情有文。"孔天胤写有《寄酬谢四溟暮秋见怀》以酬，怀想二人相聚情景，"忆昨春风杖屦过，论文兼得醉颜酡"；如今谢榛去了上党潞国，"攀向桂枝偏潞国，断看云影隔漳河"，便只有悠悠之思长伴而已。

丁卯寇乱中，谢榛作《寄孔方伯汝锡》，思二人友情，"每忆汾阳约，何为代北游？神交太行迥，调合建安流"；叹当今战乱，"虏骄轻出入，吾老重淹留。厚禄谁思报？严兵只御秋"；此情此景，就算相聚，又能说些什么呢？想来只能"相逢话时事，感慨望神州"。此诗冯惟讷于《适晋稿》中批点："情似少陵，况经战伐，连篇尔尔。"寇乱之后，谢榛又寄《虏后怀孔方伯汝锡》一诗，诗云：

君看荆榛走神州，黠虏攻城当暮秋。幽事暂虚寒菊圃，悲歌独倚夕阳楼。雁将杀气俱深入，河卷胡风自倒流。天上文星照孔宅，余辉仍解万家愁。

诗歌记载了丁卯山西寇乱的现实，诗中溢满忧时之情。所幸孔宅无恙，当是文星护耀，为孔天胤祝福，更希望孔天胤不要过多忧虑。

（六）四明山人吕时

吕时，据孔天胤《闰腊迎祥序》中吕时的自述，"生于正德丁丑"，即正德十二年（1517）；又据孔天胤万历五年（1577）诗歌《闻吕征君六旬将自潞还越寄言赠之》，万历五年时六十岁，也印证了其生于正德十二年之说。由此也可知吕时比孔天胤小十三岁。吕时为浙江鄞县人，与谢榛类似，一生未仕，曾于隆庆三年（1569）、隆庆六年（1572）、万历二年（1574）三度游晋，与孔天胤等三晋诗人有大量唱和之作。万历二年，还有河南人胡怀玉也来游晋，雍正《山西通志》俱列"寓贤"："吕时，字甬东，鄞县人。胡怀玉，字楚貉，河南人。并以山人能诗，寓居晋阳，与王明甫、孔文谷诸人相唱和，临清谢榛、闻喜裴邦奇亦时与焉。"此处"字甬东"误，甬东为宁波别称，是吕时的别号。

吕时原名吕时臣，字中甫，又写作中父。关于"甬东"这个号，也有一段小故事。吕时原有号为东野，曾任山西巡抚的杨巍认为这个号不好，为其另拟新号为"甬东"，并作《甬东篇》为吕时其人其号作注。此事见于杨巍《存家诗稿》卷一，诗前小序曰："吕二山人，四明高士也，旧号东野。余以犯古人，又气韵潇洒不类孟，忽忆古诗云'四明有狂客，风流贺季真'，四明乃甬东郡也，遂更号甬东，并赠小诗。"杨巍与吕时交游极多，他对吕时的描述，可以作为我们了解吕时的一个入口：

明时有吕子，逸气何飘然。虽在甬东住，未买甬东田。竭来游海内，声诗盛流传。山巾与野服，见者称贺仙。将欲寻瑶草，孤踪寄八埏。时人或未识，观我《甬东篇》。

通过杨巍的描述，一个好游历、有诗名、类逸仙的布衣诗人形象跃然纸上。《盛明百家诗》卷首也介绍吕时"嘉靖乙未尝游吴会，过白下，出淮泗，登泰山，谒关里，至青州，客于卫府，久之衡王爱其诗，为刻《甬东野人稿》一册"，并引他人评价，称"山人磨炼老成，时有奇气，绝无凡冗之言，斯可谓知言矣"。乙未为嘉靖十四年（1535），可见吕时于隆庆三年（1569）游晋时，以诗名盛于当时已有三十余年。

吕时来汾州之前，先游潞州，受到了沈宣王朱恬烄及诸宗亲的热情招待。吕时离潞游汾，朱恬烄写有《送吕二山人游汾，访孙大参邦田、孔方伯文谷，和重阳后雪晴来谢词韵》一首。孙大参邦田即分守冀南道左参政孙一正。

吕时的到来，也如谢榛的到来一样，令孔天胤充满高朋远客来访的喜悦。孔天胤《喜四明吕征君自上党来汾见访》诗云：

有美东南彦，无期西北游。潞郊芳草晚，汾水白云秋。倒屣迎三径，开林坐一丘。清言时领略，江左旧风流。

看过了潞州的芳草，又来看汾水上的白云，山人雅意令人感佩。倒穿着鞋子来迎接，对这位诗名盛于当时的江东风流人物的到来表示欢迎。

吕时这次游汾待了三个月，从隆庆三年（1569）秋一直待到隆庆四年（1570）春，孔天胤记"山人徂秋看余，自上党来馆留桐竹山房，过腊明年庚午正月廿后别去"（《汾亭别意引》），可知吕时来汾州时，就下榻于孔天胤的桐竹山房。吕时在汾州著述甚多，孔天胤称"山人翛然玄远，游戏纸墨，十旬之内，赋诗满百篇，调中原音韵词近三十首，又著《同时布衣录》一编，陈义甚高也"。可惜吕时诗稿散佚较多，他在汾州此年所写诗词及所著《同时布衣录》都没有保存下来。

亦如五年前谢榛来访一样，吕时的到来使孔天胤的诗歌创作又呈现了一个小爆发。正如孔天胤文中所说，"余萧索寡会，及会山人，复有大佳致恋，款语依依，清言穆穆，绸缪烟霞芝桂之表"。同住同游，同题同咏，往往更能激发诗情，产生佳句。由孔天胤隆庆三年（1569）的诗集中，从诗题上看，与吕时有关的诗歌十余首，如《邀吕征君次园中二首》《再赠吕二山人》《谢甫东题园景十二咏二首》《初寒拥炉酌吕二山人并竺阳诸公在虚白斋作》《斋中再集拥炉，酒不殚兴，戏用前韵》《酬吕征君数来问疾》《咏吕山人酒瓢》《和吕二山人夜吟一首》《阻雪怀吕山人兼索诗》《腊月廿日与吕山人、程逸士迎春霞馆》《立春后六日寿吕山人》《和吕二山人除夕写怀》等。然由于吕时隆庆三年（1569）的诗稿无存，因此他与孔天胤同题同咏的诗歌如今无法看到，即如孔天胤所说的他为孔园所题的十二咏，如今也无处可查。

今检吕时《甫东山人稿》可见其写于隆庆四年（1570）元旦的一首诗《庚午汾阳元旦试笔呈孔方伯五首》，其四云：

南北霜烟折素裾，白头何意感君初。山阳倘遇汾阴雁，三载春雪定寄书。

诗中有将别之意和寄书之约。这年春，吕时离去。孔天胤作汾亭送别图以赠，并作有《汾亭别意引》一篇。汾亭，孔天胤文中说："汾亭者，王文子所谓汾上亭也。此地有子夏退老之石室，段干木、田子方之遗闻焉，千载之后又见。"据雍正《山西通志》，河津县亦有王通汾亭："汾亭，在汾河岸，文中子游此鼓琴，有钓舟过者曰：'美哉，琴意！伤而和，怨而静，在山泽而有廊庙之意。'"大约汾州建汾亭，也取意于王通鼓琴之事。

孔天胤将此绘入图中赠送吕时，是希望吕时每看到此图便能想到汾州。而"吕山人经行桐竹山房，我之郊居也，图有所咏，皆载之"，孔天胤也将自己的桐竹山房绘入了图中，使吕时在怀念汾州三个月的生活时，能对自己所居处的环境有一个具体的怀想。

孔天胤这年还写有送别诗《赠别吕山人》《和吕山人留别》等，都极言惜别之意。

吕时由上党来时，还带来潞州栗太行先生的信。栗太行，本名栗应宏，雍正《山西通志》："栗应宏，字道甫，潞安人，弱冠举于乡，累试南宫不第，耕读太行山中。高叔嗣解司封归，应宏担簦相造，鸡黍定交。叔嗣作《紫团山人歌》赠之云：'紫团高山概青云，栗家兄弟殊不群。陈州一出驱五马，令弟二十窥三坟。'陈州者，应宏兄应麟也。应宏《山居诗》六卷，叔嗣为之序。"栗应宏兄栗应麟为嘉靖八年（1529）进士，官至陕西按察司佥事。

栗应宏因与高叔嗣有旧，高叔嗣又是孔天胤的故交，因而孔天胤与栗应宏也是神交已久。但由孔天胤《与栗太行先生》中"吕山人来，蒙见惠得音，乃神交之一征也"可知，栗应宏与孔天胤没有见过面。孔天胤回信感叹："吕公以四海为一席，而我辈咫尺千里，固是人生相会之难，空言兴难，足为鼓掌。"千里之外的人来相会都如此容易，汾州与上党相隔不远，见面却如此之难，确实令人感叹。吕时将行，孔天胤在信中说："吕公冲怀雅致，高出尘表，宜为君子之所乐与也。将扬帆东迈，遂不可羁。"孔天胤还随信带去自己的作品，"因附信叙谢，呈旧稿一编求教"。

隆庆六年（1572）秋，吕时带着弟子姚江陈生第二次游晋，孔天胤写有《姚江陈生随其师吕公见访以诗留别依韵和酬》《喜吕山人至》《八月十五夜邀吕山人、吕太傅同弟东明令玩月》《九月十日与吕山人小楼续眺》《从吕山人处观东岩唐公所赠诗因忆》《雨怀呈吕逸人二首》《题老僧衣菊用吕山人韵》《夜听落叶思吕山人旅桐竹山房二首》《斋居与甬东》等诗。此次吕时在汾州待的时间不长，不久即前往潞州上党拜访沈王府，孔天胤写有《和吕山人山房话别三首》《和甬东嘉树园留别》《赠吕山人自汾之潞》《姚江陈生随其师吕公见访以诗留别依韵和酬》等诗。

也是在隆庆六年（1572），孔天胤写有《题沈国好学敦伦册》一诗，称"殷宗勤典学，唐帝笃恩伦。百代皆时宪，今王总日新"，对沈王府及潞州士人的好学情况大加赞赏。

吕时第三次游晋滞留时间较久，从万历二年（1574）一直到万历五年（1577），历时三年。此时隆庆和议结束已有三年，万历改元初年全国气象一新，山西全境也再无战乱之忧，官民安居乐业，正利于文学活动的繁盛。因而吕时此次的到来，较前两次，所留的诗文及佳话都要多。

此次他是先游潞州后到汾州，在潞州见到了沈藩诸王，并带来了沈藩诸王对孔天胤的问候诗，孔天胤作《吕山人来自上党，沈国诸王俱见存记，赋谢一首》，称"好客每开丛桂苑，题诗多在绿筠轩"，对潞州的文学活动做了想象。孔天胤所说的诸王，除沈宣王朱恬烄之外，当指沈宣王的兄弟镇康王朱恬焯、安庆王朱恬爝等，俱好诗，孔天胤此年写有《上镇康王》一首。吕时到来时正值中秋，孔天胤写有《八月十五日喜甫东至二首》，第二天又写有《八月十六日和甫东见寿之韵》。

这次吕时来正值孔天胤生日，"今年甲戌仲秋既望，余政七十，山人挈云笈之章来，遂留以过腊"。为什么留下来过腊月呢？因为这一年，是闰腊月，而吕时的生日就在闰腊月。一个人如果生在闰月，过生日是一件非常难得的事，吕时自述："吾生于正德丁丑闰腊之念七，其后腊而不闰，至嘉靖乙酉始一逢之，丙申再一逢之，今万历甲戌又一逢之。盖吾生五十有七，而真生日者四焉。"生于正德十二年（1517），嘉靖四年（1525）才过的第二个生日，嘉靖十五年（1536）过了第三个生日，到万历二年（1574）五十七岁了，才过上了第四个生日。正因为生日难逢，孔天胤留吕时在汾州一起庆祝这个生日，当时汾州"薇省之良，柏台之俊，与诸墨客子卿咸矢诗为寿"，其诗集为一册，孔天胤写了《吕甫东〈闰腊迎祥卷〉序》附于卷端。

序中，孔天胤较为全面地描述评价了吕时其人，称其为"奇人"。所谓"奇人"，一般可分为四类，一是"经世之奇"，即经营四方，正纲纪，建功业，垂青史；二是嘉遁之奇，也就是隐者，"玩道遗世，玄文处幽，水镜万虑，尘芥六合"；三是"翰藻之奇"，即有文学才华，"脱略公卿，跌宕文史，下乘章句，高谈名理"，成一家之言，定千古之事；四为"游观之奇"，即遍游四方，"长啸高岩，朗咏洪川，出宇宙，凌霄汉之上"。能有这四奇之一，即为稀有，可以说"世不恒出，代不数人"。而吕时兼有"翰藻""游观"两奇，"文炳道德之精，笔涌江山之气。俪语珠连，妍谭玉振。翰藻既工，游观兼嗜尔"。仅谈其游观，"乃翔千仞之高，旁览德辉，测重滨之深，超登彼岸，辙迹之存，几满天下"。而在其游历中，王公、贤者争相延请，"光尘攸属，快睹争先。故贵公倒屣而延上座，贤人倾盖而定前言。谓其尽东南之美，极天人之际，必此人也"。

据雍正《山西通志》"寓贤"之潞安府，称吕时"年七十，客死涉县，鲁府中立序其诗曰：'山人鹤骨癯癯，若出衣表，贞介廉洁，不妄交，不苟取，故为诸王侯所重'"，这一评价，与孔天胤所言正好是一个呼应。

万历二年（1574），孔天胤所写关于吕时的诗歌甚多，有《和甬东园中偶步韵》《酬吕山人见题兰雪堂二首》《九月廿三日同甬东、竺阳、少山、禹麓郊行至一僧舍少憩》《咏瓮头春四首同吕山人》等。特别是这一年，吕时得到家信，得知家中又添一子，孔天胤写《答甬东见喜生子》表示祝贺。"老蚌生珠日，原蚕结茧时"，言吕时五十七岁得子，殊为不易；"兄喜添新弟，翁怜有二儿"，可知此为吕时第二子。

万历三年（1575），孔天胤所写关于吕时的诗有《元日与吕山人听黄生弹琴歌》《风晨感怀呈吕征君，时同宿嘉树园》《喜雨邀吕公共酌》《小楼春望同吕山人》《寿吕山人二首》等。这年，吕时再由汾州去潞州，孔天胤作《赋得远别离送吕甬东》。其时汾阳金兰社、青莲社及宗亲、乡绅与吕时有交者，皆来相送，吕时写有《行行叹志别汾阳诸公》一首，诗中称"汾水已三向，主人仍叹留"，表达对汾州诸公高谊的感谢。诗中还充满了自嘲，称自己"既不能屠龙，又不能解牛""去年蚀二齿，今年凸半头。祢衡死鹦鹉，仲连没半丘""慕兰不可得，攀桧竟无由"，如此这般，却获诸公盛情延留，何其惶恐。诗歌写得洒脱不羁而趣味盎然，颇让同好们在离别的悲愁情绪中增一乐子，这也是吕时落拓的性格使然。

万历四年（1576），孔天胤作有《寄怀吕征君时在潞安》一首。诗中言"昨年惜别桃花春，今日伤离柳色新"，怀想吕时在汾州的时光；"相忆却怜汾潞近，寄声犹得往来频"，希望吕时能不时来信，以慰相思。

万历五年（1577），吕时将由潞州回故乡浙江，孔天胤作《闻吕征君六旬，将自潞还越寄言赠之》相送。"塞北江南万里游，春来秋往六旬周"，记吕时游程之长、游晋之久；"儒生自为青袍误，词客谁将白璧酬"，感叹儒生为功名不得自由；"绿壑丹崖留屐齿，金箱玉笈载床头"，人虽往而痕迹留，此后睹物思人，当倍增相思；"还家君好吾伤别，恨不追随似海鸥"，言离情之苦。这年六月，吕时自故乡寄诗来，孔天胤回《六月得吕甬东五言寄怀因用韵写心》一首，对二人情谊进行了总结回顾：

　　高士去予久，能将尺素传。神交千里外，意在一封前。白首谁如故，黄金交可怜。相思复相望，携手更何年。

此番相别，不知何时再能相见。他们此后也再未相见。

吕时游晋期间，与王道行、裴邦奇等人也多有唱和。检王道行《桂子园集》，可知王道行写有《送吕山人归越》《吕二山人自上党以诗问余赋此却寄》《嘲吕山人》《钟楼联句借吕山人中甫》《和吕山人游塞上诗二首》《吕山人送吴茶》等诗。检裴邦奇《巢云诗集》，可知有《甬东山人行》《游藐姑射山龙子祠同甬东赋》《送吕山人复还上党》《四月六日积雨怀吕甬东》《与吕甬东过吕岫云绿井庄有怀张崌崃》等诗。由裴邦奇诗题可知，裴邦奇与吕时曾一起到临汾过访吕阳的绿井山庄。

而吕时游晋，也使身在汾州的孔天胤与潞州的沈王府之间有了更多的联系。检沈王朱恬烄《绿筠轩吟帙》，可知吕时归越时，朱恬烄写有《送吕二山人南归话别》一首，极尽眷恋。而其诗集中还有关于孔天胤的《仙客篇寿汾阳孔文谷》《寄怀孔方伯文谷》等诗。前诗二十四句，较为全面地梳理了孔天胤的人生履迹：洞房花烛，"珠珮明珰擢步簪，同心缕带结欢情"；之后是金榜题名、经营四方，特别是把孔天胤退归以后的生活写得兴味盎然、飘逸如仙：

一旦抽簪挂朝冠，三台八座心讵安。清虚志在青尘外，好服姮娥却老丹。戏舞蓬前赤尾凤，九苞韵响笙簧弄。春游仙馆夏风松，朝赏龟台暮云洞。

虽是贺寿诗，但此诗气度不凡，意象纷呈而境界奇阔，读来气韵流畅，豪迈超拔。

另外要补充的，是吕时和曾任山西巡抚的杨巍的交游。杨巍在《存家诗稿》后记中，说自己写诗得益于两个人，一个是曹忭，一个是吕时，"余自幼习举子业，不知为诗。至嘉靖乙卯外补晋臬，时督学使者为曹君纪山，始提挈余为诗，谓以唐人为宗，且辨其体格，余不甚解。及余归田，有四明吕山人者往来海上，相与唱和"。他称自己作诗，"倡之者曹君纪山也，共艺者吕山人甬东也"。

（七）陕西三边总督张珩

山西石州（今吕梁市）人张珩曾与孔天胤同官陕西，在陕西任上建树颇多，《陕西通志》《延绥镇志》俱列名宦。《山西通志》列乡贤。

据《明世宗实录》，张珩嘉靖二十一年（1542）十二月以都察院副都御史巡抚宁夏，嘉靖二十二年（1543）十二月升兵部右侍郎兼右佥都御史总督陕西三边军务。其宦绩，雍正《陕西通志》有如下记载："（嘉靖）二十四年秋七月，套虏入寇，总督张珩调诸将兵御之。""珩升右佥都御史抚延绥，值岁饥，躬茹疏粝，一老妾供炊，敛公私所有以饱士，士见珩癯，咸劝加飧，至相对流涕。""明嘉靖三十年（1551），巡抚张珩言保安县西河川有石门镇及石门子，北接榆林宁塞、靖边诸营堡，为羌戎阑入之路，宜各筑一城增兵戍守。""嘉靖三十年，延绥巡抚张珩言延川县西有禅梯岭，乃套虏深入之路，比他镇独重，宜增筑一城从之。""镇川堡，在县南一百四十里……明嘉靖二十九年（1550）巡抚张珩建城，在平川周一里三分系腹里上地。"

张珩长孔天胤十九岁，是一位亦师亦友的长者。孔天胤对张珩一直非常敬重，二人在致仕回乡后也常有来往。并与张珩之弟张玭亦有交往。

张珩在孔天胤文中首次出现于嘉靖三十一年（1552）《陕西乡试录序》，其中写到了都察院右副都御史张珩等人"各抚循重镇"，为乡试的顺利进行提供了重要保障。

嘉靖三十二年（1553），孔天胤在关中上《乞休疏》，之后给时任延绥巡抚的张珩写了一封信，以做告别。信中先说自己受张珩教诲颇多，如今将要归去，以后想要请教也难了，"行且归向寂寞，庶几专力此件，但无缘日侍门墙，不免堕因习耳。眼前万事莫不是诗，莫不是学问，然心思所惕，退耕惟时焉"（《与张南川督抚》）自己即将归去，幸运的是可以继续领悟孔孟之学，承蒙张珩之引导，"宣阐圣门之精义，打破俗学之筌蹄"；难过的是从此没有了张珩这位老师的指引，担心自己会怠惰放松。好在处处皆有诗，现实皆学问，自己于退耕之时，也可心有领悟。随信，孔天胤"并上近作三篇"请张珩审阅。可以确定的是，这三篇近作，如今已全部散佚，其内容也不得而知。

富有戏剧性的是，孔天胤致仕的请求并没有得到允许，他又在陕西待了一年；反而是张珩在这年的十月调离了陕西。《明世宗实录》嘉靖三十二年（1553）十月："升巡抚延绥都察院右副都御史张珩为南京兵部右侍郎。""无缘日侍门墙"的结果，倒是一样的。

孔天胤致仕后的嘉靖三十八年（1559）九月初九，张珩到汾州访孔天胤，孔天胤惊喜之余，写有《九日喜张南川公至汾晤言奉呈四首》《奉和张南川公宴集见赠之作》两诗。前诗中第二首"仙舆西下白云层，山水高深信若增"，表达了张珩来访的惊喜；第三首"后生白首竟无闻，羞睹黄花对暮云。先达诲人还不倦，坐中玄解月纷纷"，视张珩为师，因自己学术无长进而愧对老师。后诗中，"一杯肯与幽人共，忘却尊高辈是前"，表达了与所尊敬的师友共饮的开心。没想到这竟是他们的最后一次相见，第二年的三月二十三日，张珩即与世长辞了。时任顺天巡抚的张珩之弟张玭，也曾与孔天胤同官陕西，来信请孔天胤为张珩写墓志铭，说"子知吾兄者，幸作铭"。孔天胤言，"顾其立德与功，炳炳而在，敢不铭？"于是写铭文详记其生平（《明通议大夫、兵部左侍郎、赠工部尚书襄敏张公墓志铭》）。关于张珩生平，《山西通志》也有较详记载，但一是没有每一次升迁的时间，二是没有细节，所以孔天胤的这篇墓志铭，就成为张珩生平最为详备的记载。

孔天胤记，张珩幼时从叔父与舅父就学。叔父为弘治中进士，张珩八岁从叔父学小学，十四开始学《易》。舅父教其潜心性命之学，使其敦尚儒行，才章兼美。中正德十六年（1521）进士。嘉靖年间任巡抚延绥，"条上清理十二事，综核利弊"。嘉靖十八年（1539）升南京都察院右副都御使提督操江。嘉靖二十年（1541）偕吏部考察天下，"官员多视公为准裁"。这一年，升左副都御使，值宣大总督缺，众皆廷存推张珩，张珩上疏，说"乡人不便从事"，当朝以忤旨将其落职为民。嘉靖二十二年（1543）召复原职，巡抚宁夏，"凡所经略安攘一如延绥时"。其年升兵部右侍郎兼都察院右佥都御使，总督陕西三边军务。"公至，总统方略，计出万全，居中调度，算靡遗策"，核心思想，便是"以饬内治为上，广德心为本"，选将练兵，整备设御，以静制动，以逸待劳。临事决议，开诚布公，无用智自私之意。所以张珩在任上，威重如山岳，惠流若江河。在任上，前后斩获首虏五百八十有奇，生擒十一，夺获马驼六千二百有奇，器械一万四千有奇。三次获得朝廷玺书金币褒奖。嘉靖二十四年（1545）升都察院右都御使，仍兼兵部右侍郎。嘉靖二十六年（1547）升户部尚书督理太仓，兼管西苑农事。未任，以延绥失利被逮，谪庆阳。嘉靖三十一年（1552）召起用，复以都察院右副都御使巡抚延绥。嘉靖三十二年（1553）升南京兵部右侍郎，不久转左。以丁继母忧归乡。孔天胤当时任陕西右布政使，曾写《祭张母冯氏太老夫人文》，称"某等列司有三，抱恻惟一"，为张珩送行。

张珩丁忧期满，尽管已年过七旬，抚按依旧交荐起用。未仕，却因病逝世，享年七十五岁。张珩生平乐取人善，尤好指诲后进，"泊怀远度，渊渟山峙，令仪令望，邦国之典刑，人伦之师表云"。孔天胤记张珩著有《恩光丝纶录》《心学图》《南川纪年》及奏议、文集各若干卷，今俱佚。

由孔天胤撰写墓志铭的张珩墓碑今存于吕梁市博物馆内。

孔天胤还写有《祭张襄敏公南川先生文》，称在当时"学之弗明""蔽也久矣""贪邪纵妄"的学术背景下，"我公崛起，古训是求。精思力践，匪正弗由"，崇正学术，可为人师；为官"立朝徙镇，匡翊廓清"，为人"谊弗谋利，道不计功"；"策勋掞藻，金石可镂"，无论是文采还是武略，都值得永世传扬。

图18　孔天胤《明通议大夫、兵部左侍郎、赠工部尚书襄敏张公墓志铭》，今存山西吕梁市博物馆

第八章　王府春秋

庆成王府和永和王府，也就是东府和西府，是明代汾州两个重要地标。两座王府驻立汾州二百余年，繁衍了宗亲旁支几千人。汾州文化艺术的繁荣很大程度上凭借这两座王府，而汾州吏治的复杂繁剧很大程度上也因为这两座王府。

孔天胤一生都与汾州这两座王府有着密不可分的联系。但总体来说，因其母亲出自庆成王府一脉，他与庆成王府关系更为亲近。尽管在他人生的起点就因为有着王府的背景而遭遇折翅之困，但他母亲给他的良好教养，以及他因藩亲出身及个人的才情品德而受到历代庆成王及有才学的宗亲的重视和教诲，也为他营造了一生享用不尽的精神环境。

他和王府的关系，可以说不近也不远。这样一种身份的最大好处，就是他既不享有真正藩宗的待遇，也不会受到藩宗那样的约束，因而可以在很大程度上与他们保持距离。但他可以自由出入王府特别是庆成王府，因而他也成了历代庆成王事迹的记录者，甚至是一些事件的亲历者。他见证了第四代庆成端顺王、第五代庆成恭裕王、第六代庆成安穆王、第七代庆成悼怀王、第八代庆成荣懿王的王位更替，见证了他们在位时的荣耀、焦虑、喜好和为汾州地方的安定及文化繁荣所做的努力。由庆成王之甥到庆成王之师，孔天胤这一生出入庆成王府，为王府保留了珍贵的历史记录。当如今王府已在汾州这片土地上消失无踪的时候，孔天胤的这些记载，就显得尤为珍贵。

一、五代庆成王德行的见证者

孔天胤历第四到第八共计五代庆成王，是五代庆成王德行的见证者。第五代庆成恭裕王朱表栾，号清潭，受封于弘治十二年（1499），薨于嘉靖十二年（1533），经历了孔天胤成长的童年、少年、青年时代。在孔天胤的记载中，恭裕为王子时，便"深居简出"，及其袭王位，"有仁德，在位久，薨时年八十四"（《皇明庆成安穆王墓志铭》）。这与万历《汾州府志》中所记载的恭裕王"嘉靖十五年（1536）册封，至三十四年，王年登八旬，惟时长子、长孙、曾孙四世同堂，一德萃美，磐石之宗，鲜有其俪，世宗肃皇帝嘉之，赐书"的记载相吻合。孔天胤记载虽简，却也评价到位。

第六代庆成安穆王朱知㷿生于弘治九年（1496）七月二十日，别号竹溪。万历《汾州府志》记其于嘉靖四十一年（1562）受册封，"性行端正，惟尚《诗》《书》，尤工行草，汾人宝重之。隆庆三年（1569）薨，葬汾州宋家里"。相对来说，孔天胤对安穆王的记载更为具体。由其少年时代写起，称其"生而灵异，豁达沉敏，多才艺，好读书，作字书无所不通，工真行草篆，亦善八分，而行篆为绝"。更重要的是，继承了其祖父端顺王"尚贤"的遗风，"王日侍祖侧，内赞决府事，外应酬宾客，朝省缙绅先生之属，温文而恭逊"。安穆王是王子时，就有着良好的声誉，与其他王子形成了鲜明的对比，"时他王率多骄傲，鲜克由礼，王独循循，雅饬如文儒，以是著名"。他的书法作品更是受到那些一向自负的宾客缙绅的喜爱，"乃相与延誉，尤乐得其书，曰：此竹溪君书也"。安穆王长孔天胤九岁，因而孔天胤所记，除了"生而灵异"这样的话可能是听来的外，其余应该都是他自己的见闻。

比《汾州府志》所说的受册封于嘉靖四十一年（1562）更详尽的是，孔天胤记载了安穆王受册封的具体时间是在夏至之后十日，而受朝廷之命来册封的官员是左给事中王治，山西忻州人，嘉靖三十二年（1553）癸丑科进士（《〈笃行贞节〉诗序》）。

安穆王即位后，"一以宽厚为体，而明恕行之"。具体来说，就是"敬老恤贫，吊丧问疾，拯难雪冤"，自宗党而下，没有不蒙受其恩惠的。孔天胤记载，在安穆王之前，"王国人曩固略儒"，汾州人一向不重视学习儒家经典，"自王好文，选于庠者十数人，举于乡者几人"，可谓开风气之先，带动了汾州学风。并且，就连安穆王的"左右侍从，亦皆明习书史，忠敬有仪"。安穆王生活极俭，"朝晡一菜一饭，冬夏一裘一葛，泊如也"；而对祭祀却极敬，"至于祀飨宴会，必盛服丰膳，鲜美异常"。关于其俭朴的作风，孔天胤还举了一个例子,说有一次安穆王卧病在床,见宫人正在做一条裤子,裤子上刺绣有文彩的螭龙和飘飞的祥云,于是呵斥道:"此神物,岂宜备下体耶!"螭龙祥云这样的神物,怎么能绣在裤子上呢?命令换为素服。安穆王还极孝,其母汪氏非恭裕王正妻,因正妻张太妃无子,安穆王以长子得封。即位后,上疏求敕封其母,安穆王"得尽孝两宫"。

孔天胤对安穆王事记载最详的,是他的"知言"。安穆王即位之初,最让他头疼的就是宗藩的管理问题。恰好宋岳任分守冀南道驻汾州而来,宋岳给安穆王提出了宗藩管理的指导思想,即"以礼禁奸"(《宴寿赠言序·寿分守宋承山先生》)。宋岳给安穆王讲了汉代治晋国公族的典故:以前太原有很多晋国公族,"以诈力相倾、骄恣横逆",汉兴,因这些晋国公族难以教化,所以"择守用严猛之将,任杀伐之威",但这种办法并不能真正奏效,是"矫枉过直"之举。如今强宗为乱,严刑峻法未必真正有效,不如以礼示之。礼的作用是禁之于罪之未犯,法的作用是罚之于犯罪之后;更何况,"执法者,有司之事也;秉礼者,后王君公之事也"。对骄横的强宗示之以礼有三个好处,一是防,二是养,三是辨。防,即"防其暴慢淫僻之行";养,即"养其恭、俭、敬、让之心";辨,即"辨善恶之归,使好恶之不忒也"。如果示之以礼、导之以礼依然为非作歹,再以法治之,岂不更好?安穆王听了这番道理,大为赞叹,于是开始以礼禁奸,凡宗亲犯罪,先报给安穆王,安穆王按牒处分;若罪行较大,法无所贷,则由官府按法处治。就这样,安穆王示之以礼在前,有司惩之以法在后,只用了一年,宗风得到了整治,"迷复罹咎才数人而已"。当是时,"吏民无豪夺之辱、侵陵之忧""国人之服礼者,亦畏威怀德"。安穆王对这个结果大为满意,对宋岳说:"人有心,邦有礼,公之功也。"在宋岳生日时,安穆王陈宴举酒,为宋岳祝寿,足见其好贤之心。孔天胤还引"君子"的话来评价安穆王:"君子谓王,于是乎知言。"称赞安穆王善听。

当然,在对藩宗的管理上,安穆王本身的威慑力也是很重要的。正因为安穆王"秉宪正邪",所以强宗对之"凛凛不敢犯",所谓"终王之世,强宗而抵于法,幽囚流辟至伏诛者殆十数辈,余孽俱以严见惮,渐转祸为福,王之威也"。

因恭裕王在位久,薨时已八十四岁,所以安穆王即位时已六十八岁,在位仅八年，于隆庆三年（1569）十月十六日薨，享年七十四岁。安穆王于隆庆五年（1571）九月初一葬于宋家里，孔天胤为之写墓志铭，赞其工书法，"博学多艺，理解六书。众体咸备，行篆绝殊"；善教化，"折节执谦，敦伦广孝。不出户庭，成国之教"；俭宜宽猛，居安思危，"丰俭维宜，克猛克宽。居高思危，处善则安"（《皇明庆成安穆王墓志铭》）。

孔天胤所撰写的《皇明庆成安穆王神道碑》收入民国王堉昌所编的《汾阳县金石类编》中，碑文落款处有孔天胤撰、王缉篆、赵讷书字样，立碑时间为"大明万历二年（1574）岁次甲戌三月戊辰清明日"。孔天胤另写有《祭庆成安穆王文》，对安穆王的一生进行了较为全面的总结，称其"涉艺林之芳润，研翰藻之精英""言无微而不究，理有奥而必窥""志谦冲而寅畏，躬俭素而广渊"。又《送安穆灵至西山新兆》，以"万年松槚祯祥地，佳气浮来满翠微"，状写安穆王的安葬地。

安穆王共生子十六人，孙男二十一人。安穆王薨时，所敕封的长子朱新堤已英年早逝，于是以长孙朱慎锺为嗣王。此事也见于《明穆宗实录》隆庆二年（1568）四月："庆成王知嫌以年老，请以长孙慎锺管理府事，从之，仍赐慎锺敕。"朱慎锺袭位后，请求朝廷追封其父，于是朱新堤被追封为悼怀王，即第七代庆成王，朱慎锺为第八代。

悼怀王朱新堤，号小溪，万历《汾州府志》记其"聪敏异常，锐精诵读，题咏可匹盛唐，有《奕善堂集》（今存甘肃省图书馆），郡中名士乐与之游。嘉靖四十三年（1564）薨，葬汾州孝臣里，万历元年（1573）以子贵追封"。在墓志铭中，孔天胤记朱新堤"四十三年五月十有六日薨逝，春秋四十有一，明年乙丑四月十有九日，葬孝臣里之原"。朱新堤薨逝这一年，孔天胤六十岁，可以说，他是看着甚至是陪着朱新堤长大的，对这位未来的庆成王也曾寄托了无限的希望，因而朱新堤的早逝让他极其伤心，他沉痛地感叹上天无情，"掷金声于地下，埋玉树于土中""惜天下之宝沉沦，叹人间之世短促"。

孔天胤记朱新堤好读书，写作才思敏捷，"研精篇籍之府，振藻著作之庭，落笔成章，吐辞为律"，且"大篇春容，小言致密"；工书法，"至舒染翰之雅，又出临池之工，由是墨客之流袭惠向于儒林"（《庆成王长子小溪君墓志铭》）。又记朱新堤"孝隆两宫，仪正四国。问安寝门之外，视膳东厢之侧。动而足法，举必可书"。由以上评价可知,朱新堤之文才称一时之望,又因其是未来庆成王的接班人,因而颇受当时文士的推崇。

朱新堤有三子,长子朱慎锺,次子朱慎镠。朱慎锺号宗川;朱慎镠号仲川,与其兄同有诗名。万历《汾州府志》记其第三子名为朱慎鈠,称朱慎锺"与弟慎镠、慎鈠,匡肃府政,群宗帖服"。

关于第八代庆成王朱慎锺,万历《汾州府志》记其为"隆庆六年（1572）册封",为人"敦伦尽孝,乐善亲贤,且嗜经史、长诗文"。特别是在万历二十九年（1601）大荒时,"出金普济""捐资施赈",曾两度受到万历皇帝嘉奖。朱慎锺是孔天胤在世时在位的最后一位庆成王,而对于这位庆成王,孔天胤为之写作的文字最多,付诸的心血也最多。当然他也获得了庆成王足够的敬重,被尊为"孔师"。

孔天胤对年轻的庆成王朱慎锺的评价是,"仁孝聪明,温恭谦抑,毅然以古之贤王好善而忘势者自居"。他撰文记载了朱慎锺受册封的具体情形。当时是隆庆六年（1572）五月,朱慎锺"践登宝位,告成宗庙之后,特选元辰,鸣王而谒先师孔子,行释莫如古王制"。之后,"莅学开讲,与师生相揖让;又遍加物采,以彰古之养老乞言之义"（《泮宫献寿文序》）。

朱慎锺有诗集《宝善堂稿》,孔天胤记"万历三年（1575）,文学郑柏龄等缮《宝善堂诗》成"（《兰玉堂稿序》）。郑柏龄,康熙《汾阳县志》"隐逸"将其列于孔天胤师冯思翊后,记其"自号鹤庵山人。先世本吴会,明初已入籍汾阳。累世为庆成、永和二藩王师。博学能诗,宗姓盛文藻者,悉北面事之,不特筑宫设醴而已。终身不事进取,隐居山林,意致高远,惟肆力吟咏,以寄萧散简放之韵"。《宝善堂稿》今收于《四库全书存目丛书》,诗集前有孔天胤序。

序言中,孔天胤对诗集名称的来历做了介绍:称其名为《宝善堂稿》,是因为朱慎锺读书堂名叫宝善堂;而宝善堂之名由孔天胤所取,"王读书有堂,余题曰'宝善',取《楚书》'惟善以为宝'也。斯集诗称《宝善堂稿》"。孔天胤介绍了朱慎锺的成长及师承:"王幼孤,乃祖安穆王命之学,学于郑氏。"郑氏,即郑柏龄。朱慎锺"志好诗,故课诗为多"。孔天胤认为,作为庆成王,其个人的品质及喜好,本身就对汾州的宗藩有着重要的教化濡染作用,"盖礼衰于世，禄之厚性成于习染之污，然其明觉之心，可感而兴也"。而且这种效果显而易见，"自王好善，群宗亦勉而为善；自王好学，群宗亦勉而为学；自王琬琰其章，群宗有不藻饰其德者乎？"因此，刊刻庆成王诗稿有三大重要作用：一是可以端正王府学风，"百川学海而望洋向若，其兴也勃矣"；二是以诗观志，可以为皇家增光，"故观于诗，可以知王之志""爰稽典则，弘广著述，于以润色皇猷"；三是可以教化群宗，"群宗向道，分理教敕，诚以一谕十，以十谕百，以百谕千，俾人人悦诗书而敦礼乐，出垢滓而濯清风"，可以说一举而三善，所以很有记载的必要。

今检朱慎锺《宝善堂稿》，仅从诗题可知与孔天胤相关者有十二首，均称孔天胤为"文翁"或"孔师"，如《次孔师园居清夏二首》《次孔师开池种白莲》《次文翁孔师仲春郊行》《和文翁孔师寄怀陈抑亭中丞》《和文翁孔师读湖南社稿缅怀抑翁》《和文翁孔师四月八日即事》《奉和孔师九日乐寿园书台登眺韵八首》等，皆拜访孔天胤或与孔天胤同游之和诗。孔天胤诗集中均有对应诗题，如《园居清夏二首》《开池种白莲呈柳川主人》《仲春郊行》《读湖南社稿缅怀抑翁》《四月八日即事》《暮春山中一首》等。由此可知，朱慎锺不但与孔天胤来往密切，而且对孔天胤有着发自内心的尊重，以师事之。特别是《奉和孔师九日乐寿园书台登眺韵八首》，其中"喜我师翁酬令节，仍将词翰写鸾笙""师翁雅兴登临后，八韵新成先诲余"等句，更见出这种敬重和深情。

隆庆五年（1571），庆成王朱慎锺王夫人逝，孔天胤作有《挽宗川王夫人》一诗，对夫人的早逝表示哀悼。

二、重视王府教育

孔天胤之所以能得到庆成王朱慎锺的敬重，和孔天胤对王府教育的重视是分不开的。他曾上书朱慎锺，给年轻的庆成王提出藩王读书的思路和内容。孔天胤指出，自古以来，帝王之学与书生之学有着很大的不同，书生读书更多是为了举业走仕路，而帝王之学则"要与天地之心一般"。天地之心的核心，就是"中正仁义"。有此中正仁义之心,再"济之以学问,明义理以养其性情,多闻见以广其聪明",读书则"揽六艺之精华,溯百家之旨趣",待人则"亲贤友善,好礼乐",使自己的一言一行都"足以为法于家邦",这就是帝王之学。换言之,帝王之学的根本,就在于"处富贵而无骄侈之风,在高位而有温恭之度"。有了这样根本的学问,倘作诗著文,也"必玉振金声,流芳于艺苑"。

那么,宗王潜心帝王之学,应该读些什么书呢?孔天胤为朱慎锺开出了一份书单:

> 窃计"四书""五经",《性理》《通鉴》,乃本朝经筵进讲、便殿观览之书;《文章正宗》《古今韵会》《唐音》、李杜等书,乃本朝教太子诸王、翰林吉士之书,宜各置一部,列之玉几,但暇则取玩味。必先经书而后子史,以次及于诗文。诗文所资必须广博。因检得《事类赋》一部,其书以一字为一篇赋,而逐句注解,括尽天下之书,古人故事一览无遗。宋太宗取为禁中日课,意今日传文之资,莫妙于此。辄封上八册,请每日只看数句,积久而多识也。(《上庆成王宗川》)

把这份书单展开,可知有:"四书"之《大学》《中庸》《论语》《孟子》,"五经"之《诗经》《尚书》《礼记》《周易》《春秋》,这些是书生举业的必读之书,即使不走举业之途的藩王,也应该将之作为必修课;北宋司马光的《资治通鉴》,明初胡广等人编著的《性理大全》,这是"本朝经筵进讲、便殿观览之书",皇帝宫室必备,宗王府也应该必备;宋代真德秀编著的《文章正宗》,元代黄公绍编著的《古今韵会》,元代杨士宏所编的《唐音》(《凡例》说"李、杜、韩诗世多全集",所以不收李、杜、韩三家诗),以及李白、杜甫的诗歌,这些书是本朝教太子诸王、翰林庶吉士的书,所以宗王府也应该各置一部,陈列在案几上,得空时可取来闲读玩味。孔天胤特别推荐了一部书,即宋代吴淑的《事类赋注》,这是一部以赋体写成的类书,当年宋太宗赵光义曾将其作为日课来学,可见其好。此书共八册,孔天胤随信一并奉上,希望朱慎锺每天只看几句，积少成多，渐增见识。

孔天胤还特别强调了读书的顺序，即"先经书而后子史，以次及于诗文"。"经部"在前，"子部""史部"在后，而诗文类"集书"则更在其次。重要的是，"所资必须广博"。

孔天胤将朱慎锺读书处命名为"宝善堂"，并称"惟善以为宝"，也是希望其以一颗善心读书，并以读书增益其善，可见一番拳拳之心。

除了教其读书，还鼓励其写诗。朱慎锺《宝善堂稿》中就写到"师翁雅兴登临后，八韵新成先诲余"。孔天胤为其诗集《宝善堂稿》作序，本身也是对其写诗的一种鼓励。万历四年（1576），郑柏龄又辑朱慎镠（号仲川）诗集为《兰玉堂稿》，孔天胤也为其写了序。在序中，孔天胤嘉悦朱慎镠"日闭户端居，覃研六籍，弘览百家，迭迭若下帷之儒"的好学精神，认为其诗"类苦吟以其蓄德若渊"，朱慎镠也"真所谓性能而好之者也"。孔天胤认为，为他们整理刊刻诗稿的意义有二：一在于彰道，"文者，道之华也；诗者，文之华也"，华，即花。文以载道，文是道开出的花朵；而诗又是文章中的花朵，以一颗诗心结出绝美的诗句。反过来说，作诗的核心，还在于彰显道之本义。"道隐于昧、荒于怠、丧于傲、弊也久矣"，如今以诗显道，也是一件值得推崇之事。意义之二，在于兴礼，"夫文之兴，礼之所由举也"。礼兴而后文举，文举更促礼兴，是一种良性的互动，因而也极有意义。万历五年（1577），朱慎镠新园落成，孔天胤游宴，写有《仲川君新园落成见招，游宴，即席赠酬》一首。"帝子经纶别业开，三山分取一蓬莱。金银界道云间屋，丹碧成帷树里台"，对其新园表示称贺。

孔天胤重视王府教育，还可从他与王府教授的交往中体现出来。

嘉靖三十七年（1558），训导许义在汾州任职五年后，因优被擢拔为庆成王府教授。当时恭裕王在位，安穆王尚未被册封为庆成王，长子朱新堤、长孙朱慎锺，以及王府的诸多子弟均须有良师来教导。虽然汾州学宫和庆成王府相距不远，但汾州学宫的师生们还是恋恋不舍，甚至有人觉得许义这是"曳裾王门"，舍弃民间学子的教育而投身权贵。就好像拉绳从九重之泉汲水，水提了一半而绳子断了，让汾州这些学子们情何以堪！听了这些话，许义也面有难色，觉得进退两难。孔天胤写《赠葛陂许先生移职庆成王府教授序》，一方面是代学宫师生为许义赠言，另一方面也借此阐发他自己的教育理念及王府教育的重要性，从而使汾州师生和许义都放下思想包袱，正确认识这件事情的意义。

孔天胤认为，王府的教育也是非常重要的。孔天胤所举的，是西汉淮南王刘安和胶西王刘端的故事。刘安的父亲刘长以谋逆罪被贬死雍道，刘安从小就背上叛逆之子的恶名，封地差点被削，在贾谊的建议下，汉景帝将淮南国一分为三，分给刘安兄弟三人。胶西王刘端，史称其"为人贼戾又阴痿"，董仲舒做了胶西的国相，对其进行教化。所以孔天胤说，"夫淮王雄尊，贾谊传之；胶西弗驯，董子正焉。彼皆不遇其主，而二臣犹卒见信，名垂始终"，这都是因为有良师在焉。如今恭裕王在位，其所重视的与许义的教育思想有颇多遇合，"上好礼，公能言礼；上好义，公能言义；上好学，公能言学；上好文，公能言文"。有了恭裕王的知遇和重视，许义的教育理念在王府里一定会大行其道。汾州庆成王府藩宗人数之多，在全国也排名前列，"皇朝藩服之盛，螽斯、麟趾照耀区夏"，"然举其巨丽，则庆成据其最"，虽然王府中"好礼、好义、好学、好文者彬彬如也"，但不好礼、不好义、不好学、不好文者，甚至滋事生非者也比比皆是。所以非常需要良师"导而上"，"其转移之机，牗启之术，亦在公汲引之而已矣"。王府子弟知礼、知义、知学、知文，则汾州文化发展、社会治安也会得到根本改变，谁能说王府教育不如学宫教育重要呢？

这番道理一讲，学宫师生哑口无言，许义也如释重负。

孔天胤记载较多的另一位王府教授是吕恕。吕恕到庆成王府任教授当在隆庆五年（1571）。这一年，安穆王卜葬，吕恕先将安穆王生平事迹列出，请孔天胤写墓志铭。此年吕恕生日时，孔天胤写有诗歌《寿王相吕磻溪先生》；隆庆六年（1572）吕恕生日，孔天胤写有诗歌《寿吕磻溪先生效张文昌》。万历元年（1573），吕恕"居辅秩三载"，受到御史嘉奖，孔天胤写《教授吕磻溪先生以贤膺奖序》。孔天胤认为，"辅匡藩维、翊戴王室，其事当不减于治邑"。不但工作难度大，而且容易受宗党的怨渎和一些官员"曳裾王门"的轻蔑讥讽。而吕恕不同，"磻溪先生，文学直谅之君子也"，其"能致主于道饬左右，国人咸守宪不渝。临利害之冲则侃侃如，处盘错之交则井井如"，再加上才高,"文章藻翰又与司马等同风",故"在庠则多士归之,在国则王人服之,上官奖之"。孔天胤另写有四六文《寿宫教吕磻溪先生》,称其"琢玉而成宝器,如珪如璋;雕龙以应文心,为黼为黻。修孔门德行之科,希踪冉闵;纂汉室文章之选,比迹班扬。白玉京中,奋云藻而蹑群龙之会;黄金台上,展电足而空万马之群"云云,对吕恕之才及教化王府子弟之功极尽赞美。

万历二年(1574)端午,孔天胤设宴招待吕恕,写有《五日宴王相吕公二首》。万历三年(1575),吕恕为汾州学子讲经,孔天胤写《赠吕磻师纳门人小子辈受经》一首:

> 河山朱邸挹光仪,宿德宏文是我师。匡鼎说诗颐共解,杨云摛藻字多奇。互乡童子容投学,达巷党人从问疑。伫看一门桃李盛,东风肯为及时吹。

作为一名王府教授,吕恕不仅教育王府子弟,也为汾州学子讲学释疑,这正是其可贵之处,也令孔天胤大为赞赏。吕恕任庆成王府教授共六年,于万历四年(1576)辞归,孔天胤写《赠吕磻溪教授北归》,"元亮不贪五斗米,子云自爱一床书",赞其高洁。这一年吕恕生日时,孔天胤又写《寄寿吕磻溪先生》,"节遇诞祥遥记忆,名高耆旧有光辉。寒花拟酌千杯献,朔雁空传一札归",表达对吕恕的怀念。

三、与王府宗亲交游

孔天胤童年时代即受北村先生朱奇源的教诲和影响,丁父忧与丁母忧期间,与北村先生、西谷先生等王府宗亲多有交往,吟诗作赋。及至归田,与王府宗亲中志同道合者交游就更多。北村先生逝于嘉靖十九年(1540),当时孔天胤丁父忧在汾州。归汾后于嘉靖三十六年(1557)后为其补写了墓志铭。西谷先生孔天胤归乡后依然一直多有交游,隆庆二年(1568)西谷先生七十岁寿时,孔天胤还写了《寿宗尉西谷翁七十》《题西谷寿图卷》诗。

因孔天胤文集中只写其号不注其名，而王府宗亲如北村先生朱奇涵这样因县志有载而可考知真名者极少，仅能确定的三位，一位是南村先生朱奇灏，另两位是柳川先生朱表柄和小村先生朱表杷。嘉靖三十九年（1560），朱奇灏筑园曰"长乐园"，孔天胤为之作《长乐园序》；隆庆四年（1570）朱奇灏去世，孔天胤为之写《皇宗南村公暨配淑人戚氏合葬墓志铭》。其余宗亲，我们仅能从孔天胤诗文集中知道他们的别号，却多不知其真名和世系。

孔天胤在汾期间，交游来往的宗亲除以上所列几位，还有汾村、静川、一泉、七泉、山泉、东皋、林皋、兰轩、兑轩、沧江、麓庵、云谷等。他们的不时来访，令孔天胤寂寞的归田生活多了不少意趣。正如孔天胤写于嘉靖四十三年（1564）的《春暮背郭园奉酬大宗尉西谷诸公携酒见过》中所言："饮中仙侣无期会，花里相逢意自亲"；又如写于嘉靖四十四年（1565）的《寿静川宗尉十韵》中所言："综文成艺圃,洒翰作词林。客至仙棋著,朋来圣酒斟"。这种互相的拜访，令彼此在岁移时易中感觉到同道共祝的温暖，以一颗诗心，看得到天现彩云，看得到四季花开。如孔天胤写于隆庆二年（1568）的《孟秋即柳川小村寿筵作,是日天现彩云瓶插红白莲花,斯赋之云尔》中所言："岁来权作看花伴，一十二回无改移。"谁家园中的花开了，互相邀赏，指点品评，吟诗作赋，乐趣多多。孔天胤《四月廿七日山泉宗尉邀赏西园红药偶然二首》就写自己观赏山泉宗尉西园红药时的所见所想，"含章未觉灵根异，品藻方知艳质稀"，如果能移植到自己看书的地方多好，"若教移植观书地，爱护当施绛帐围"。

更令人感到温暖的是，有一些宗亲给孔天胤送菜送花。送菜的是小村宗尉，他的送菜之举，还引发了孔天胤一番对蔬菜养生的高论。小村先生给孔天胤送的是莱菔，即萝卜，孔天胤喜而作《承小村宗尉分惠莱菔兼高咏数十篇，愧不能报，聊戏答短章四首》。他吩咐妻子好生收藏，"嘉蔬满领贮荆筐，分付山妻好护藏"。收藏好怎么吃呢？可以用火煨，"榾柮火煨成熟后，何人知有菜根香"。榾柮，树根。这萝卜作用大啊，对身体的好处，胜过吃肉，"肉食无如藿食安，胃肠已作菜园看"。萝卜还是一味良药："本草图经载此蔬，导壅消谷胜姜苏。只缘一种温平气，遂令胃中渣滓无。"不能不说，这诗颇有苏东坡养生诗的味道，有了生活的趣味，有了人间的烟火气。

这位小村宗尉还在初冬的雨中送来了菊花，孔天胤写《谢小村孟冬雨中送菊》称，这菊花送得好，"破除楚客悲秋兴，妆点柴桑处士家"，生活有了色彩。自己呢，"折取未遑羞短鬓，一枝先插帽欹斜"，直接将菊花插在头上了，生活的乐趣跃然而出。万历七年（1579），兑轩宗尉送来了千叶榴花，孔天胤《谢兑轩宗尉惠千叶榴花》诗云："自知蓬荜宜张仲，谁料花樽向孔融。愧杀白头浑潦倒，不成桃李谢东风。"

而对于宗室中的年轻人，孔天胤也很注意培养和鼓励。有一位兰轩宗尉，"不猥随时好，独好儒。少从儒生学举子业"。孔天胤对这样爱学习的年轻人非常看重，"君读书有堂，余尝署曰'太霞闲宇'"。孔天胤隆庆六年（1572）写有《题兰轩太霞闲宇》一诗曰：

层城翳华构，窈窕居蓬山。几阁横林际，琴书满窗间。情涯秋水远，神宇太霞闲。丛桂攀援处，幽人得往还。

不但状其读书堂之外观，更蕴读书真意于其中。兰轩学儒成后，改辙学写诗，"为诗十年而篇什斐然"。万历四年（1576），他来请教孔天胤，问自己的诗是否可以编为一册刊印，孔天胤说："可也。"并说明可以结集刊刻的原因："儒士尚经而少文，君尚文而本经，顾本卓于儒矣。况又以文章饰富贵乎？"由学儒而写诗，诗本于六经，载六经之道，其诗出之于正。孔天胤还亲自为其校勘，"因把搦管三寸为点勘之，凡被圈点者，皆可脍炙人口"。

林皋宗尉也是一位文学优长的宗亲，其为人，"睿哲冲融，粹精沈（沉）明，言铿金石，道美珪璋"（《五怀倡和集序》）。孔天胤诗集中有《答林皋、兰轩雨中见过》《赠林皋宗尉一首》《寄酬林皋君见讯》《奉答林皋见寄》等诗。其人好游历，"掞藻潞子之墟，振笔梁王之邸，潜光姑射之阳，焕章东海之滨。皆神交道合，走尺素于蒲东，讯丈人于河上"，作诗曰《五怀倡和集》，孔天胤为之写了序言。

第九章　诗社活动

汾州诗社的繁盛是在万历初年，这与隆庆五年（1571）结束了三十年战乱，百姓休养生息、生活秩序渐渐好转有关。由孔天胤诗集可知，他在万历二年（1574）之后的大部分诗歌，都是在各诗社的活动中酬和而作。由其诗文集可知，孔天胤参与的诗社团体有四个，其中有两个是王府诗社，第三个是与王道行等人结的异地诗社，第四个是他自己成立的"天真四友人社"。

一、王府诗社：金兰社与青莲社

两个王府诗社，一是庆成王府的金兰社，简称兰社；一是永和王府的青莲社，简称莲社。万历《汾州府志》"宗会"："先是，两府各立诗社，庆成社名金兰，王宗川主之。永和社名青莲，王恒南主之。比时宗贤毕聚，成律成帖，彬彬称盛焉。"两社之成员，多以两府宗亲为主，也有王官或王府教授等人参与。

孔天胤写有关于金兰社的诗歌十余首。他所参加的金兰社的活动、与金兰社成员交游的情况及金兰社一些值得记载的事件，可由其诗歌得其大概。

他多次写到金兰社的宴集。诗题如《金兰诗社宴集》（万历二年）、《春日集金兰诗社二首》（万历三年）、《暮春宴金兰馆赋酬》《夏日承兰社诸公招饮崇文书院赋酬》（万历四年）、《金兰社宴集和李环洲韵》（万历六年）。他也多次写到金兰社成员的拜访。诗题如《冬日谢兰社诸公枉驾》（万历二年）、《初冬辱兰社诸公过访即席赋酬》（万历三年）、《九月廿九日承兰社诸公见访二首》（万历四年）等。他也以诗的形式，为金兰社的一些修建事宜作记。如万历六年（1578），金兰社重修社门，作《新作金兰社门》一首，"书社始因陋，载门今壮开。悬题承内史，崇奖饰群才"，对金兰诗社修筑社门、聚集英才的盛况表示称贺，"同盟利金断，齐契等兰栽"，对金兰社的美好未来也满怀期待。万历七年（1579），金兰社馆于院内新开鱼沼，作《兰社新开鱼沼》一首以记，"引流从玉折，成沼毓金鳞"，鱼儿游来游去，更增诗情别趣，甚至想到了庄子与惠子游于濠梁，"子非鱼，焉知鱼之乐"的故事，于是"试作濠间想，当知乐有真"。

孔天胤所参加的青莲社的活动晚于金兰社，最早写到青莲社的诗歌在万历四年（1576）。其中写到参加青莲社活动的，如《青莲歌》"众听起舞纷婆娑，蜡炬比莲将奈何。歌声飞入五云去，云远天高不知处"，状写青莲社宴集之盛况。写到青莲社成员来拜访的，如《九日奉酬莲社诸公见访》（万历四年）、《承莲社诸公见赏小园芍药，依韵奉酬》（万历五年）、《八月六日承莲社诸宗英见访，便留小酌，即席谢陈》（万历七年）。万历五年（1577）五月端午，孔天胤还设宴招待莲社成员，作《五日宴莲社宗英》一首。万历六年（1578），在金兰社社门重修之际，青莲社也新理了门堂。孔天胤也为青莲社写了诗《莲社新理门堂》。门堂之理，"藉地竹西邻，同修莲社因"；其地理位置颇佳，"门对碧峰正，堂开银榜新"。门堂一新，诗风必盛，"当如镜光佛，磨洗大千尘"，表达了美好祝愿。

由孔天胤诗集可知，万历二年（1574）到万历七年（1579），汾州的东府和西府各自聚集着一批诗人。而王府诗人和孔天胤以及其他民间诗人又常相往来，不时宴集，似乎整个汾州城都浸泡在一种诗歌的氛围之中。除了王府诗社的宴集，孔天胤也常参加由一些宗亲组织发起的诗社。比如万历三年（1575）夏，参加了宗亲东皋的诗社集会，作《东皋社会赋诗得槐阴避暑》一诗；万历四年（1576），再次参加东皋的诗社集会，作《对酒短歌行·在东皋社会作》一首。

孔天胤写于万历七年（1579）的《社中三老行》，写了社中三位年老的宗亲，"三人二百二十八，总把心期效洛南。柳谷翩翩来鹤驾，兰皋冉冉下鸾骖"。柳谷、兰皋，第三人，应是他自己。三人平均年龄在七十六岁，仍热衷于诗社活动。诗社这种形式，将一群有着共同志趣的人联结在一起，同乐共趣，不知老之将至。

这里需要特别提及的，是兰社社长郑柏龄。孔天胤除了参加金兰社的活动,与社长郑柏龄也多有唱和。其诗有《雨后与郑鹤庵酌亭上》《赠郑鹤庵、林皋清尚》《题郑鹤庵鱼瓮》《寿郑鹤庵》等。在《寿郑鹤庵》中,孔天胤写到对郑柏龄的评价,称其才高德隆:

汾上谈经郑广文,真成孤鹤在人群。绛帷西馆抠衣众,朱邸高筵设醴勤。坐永乐天闲岁月,行深平地好风云。华辰贺客轮如水,谁把寒松取赠君。

万历七年(1579),孔天胤参加由郑柏龄主持的兰社宴集,写有《六月会郑鹤庵诗社得六言二绝》。这年,孔天胤还写有《十八日夜梦郑鹤庵自定襄来,余写诗赠问》,由诗句"定襄古边邑,流水朔云屯。一月收王税,寒鸦几处村"可知,郑柏龄当是到定襄为王府收税去了。

二、与王道行、裴邦奇、吕阳所结的异地诗社

孔天胤、王道行、裴邦奇、吕阳四人在雍正《山西通志》中俱列"文苑"。四人的交游也被记载于《山西通志》卷一百五十五《文学录》:

天允(胤)好读书,诗文高古,晚年寄兴山水园林,时与王明甫、吕仲和、裴庸甫诸人相唱和。

王道行是山西阳曲县(今太原市)人,嘉靖二十九年(1550)进士中年龄最小的一位,"于时同举三百二十人,而先生最少"。据康熙《阳曲县志》,当年主考官是翰林院学士欧阳德,"时欧阳文庄公典试得人最盛,以文名者,吴之宗子相(宗臣),楚之吴明卿(吴国伦),蜀之张肖甫,晋之王明甫"。宗臣、吴国伦皆为"嘉靖后七子"中的成员,四川铜梁的张佳胤又与余曰德、魏裳、汪道昆、张九一合称"后五子",王道行则与石星、黎民表、朱多煃、赵用贤合称"续五子"。王道行历任邓州知州、大名同知、苏州知府、应天

副使、陕西参政、河南按察使、四川右布政使等职,在任上,"正直廉介,所至吏畏民怀,人不敢干以私",后"以耿介忤当路,归"。时为隆庆四年(1570),被罢时年仅四十岁。归田后,"日惟杜门著书,或与里中耆德强社觞咏,陈民间利病,如议开三门、复书院,革说帖之诬,雪青衿之冤,罢一切诸行库役、斗级里长之苦,当道重之"(《阳曲县志》)。较多参与民间事务,卒后祀乡贤。有《桂子园集》十六卷行于世。由万历八年(1580)孔天胤七十六岁时为王道行所写的《颂王龙池先生华诞五旬》一诗可知,王道行比孔天胤小十六岁,归田时仅四十余岁。

吕阳是山西临汾县人,与王道行同为嘉靖二十九年(1550)进士。雍正《山西通志》记其"性豪宕不羁,不以仕进为意,官中书科中书,解组归。穷年学古,博览群书,著有《经世心鉴》《晋诗选雅》等集行于世"。据王道行《中书舍人岫云吕公墓志铭》,吕阳"为中书舍人,坐伉直废"。归田后,"有所善山人裴邦奇,时时走晋阳,诵其诗歌传记,间以新声,才情斐然,足使山川吐气"。

裴邦奇是山西闻喜县人。雍正《山西通志》与乾隆《闻喜县志》皆记其"学问综博,不事举子业,以诗名,与汾阳孔探花天胤、谢山人榛相唱和,为所推重,有《巢云诗集》四卷"。其中称孔天胤"探花"误,当为榜眼。《巢云诗集》今存本为八卷。

从人员组成来看,只有裴邦奇没有出仕经历,孔天胤、王道行、吕阳俱为致仕官员,且皆仕路不顺。孔天胤被弹劾"贪污"闲住,王道行、吕阳以"忤当道""坐伉直"各自罢官,尤其吕阳,只历一官便归。从地域来看,王道行在山西中北部的太原,孔天胤在山西中部的汾阳县,裴邦奇与吕阳在今山西南部的闻喜与临汾,由南到北,最北与最南隔着五百余里,就是汾阳离太原、汾阳离临汾也各有二百余里。但同声相应,同气相求,四人凭着对各自人品的敬仰,几年间不时往来,留下了大量唱和诗歌,堪称一段佳话。

因为都曾任职于陕西、河南且有着共同仕途不顺的经历,孔天胤与王道行在精神层面有着更多共同的感遇。孔天胤《与王龙池方伯》信中就谈到文人贤者的"遇时不遇时"。他举古代贤者之例,"吕望伊尹正而遇,孔孟正而不遇",皆非人力所能改变。不遇于时者,莫如做个"伐檀君子"而"甘心水涯",修身养性,命酒弄琴,优游客舆,"五柳先生吾师也,乐夫天命,复奚疑夫"。这里有着对王道行的宽慰,也是孔天胤作为归田者的自述情怀之语。

万历元年(1573),王道行罢官闲居,至汾州拜访了孔天胤,参观了孔天胤的文苑清居,归而作《题文苑清居图》一首寄孔天胤,诗曰:

> 三贤佳遁处,山水载名园。沓嶂分王屋,飞泉割禹门。雄材真国史,瑞命老王孙。未就东山诏,重开北海尊。弦歌俱入律,桃李总忘言。自惜芳辰阻,谁将幽意论。思君不可见,燕雁共寒暄。

三贤,指卜子夏、段干木、田子方。一代乡贤孔天胤于三贤隐处筑园,更增西河人文。诗中表达着对孔天胤怀才不遇的惋惜,及结庐汾州、育人无数、诗酒自娱生活的称贺。别后相思,惟寄燕雁。孔天胤收到寄诗,作一首《怀龙池公闲居用见题文苑清居韵》以酬。

也许是受孔天胤文苑清居的启发,王道行也在阳曲(今太原市迎泽区)筑了一园,名曰桂子园。桂子园后来成为太原一大人文景观。雍正《山西通志》"古迹":"桂子园,城东南隅,布政王道行别业。有桂数株,日觞咏其间,有《桂子园集》行世。后为明宗藩河东王所得,更名'金粟',今为梵宇,俗名小五台。"如今太原人对"小五台"这个地名并不陌生,迎泽区新城南街有小五台小学,而小五台初中于某年整合为太原成成中学的初中部。但很少有人知道这个地方原来叫桂子园,曾有过各种美好的景致和诗意的名称;更很少有人知道,这里最早的创建者是明代乡贤王道行。

万历二年(1574)春,桂子园建成,王道行为园中每处景点都取了一个诗意的名字。按孔天胤写于万历二年(1574)的《题王龙池园图十六首》,可知王道行园中共有十六处小景,分别为成趣园、遂初堂、点易台、百花垒、巢鹤山房、婆娑亭、清冷轩、抱瓮处、长春洞、丹药圃、君子居、仙陬、流觞处、涵灵池、餐英饮露、邓林一枝。孔天胤为这十六景分别题五言诗一首。其中之成趣园,孔天胤还写有《成趣园诗题辞》,称"我龙池先生,回轼紫薇之省,息驾白云之园,日涉焉以成其趣。趣何趣也?盖乐天而与天游",释园主人的志向、趣味所在。而在十六首之"成趣园",孔天胤写道:"初由趣摄园,已乃园成趣。有待犹为烦,冥观无待处。"因趣而设园,又因园而生趣,园与人日以相娱,又自成一趣。

万历五年(1577),孔天胤又为王道行桂子山庄作七言古诗《桂子山庄引为龙池翁赋》。诗中将王道行所栽桂树,赋予仙道的意义:"今来紫省栽丹桂,丹桂丛丛森羽卫";也寄予美好的祝愿:"开花结子子还孙,永保灵根得贞固";而因游悠此园产生的大量诗文,则更蕴含人生情怀:"大册高文互品题,个里真人合须辨";最后释桂子园主人性情:"真人生憎冷暖眸,每把红罗扇遮面"。诗写得灵动飘逸而有生趣。

王道行去世后,桂子园由私人园林而成王家乐园,再成寺观祠庵,最后毁于明末的大火。

孔天胤对这位诗友也非常欣赏。万历四年(1576),孔天胤写《赞王龙池先生小像》一首,为王道行的画像题诗。诗曰:

> 温润而栗,纯粹以精。惟金之鉴,维玉之衡。维岳之重,维辰之明。文命之表,德充之符。国之桢干,庭之典谟。懿厥宏规,咏此瑞图。

诗歌对王道行其人其才、其德其品给予高度赞扬。孔天胤去世前一年,还给王道行写有两首诗,一首是《颂王龙池先生华诞五旬》,一首是《奉答龙池翁寄怀》。后一首中,"兼(蒹)葭带寒渚,咫尺千里思。赖有好音信,聊将慰渴饥",表达收到王道行寄诗的欣喜;"清晖比君子,良晤旷佳期""愁随黄草蔓,意与白云驰",又表达了对相思不得见的遗憾。"目击道斯在,神交俗岂知",是对二人友情的最好总结。

万历五年(1577),吕阳寄书问候孔天胤,孔天胤作《奉怀吕岫云中舍兼酬惠问》一诗,"雄裁五色自垂藻,盛世三朝谁策勋。却念北山饶隐逸,遥缄赤牍慰离群",对吕阳的问候表达谢意。这年,孔天胤又作有《怀吕岫云先生》一首,诗云:

金玉才章冰雪姿，岸冠姑岭带汾陂。至尊若见轻黄屋，内史何言旧凤池。自解樊笼学退藏，松苓服尽羽毛强。何时一借天风去，直到仙家绿井庄。

此诗像是给吕阳绘的一幅小像，使吕阳机智聪明、身姿傲岸、才情卓然、志趣高洁如仙人之姿仪跃然纸上。孔天胤诗所说的绿井庄，是吕阳在临汾所筑的庄园，裴邦奇曾多次前往拜访，并作有《岫云别业宴集》《酬吕岫云绿井庄积雨见怀四首》《过吕岫云绿井庄》《夏日集吕舍人绿井庄》等诗。其中《过吕岫云绿井庄》称此庄"窗云晓拂千竿竹，池水秋鸣两部蛙"，颇有隐者之境，使人有"便欲从君归旧隐，西风垂钓白鸥沙"之想。

裴邦奇与孔天胤在汾州的第一次见面是在万历三年（1575）八月，此前二人神交已久。孔天胤有诗序曰：

万历三年（1575）八月之望，巢云裴君自河东来。往余数请君会不果，今始果其诺云。盖两人神交者，神物终当必合耳。靖节（指陶渊明）有言："相知何必旧，倾盖定前言。"谓一见若平生也。若神交千里而晤言一室者，何以谓耶？（《秋林与裴山人话别》）

孔天胤《斋中和裴山人宴集同兰轩君》，再次表达二人之神交："相忆神交久，相逢义谛真。山林予谬主，江海子诚宾"。将自己比作山林之主，称裴邦奇是江海之宾，皆"野老"类也。

因裴邦奇终身未仕，孔天胤诗中多称他为山人或征君。征君，（又秋征士，指不受朝廷征辟的士人，后多为）隐士的代称。

裴邦奇曾下榻于孔天胤的桐竹山房，孔天胤《洒扫桐竹山房迎巢云先生，馆之》云："桐竹阴阴房翠微，丹山文鸟一来归"，对裴邦奇的到来表示热情欢迎；就连园中黄雀也在衔花迎宾："独怜黄雀知趋向，争自衔花傍尔飞"。裴邦奇也作有《答孔文谷先生桐庵山房之招》一诗，诗中称"床连夜雨情如旧，座受春风愿不违。况复人龙汾上卧，攀鳞终拟赤霄飞"，感激孔天胤留宿高谊，也对孔天胤其人给予了高度评价。

裴邦奇游于孔天胤文苑清居,作《文苑清居》一首。诗中称"文苑何其雅,红尘自不侵。地开青峰远,门掩紫苔深",对文苑清居的清雅高格给予绘画般的诗性写意。孔天胤作有《和裴山人见题文苑清居十韵》以和,"英英芝兰气,耿耿金石心。共写丘中好,同行泽畔吟",更多表达了对与同道好友共享山林之趣的愿望。

裴邦奇归去时,孔天胤作《秋林与裴山人话别》一首,序中称"时皓月当空,皎余心镜。玉壶有酒,其清若空。喜极而寓之醉,醉极而咏之言,言则左史书之且以赠别"。诗曰:

逍遥与子白云边,似是天公借好缘。秋色晴分广寒树,夜光冷浸琼华筵。面谈千里俄今夕,梦想十年空暮烟。倾盖定交还别去,后期鸡黍寸心然。

欣喜于二人神交十年后的初次相会,自得于此次相聚的倾盖定交。并约定此后常来常往,时具鸡黍以待。裴邦奇也作《与孔文谷先生话别》一诗以和,诗曰:

十年汾上挹清辉,此日天边见少微。客馆迟留同皓月,奚囊满载得明玑。青尊北海连宵醉,红叶西风远道归。来岁定寻鸡黍约,重春谷口白云飞。

以"来岁定寻鸡黍约",回应了孔天胤的相邀。这后来也成为一则佳话。裴邦奇归河东后,朱慎锺之弟朱慎镠曾携孔天胤书信到闻喜转交裴邦奇,裴邦奇《仲川宗君持孔丈书自汾上相迎》诗中,末二句言:"愿从左骑归汾上,倾倒还同北海尊。"诗后注语:"公有'后期鸡黍寸心然'之句。"这个句子,也成了裴邦奇再度游汾的召唤之语。

万历五年(1577)冬,裴邦奇第二次游汾,孔天胤作有《雪后携樽兰馆看裴征君二首》,写到于寒雪中过访,以慰友人之客思愁深。此举令裴邦奇大为感动，作有《酬文谷先生雪中见过》一诗，诗云：

> 春风忽动旅颜开，况复行厨载绿醅。杏馆日留元吉住，荀家星聚太丘来。钩帘远眺千山雪，搦管长吟万树梅。笑杀子猷元兴浅，扁舟空自夜回深。

雪中携酒来访，虽是冬日，却好像春风吹来。好友来访，恰似东晋名士陈太丘与友相期。二人雪中远眺千山雪，搦管同赋万树梅，情深谊厚。而孔天胤于雪中独来又于雪中独回，恰似东晋王子猷（徽之）雪夜访戴，乘兴而至，兴尽而归，却难免有不遇之叹，何如今之二人雪夜的相聚之乐。

冬至，孔天胤还在虚白宅招宴，席间作歌，裴邦奇作《至日集文谷虚白斋听刘元善作歌一首》。刘元善，江陵（今湖北荆州）人，善弹琴。①

万历六年（1578）秋，孔天胤作有《雨怀二首念裴征君》："吾衰嗟若此，人远忆如何。有酒东轩寄，无然欠一过""踏泥谁裹饭，燃火独蒸藜。客抱当何遣，还来此共栖"，再次邀请裴邦奇游汾。

不久后，裴邦奇果然如约而至。孔天胤写《寒夕款裴山人行》一首七言长诗，表达老友相聚的喜悦。诗歌先述自己冬日愁苦之状，"柴门小径不逢人，孤绪拥怀愁欲死"；此时有人叩门，"薄暮倒裳迎叩门，却是旧游隐君子"，旧友重逢，既惊且喜；裴山人数次来汾，不辞劳苦，"几向天台度石梁，再从姑射来汾沚。自拄枯藤杖一条，不嫌槁叶埋双履"，令人感佩；老友相见，"交深欣戚最相关，不见思之见之喜。留宿平铺龟壳床，晤言共据鸟皮几"，有说不完的别后情、相知话，以致饮酒聊天至夜半，"夜半酒酣将奈何，舞袖龙钟为君起"。

裴邦奇在雨中游于孔天胤的嘉树园，作《雨过嘉树园谒孔文谷》一首，诗云：

> 园开嘉树绿云屯，山色青连背郭村。竹经再逢前地主，桃花

---

① ［明］吴国伦有《紫微宫听刘元善弹琴》诗，下有小注："元善，江陵人。"

仍发旧仙源。碧筒注酒香犹在,翠壁分题墨尚存。怱漫相逢几经岁,还同鸡黍对床言。

忆二人初遇时,分题作诗的赏心乐事,诗末重提"鸡黍"之事。二人也曾于园中登临,裴邦奇作有《重游汾上孔园登高二首》,诗中"人同前岁健,花似故园开""黄花如旧好,白花竞谁多",表达对故人、新花同样的欣喜。而"主客欢无极,风尘倦未回",则极状相见之欢、结伴登临之乐。诗中"扫榻延鸡黍,寻盟到薜萝",再提二人的"鸡黍"之约,深为会心。

裴邦奇此次在汾滞留月余,再次下榻金兰馆。孔天胤曾邀请裴邦奇宴饮,作《九月念日邀裴征君小酌得诗二首,一和其旅怀一即事》,前诗和裴邦奇思乡之诗,后诗写二人相聚之欢:

竭来几携手,今始一娱心。杯酒呈新绿,篇诗出苦吟。悟言兰是室,散步竹为林。日暝红灯继,悠然坐夜深。

相聚畅谈,不觉夜又深。孔天胤也去兰馆拜访裴邦奇,裴邦奇留饮,孔天胤作《过裴征君留饮有作二首》,诗中"与子为双鹤,翩翻不异林""杯深缘取醉,弦绝为知音""处世无多术,论交只此心",述二人情谊之深。

这年孔天胤还写有《和裴征君雪中感怀》《和裴山人思归四首》等诗。万历七年(1579),孔天胤写有《赠别裴隐君还山》一诗,这是孔天胤为裴邦奇写的最后一首诗:

姑射山南乡梦飞,汾阳桥北旅人归。却惭红杏空春色,不缓骊驹驻夕晖。天上客星原自隐,世间知己故应稀。行行且学桐江钓,龙渚鸥沙置一矶。

诗歌写了好友别去、故交零落的惆怅,也以隐者自适的生活状态给予好友勉励。

孔天胤每年生日,裴邦奇多有祝寿之诗。今检《巢云诗集》八卷本,可见有《明月篇寿孔文谷先生》《醉歌行奉和文谷先生闰中秋诞日宴神川寄兴图》等。裴邦奇也写有多首怀念孔天胤的诗,如《得孔文谷先生书》中写道:

> 霞馆曾分袂,云林自索居。忽闻千里雁,遥致八行书。远道劳相忆,春盟定不虚。待将蚤梅发,先寄卧龙庐。

怀念两人旧游。在《晓渡汾水桥有怀孔丈》中,又有"回首西河增怅惘,蒹葭白露冷萧萧"句,将对孔天胤的怀念寄托在悠悠的流水之中。

孔天胤还为裴邦奇《巢云诗集》写有序言,今见于康熙《山西通志》卷三十二《艺文》。裴邦奇几次游历汾州,与庆成王府的金兰社、永和王府的青莲社及王府宗亲好诗者也多有交游。裴邦奇在《答孔文谷先生桐庵山房之招》中,就有"萍踪栖泊旅情微,兰社相留未忍归"句,道出金兰社对他的相留。裴邦奇不但写有《赠金兰社诸君》《赠青莲社诸君》《题金兰社十二事》等诗,还写有《庆成王寿章》《寿庆成王殿下》这些为朱慎锺祝寿的诗。裴邦奇也常同宗亲好诗者同去拜访孔天胤,孔天胤《斋中和裴山人宴集同兰轩君》,便写于自家园中宴请裴邦奇与宗亲兰轩之事;裴邦奇也写有《孔斋同兰轩宴集》一首,诗云"酒笃春熟候,梅放雪晴时。忘却他乡念,相逢尽故知"。孔天胤又有《鹤林园避暑作社会柳川翁为之主,裴征君为之宾》,写与裴邦奇一起参加宗亲柳川的诗社活动;裴邦奇也有《鹤林园避暑作社会柳川翁为之主,文谷翁阳字命作》一首。还有一位宗亲号月洲,孔天胤曾于翠虚亭宴请他和裴邦奇,作《秋杪翠虚亭留饮月洲王孙、巢云隐君,巢云有作,用韵和酬》一首;裴邦奇也作有《文翁见招与月洲同酌翠虚庵》一首。后来裴邦奇归闻喜,月洲曾为孔天胤带信给裴邦奇,裴邦奇作有《月洲来汾上持孔丈书复过却归蒲坂》一首,怀念孔天胤,"为次汾阳道,遥传阕里书""更约春湖上,扁舟夜打鱼"。裴邦奇在闻喜,也作有《寄兰社诸君》等诗。

裴邦奇到汾州期间,郑柏龄也与之多有交游。万历三年(1575),孔天胤于雨中到馆舍看望裴邦奇,恰逢郑柏龄也在馆中,于是作《雨中过裴山人馆,郑鹤庵在焉,山人有作,因共和之》一首,写"户外泥深辙,阶前步滑苔。不缘今雨过,谁为故人来",写雨中访友之不易。裴邦奇也写有《孔文谷先生与郑鹤庵雨中见过》一首，诗云：

> 寄迹金兰馆，重门掩碧苔。惊回孤枕梦，幸有二龙来。乌角迎风折，青尊对雨开。西窗堪秉烛，车马且迟回。

对二位高士之雅谊表示感激，并留多坐。万历七年（1579）裴邦奇来访，孔天胤又写有《席间会裴郑二山人》，诗称"闲云一片两幽人，衣褐俱怀席上珍。献赋早年犹未遇，读书穷巷有谁亲"，状写二位山人的隐者情怀。

检裴邦奇诗集，可知写到郑柏龄的诗有多首，如《七月望夜立秋与鹤庵社长乘月登台饮至大醉》《怀鹤庵社长》《题郑鹤庵、林皋清尚卷次孔丈韵》等。

孔天胤、王道行、吕阳、裴邦奇虽相隔较远，且很难同时宴集一处，但彼此之间皆会心知交，各有诗文互相酬答。王道行与吕阳是同年进士，互相之间写有较多诗文；但毫无疑问，孔天胤是这个四人诗社的核心人物，而裴邦奇是这个诗社最重要的联络人。裴邦奇一直处于动态的游走中，他由闻喜走访汾州，又由汾州走访太原。他写王道行的诗歌，有《集王龙池桂子山庄》《寄王龙池方伯别墅》《寄王龙池方伯别墅》《寄王龙池方伯》等；王道行则写有《喜裴山人至》《闻裴巢云将游太华赋此寄赠》《送裴巢云赴云中蓟门两开府》等。而闻喜与临汾最近，因而裴邦奇与吕阳来往更为密切。检裴邦奇诗集，可知其写吕阳的诗除前文所举关于绿井山庄外，还有二人同游的诗，如《同吕岫云登七佛岩寺值雨》《过吕岫云山居大张山卢山韵四首》《九日同吕岫云登高二首》《秋日同吕岫云汾上泛舟》等，以及给吕阳寄信的诗，如《中秋卧病值雨柬吕岫云》《寄吕岫云四首》《雨晴西楼晚眺寄吕岫云》《元夜答吕岫云见赠》等。

这四位诗友，年龄上由四十多岁到七十多岁，地域上由南到北，虽有着诸多的"不可能"，他们却因着同道之心，演绎了一段千古佳话。

四人中王道行年最幼，因而经历了三位诗友的去世，先是孔天胤，接着是吕阳，最后是裴邦奇。王道行分别写了《祭孔汝锡先生》《挽裴征君》《中书舍人岫云吕公墓志铭》。特别是裴邦奇之死，令人感慨。王道行记，当时，"裴赴胡中丞之招，有爱姬为内子所卖，归竟弗寿而卒"，因为钟爱的小妾

被妻子卖给了别人,气郁于心,伤心而亡。王道行挽诗云:

侠气翩翩健若龙,黄金买赋出居庸。大江桃叶流何处,明月刀环竟不逢。摩诘郢中成寡和,阿蒙地下或相从。白头空有文姬在,禅草谁当奏九重。

在"阿蒙地下"句后,王道行注:"吕中舍阳,其文友也,先卒。"

三、天真四友人社:野老们的诗酒宴集

万历二年(1574),七十岁的孔天胤成立了一个民间诗社,叫"天真四友人社"。

成立此社的原因,是自己"念老矣,多虑少惊,欲一月之间得一开口而笑,非悟言之适,必不尔也"。人生难得一笑,而能笑,是因为同道同心者相聚一处,所谈无一俗气。想到先民有社会,于是自己也结一社。孔天胤诗歌《岁暮咏怀呈同社三老翁》,或许便是对这一意旨的最佳诠释:

冉冉岁云暮,吾衰久矣夫。诗书既委退,田圃亦荒芜。白石终难煮,黄金不可图。赖从霞表逸,斗酒聊共娱。

年已老,性难改,青云无路,钱财难求。所以结此社,唯愿能斗酒共娱。《寒林宴坐呈社中三老》诗亦云:

四海茫茫六合尘,不知余得几闲人。多君神宇超千劫,老我空林寄一身。惯学镜师磨水月,懒从渔父问烟津。向来隐者都参破,独是陶潜任本真。

都是对结天真四友人社意旨的阐释。

社中规矩，是每月一会，"会必竟日，食不兼味，口不谈世。儒而文，仙而玄，佛而空，则其与也"。不谈世事，只谈诗文、谈仙佛、谈玄空，以求老而乐，求保天真之心，"天而真，则其自得也"。

社中成员，据其《天真四友社会记》"宠辱不惊居士、舒笑叟、巢云君，皆脱网尘埃之外，垂照桑榆之表，今结一社为天真四友人"，可知此四人为孔天胤、宠辱不惊居士、舒笑叟、巢云君。孔天胤所言三人，真实身份俱不详。这里需要澄清的是，闻喜人裴邦奇号巢云，但此处之巢云绝非裴邦奇。证据有二，一是孔天胤"天真四友人社"结于万历二年（1574），而裴邦奇首次过汾与孔天胤相见是在万历三年（1575），此前孔天胤的诗中并无关于裴邦奇的内容；二是孔天胤结社要求"月一会"，说明社中成员俱为汾州人，裴邦奇就算万历二年（1574）在汾州，此后也不可能做到"月一会"。

诗社成立当年的四月二十四日，天真四友人集会于孔天胤之嘉树园，每人作诗一首。孔天胤作《四月廿四作天真会于嘉树园，分韵才字二首》，两首诗末字均用"才"字。其一曰：

> 徂颜久予虋，今日为谁开。喜动门前柳，荣增庭上槐。陶嘉在三径，望美得同来。若道无名欲，天真任散才。

这里有对于四友人宴集之乐的描述，就连门前柳、庭上槐都喜气洋洋。末联含"天真"二字，道出四友人宴集不为名、不为欲的自然天之趣。

孔天胤写到"社会"的诗颇多，如万历二年（1574）的《六月社会》《田园秋意社会作》《社会分题得中秋对月用高字》，万历四年（1576）的《起菜北郭圃九月社会分题》《社会分韵得岁寒松柏》，万历五年（1577）的《孟冬社会赋得鹤来、松有伴二首》，万历六年（1578）的《春林适兴社会作》《秋林社会呈二老共和》，万历七年（1579）的《仲冬逸老堂会呈社长翁》《二月十五日感怀呈社友》等。在这些社友相聚分题作诗的活动中，孔天胤多借题发挥，自述平生，将人生的思索化为理趣，凝注在诗中。其中佳句如"平生转眼皆行路，何处同心有比邻""玄露正堪中夜饮，白云能得几人怜""不省丘中事，焉知岁暮心""倾枝如有待，择木自相寻""有伴偕贞素，无媒叹陆沉"等。特别是万历四年（1576），《比夜长少寐，思想平生，谩成一律申社长三翁》诗曰：

> 逐世无能但转蓬，飘摇回向野田中。放鱼尚怖钩成月，伤鸟犹疑箭落风。旧业报颜浑作梦，老缘随意且谈空。百年已过三之二，幸把余生伴社翁。

余生有诸老友相伴，当是人生之幸。而相伴逾久，社友之间的感情也逾深。孔天胤《春林适兴社会作》中有"扶筇四老友，携兴入烟霞。邂逅惬宾主，邀樽坐日斜"句，描述四老友结伴之乐。而《秋林社会呈二老共和》中，则称"初秋良宴会，交久意逾亲。住近青山郭，来同白社人"，同道交久逾亲，殊为难得。在写于万历七年（1579）的《二月十五日感怀呈社友》中，孔天胤还写出了"翠袖柳客媚，紫杯兰气薰。及时犹未晚，且尔狎同群"的诗句，感念着这份难得的相知之情。

第十章　生前身后

一、诗文集刊刻

孔天胤一生刊刻文献及同时代人作品集有几十部之多，对自己的作品却并不注重整理，导致他最早可见的诗歌，也晚到了嘉靖十三年（1534）祁州赴任时，那时他已三十岁，此前的诗文俱无存。孔天胤前期曾陆续刊刻过《履霜集》《泽鸣稿》《霞海篇》三部诗集，《霞海篇》还遗失了（清中期尚存）。后来还有八年的诗歌没有保存下来，在他的诗歌写作史上成为一段非常令人遗憾的空白。

今《四库全书存目丛书》集部第九十五册孔天胤卷（齐鲁书社1997年影印本），卷端记其全集内容，为"《孔文谷文集》十六卷、《续集》四卷、《诗集》四卷、《文谷渔嬉稿》二十卷"，其中"《孔文谷文集》、《续集》，山西省祁县图书馆藏，明隆庆五年（1571）刻，万历增刻本""《诗集》、《文谷渔嬉稿》，北京大学图书馆藏，明嘉靖四十一年（1562）洪朝选刻，万历增刻本"。这也就是孔天胤诗文集从嘉靖四十一年（1562）以后的刊刻和馆藏情况。

如前文所述，孔天胤作品目前能够见到的最早刻本是《孔文谷诗集》四卷，由洪朝选刊刻，赵讷、林大春分别作序。此后，赵讷于隆庆五年（1571）写有《请刻孔文谷先生全稿书》，希望将"已刻诗集梓为全集"。赵讷信中说，先生之作，已不仅是供门人弟子私自珍爱的作品了，而当传之天下后世。"虽凡夫肉眼知之固难，而荆玉南金，世岂无识？"先生之作，显然是"荆玉南金"，天下之宝，必当识之者众。

赵讷提出请刻孔天胤全集，有以下三大理由：其一，古语"立德立功立言"，先生德功已载于不朽，当有言传于后世。其二，先生之文于后学有教诲之益，无全集难以于海内及后世遍观。尽管先生视诗文为小道，"而后学实赖于前言",后生学者正是凭借前贤之言而悟道明理得以成长的,无此,后生学者何以为凭?况且,先生著作已有相当的影响力:"即平生著作之富,已播勒金石之间,炙口于人,传心在世,顾梓行未有全集,则博大难于遍观。今此四方犹劳求问,将来百世何以征存?"其三,作为弟子,有责任整理刊印先生文集,以作为后世之文献。

也就是在隆庆五年(1571),《孔文谷文集》得以刊刻。后经过多次增刻,就是我们如今看到的《四库全书存目丛书》所说的祁县图书馆藏的隆庆五年(1571)刻本。文集前有赵讷于隆庆五年(1571)三月所写的序言。序言中称,孔天胤文集是赵讷"捐俸寄先生之弟乾石氏(指孔天民),偕诸门人刻于家塾"。

万历二年(1574)中秋,七十岁的孔天胤为自己的文集写了自序,回顾了自己的创作之路及诗文集的刊刻经过。他回顾自己的学文写作之路,总体而言不能尽如人意,每有诗文,一开始自己还觉得满意,再看时就觉得不好,于是随手弃去。曾经怀藏自己的诗文去请人指点,去了却又逡巡良久,不敢把自己所写的诗文拿出来,直到临别时才将诗文悄悄放在人家书案上,快步而出,不自信到这种程度。有一次家童收拾旧书,找到了所弃诗稿数百篇。此事恰好让赵讷看到了,赵讷叹息说,如今人的声誉,和趋附他的人的多少密切相关,"多附则延誉者众,寡交则莫之与也"。延誉者多,其文遍布天下;趋附者少,则玄文处幽。所以那些寂寞憔悴之人,虽著书含章,最后老死岩穴却名不显扬,这样的人还少吗?如今先生的文章,门人弟子不录,又让谁来录呢?"于是与余弟东明君刊置家塾"(《自序》)。也就是说,是赵讷与孔天民一起将孔天胤的文集刊于家塾。

孔天胤《文谷渔嬉稿》二十卷,当都为赵讷与孔天民所主持刊刻。孔天民曾于嘉靖四十二年(1563)卷之末端,附了这样一段话:

> 家兄文谷先生诗稿多矣,率散刊斋阁。民斋居独冷,有所得癸亥渔嬉稿,亦书而寿诸梓云。时嘉靖甲子春,弟弟子孔天民记。(孔天民《刊渔嬉稿》)

《文谷渔嬉稿》卷名以甲子纪年,一年一卷,由嘉靖四十年(1561)始,至万历八年（1580）终。

担心别人不理解，孔天胤对自己的诗文做了阐释。他认为，自己的文章，犹如孤生之桐，"枝无扶疏而根有结据"，"其思古，其法存，其辞陋，其旨微"，"其叙事不爽于人情，其统类不忿于物理，其传述不舛于贤者，其是非不谬于圣人"，皆思古遵道、意旨精微、本于人情物理、致敬贤者圣人之作；而自己的诗，则多是"陶写幽人之贞，咏歌先王之风"的，"庶几乎六艺之趋焉"。人活七十而自知，孔天胤自知所学，也自知文之佳恶，然而"非阳豁谁复知，定吾文于他日者？"除了自知，便是赵讷最知了。

孔天胤还举了一例，来说明"知"的问题。韩愈《与冯宿论文书》中写了这样一则故事，西汉扬雄著《太玄》，人皆笑之。扬雄却说："世不我知，无害也；后世复有扬子云，必好之矣。"扬雄相信后世会有如他扬雄一样的人，会知他，并喜爱其所著的《太玄》。韩愈在文中感叹道："子云死近千载，竟未有扬子云，可叹也！"千年而未有知音，的确可叹。孔天胤也认为，韩愈此叹，叹的就是"知我者希"。《老子》中有言："知我者希，则我贵。"这话真是至理。孔天胤的言外之意是：那么，千载之后，会不会有另一个"孔天胤"，能识他知他，并喜欢他的诗文呢？

二、文星陨落

孔天胤的身体似乎一直不太好，无论在祁州时期还是浙江、河南、陕西时期，都有关于卧病的诗文，给朋友的书信中也经常谈到自己生病多日，有时长达月余。特别是在写于嘉靖三十二年（1553）的《乞休疏》中，写自己的病甚至到了"几于委顿""病渐危笃，命将先于朝露"的地步。退归后经过调养，得以在故乡汾州又生活了二十六年。大约是有位陈医士，曾为他调养并有效果，嘉靖四十一年（1562）孔天胤绘《橘泉图》一幅并写诗《橘泉图赠陈医士》以表感谢。

归汾后给好友的书信中，多有卧病之语，如"卧病经旬，《论学稿》先涉一过，仍细嚼之耳"（《与杨小竹少参》），"然湿病琐尾，稽报仍复久之，情当奈何"（《与郭瓮山》），"某月余病，清风穆如，遂觉沈疴之脱体也"（《与程静泉宪长》），"日来病起，觉有心绪，遂擅自评点，僭为叙说"（《与沁州张清源》），"秋冬间病，面肿牙疼，缺焉久不报"（《与王龙池方伯》）等。

诗文中写"病"之处亦颇多。嘉靖四十二年（1563）写有《卧病高斋作》，称自己"口燥唇干燕笑余"；嘉靖四十五年（1566）写有《病起四首》，"垂帷永日卧在床，童子浑能检药方""别有无生称上药，神农本草不曾书""识取浮生大患因，何惭一疾动经旬"句，皆言困病卧床之惭；隆庆三年（1569）写有《病中偶成》，感叹"才占百年多一半，已分诸疾两三停"；隆庆四年（1570）写有《卧疾虚白斋二首》《移疾兰雪轩四首》，前诗称"经年疾不退，去日良已多"，后诗称"福过灾还及，贱来老亦并"，皆卧病颓废之语；隆庆五年（1571）写有《大暑卧痾西谷翁见惠玉李走笔奉谢》《裴征君见示长夜客中述怀之作，时余在病，亦写我心》，前诗称"却讶病夫愁肺热，偶从仙果得清凉"，后诗称"病增衾冷霜涂屋，愁厌叶干风满林"，将疾病描写得形象真切；万历二年（1574），写有《病起看榴花》，称"抱瘵已空桃李月，开颜尚及石榴华"，病起后感知生命的美好；万历三年（1575）写有《疾夜四首》，"长夜如年病不支，晨钟欲动曙光迟"，因病难眠；万历七年（1579）写有《病瘅》一首，"瘦骨已成衰朽质，灵台犹觉暑侵寻"，老病交侵，无处适意。

衰老多病，在诗人的笔下，就变得惊怖起来。隆庆五年（1571）《雨中对庭树二首》中，他写自己"齿因摇废嚼，发以脱捐梳""怯冷衣须厚，妨眠夜始长"，贴切形象，读之生寒。在《疾夜四首》中，他还将现在的自己与年轻时代做了个对比："记得丁年坐夜深，闻鸡每作扶风吟。如今槁木无灵气，只有寒灰是寸心。"然孔天胤对老病也并非一味忧愁，万历二年（1574）老友王北野谈到老病多愁，孔天胤还写有《北野谈老病多愁作此解之》一诗相劝，说"秋到有林皆坠叶，雨中无水不浮沤"，这都是人生的必然。

晚年回首往事，老病之中的他常有如在梦中之感。写于万历三年（1575）的《疾夜四首》，其二曰：

鸣叶阶前片片飞，焚兰窗下冷烟红。何言此夜独无梦，七十年来尽梦中。

七十年来尽梦中，真可谓恍然一梦。

万历九年（1581）十一月十一日，一代大儒孔天胤卒于汾州，享年七十七岁。

孔天胤逝世后，他的门人弟子依据其平生优长，私谥其为"文靖"。文，正如《山西通志》所评价他的"文学优长"并将他列入"文苑"，肯定了他的文学爱好、文学成就、文学影响；靖，即静，平静，安静，状其性格的端沉简默、厚德内修。

孔天胤葬在汾州人美厢。万历《汾州府志》："孔布政墓，在城东北人美厢官道西。"据相关资料记载，墓地约十余亩，神道碑两侧置立翁仲、石兽等[①]。人美厢有三贤街、三贤祠，孔天胤终于与他所敬仰的古代先师卜子夏、段干木、田子方比邻而居了。

赵讷曾为其师撰写墓志铭，今未见；又撰写《文靖先生孔公墓碑》，碑立于万历二十二年（1594）十月。收于民国王堉昌《汾阳县金石类编》。王堉昌记载："基碑连额高八尺五寸，宽三尺二寸，共三十行，行各八十四字，径五分许。正书。此碑上截漫灭，下截残缺太甚。额篆'文靖先生孔公墓碑'八字。今在汾阳县东关北门外官道西。"

因碑文多有漫灭残缺，我们也只能从

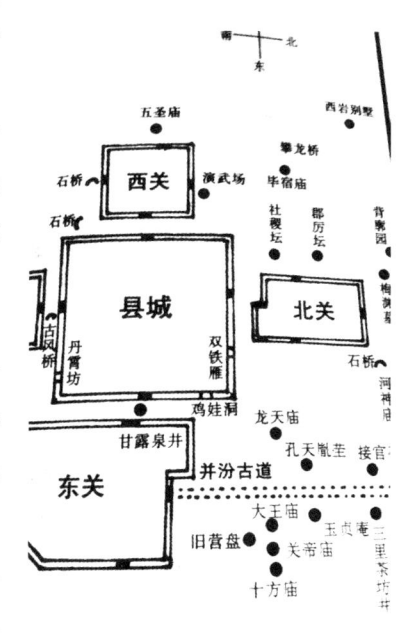

图19 孔天胤墓位置示意图，引自《汾州沧桑》

---

① 刘瑞祥：《孔天胤》，《汾州沧桑》第三卷，北岳文艺出版社，第207页。

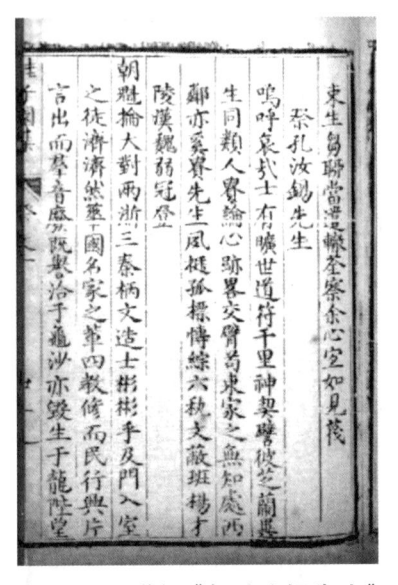

碑文所存断断续续的文字中，获知赵讷碑文的大意。

赵讷在《文靖先生孔公墓碑》中，梳理了千年来山西学术的渊源及其发展，对其师孔天胤在山西学术史上的地位给予充分肯定。称其师致仕归汾后，名其堂曰"善信"，"敦厚抱抑，反观内省"，躬身笃行，谈论者"以为再见魏文侯之师子夏"。赵讷也从一个侧面记载了孔天胤在当时的影响力，即文人学士得其联、匾、卷册、扇面所题，"无不珍藏之者"。

孔天胤卒后，好友王道行写有祭文《祭孔汝锡先生》（《桂子园集》卷十九），

图20　王道行《祭孔汝锡先生》

对孔天胤的一生给予了极高的评价。王道行祭文中称，孔先生"凤挺孤标，博综六艺"，且文采斐然，"文蔽班扬，才陵汉魏"。班，班固；扬，扬雄。自其入仕，"两浙三秦，柄文造士。彬彬乎及门入室之徒，济济然萃国名家之辈。四教修而民行兴，片言出而群音废"，风行教化而成就人才甚众。归田后又极好士，"客有弹蓟缑、曳敝屣以见者，莫不延入如归"，鼓瑟承筐，解衣推食，"类却超之授馆，如田文之好士"。王道行感叹："先生以鼎甲高贤，久尘外吏；起家王甥，梏于旧制"，一生未竟其志，未尽其学，可悲可叹。先生文思敏捷，"文以质高，诗贵情至，每对客而挥毫，如川涌而川逝"；先生讲经论道，颇多从者，"俨危坐以竟夕，吐霏谈之妙义，故闻风者景赴，觌德者心醉"；先生结社赋诗，"追兔苑之遗风，寻雀台之高会"，传为一代佳话。兔苑，即西汉梁孝王聚集众位才子的梁园。

万历十九年（1591），曾任分守冀南道左参政的朱孟震升任山西巡抚，重回山西，专程到汾州孔天胤墓上祭奠，并写有《秋日哭孔汝锡先生墓》诗二首：

残岁龙蛇逼，新阡雉兔过。露随朝槿尽，风入暮蝉多。坐失

千钟酒,情伤九辩歌。夜台无白日,一恸欲如何。

好客名千古,悲秋赋几篇。卜山无旧业,绵上有新田。菊暗寒城雨,鸿沉野水烟。分违如昨梦,愁断白云天。(《朱秉器诗集》卷二)

追思孔天胤与自己的交往,感叹其身后的凄凉,看菊花凋零,相聚似乎就在昨天。悲伤难禁,恸断肝肠。

万历二十八年(1600),孔天胤入祀乡贤祠。万历《汾州府志》:"万历庚子,督学陈公行入祠乡贤。"督学陈公,是时任山西提学副使的湖广景陵(今湖北天门市)人陈所学。一代大儒身后得到了应有的地位,也算实至名归。

而令人感叹的,是孔天胤身后的凄凉。"呜呼!以先生之道之学如是而无后",这是赵讷对其师孔天胤最深的叹怜。而他"谨取拾其残者",于碑文中述其师之学术、道德、影响,也是"待孤嗣及诸侄之后然其存古之道",能够善待这位大儒的身后,并能对其精神有所承继。碑文的最后一句是:"呜呼,凡我士类,观此可深长思矣!"令人唏嘘。

汾州民间传说,孔天胤墓前原先站着两个石俑,头戴元宝帽,双手执笏,尺寸和真人差不多,后来脑袋却掉了。相传是因为1931年前后,冯玉祥的手枪队新招的士官生练习射击时打掉了[①]。

关于孔天胤的遗迹及其损毁、重修情况,偶见于一些资料的记载。

康熙二十六年(1687),后人孔衍泗重修"榜眼坊"和"方伯文宗坊"。康熙《汾阳县志》卷四《坊牌》:"榜眼坊,在同节坊,嘉靖十一年(1532)为孔天胤立。康熙二十六年孔衍泗重修。""方伯文宗坊,在同节坊,嘉靖三十八年(1559)为河南左布政使、前陕西浙江提学孔天胤立。康熙二十六年孔衍泗重修。"

康熙四十八年(1709),孔氏后人孔凤德、孔衍泗等重修神道碑。康熙《汾阳县志》卷四《茔墓》:"孔布政天胤墓,在城东北人美厢官道西,旧道东有神道碑,毁,族裔孙孔凤德、孔衍泗等重修。"光绪《汾阳县志》:"孔

---

① 故事由李应杰整理。李应杰、李春艳主编:《汾州聊斋》,三晋出版社,2011年。

布政天胤墓，在东北人美厢官道西、旧道东。有神道碑，毁。康熙四十八年，族裔孔衍泗等重建。"

《中国文物地图集·山西分册》："孔天胤墓，在太和桥街道籽城坊村……地表原有封土、墓碑和石像等，20世纪60年代均毁。"

《百金堡村志》记载孔天胤故里文水百金堡村旧有孔氏祠堂，兴建时间不详。据孔氏老人介绍，早先祠堂有石碑，记载明嘉靖年间孔天胤曾捐资整修，说明在此之前已经建成。房顶曾建有一个弯尾巴的神兽，这种神兽只有有职品的高级官员府第才能建。相传，汾州知府路过本村时，远远望见这孔氏祠堂分两个院，主院正房、东房、西房各五间，院内有两棵老槐树，偏院正房有两间，主院正房东墙有个供台，叫神龛，龛里供着孔天胤的像，每年过春节或商讨孔氏琐事，孔家都要在此祭祀。

今祠堂已被拆毁，神兽、画像俱不知去向，祠堂原址上，盖起了民居。

三、研究辨误

研究孔天胤的过程中，发现一些对孔天胤记载和研究的错误，在此略做纠正。

（一）名字

孔天胤的"胤"字，因清代避雍正皇帝胤禛讳，出现了多种写法。有的做了缺笔处理，少了左撇；有的做了加笔处理，左撇变成了双立人旁；有的做了换字处理，"胤"被写成了"允""寅""引""印""孕"等字。这都为孔天胤的研究和流传造成了障碍。

（二）名次

孔天胤中的是榜眼，清代《山西通志》及《闻喜县志》等多误为探花。

雍正《山西通志》"裴邦奇"条：

> 裴邦奇，闻喜人，号巢云。问学综博，不事举子业，以诗名。与汾阳孔探花天胤、谢山人榛相唱和，有《巢云集》四卷。

把孔天胤的科举名次说成是"探花"，显然是错误的。《嘉靖十一年进士登科录》可证。

（三）家世

《山西省志·人物志》（中华书局，2008年，上册第663页）、《山西历史名人传》（刘伟毅主编，山西古籍出版社，2006年，第25页）、《山西藏书家传略》（薛愈编著，山西古籍出版社，1996年，第44页）等书，在介绍孔天胤家世时均有这样一段：

> 孔天胤（1505~1581），字汝锡，号文谷子，又称管涔山人，明汾阳人。其祖父为明晋王府仪宾（女婿），父雄骏是庆成王府仪宾，封奉训大夫。

这里称孔天胤祖父、父亲均为仪宾，且孔天胤父名"雄骏"，皆误。错误的源头，是一块民国汾阳孔氏后人的碑。此碑名曰《先考乃璜公与先妣郑王郑三夫人合葬志》，碑文中有以下一段：

> 我国者姓以孔氏为最，而皆系籍曲阜，吾汾阳之孔为旁支，谱牒甚明。相传宋时有游宦此方者，遂卜居焉。至明，世有雄骏君子曰天胤，登嘉靖壬辰科贡试榜，殿试一甲第二人及第。以祖父为晋府仪宾，按国制不得大用，仅以参政终，未竟所学。然蓄道德而能文章，士大夫因已推重，世所称管涔山人是也。

这段中本身有两处错误。一是孔天胤"祖父为晋府仪宾,按国制不得大用"误,"祖父"当为父亲。按《嘉靖十一年进士登科录》和《嘉靖十一年同年序齿录》,孔天胤自书家世,皆曰其祖父孔大襫为肥城巡检;王崇庆为孔天胤父母所写墓表,也称孔天胤祖父是巡检。按照明代制度,如果是仪宾,是不可能外出任职的。二是孔天胤的官职误。孔天胤并非"仅以参政终",而是官至河南左布政使。这两处错误,当是这位孔氏后人道听途说,没有研究相关资料致误。还有一处错误,作者没有错,是后人理解错了,那就是"雄骏"。作者称孔天胤为"雄骏君子",后人就理解为孔天胤为"雄骏"之子,即其父名"孔雄骏"。

这三处错误,百年来以讹传讹,流传不绝,各种人物介绍在涉及孔天胤时,多从此说,包括《百金堡村志》。不能不令人遗憾。

(四) 孔天胤及孔阶一家去世的时间

关于孔天胤及孔阶一家三口去世的先后顺序,汾阳地方文化研究中,多认为孔阶妻与子先殇,甚至认为是孔阶妻因难产而与子同殇,其后孔阶卒,孔天胤卒于孔阶一家三口之后。① 这种说法皆因对赵讷碑文理解有误所致。笔者认为,孔阶一家三口,皆卒于孔天胤去世之后。理由或说证据有四:

其一,目前所能见到的写有赵讷碑文的孔天胤碑立于万历二十二年(1594),赵讷文中说"讷业已承乏铭其墓,今且十年",可见碑文写于孔天胤卒后十年,即万历十九年(1591)。赵讷在碑文中所记,孔天胤"生子阶,国子生。后十一年,子娶王氏,少司徒王龙洲之女,生孙男,后同殇","后同殇"是孔天胤卒后十年间发生的事,并非孔天胤去世前的事。

其二,孔天胤得孙是在他去世前一年的万历八年(1580),这一年二十九岁的孔阶生子,也成为孔天胤生前最大的安慰。于七十六岁高龄得孙,

---

① 见《汾州沧桑》第三卷刘瑞祥《孔天胤》一文,文中称"孔天胤晚年经受了两次重大的精神打击,一次是儿媳生孙男时同殇,另一次是独子早逝"。《汾州沧桑》,北岳文艺出版社。

孔天胤自是喜不自胜，更有众友人来贺，孔天胤的诗也写得趣味盎然而飘飘欲仙："七十六岁老人才抱孙，焚香顶礼玉宸尊。群仙闻之为予喜，车驾五云下来平""谓怜尔生多缺陷，富贵功名俱寡缘。补尔河东三瑞应，池上一毛先眼前"[1]，认为是上天对自己的恩赐，无缘功名富贵，香火得传，这才是人生大幸。孔天胤万历八年（1580）的诗一直写到年末，这年的最后一首诗是《庚辰除夕儿阶奉予守岁》：

　　腊尽春回此代迁，一杯迎送小堂前。呼僮吹笛鼓频和，庆我身康儿复贤。

这是个喜庆之年，不但暮齿得孙，而且于年末父子共同守岁，还有小童吹笛敲鼓，此时孔天胤自己也身体健康，儿子孔阶又贤良，都足可感到安慰。孔天胤一直到岁末都心境平和，并无半点变故迹象，"难产"之说，完全站不住脚。

其三，万历九年（1581）孔天胤诗无存，与其关系最为密切的赵讷、王缉等人的诗集又失传，因而其本年内的事情基本处于无据可查的情况，这就为人们提供了无数种猜想。而曾于万历九年（1581）任山西左参政分守冀南道驻汾州的朱孟震写于此年的一首诗，恐怕是目前所见的记录孔天胤最后一年生活片段的非常稀有的线索。诗题较长，但信息量颇丰：《夏日孔先生汝锡招饮，移酌海榴花下，时余愁病未捐，久失占谢，偶以登楼余兴，漫呈此诗》。此诗收于朱孟震《朱秉器诗集》卷二。由诗题可知，万历九年（1581）夏，孔天胤宴请新任分守冀南道左参政，在海榴花下，当时朱孟震正在病中，一直没有写诗酬谢，直到有一天登楼远望，突然想起此事，于是赋诗一首作为补谢。诗中有"座上宾朋元北海，囊中经术有西河"句，将孔天胤比作孔融，且将孔融之字"北海"与汾州故称"西河"相对，颇有几分妙趣。由此诗可见，孔天胤万历九年（1581）夏依然平静地

---

[1] 孔天胤：《暮齿得孙，承牧云、柳川、东皋、小村、东谷五宗老并鹤庵征君持汤饼道喜，辄倚歌》，《文谷渔嬉稿》万历八年（1580）卷。

生活，并且宴请新来的分守参政。

其四，也是最充足的证据，还是朱孟震的一首诗。万历十九年（1591），朱孟震重回山西，任山西巡抚，想到老友孔天胤故去已十年，又得知其子亦卒，作《孔汝锡先生卒十年矣。余来晋阳，闻其子客死，诗以哀之》一首：

> 提携鸠杖话沉绵，犹记西河永决年。俎豆无人供麦饭，园亭有客泣朱弦。荒榛狐兔秋迷雨，古木龙蛇暮锁烟。絮酒未畴千载谊，秋风延首泪空悬。（《朱秉器诗集》卷二）

孔阶不但卒于孔天胤故去的十年之内，而且是"客死"，当是外出时去世。甚至有可能赵讷说的"俱同殇"，是孔阶携家人外出做官或经商，一家人同遭意外。朱孟震说"俎豆无人供麦饭"，香火不传，才是最大的悲哀。

由以上四点可知，孔天胤之子、媳、孙皆卒于孔天胤去世之后。

（五）所修汾州志书名称

清代张廷玉等人所修《明史·艺文志》列孔天胤著作条：

> 孔天胤　《汾州府志》八卷

这里的《汾州府志》显然为《汾州志》之误。孔天胤的汾州志书修于嘉靖三十九年（1560），孔天胤卒于万历九年（1581），而汾州升府是在万历二十三年（1595）。终孔天胤之世，也没有赶上汾州有"府"。所以，此处应为"孔天胤　《汾州志》八卷"。

附录一

孔天胤交游名录及事略

说明：

1."名录"按姓氏声母先后顺序排列。

2.每个声母内，人物按交游时间先后排序。

3.每位人物包括"简介"和"事略"两部分，对其与事主交游做简要介绍。

4."名录"只列较为重要的人物，个别交游不多或影响不大者未列入。汾州宗室不知名者未列入。孔天胤父孔麟、母新郑县君、弟孔天民、子孔阶未列入。

艾希淳（1514~？） 字治伯，号居麓，陕西延安府米脂人。与孔天胤同官浙江。嘉靖二十三年（1544）孔天胤作有《赠居麓艾公入觐拜河南布政右参议序》。

陈　讲（1487~约1568） 字子学，号中川，四川遂宁人，曾任山西巡抚。万历《山西通志》记其"宽而有致，品第士类，人咸服其明。建河汾书院，萃士之良者，课业有程，多所造就"。嘉靖十年（1531）为山西提学副使，孔天胤参加乡试即为其考选。后曾为孔天胤父母写有墓志，今佚。孔天胤后有信《与陈中川宗师》。

陈　澍　字伯雨，直隶合肥县（今安徽合肥市）人，孔天胤进士同年。嘉靖二十二年（1543）春在卫辉知府任上创卫辉府题名碑，时孔天胤分守河北道驻辉县，应其所请写有碑记。

蔡汝楠（1516~1565） 字子木，号白石，浙江德清人，孔天胤进士同年。嘉靖二十四年（1545），孔天胤有书信《与蔡白石年丈》《再与蔡白石年丈》。嘉靖三十一年（1552），蔡汝楠有《致孔文谷方伯》。

程文德（1497~1559） 字舜敷，号松溪，浙江永康人。嘉靖十一年（1532）殿试掌卷官之一。嘉靖二十三年（1544）、二十四年（1545）与孔天胤在浙江两度相遇，写有唱和诗多首。时升国子监祭酒。

陈一贯（1495~？） 字邦通，号鲁得，自号五山，福建福清人，嘉靖二十三年（1544）任杭州知府。与孔天胤一起改凝真道院为扬清祠，并共建先贤祠，祀曾子。

陈　尧（1516~1582）　字敬甫，号梧冈，直隶扬州府通州（今江苏南通）人。嘉靖二十四年（1545）孔天胤案临台州时相识，时为台州知府。二人共同题跋吴越王钱俶《草书手简》。嘉靖四十一年（1562）孔天胤作有《与陈梧冈都宪》。嘉靖四十四年（1565），孔天胤为陈尧紫薇园题诗《寄题陈梧冈侍郎紫薇园》，陈尧有答诗《酬前二首》。

陈　鹤（？~1560），字九皋，一字鸣野，号海樵，浙江山阴人。孔天胤在浙江时多交游，陈鹤集中有《孔文谷学宗写听风图》《题画寄孔文谷学宗》《郊外奉寄孔文谷宪副》和《九月三日同孔文谷宪副、万鹿园总兵、童南衡侍御湖上分韵飞字》等诗，又为孔天胤诗集《霞海篇》写有后序。

陈　察（1471~1554）　字原习，号虞山，直隶苏州府常熟县（今江苏常熟）人。孔天胤写有《与陈虞山大卿》。

陈　棐（1498~1570？）　字汝忠，号文冈，河南鄢陵人。嘉靖三十年（1551）冬以刑部郎循行陕西。孔天胤作有《白雪阳春卷序》记其事。后任山西提学副使，孔天胤为其母七十岁寿作《蟠桃献寿序》。

曹　宠　直隶肃宁县（今属河北）人，举人，嘉靖二十二年（1543）任汾州知州。嘉靖二十六年（1547）孔天胤丁忧期间，葛守礼升山西按察使，曹宠向孔天胤请序，孔天胤作《赠与川葛公总宪山西序》。

陈秉忠　字汝海，号芦山，直隶遵化（今属河北）人。嘉靖三十年（1551）任汾州知州。任内与王纬创修《汾州志》。嘉靖三十三年（1554）其母寿，孔天胤作《寿陈母太孺人九十序》；嘉靖三十五年（1556）受御史台旌奖，孔天胤作《芦山陈公受御史台旌奖序》。

曹　忭（1512~？）　字子诚，号纪山，湖广江陵人。二人初识于浙江。嘉靖三十五年（1556）任山西提学副使，孔天胤作《奉和纪山见怀山中》《对雪寄怀纪山学宪二首》等诗。嘉靖三十六年（1557）课士汾州，孔天胤作《喜纪山至郡校文》《赠纪山校士》等诗。嘉靖三十八年（1559）升江西参政，孔天胤作《赠督学纪山曹公陟参江藩序》及《云山别意诗五首》。

褚　相　字朝弼，号元泉，浙江海宁人，孔天胤在浙江时所取举人。嘉靖三十五年（1556）任霍州知州。嘉靖三十五年（1556）孔天胤为其《四书肤解》作序。嘉靖三十八年（1559）受抚台嘉奖，孔天胤作《赠霍州守元泉褚君受抚台旌奖序》。任满将升去，霍州为之立生祠，孔天胤作《郡守褚君生祠记》。

程　轨（1501~？）　字信甫，号古川，山东临清人。曾与孔天胤同官陕西。嘉靖三十五年（1556）任山西左参政驻汾，孔天胤有诗《述怀呈程古川旧巡四首》《和古川登揽龙门》《和古川游王官谷》等。

陈　珪（1523~？）　字禹成，号罗江，广东化州人。嘉靖三十六年（1557）分守冀南道驻汾。孔天胤作有《罗江公席上喜雨二首》《赠罗江陈公总宪江西序》《奉送罗江公总宪之江西》等诗文。

陈其学（1514~1593）　字宗孟，号竹庵，别号行庵，山东登州蓬莱人。曾与孔天胤同官陕西。嘉靖四十年（1561）请孔天胤为其父陈鼎《大竹文集》作序。

陈洪濛（1512~1581）　字元卿，号抑亭，一说号抑庵，浙江仁和人。嘉靖三十九年（1560）分守冀南道驻汾。孔天胤作有《赠抑亭陈公擢湖广廉使序》《寄怀陈抑亭蜀相》《再与陈抑亭中丞》等。孔天胤为其刻诗集《含育堂集》。

崔　朝　号旸谷，山东益都人，嘉靖四十四年（1565）任汾州学正。隆庆二年（1568）升太原教授，孔天胤作《书多士赠言卷》及诗《赠旸谷崔先生教授太原》。

陈　情　号斗垣，直隶滦州（今属河北）人，嘉靖四十五年（1566）任孝义县知县。隆庆二年（1568）受嘉奖，孔天胤作《赠邑侯斗垣陈公膺抚台旌奖序》。

程一山　"一山"为号，其名不详。隆庆三年（1569）任汾州参将，孔天胤作《赠程一山参戎始建牙汾郡一首》《程参戎刻窗稿序》。

陈汝听　号懿泉，陕西狄道人，万历元年（1573）任汾州学正。万历二年（1574）免职将归，孔天胤作《赠别学正懿泉先生陈公西归序》。

陈敬则　号石舟，浙江安吉人，万历三年（1575）任汾州同知。其年辞官归乡，孔天胤作《赠别驾石舟陈公拂衣东归序》。

蔡可贤（1536~？）　字仲闻，号明轩，直隶成安人。历任太原知府、山西按察司副使。万历三年（1575）其母八十寿，孔天胤作《北堂献寿诗序》，万历四年（1576）又作《题蔡使君献寿北堂册》诗。万历五年（1577）拜访孔天胤，孔天胤有诗酬谢。

程应登（1517~1593）　字孟山，又字司晋，号存斋，又号存轩。潞州（今山西长治县）人。先后任睢州、延庆知州。万历四年（1576）春孔天胤作《寄怀上党程存斋先生》。

董大经　陕西临潼人。嘉靖三十八年（1559）为灵石知县，请孔天胤为平阳知府王良贵寿作序。孔天胤作《灵石令寿王龙门太守》。

董尧封（1528~？）　字淑化，号李村，河南洛阳人。隆庆五年（1571）时为山西参政，孔天胤作《赠大参知董公》《赠言图引》。

冯思翊（1491~1568）　字忠甫，别号西野。孔天胤业师。万历《汾州府志》："隐居教授，聚徒讲学，科第得人最多。榜眼孔天胤、进士王文翰辈……皆出其门，一时称盛。"嘉靖四十二年（1563）孔天胤作《题冯师河底山庄一首》，嘉靖四十五年（1566）作《寿西野翁》。隆庆二年（1568）卒，孔天胤作墓志铭，又写有《哭业师西野先生》及祭文《祭贞毅先生冯公文》。其子冯叔奇与孔天胤也多有交游，孔天胤写有《述怀呈冯孚溪先生，余有园庐在城北郭，比孚溪公卜筑，亦于西郭西门，两家相去仅二里间，余既欣邻曲之交，复雅通家之谊，爰因初度，叙意侑觞》《夏日宴冯孚溪西园》《寄冯孚溪试宰香河》《赠冯孚溪先生自香河擢贰平凉监管固镇粮储》等诗。

樊　鹏　字少南，号南溟，河南信阳人。嘉靖十三年（1534）与孔天胤同官陕西，孔天胤为其刻《樊氏集》四卷，其后补刻为七卷。孔天胤降职祁州，作有《赠文谷子行》及诗《赠孔文谷》。

范　鏓（1487～？）　字平甫，号东溟，其先江西乐平人，迁辽东沈阳中卫。嘉靖十五年（1536）前后为两淮盐运使，嘉靖十六年（1537）升四川参政，孔天胤写有《广陵赠范都运迁蜀藩参政》诗。

方太古　字符素，自号寒溪子、一壶生，浙江金华府兰溪县人。隐士。与孔天胤结布衣之交，孔天胤作《访方隐君金华山中》《冬日再访寒溪》等诗。

傅凤翱　号印台，湖广应山（今属湖北）人。嘉靖二十九年（1550）由陕西巡抚升工部右侍郎，孔天胤作《赠中丞印台傅公进少司空还朝序》。刻刘储秀《西陂先生集》并序，孔天胤亦作序。

方启参　字少岳，湖广巴陵人。嘉靖三十八年（1559）为河东盐运使，将入觐，孔天胤作《赠都运少岳方公入觐序》。

冯惟讷（1513～1572）　字汝言，号少洲，山东临朐人。嘉靖四十三年（1564）为山西右参政，孔天胤作有《冯少洲参知往过蒲坂寄诗见怀，今始奉和呈省中》，另有《与冯少洲大参》两书。嘉靖四十五年（1566），二人共同批点刊印了谢榛的《适晋稿》。

范大儒　字子师，号霑南，山东沾化人。隆庆四年（1570）时为山西按察司副使，上疏请求致仕，孔天胤作《赠范大参请告东归序》。

冯　谦　号益川，浙江慈溪人，孔天胤在浙江任上所取进士。隆庆六年（1572）时为山西按察司副使，将回乡，孔天胤作《赠别冯益川宪使东归》，又有书信《与冯益川宪副》。

高叔嗣　字子业，号苏门，河南祥符县人，嘉靖十二年（1533）任分守左参政驻汾。二人交游详见本书第七章。

顾应祥（1483～1565）　字惟贤，号箬溪，浙江长兴人。孔天胤循学长兴时写有《与顾箬翁》一信。

葛守礼（1505～1578）　字与立，一作与川，山东德平人。嘉靖二十五年（1546

任山西左参政驻汾。孔天胤母新郑县君卒,写有《祭孔母文》。嘉靖二十六年(1547)升山西按察使,孔天胤作《赠与川葛公总宪山西序》。嘉靖二十九年(1550)与孔天胤同官陕西,作后堂名曰"诚心",孔天胤作《诚心堂铭》。是年葛守礼升河南巡抚,孔天胤作《送与川葛公巡抚河南序》。嘉靖三十二年(1553)孔天胤写《乞休疏》后致信葛守礼,写有《与葛与川吏部》。

谷中虚(1525~1585) 字子声,号近沧,山东海丰人。嘉靖三十八年(1559)前后为潞安兵备,升浙江参政,孔天胤作诗《赠谷近沧自潞安兵宪擢参浙藩》。谷中虚《少司马谷公文集》中有《与孔文谷》书。

郭　栴(1513~1560) 字汝学,号龙石,山西壶关人,嘉靖十年(1531)与孔天胤同举乡试。嘉靖四十年(1561)卒,孔天胤为作墓志铭。

高　冈 号云峰,陕西合水人,嘉靖三十八年(1559)任汾州训导。嘉靖四十二年(1563)升屯留教谕,孔天胤作《赠云峰高子掌教屯留序》。

郜光先(1533~1586) 字子孝,号文川,潞州人,嘉靖三十八年(1559)进士。万历七年(1579)任兵部尚书,其父母生日,孔天胤作《双寿篇奉赞郜司马献二亲寿》。

皇甫涍(1497~1546) 字子安,号少玄,直隶苏州府长洲(今江苏苏州)人。孔天胤进士同年。嘉靖二十三年(1544)任浙江按察司佥事,与孔天胤同官浙江。孔天胤有《翠筠山房同皇甫少云三首》《别怀送少玄》等诗,又有《与皇甫少玄年丈》书。皇甫涍有《雨夜孔文谷见过》《孔学宪读经昭庆寺予过赠此》《寄孔学宪同年》等诗。嘉靖二十五年(1546)孔天胤刻皇甫涍《东览篇》并作《题辞》。

皇甫汸(1504~1583) 字子循,号百泉,皇甫涍弟。嘉靖二十三年(1544)孔天胤写有《与百泉皇甫先生》,皇甫汸有诗《寄孔督学》。

何其高 字抑之,号白坡,四川阆中人,孔天胤进士同年。嘉靖三十年(1551)前后与孔天胤同官陕西,张治道、刘储秀诗文集中有多处写到二人一起拜访之事。嘉靖三十三年(1554)二人同被弹劾"闲住"。

黄　臣 字伯邻,号安厓,山东济阳人,嘉靖六年(1527)曾任山西分守冀南道左参政驻汾。嘉靖十六年(1537)任陕西巡抚,参与平寇,孔天胤在颍州时作《上黄安厓中丞岷梁峻捷十三韵》。

黄光昇(1506~1586) 字明举,号葵峰,福建泉州府晋江人。与孔天胤同官浙江,嘉靖二十三年(1544)升浙江布政司参议,孔天胤作《赠葵峰黄先生晋浙藩少参序》。

洪朝选(1516~1582) 字舜臣,又字汝尹,号芳洲,别号静庵,福建泉州府同安县人。二人交游详见本书第七章。

洪　楩 字子美,浙江钱塘人。嘉靖二十四年(1545)刻《唐诗纪事》,孔天胤作《重刻唐诗纪事序》。

黄绾（1480~1554）　字宗贤，号石龙，别号久庵，学者尊称久庵先生。浙江黄岩县人。嘉靖二十四年（1545）孔天胤案临台州，二人多有唱和。孔天胤有书《与黄久庵先生》。

黄辰（1516~？）　字思瞻，号少陂，陕西咸宁人。嘉靖三十九年（1560）由汾州同知升汝州知州，孔天胤作《赠少陂黄公擢守汝州序》。

霍冀（1516~1575）　字尧封，山西孝义人，嘉靖二十三年（1544）进士，官至兵部尚书。二人交游详见本书第七章。

胡怀玉　雍正《山西通志》记其"字楚貉，河南人""寓居晋阳，与王明甫、孔文谷诸人相唱和"。孔天胤写有《喜胡山人见访》《送胡山人游北岳》《酌胡山人用华翁韵》《和胡山人留别一首》《赠楚鹤》等。

杭朝望　号玄洲，直隶宜兴（今属江苏）人，万历二年（1574）任汾州知州。万历三年（1575）辞官归里，孔天胤作《杭玄洲太守致政还山序》及《赠杭太守抗疏还山》诗。

胡来贡　字天中，号顺庵，山东莱州人，万历元年（1573）任平阳知府。万历三年（1575）孔天胤作《赠邦伯顺庵胡公上绩序》。

江汇　字东之，号石南，江西进贤县人。与孔天胤同官陕西，嘉靖二十三年（1544）孔天胤代其为兵部侍郎万镗作《叙石南子奉寿万公治斋老先生》。

贾应春（1499~1560）　字东阳，号樵村，直隶真定人。嘉靖三十年（1551）由陕西左布政使升陕西巡抚，孔天胤作《贺大中丞樵村贾公巡抚陕西序》。嘉靖三十一年（1552）刻韩邦奇《苑洛集》，孔天胤应其所请作《苑洛先生文集序》。

靳学颜（1514~1571）　字子愚，号两城，山东济宁人。嘉靖三十年（1551）前后任陕西提学副使，孔天胤为其父母寿作《驰颂太封君凤湾靳公寿序》。嘉靖三十一年（1552），靳学颜有诗《忆弟用文谷韵》《次文谷》。

纪公巡　号省吾，山东恩县人。隆庆五年（1571）任分守冀南道左参政驻汾，孔天胤作《赠大参省吾纪公移镇汾阳序》。万历元年（1573）升陕西按察使，孔天胤作《送镇守省吾纪公升陕西宪长序》，另有诗《赠纪省吾参知擢陕西廉使》。

康海（1475~1540）　字德涵，号对山，又号浒西山人、浒西子、沜东渔父、太白山人陕西武功人。嘉靖十三年（1534）康海至长安，与孔天胤定交。孔天胤被贬职，作《送文谷先生序》。

柯相　字符卿，号狮山，直隶池州府贵池（今安徽池州市）人。嘉靖二十三年（1544）任浙江按察使，不久升任河南右布政使，孔天胤作《送狮山柯公赴河南行省右辖序》。

刘储秀（1483~1558） 字士奇，号西陂，陕西咸宁人，嘉靖七年（1528）曾任山西提学副使，对孔天胤多有教益。嘉靖十三年（1534）孔天胤被贬，有送别诗。嘉靖二十九年（1550）陕西任上，孔天胤为其《刘西陂集》作序。嘉靖三十年（1551）其夫人吕氏卒，孔天胤作《祭刘母吕氏太老夫人文》，嘉靖三十二年（1553）又为其父母补写墓表。

李延康（1500~1555） 字允吉，别号黄崖（一作黄岩）居士，山西潞安府人，孔天胤进士同年。曾与孔天胤同官陕西。嘉靖三十四年（1555）卒，孔天胤写有墓志铭。嘉靖四十二年（1563）其原配牛孺人卒，孔天胤又作合葬墓志铭。又有《祭李黄崖宪使文》、诗《哭李黄崖宪副》。

李天锡（1491~1573） 字德徵，道号近山，山西汾州人。孔天胤同科举人，官至陕西乾州知州。隆庆六年（1572）卒，孔天胤为其及其夫人作合葬墓志铭。

雷　洁 字鸣春，山西平遥人。孔天胤同科举人。嘉靖十四年（1535）赴京赶考，过祁州，孔天胤作《雁别雷鸣春上京用杜韵二首》。春末落第而归，孔天胤又作《送雷生归汾上》一诗。

李　恺（1497~？） 字克谐，号抑斋，福建泉州府惠安县人。孔天胤进士同年。嘉靖二十三年（1544）自京师游苏州虎丘，寄诗，孔天胤作《奉和李抑斋司勋归自京师游虎丘见诒五篇》。

廖道南 字鸣吾，号洞野，湖广蒲圻（今湖北赤壁市）人。孔天胤殿试时为读卷官。其《殿阁词林记》载"第二卷孔天胤……则臣道南所拔也"。嘉靖十四年（1535）孔天胤修祁州庙学，为作《重修庙学记》；嘉靖十五年（1536）孔天胤所修贞文书院建成，为作《贞文书院碑记》。孔天胤有书《与廖洞野先生》。

路天亨（1502~？） 字仲元，山西平阳府安邑县（今属运城）人，孔天胤进士同年。嘉靖十四年（1535）任涞水县（今属河北）知县，孔天胤经涞水，作《春日路年兄涞水县宅宴别二首》。

吕景蒙 字希正，号修饬，广西象州人。弘治十七年（1504）举人，因弹劾芜湖在对外贸易中行奸作弊之事而被谪为颍州判官。嘉靖十五年（1536）孔天胤助其修西湖书院，嘉靖十七年（1538）受孔天胤之托重刻王崇庆《海樵子》并序。

林　春（1498~1541） 字子仁，号东城，直隶泰州（今江苏泰州）人，孔天胤进士同年。孔天胤初仕陕西时，有《寄孔文谷》《再柬孔文谷》两信。嘉靖二十年（1541）卒。嘉靖二十五年（1546）孔天胤刻其著作《林东城集》二卷。

李乘云（1508~1554） 字子雨，号荆阳，钧州（今河南禹州）人，孔天胤进士同年。嘉靖三十年（1551）任陕西右参政，与孔天胤同官。便道贺母寿，孔天胤作《送荆阳李公便道上母氏太宜人寿序》。嘉靖三十二年（1553）卒，孔天胤作祭文《祭李荆阳大参文》。其弟李凌云（号湫南）嘉靖三十八年（1559）春任山西右参政，过访，孔天胤作诗《山中答李湫南大参见访》。

刘世用 字汝贤，号禄轩，北直隶束鹿县（今属河北）人，孔天胤进士同年。嘉靖三十二年（1553）六月任陕西右参议，孔天胤为其母亲寿作《南山献寿图序》。

刘　坤 号石梁，山东寿张人，嘉靖十五年（1536）任汾州知州。嘉靖十八年（1539）辞官归里，孔天胤作《奉和刘石梁太守归思》诗。

娄志德（1479~1546） 字存仁，号勿斋，河南项城人。嘉靖二十二年（1543）由浙江右布政使升福建左布政使，孔天胤作《送勿斋娄公赴福建布政左使》。

卢　蕙（？~1545） 字子贞，号抑斋，直隶淮安府山阳县人。嘉靖二十二年（1543）由浙江按察使升广东右布政使，孔天胤作《送浙江按察使抑斋卢公晋广东布政右使》及诗《送卢方伯之任广东》。

李　清 号南桥，湖广龙阳（今属湖南）人。嘉靖二十三年（1544）由浙江按察使升任四川右布政使，孔天胤作《赠观察使南桥李公陟蜀蕃右辖序》。

刘　佐 字时命，号前溪，江西安福人。嘉靖二十四年（1545）由浙江参政升云南按察使，孔天胤作《送前溪先生刘公赴云南按察使序》。

林云同 字汝雨，号退斋，福建莆田人。嘉靖二十四年（1545）四月由浙江右参政升湖广按察使，孔天胤作《赠退斋先生林公陟湖广按察使序》。

刘　麟（1467~1561） 字符瑞，一字子振，号南坦，江西安仁人，弘治九年（1496）进士。博学能文，与顾璘、徐祯卿被称为江东三才子，官至工部尚书，卒谥清惠。嘉靖二十五年（1546）孔天胤有《与刘坦翁》《再与刘坦翁》两信，刘麟有书相赠。

李　当 河南嵩县人，嘉靖二十八年（1549）任汾州知州。任上受孔天胤之托刻王崇庆《五心经义》，孔天胤作《刻王端溪先生所著经义序》。

李廷儒（1485~1567） 字文臣，号西岩，山西汾州人。曾任鸿胪寺序班，以养亲辞官。嘉靖二十八年（1549）孔天胤为其生日作《寿辞赞述》，嘉靖三十五年（1556）为其读书处作《西岩别墅记》，西岩别墅遗址今存汾阳冯家庄。嘉靖四十四年（1565）为其八十岁生日作诗《四月十二日寿鸿胪李公》。隆庆元年（1567）卒，孔天胤为其与夫人作合葬墓志铭，又为其遗像作《李公像赞》。其子李渤（号涧南）、李渔（号磻溪）均为孔天胤好友，有唱和诗多首。

林大春（1523~1588） 字井丹、邦阳，号石洲，广东潮州府潮阳县人。嘉靖三十一年（1552）春以行人出使陕甘，在咸阳晤会孔天胤，结为忘年交。临行，孔天胤作《送林行人西使还潮阳》，并以《霞海篇》一册相送。林大春有《塞上读霞海篇寄管涔子》诗。嘉靖三十六年（1557）张时募兵山西，孔天胤托其带诗给林大春，诗题为《赠张职方募军北还兼寄怀林石洲户部》。嘉靖四十五年（1566）林大春为洪朝选所刻《孔文谷诗集》作序。

路王道（1528~?）　字汝遵，一字天德，号坦斋，山西屯留县人，嘉靖三十二年（1553）进士。嘉靖三十四年（1555）任河南临漳知县，考绩，孔天胤作《赠坦斋路公考绩之京序》。主持创建郲二大夫祠，孔天胤应其所请，作《创建郲二大夫祠记》。

李九河　籍贯不详，曾任河南临漳赵王府书记官。嘉靖三十五年（1556）到汾州拜访，孔天胤有《喜李书记千里见访四首》《与李书记谈谐》《送别李书记》等诗。嘉靖四十二年（1563）再次来访，孔天胤作诗《喜李山人见访一首》《相见行赠李山人》等。万历八年（1580），李九河已故去多年，其孙李脉来访，孔天胤作《故人李九河孙脉千里见候，临感酸欣，形之言句》诗。

刘廷相　字介石，山西洪洞人，嘉靖十六年（1537）举人。其弟刘廷臣（1509~?），字伯邻，号白石。嘉靖十七年（1538）进士。嘉靖三十六年（1557）其母寿，孔天胤写《刘母太夫人七旬序》。

来　贺　字奉国，号碧涧，陕西三原人。嘉靖三十六年（1557）由汾州知州转代州知州，孔天胤作《赠碧涧来公移守代州序》。

李应奎（1487~1562）　字文辉，号潭水，山西平定人，曾任陕西高陵教谕。嘉靖四十一年（1562）卒，孔天胤作其与三位夫人的合葬墓志铭。

李　翰（1507~1560）　字宪夫，道号卜谿，山西汾州南善厢人。嘉靖三十九年（1560）卒于扬州同知任上，嘉靖四十一年（1562）孔天胤作《明故奉政大夫扬州府同知卜溪李公墓志铭》。

刘　泾（1510~1568）　字叔清，号次山，河南怀庆卫人。嘉靖四十一年（1562）任山西按察司副使，拜访孔天胤，孔天胤作《奉谢次山公按节汾阳见访一首》。其编其师何瑭文集，孔天胤应其之情作《何柏斋先生文集序》。嘉靖四十二年（1563）何瑭夫人卒，刘泾作行状，孔天胤作《何母周孺人墓志铭》。此年（1563）孔天胤刻刘泾《晋阳稿》并序。

林大槐　字茂德，号虚溪，福建莆田人。嘉靖四十一年（1562）任汾州学正。嘉靖四十二年（1563）赴省城修《山西通志》，孔天胤作诗《送林先生赴省修志一首》。其后孔天胤为其作有诗文《赠学正虚溪林君以贤荐奖序》《送林先生典试浙江一首》《旌贤叙语》《书勤勤篇后》《毓嗣发祥序》《赠虚溪林先生会试序》《送林虚溪学正会试》《赠学正林虚溪先生擢任怀远序》等。嘉靖四十五年（1566）林大槐卒于怀远任上，孔天胤作《故汾州学正虚溪先生林公诔》。

刘尚义（1498~1556） 字伯正，号柏山，山西汾州人。历官松江同知、南京刑部郎中、四川佥事、陕西参议、河南副使等，卒于官。二人交游情况详见本书第七章。孔天胤与其弟刘尚礼亦有交往。

李侨（1513~1576） 字子高，号仙台，山东长清人。嘉靖四十三年（1564）由山西参政升四川按察使，孔天胤作《赠参知仙台李公擢四川按察使序》。

刘旁 字仲将，号念虚，湖广兴国州（今属湖北）人，隆庆二年（1568）任介休知县。其年主持修缮介休城，孔天胤作《介休县缮城记》；隆庆三年（1569）兴修介休庙学，孔天胤作《介休县兴修庙学记》；隆庆五年（1571）主持修纂县志，孔天胤作《介休县志序》。又应刘旁所请，为其同乡工部侍郎徐纲母作《南山献寿序》。

刘曰材（1523~？） 字汝成，号湖山，江西南昌人。隆庆二年（1568）时任山西参政，其父七十、母六十九寿，孔天胤作《云天遥祝序》。

吕时（1517~？） 原名时臣，字中甫，号甬东，浙江鄞县人。二人交游详见本书第七章。

栗应宏 字道甫，号太行，山西长子县人。举人，屡试不第，耕读以终。与其兄栗应麟皆为当时名士。隆庆三年（1569）孔天胤有书信《与栗太行先生》。

李斗 号葵轩，陕西凤翔人。隆庆四年（1570）由山西介休教谕升山西芮城知县，孔天胤作诗《赠介休李学谕之芮城令》。

吕恕 号磻溪，陕西富平人，顺天府中举。隆庆五年（1571）任庆成王府教授。孔天胤作有《寿王相吕磻溪先生》《教授吕磻溪先生以贤膺奖序》《贺宫教吕磻溪先生》《赠吕磻师纳门人小子辈受经》《寿吕磻溪先生》等诗。万历四年（1576）吕恕北归，孔天胤作《赠吕磻溪教授北归》诗，又有诗《寄寿吕磻溪先生》。

梁明翰（1513~1595） 字维宪，号歧泉，山西孝义人，官至四川按察使。二人交游详见本书第七章。

雷凌霄 号水南，山西汾州人。嘉靖十九年（1540）举人，曾任祁州知州、延安府同知。万历二年（1574）六十寿，孔天胤作《水南公登年六十》诗。万历八年（1580）又作《寿水南公》诗。

刘㴶 号霞山，江西上饶人，隆庆六年（1572）任汾州同知。万历三年（1575）辞官归乡，孔天胤作《送别刘霞山二守谢秩东归》诗。

李荷（1537~1586） 字子尽，号环洲，山东寿光人。万历三年（1575）时为太原府同知，其母亲七十寿，孔天胤作《李母太老夫人大年序》，另有诗《题寿萱图为李环洲太君作》《寄酬李环洲别驾》。万历六年（1578）调任陕西按察司佥事兵备肃州（今属甘肃），孔天胤作《衔书楼宴集同环洲监吾葛野三使君赋》《金兰社宴集和李环洲韵》《赠李环洲宪金西上》诗。万历八年（1580）自肃州问讯，孔天胤作《寄酬李环洲宪使自安西见讯》诗。

李尚实 号养虚，山西潞州人。嘉靖壬子科举人，曾任河南辉县知县、淇县知县、裕州知州等。万历四年（1576）春孔天胤有诗《寄怀上党李养虚先生》。

吕　阳（1522~1586）　字调阳，又字仲和，号岫云。祖籍山东曹县，入籍平阳卫。嘉靖二十九年（1550）进士，雍正《山西通志》记孔天胤"与王明甫、吕仲和、裴庸甫诸人相唱和"，吕仲和即其人。万历五年（1577）孔天胤作有《奉怀吕岫云中舍兼酬惠问》《怀吕岫云先生》诗。

马三才 字思参，号松里，浙江仁和人。孔天胤任职浙江时有交游。万历二年（1574）孔天胤七十岁时有长诗《文谷孔师七十寿章三十韵》，孔天胤有酬谢诗。

孟　淮（1513~1577）　字豫川，号卫源，河南祥符人。嘉靖三十八年（1559）升山西右布政使，孔天胤作《奉酬孟卫源右辖晋阳春初见怀》《喜卫源公移晋右辖作此叙怀》等诗。后孟淮升山西左布政使、山西巡抚。嘉靖三十九年（1560）过访，孔天胤有诗《酬卫源中丞见访》《喜雨呈卫源公》。

穆文熙（1528~1591）　字敬甫，号少春，山东东明人。嘉靖四十一年（1562）进士。嘉靖四十五年（1566）以行人过汾州拜访孔天胤，孔天胤作《奉赠穆少春大行过汾见访》。

马云雷 号北崖，山西祁县人。嘉靖三十年（1551）曾任陕西醴泉知县。与孔天胤相知二十余年。隆庆三年（1569）孔天胤有诗《叙旧呈马北崖先生》，又有书《与马北崖员外》《再与马北崖员外》等。

宁　策 河南河内人，隆庆二年（1568）任汾州知州。隆庆四年（1570）在汾州城北修玄天阁成，孔天胤作《玄天上帝阁记》。

欧阳清（1492~？）　字懋直，号冲庵，江西上饶人，孔天胤进士同年。嘉靖二十四年（1545）由浙江按察司副使调任四川，孔天胤作《送冲庵先生欧阳子参知蜀藩序》。

欧阳必进（1491~1567）　字任夫，号约庵，江西安福人。嘉靖二十三年（1544）由浙江左布政使升升右副都御史巡抚郧阳，孔天胤作《送大中丞约庵欧阳公抚治郧阳序》。

潘　高（1514~1557）　字子抑，号春谷，籍贯山西宁化守御千户所（今山西宁武），直隶合肥县（今属安徽）人。孔天胤进士同年。曾以陕西布政司参议分守关西道，嘉靖二十年（1541）以考察罢官，时年二十七岁，家居十八年，于嘉靖三十六年

（1557）卒。师事湛若水、霍韬，与蒋信、钱薇为友，闻名当时。孔天胤写有诗《赠春谷上人》，书信《与潘春谷年丈》。潘高去世后，写有《祭潘春谷少参文》。

彭 范（1547~？） 字克宪，号东溪，河南灵宝人。嘉靖三十八年（1559）以分守参政主持刻分守冀南道题名碑，孔天胤作《分守冀南道题名记》。于汾州诞子，孔天胤作《祚胤庆言序》。嘉靖三十八年（1559）主持修《汾州志》八卷，孔天胤主纂。嘉靖三十九年（1560）为其父刻吕纯阳《玄览编》，孔天胤作序。万历三年（1575）由河南灵宝寄书，孔天胤作诗《寄谢彭东溪自灵宝见讯》。

潘存礼 字克敬，别号叙庵，山西汾州人，曾任庆成王府书记官。隆庆元年（1567）卒。孔天胤作《故王官叙庵潘公墓志铭》。

裴邦奇 字庸甫，号巢云，山西闻喜人。雍正《山西通志》记孔天胤"与王明甫、吕仲和、裴庸甫诸人相唱和"，裴庸甫即其人。二人交游详见本书第九章。

钱 薇（1502~1554） 字懋垣，号海石，浙江海盐人，孔天胤进士同年。因谏南巡被斥为民。孔天胤任职浙江时多有交游。钱薇作有《论四十不惑赠督学孔文谷》《与孔文谷督学论〈通鉴〉书》等。嘉靖二十二年（1543）孔天胤母亲六十寿，钱薇作有《新郑县君孔母寿序》。嘉靖二十五年（1546）孔天胤母亲去世，钱薇作有《奠孔母夫人新郑君》。

钱德洪（1496~1574） 本名宽，字德洪，以字行，改字洪甫，号绪山，学者称绪山先生，浙江余姚人。王阳明重要弟子，孔天胤进士同年。嘉靖二十三年（1544）孔天胤于诸暨访钱德洪与另一同年许应元，有诗《访绪山许氏庄上》。后有信《与钱绪山年丈》。嘉靖二十四年（1545）应其所请，孔天胤为绍兴知县苏术《起俗肤言》作序。

齐宗道（1506~1583） 字叔鲁，别号云汀，山东日照籍，广宁右卫（今属辽宁）人。嘉靖二十六年（1547）时为分守冀南道左参政，孔天胤为其读书室作《云汀图序》。后与孔天胤同官陕西。嘉靖三十年（1551）由陕西按察司副使升河南按察使，孔天胤作《赠云汀齐公应召还京序》。

齐一经 山东潍县人。光绪《交城县志》记其"修饬学舍，创建尊经阁，建科甲二坊"。万历三年（1575）孔天胤作《题彩凤衔书图为交城令齐公》诗。

丘 梁 号泰衡，湖广麻城（今属湖北）人。万历六年（1578）以山西布政司理问代理汾州知州，生日时孔天胤作诗《寿泰衡丘明府》。新知州董选到任，作《送藩理丘泰衡摄郡代还》。

丘齐云 丘梁之子，字汝谦，号若泰，曾任广东潮州知府。万历七年（1579）至汾探望其父，孔天胤有诗《元日书怀呈摄守丘司理暨长君潮州太守》，又有《和丘若泰明府惠音平霞馆》。赵讷宴请丘齐云，孔天胤作《赵阳豁借山人之馆延款若泰先生，时正人日，分韵得人字》。

任惟贤 字宗程，号玉台，四川阆中人。嘉靖二十一年（1542）由河南布政右使升陕西布政左使，孔天胤作《赠玉台任公上陕西布政左使序》。

任　瑶 号爱山，陕西临潼人。嘉靖四十年（1561）以汾州学正辞官归乡，孔天胤作《赠郡博爱山先生西归序》，又有诗《送任学正归田一首》。

任世鳌 号龙泉，陕西永寿人。万历四年（1576）由汾州训导升深泽县教谕，孔天胤作《赠郡博任龙泉公升深泽学谕序》，又有《赠任司训掌教深泽》诗。

孙　校（1502~1559） 字右文，号明轩，浙江平湖人，孔天胤进士同年。嘉靖十六年（1537）二人相遇于淮上，孔天胤写有《淮上会孙明轩水部二首》。

施　峻（1505~1561） 字平叔，号琏川，浙江归安人，孔天胤进士同年。嘉靖二十二年（1543）孔天胤在浙江任上请求迎养父母获得允许，施峻写有《孔文谷丈廷试及第，以太县君例不得内仕，出督陕浙学政，诏许迎养寄赠一首》。

苏志皋（1497~1569） 字德明，号寒村，直隶固安（今属河北）人，孔天胤进士同年。嘉靖三十年（1551）前后二人同官陕西。孔阶生，苏志皋有《自画古桂双喜图为同年孔文谷天胤题》，又有《初春登华山远眺怀同年孔文谷》一首。刑部侍郎陈棐循行陕西，苏志皋写《白雪阳春》诗一卷，孔天胤为之序。

苏　祐（1492~1571） 字允吉，初号舜泽，更号谷原，山东濮州人。与孔天胤同官颍州。嘉靖十六年（1537）二人一起拜访薛蕙，薛蕙有诗《苏允吉侍御、孔汝锡金宪同觞小园，薄暮值雨骤作，四韵奉呈二公》。嘉靖十七年（1538）孔天胤升陕西右参议，苏祐写有《送孔文谷督学再入关西》一首。苏祐后任山西巡抚。万历四年（1576）其子苏浣过汾州相访，孔天胤作《濮阳苏磻石见访，兼遗令兄杏石讯，用韵赠酬二首》。

沈　宏 字惟远，浙江崇德（今属桐乡）人。与孔天胤同官颍州。嘉靖十六年（1537）二人同登山上佛寺，孔天胤作《毗庐阁上同沈惟远作二首》。

邵经济（1493~1558） 字仲才，别号泉厓，浙江仁和人。与兄长邵经邦同中正德十六年（1521）进士，时人名其里曰双凤坊。曾任成都知府等职，后因丁父忧归乡，从此不再出仕。嘉靖二十二年（1543）孔天胤母亲六十寿，写有《松鹤篇寿新郑县君孔文谷母太夫人六十》。嘉靖二十三年（1544）杭州大旱，孔天胤参与祈雨并有诗，邵经济有和诗《苦旱和孔文谷学宪韵》。祈雨得应后有诗《得雨和孔文谷宗工韵》。

宋　岳（1516~？） 字伯镇，号承山，浙江余姚人。嘉靖四十四年（1565）以分守左参政驻汾。孔天胤有《喜承小公莅镇十一韵同谢征君赋》《奉咏承小馆清宴用韵》《奉和承山公中秋北溪之作》等诗十余首。孔天胤另有记其政绩之文有《重修天宁寺万佛阁记》《创置汾州学田记》《弘修汾州庙学记》等。隆庆二年（1568）被罢免，孔天胤作《送承山宋公南还序》，另有诗《赠别承山相公》。

沈　仕　字懋学，号青门，浙江仁和人。孔天胤任职浙江时有交游。隆庆元年（1567）寄信欲来汾拜访，孔天胤作《寄答征君沈青门先生，与征君别二十四年矣，今年得濮上九月寄音，有千里见访之意，因赋此寄答》。万历二年（1574）孔天胤七十岁寿时寄有祝寿诗，孔天胤有诗酬答。

孙一正（1514~1592）　字格卿，号邦田，陕西渭南人。隆庆二年（1568）任山西左参政驻汾，隆庆三年（1569）孔天胤写有《次韵九日登北城新楼呈邦田相公》《送大参知邦田孙公入贺》诗。

宋崇献　号伴芦，陕西武功中卫籍，山东武定州人。万历元年（1573）由汾州学正升黄州通判，孔天胤作《赠宋伴芦先生通判黄州序》。

孙应元（1533~1577）　字仁甫，号华山，湖广承天卫（今属湖北）人。万历元年（1573）任山西左参政驻汾。万历二年（1574）孔天胤作《喜雨十韵呈华山公》。万历四年（1576）升山西按察使，孔天胤作《赠参知相公华山孙老先生陟宪台长序》，又有诗《参知华山公陟宪台长》。

申九峰　号半庵，山东恩县人，曾任山西沁州知州，万历五年（1577）任汾州判官。万历七年（1579）东归，孔天胤作《送别驾申半庵先生东归》。

童汉臣　字仲良，号南衡，浙江钱塘人。嘉靖二十三年（1544）孔天胤循行课士，童汉臣送至谢村，孔天胤作《出湖州童南衡送至谢村赋酬二首》。曾任山西监察御史。

谭　棨（1511~?）　字朝器，号少嵋，四川涪州人。嘉靖二十三年（1544）时为浙江按察司佥事，西巡，孔天胤写有《送谭少嵋西巡》诗。孔天胤曾为其祖父母、父母寿作《贺宪使谭子家庆四寿序》。嘉靖二十四年（1545）刻杨慎《升庵南中集》于涪州，孔天胤应其所请作《刻升庵南中集叙》。

田汝成（1501~?）　字叔禾，号豫阳，浙江钱塘人。田汝成有《孔学使过积善毓庆堂赏牡丹》一诗。孔天胤曾拟为田汝成刊刻其《西湖游览志》，因丁母忧未果。

王文翰（1506~?）　字则野，号西瀛，自称西瀛山人、子夏山人。山西汾州卫人，军籍，直隶蒙城县（今属安徽）人。与孔天胤同受业于冯思翊，并同中嘉靖十年（1531）举人。二人交游详见本书第七章。

王崇庆（1484~1565）　字德征，号端溪，开州（今河南濮阳）人。嘉靖三年（1524）由郎中历升山西按察使，分巡冀南道并摄守汾州，孔天胤一生师事之。孔天胤为其刻《海樵子》《端溪先生集》，并托汾州知州李当刻其《五心经义》，孔天胤皆有序。孔天胤有书信《与王端溪翁》。王崇庆《端溪先生集》中有给孔天胤的书信、诗歌多篇。为孔天胤父母写有两份《墓表》。

王廷幹（1516~？）　字维桢，泾县人。孔天胤进士同年。嘉靖二十三年（1544）以台州同知升职离去，皇甫涍作《别友赋》，孔天胤作《读湖阅感别之篇便书其后》。该年，王廷幹有《和皇甫少玄赠孔文谷读经昭庆寺之作》。嘉靖二十四年（1545），孔天胤有《省堂春燕》诗，王廷幹作《和孔文谷省堂春燕赠篇》诗和之。

万　表（1498~1556）　字民望，号九沙山人，晚号鹿园。定远（今属安徽）人，因祖上万钟备倭寇于宁波有功，赐第，在宁波安家，故又称鄞县人。孔天胤任职浙江时多有交游，万表《万鹿园集》中有《九月四日同孔文谷、童南衡、周虚岩、陈海樵湖上山楼宴集》《寄酬孔学使诸公春宴韵》等诗。

翁万达（1497~1552）　字仁夫，号东涯，广东揭阳人。嘉靖二十七年（1548）时总督宣府、大同、山西、保定军务。命工绘《海居图》，孔天胤作《海居叙赞》。

王维桢（1507~1555）　字允宁，又号槐野，陕西华阴人，嘉靖十四年（1535）进士。嘉靖二十九年（1550）孔天胤修书王维桢，王维桢有《答孔文谷大参书》。王维桢另有《与孔方伯文谷书》《与孔文谷督学》两封书信。

王以旂（1486~1553）　字士招，号石冈，直隶江宁（今属江苏）人。嘉靖二十九年（1550）由兵部尚书节制全陕三边四镇，孔天胤作《赠总督大司马石冈王公进锡序》。嘉靖三十二年（1553）卒，孔天胤作《祭总督王石冈文》。

王　崇（1496~1571）　字仲德，号麓泉，浙江永康人。嘉靖三十四由山西巡抚升兵部左侍郎兼右副都御史，孔天胤作《赠司马大中丞麓泉王公荣进序》。

王与龄（1508~1564）　字受甫，号湛泉，山西乡宁人。与兄王培龄同中嘉靖八年（1529）进士。因得罪严嵩被除名。嘉靖三十四年（1555）筑湛泉书院，孔天胤作《湛泉书院记》。

王之诰（1512~1590）　字告若，号西石，湖广石首人。以山西右参议分守河东，嘉靖三十六年（1557）孔天胤为其母作《王母太老夫人寿序》。

王　俨（1497~1561）　字汝恩，别号北泉，山西汾州举人。曾任陕西平凉府（今属甘肃）知府。嘉靖四十年（1561）卒，孔天胤作《中宪大夫陕西平凉府知府北泉王公墓志铭》。

王宗沐（1524~1592）　字新甫，号敬所，浙江临海人。为孔天胤浙江任内所取举人。嘉靖四十年（1561）任山西左布政使，孔天胤写有《与王敬所方伯》《再与王敬所方伯》两信。

王　治（1524~1589）　字本道，号心庵，山西忻州人。嘉靖三十二年（1553）进士，历行人、给事中、御史、太仆寺卿等职。嘉靖四十一年（1562）以左给事中前往汾州册封庆成安穆王，安穆王长子新堤及宗室中能写文赋诗者皆赋诗，编为一册，孔天胤也有诗，并作《笃行贞节诗序》。

吴道南　字文在，号勉学，山东濮州人，嘉靖四十一年（1562）任汾州知州。嘉靖四十二年（1563）主持创建泮宫亭桥，孔天胤作《创建泮宫亭桥记》。该年受御史王公嘉奖，孔天胤作《赠太守一川吴公荣膺荐奖序》。嘉靖四十三年（1564）入觐，孔天胤作《赠太守一川吴公入觐序》。

王好问（1517~1582）　字裕卿，别号西塘，直隶乐亭（今属河北）人。嘉靖四十二年（1563）孔天胤代其作《山西通志序》。又写有《与王西塘侍御》一信。

王纬、王缉　王纬号龙冈，嘉靖二十五年举人，历官鄢陵知县、武定知州、顺德府学教授、广平府通判、德州知州等职。王缉号龙洲，嘉靖二十五年（1546）举人，嘉靖三十八年（1559）进士。任吉安府推官、国子监助教、佥都御史巡抚贵州，进副都御史巡抚南赣，后升户部侍郎。孔天胤与兄弟二人之交游详见本书第七章。

王大经　号云石，河南南召人。嘉靖四十四年（1565）任汾州知州。同年受巡抚万恭嘉奖，孔天胤作《赠郡守云石王公贤能膺奖序》。

王崇古（1515~1588）　字学甫，别号鉴川，山西蒲州人。隆庆年间孔天胤为其刻《蒲坂王氏世恩录》《蒲坂王氏世德录》两书并序。隆庆四年（1570）孔天胤写有《与王鉴川督抚》一信，提及对封贡的看法，提出省费用、广储蓄、养锋锐、积官粮、善民兵等建议。万历四年（1576）巡抚朔方，孔天胤作诗《王司马巡视朔方》五首。

王守谦　号心涯，南直隶武进（今属江苏）人，隆庆三年（1569）任汾州判官。隆庆四年（1570）辞官，孔天胤作诗《送王心涯别驾拂衣还里》。

吴学诗　字伯兴，号虚宇，江西上高人。万历元年（1573）在山西按察副使任上，孔天胤为其母八十寿作《吴母太夫人八十寿序》。

王道行（1531~1600？）　字明甫，号龙池，山西阳曲（今太原市）人。嘉靖二十九年（1550）进士，历苏州知府，官至四川布政使。雍正《山西通志》记孔天胤"与王明甫、吕仲和、裴庸甫诸人相唱和"，王明甫即其人。二人交游详见本书第九章。

许宗鲁（1490~1559）　字东侯，又字伯诚，号少华，陕西咸宁人。嘉靖十三年（1534）送别孔天胤，作诗《西园宴别孔文谷提学》。嘉靖三十一年（1552）前后写有《借菊诗同孔谢诸君子赋》《奉和右使相公文谷先生草堂小集之作》《答文谷使相见贻用前韵》《小苑腊梅初放，辱孔文谷右使、谢与槐道宗、孟卫原台宪携酒过赏，孟公即席有作》《家园偕孔右使、何宪长、谢学宪、刘司马赏雪同赋》等诗，又有《答孔文谷书》。嘉靖三十二年（1553）孔天胤刻其《陵海二集》并题词。嘉靖三十五年（1556）孔天胤有诗《和酬许少华中丞秋日见怀》《对雪寄怀少华》。

薛　蕙（1489~1541）　字君采，号西原，学者尊其为"西原先生"，直隶亳州（今属安徽）人。嘉靖十五年（1536）孔天胤前去拜访，"考功（指薛蕙）一见余，即莫余逆也"（《〈薛诗拾遗〉序》）。孔天胤另写有《题薛西原先生园中》诗。薛蕙集中有《赠孔汝锡》《次韵酬孔汝锡》《南园对月与孔汝锡》《苏允吉侍御、孔汝锡金宪同觞小园，薄暮值雨骤作，四韵奉呈二公》《对雪怀孔汝锡》等诗。嘉靖十七年（1538）孔天胤曾赠薛蕙临洮砚，薛蕙有诗《余有洮溪砚，乃孔汝锡所赠者，每怀其人，因成斯咏》。嘉靖二十三年（1544），孔天胤收集薛蕙《考功集》之外遗诗，刻《薛诗拾遗》四卷并序。

谢庭苣（1507~?）　字子佩，号右溪，四川富顺人。孔天胤进士同年。二人曾同官浙江。嘉靖二十二年（1543）乞休，孔天胤作《赠宪使右溪谢子拂衣归里序》及诗《谢子佩乞休有作用韵赠之》，后又有书《与谢右溪年丈》。

许应元（1506~1565）　字子春，号茗山，浙江钱塘人。孔天胤进士同年。嘉靖二十三年（1544）孔天胤有诗《访绪山许氏庄上》及《夕宴许太守宅》。许应元赴任夔州，孔天胤作诗《赠许茗山赴夔州》。

徐守义（1493~?）　字子和，号凤冈，河南杞县人。孔天胤进士同年。嘉靖二十九年（1550）由陕西右布政使上疏辞归，孔天胤作《右方伯凤冈徐公请告东还三司赠别序》。

谢少南（1498~?）　字应午，一字与槐。上元（今江苏南京）人，祖籍江西赣县。孔天胤进士同年。嘉靖十三年（1534），孔天胤有书信《与谢与槐》。嘉靖二十六年（1547）有《与谢与槐少参》。嘉靖三十一年（1552）任陕西提学副使，二人同官陕西。谢少南创陕西学田，孔天胤作《陕西创置正学书院学田记》。该年，谢少南、孔天胤、许宗鲁、胡侍、张治道多有宴集，胡侍有《借菊亭诗》及《夏日孔方伯汝锡、谢学宪应午招燕郭西园二首，次谢公韵》等诗咏其事。嘉靖三十二年（1553）孔天胤与张铎编次刊刻谢少南《谪台稿》并序。该年秋，唐时英刻《三辅黄图》，谢少南为作序，并与孔天胤一同校正。

谢体昇（1506~1571）　字顺之，号潮溪，江西吉水县人。嘉靖二十四年（1545）改建船厂成，孔天胤作《浙江改建船厂记》。谢体昇还任，孔天胤作《送谢工部四首》。

项　乔（1493~1552）　字迁之，浙江永嘉人。嘉靖二十三年（1544），孔天胤有书信《与项瓯东》。

谢　兰　字与德，号畹溪，山西振武卫（代州）人。嘉靖二十四年（1545）由浙江右布政使升河南左布政使，孔天胤写有《送浙江右使畹溪谢公赴河南左辖序》。

薛应旂（1501~1575）　字仲常，号方山，直隶武进（今属江苏）人。嘉靖二十四年（1545）过钱塘，孔天胤赠所刻《朱子晚年定论》，薛应旂作《重刻朱子晚年定论序》。后又有书信《与孔文谷提学》《与孔文谷书》。谭棨刻杨慎《南中集》，孔天胤作序。谭棨送书给薛应旂，薛应旂写有《钱塘遇雪，少嵋以新刊〈升庵集〉示览，上有孔文谷序，因忆往年任五岳，尝以〈升庵丹铅录〉见寄，怅惘今夕，感慨世途，遂成短章》七律。嘉靖四十五年（1566）前后，孔天胤有书《与薛方山先生》，薛应旂有《寄孔文谷》。

徐献忠（1483~1559） 字伯臣，号长谷，松江华亭人。嘉靖二十年（1541）任奉化县令，有政绩。孔天胤循学至宁波府，即将离开时，送行，孔天胤作诗以示谢意，徐献忠有和诗《夏日雨中督学孔文谷出奉化有作见示奉次》。

许　义　号葛陂，河南汝宁人。嘉靖三十七年（1558）由汾州训导任庆成王府教授，孔天胤作《赠葛陂许先生移职庆成王府教授序》。嘉靖四十年（1561）孔天胤有诗《九月十五日邀康蒙泉节判，许葛陂、杨前源、高云峰广文对菊二首》。嘉靖四十一年（1562）因揭发宗党不法者受嘉奖，孔天胤作《贺葛陂许公膺奖序》，又有诗《贺许教授膺奖用韵》。嘉靖四十三年（1564）生日，孔天胤作诗《四月六日寿王相葛陂翁赋》。嘉靖四十四年（1565）孔天胤有诗《四月七日赠王相葛陂翁》。

萧　相　号清泉，湖广靖州（今属湖南）人。嘉靖四十一年（1562）由汾州同知被免将归，孔天胤作《送别驾萧公序》，又有《送萧清泉别驾南还》诗。

谢　榛（1499~1575） 字茂秦，自号四溟山人，又号脱屣山人，山东临清人。二人交游详见本书第七章。

夏　诏　号丹峰，陕西洮州人。隆庆四年（1570）十一月由汾州同知赴京述职，孔天胤作《赠别驾丹峰夏公入觐序》。

於　敖（1490~？） 字伯度，号叠川，陕西岷州卫（今属甘肃）人。以山西参政分守冀南道驻汾州。嘉靖十九年（1540）主持修建汾阳东关城，孔天胤作《汾东关建城记》。嘉靖二十年（1541）主持修复介休西渠，孔天胤作《介休县兴复西渠水记》。嘉靖二十一年（1542），孔天胤有《与叠川於大参》，请求其以"马票一纸，健步一人"，护送其家眷"得将至太行"。嘉靖二十二年（1543）於敖升湖广按察使，孔天胤作《送叠川於公按察湖广序》。

杨　钦　号月山，湖广鄂州（今属湖北）人。嘉靖二十四年（1545）由浙江都司署都指挥金事升贵州清浪军参将，孔天胤写有《送月山杨君赴清浪军参戎序》，又有书信《与杨月山总戎》。

姚一元（1509~1578） 字惟贞，号画溪，浙江长兴人。嘉靖三十一年（1552）巡按陕西，主持该年乡试。嘉靖三十二年（1553）主持刻《武经七书》，与孔天胤分别作《武经七书序》。

杨胤贤（1521~?）　字子容，号小竹，山东寿张人。嘉靖三十五年（1556）时为山西按察司佥事，主持修复徐沟三渠，孔天胤作《徐沟县修复三渠记》。又有书《与杨小竹少参》《再与杨小竹少参》。

杨光先　号前源，北直鸡泽人。嘉靖三十五年（1556）时为汾州训导，诸生为其绘制《青毡独坐图》卷，孔天胤作《青毡独坐卷序》。其母寿，孔天胤又作《望云祝寿图序》。

杨勗肖　号小亭，山西闻喜人。嘉靖三十八年（1559）卒，孔天胤为之作《承直郎洛川县知县小亭先生杨君墓志铭》。

杨　荜　号古峰，山西汾州人。嘉靖四十五年（1566）出任陕西麟游知县，孔天胤作《送杨古峰之任麟游》。隆庆六年（1572）其母田氏卒，孔天胤作《杨母太儒人田氏墓志铭》。

尹大志　山东曹州人。隆庆元年（1567）时为汾州司训，谈及曹州知州孙守谦之贤，孔天胤作《曹守受斋孙侯德政序》。孙守谦为山西蒲州人。

岳　鲁　号省吾，北直隶怀安卫（今河北张家口）人。隆庆元年（1567）时为祁县知县，孔天胤作有《寄赠祁侯岳省吾先生二首》。

杨　巍（1517~1608）　字伯谦，号梦山，山东海丰人。隆庆二年（1568）春，孔天胤作《上督抚相公杨梦翁二首》，杨巍有《汾州赠孔文谷先生二首》。

杨守公　号榖峰，北直隶兴州中屯卫（今北京市良乡）人。隆庆二年（1568）冬由汾州判官调任陕西合水知县，孔天胤作诗《赠节判榖峰杨公擢合水县令》。

赵世禄（1508~1561）　字汝功，别号西田，山西汾州人。与孔天胤同中嘉靖十年（1531）举人。嘉靖四十年（1561）卒，孔天胤作《哭西田少参二首》。嘉靖四十二年（1563）春，为之作《故朝列大夫、山东布政使司右参议西田赵公墓志铭》。

张　冕　号胜溪，汾州孝义人，孔天胤举人、进士同年。嘉靖二十年（1541）孔天胤曾为其母写有《明故张母岳氏墓志铭》。

赵维垣（1510~?）　字师德、伯师，号龙岩，贵州永宁卫（今关岭县）人，祖籍南直隶江都（今属江苏）。孔天胤进士同年，二人曾同官浙江，为莫逆之交。嘉靖二十三年（1544），孔天胤有诗《昭庆寺承龙岩宪使招，同诸寅丈宴集席上偶成》。嘉靖二十四年（1545），孔天胤循行途中有诗《行菱道中，闻退斋，龙岩当至，迟久不来，揽景抽志》。嘉靖二十五年（1546）二人同游云居寺，孔天胤作《云居与龙岩虚斋同赋》；该年进京上皇帝寿，孔天胤作《别序》。

张治道（1487~1556）　字时济、孟独，别号太微，陕西长安人。官至户部主事。

孔天胤初仕陕西时，张治道作有《题陆魏孔三君子空同观鹤卷》《十月十五日孔文谷过，留饮观诗，至晚移菊下见月作》《孔文谷邀过兴善寺阁二首》《雨中同孔文谷宿金圣寺》《寺中送孔文谷之泾阳》《得孔文谷书，情极绸缪，读之焉有赋此随答》等诗。嘉靖十三年（1534），孔天胤被贬官，张治道作《送提学孔文谷先生序》同名文两篇，又写有两首送别诗《永寿西关饮饯孔文谷》和《王石谷庄候孔文谷》。嘉靖三十一年（1552），孔天胤刻其《嘉靖集》八卷并作序。《嘉靖集》中收有二人交游诗歌多篇，如《同文谷西陂庄赏花》《和答孔文谷方伯同张秋渠少参挟酒柱过留饮之作》《孔文谷方伯、张秋渠少参携酒柱过留饮索赋》《赏文谷席上和西陂自寿韵》等。

张光宇 字道夫，号太乙山人，河南杞县人。武将。今人编著《中州文献总录》记其"以军功官松藩总兵，吐番东侵却之。因谗罢去。嘉靖十二年（1533）春复入蜀，有《太乙山人游蜀诗》十卷"。嘉靖十三年（1534）孔天胤被贬官，张光宇有送别诗《送孔文谷提学归汾阳》。

张　鲲（1492~?） 字子鱼，河南太康人。历官湖广按察司副使、四川提学副使、江西按察使等，嘉靖十五年（1536）任山西右布政使。孔天胤与其相识即在此时。孔天胤万历三年（1575）《纪梦》诗序中写道："余梦与过去人薛考功君采、高廉使子业、张方伯子鱼，行到一处，林渊映带，迥异城域。有半面磨（摩）崖，议题诗其上，余先题'广泽生明月，苍山夹乱流'，笔落而寤。"

翟　瓒 字廷献，号青石，山东昌邑人。嘉靖十六年（1537）春为湖广巡抚，平宁乡乱由长沙率军回武昌驻地，孔天胤写有《奉和翟青石中丞长沙寇平自湘江顺流而下，还军武昌二首》诗。

赵廷松（1495~1557） 字子后，号俟斋，别号鹤山，又号徂徕山人，浙江乐清人。嘉靖十八年（1539）时任山西按察司佥事，与孔天胤相识。此年赵廷松写有《少年行》二首，孔天胤写有《〈少年行〉二首用俟斋韵》。嘉靖二十二年（1543）二人在浙江重逢，孔天胤作《与赵俟斋宴湖上阁》。赵廷松集中有《答孔文谷督学》《湖上次孔文谷韵》《孔文谷过访因评薛西原诗》等诗。

赵　讷（1521~1599） 字孟敏，号阳豁，山西孝义县人，祖籍山西文水。嘉靖三十八年（1559）进士，历任直隶定兴知县、直隶江都知县、刑部主事、户部主事、员外郎、郎中，官至四川保宁知府，门人私谥文直先生。孔天胤弟子，交游详见本书第三章、第九章。

朱奇涵（1485~1540） 号北村，庆成王府宗室。嘉靖十八年（1539）孔天胤拜访，作《九月十日出访北村，便留酌逮暮，率尔赋酬》。嘉靖十九年（1540）卒，嘉靖三十六年（1557）孔天胤作《皇明诰封奉国将军北村公墓志铭》。

周　金（1473~1546）　字子庚，号约庵，南直隶武进人，嘉靖十七年（1538）曾与孔天胤同官颍州，同受旌奖。孔天胤嘉靖二十二年（1543）到浙江后，写有《与约庵周老先生》一信。

邹尧臣　字廷命，号和峰，云南赵州人。嘉靖二十三年（1544）由浙江副使调任江西参政，孔天胤作《江楼送远赠和峰大参》。

张子立　字原礼（又写作元礼），号南墅，山东黄县人。嘉靖二十三年（1544）时任山西按察使，护送孔天胤家眷至杭州，孔天胤修书《与张南墅宪长》表示感激，并寄赠一套自己所刻的《集录真西山〈文章正宗〉》。后张子立也曾刊刻该书。

张　铁（1504~1566）　字宠之，别号剑崖，浙江临海人。抗倭名将。嘉靖二十四年（1545）与孔天胤在台州临海结识，二人有唱和诗。蔡云程《明浙江参将剑崖张公墓志铭》称其与"督学孔文谷、郡伯陈文冈相唱和"。

张一厚　号岱野，山东平原人。嘉靖二十四年（1545）与孔天胤在台州临海结识，孔天胤有《与岱野张宪副》书信。

周　诗（？~1556）　字以言，号虚岩，直隶昆山（今江苏昆山市）人。二人交游详见本书第七章。

郑　晓（1499~1566）　字窒甫，号淡泉，浙江海盐人，嘉靖二年（1523）进士。通经术，熟谙典故，长于史学，通达国体，甚孚时望，官至刑部尚书、兵部尚书。孔天胤曾将所刻《资治通鉴》八十八册寄给他，并写有《与郑淡泉先生》一信。

张　瀚（1511~1593）　字子文，号元洲，浙江仁和人。嘉靖三十年（1551）时为陕西副使。孔阶生，有诗《贺孔右使诞子》。嘉靖三十三年（1554）春孔天胤升河南左布政使，有诗《关中送孔左使之河南》。孔天胤被弹劾，在《与王南岷年丈》中提及张瀚可以证明其清白。

张　臬（1502~1552）　字正野，号百川，江西进贤人。嘉靖三十一年（1552）时为陕西左布政使，与孔天胤一起刻《西京杂记》。此版《西京杂记》今称"孔本"。

张　铎（1507~？）　字世鸣（一作叔鸣），号秋渠，又号海虞山人，南京留守卫旗籍，常熟人。嘉靖三十一年（1552）出巡，孔天胤作诗《送秋渠出巡》。该年与孔天胤一起编选刊刻胡侍《胡蒙谿续集》并各自为序，二人又一起编选刊刻张治道《嘉靖集》、谢少南《谪台稿》。

张　珩（1486~1560）　字佩玉，号南川，山西石州（今属吕梁市）人。曾任陕西延绥巡抚，官至南京兵部右侍郎。二人交游详见本书第七章。

张　玭（1516~1565）　字席玉，号永石，张珩弟。曾与孔天胤同官陕西。嘉靖三十年（1551），孔天胤有诗《寄张永石兵宪肃州》。嘉靖三十九年（1560）应其所请，孔天胤为其兄张珩作墓志铭。嘉靖四十二年（1563）应其所请，孔天胤为其侄张德化作《乡贡进士吕梁张贞孝君墓志铭》。

张 瓚（1479~1555） 字鹄举，号南溪，直隶扬州府泰兴县（今属江苏）人。张瓚和孔天胤曾于河南共事。嘉靖二十一年（1542），孔天胤有书《与南溪张左丞》。张瓚升都察院右副都御史巡抚延绥榆林等处，孔天胤为之作四六语送行。嘉靖二十四年（1545），有书信《与张南溪先生》。嘉靖三十三年（1554）为之作《南溪小隐图序》。

朱新堤（1524~1564） 别号小溪，被追封为第七代庆成王（悼怀王）。嘉靖三十三年（1554）七月，孔天胤为其诗集《奕善堂集》作序。嘉靖四十一年（1562）三月七日寿，孔天胤作诗《三月七日寿小溪殿下作》。嘉靖四十三年（1564）薨，孔天胤作《庆成王长子小溪君墓志铭》。

赵祖元（1512~？） 字宗仁，号南庵，浙江东阳人。为孔天胤浙江提学任上所选举人。嘉靖三十四年（1555）以河东分巡道教民以水车之法如江南，孔天胤作《太平县肇兴水利记》。嘉靖三十六年（1557）由山西按察司佥事升江西参议，孔天胤作《赠佥宪南庵赵公陟参江藩序》，又有赠别诗《赠别赵南庵二首》。

钟　锡（1487~？） 字尔祉，号三谷，山西泽州（今晋城市）人。嘉靖三十五年（1556）七十寿，孔天胤作《阳城钟三谷翁七十寿序》（孔天胤误为阳城）。

周　伦（1513~1574） 字以明，号兑川，山西汾州人。嘉靖三十五年（1556）入太学，孔天胤作《送周以明就例游太学诗序》，又有诗《送周以明援例入太学》。隆庆三年（1569）其父周永浩卒，孔天胤作《庆成王府书办官毅庵周公暨元配党氏合葬墓志铭》。万历二年（1574）卒，孔天胤作《国子监生兑川周君墓志铭》，又有诗《歌词四首送兑川周君葬》。万历三年（1575）孔天胤过周伦读书之地北溪草堂，睹物思人，作《过北溪草堂是兑川君读书处》诗。

张朝宪　号龙嵋，云南景东人。嘉靖三十六年（1557）由代州知州调任汾州知州并获嘉奖，孔天胤作《赠郡守龙嵋张公受抚台旌奖序》。嘉靖三十七年（1558）入京朝觐，孔天胤作诗《送张龙嵋太守入觐》。孔天胤为其母寿作《具庆赠言序》。嘉靖四十年（1561）再次入觐，孔天胤作《赠郡伯龙嵋张公入觐序》，又有诗《题龙嵋太守入觐卷》。嘉靖四十一年（1562）返汾州，孔天胤作《赠张龙嵋太守入觐荣旋一首》。此年被免将归，孔天胤作《赠邦伯龙嵋张公南还序》，又有诗《赠别张龙嵋一首》。

朱知㸂（1496~1569） 别号竹溪，第六代庆成王（安穆王）。嘉靖四十五年（1566）生日，孔天胤作诗《庆成王诞日奉寿》。隆庆三年（1569）卒，隆庆五年（1571）孔天胤作《皇明庆成安穆王墓志铭》，并送灵柩至墓地，作诗《送安穆灵至西山新兆》。另作有祭文《祭庆成安穆王文》。

张　绅（1469~1563）　字佩之，号云溪，山西汾州人。嘉靖四十年（1561）结庐名曰"云溪"，孔天胤作《云溪图卷引》。嘉靖四十二年（1563）去世，孔天胤作《张云溪先生墓志铭》。隆庆三年（1569），孔天胤有诗《九月十九日培菊，因忆云溪老人张绅，尝饩菊归篱，创意殊绝，斯文汲之焉》。

张良知　字幼养，号条岩，山西安邑人。嘉靖三十八年（1559），孔天胤作诗《寄题张都官招隐园二首》。嘉靖四十年（1561），河东为巡盐御史吴过勒石建祠，向孔天胤请记，孔天胤作《遗爱祠记》。隆庆元年（1567）孔天胤为其新筑园林作《招隐园记》。

周斯盛（1524~1569）　字子才，号际岩，陕西宁州人。嘉靖四十二年（1563）在山西提学副使任上编次晋人文集为《崇正录》，孔天胤作《崇正录序》。主修《山西通志》，孔天胤有序（代王好问作）。

郑　铬（1481~1568）　字宗殷，号平川，山西汾州人。嘉靖四十二年（1563）由陕西高陵教谕归汾，孔天胤作《书郑平川荣归赠言卷》，并为其父郑仪补写《诗樵先生郑公墓表》。隆庆二年（1568）卒，孔天胤作《高陵县儒学教谕平川郑公墓志铭》。

张　柱（1523~？）　字汝任，号健庵，山东寿光人。嘉靖四十四年（1565）升浙江右参政，孔天胤作诗《赠健庵使君参藩两浙，同四溟赋》。万历八年（1580）任山西右参政，孔天胤有诗《中秋望月呈张健庵参知》《赠张健庵参知》，张柱有和诗存其集中。

张稽古　陕西蒲城人，为孔天胤嘉靖三十一年（1552）陕西右布政使任上所取举人。嘉靖四十四年（1565）以平遥知县升岢岚知州，孔天胤作诗《赠平遥令张君擢守岢岚一首》。

赵宗儒　号南冈，陕西耀州人。嘉靖四十四年（1565）以汾州同知受巡抚万恭嘉奖，孔天胤作《赠别驾南冈赵公贤能膺奖序》。

朱载坖（赵成皋王）　号传易道人。嘉靖四十四年（1565）请孔天胤为其父赵康王朱厚煜《居敬堂集》作序。此年建遵道书院，受敕封，孔天胤作《敕赐遵道书院记》。

张更化（1531~1600）　字德孚，号玉冈，山西汾州人。嘉靖四十五年（1566）出任南阳推官，孔天胤作诗《送张玉冈节推之南阳》。

赵凤梧　号文冈，山西汾州人。隆庆二年（1568）任山西临潼县令，孔天胤作《送赵文冈试宰临潼》诗。

张三畏　号十洲，德州卫（今属山东）人。隆庆三年（1569）孔天胤写有《七月十五日清醮呈郡博张十洲先生》《和十洲见赠美际中秋喜逢华旦之作》等诗。隆庆五年（1571）迁德州王府纪善，孔天胤作《赠郡博张十洲先生迁德王府纪善》。

朱恬烄（潞州沈宣王） 自号西屏道人。隆庆三年（1569）有《送吕二山人游汾，访孙大参邦田、孔方伯文谷，和重阳后雪晴来谢词韵》及《寄怀孔方伯文谷》等诗。隆庆六年（1572）孔天胤为沈王府题诗《题沈国好学敦伦册》。

张 蕙（1521~？） 字时芳，号抑斋，山东平原人。隆庆五年（1571）时任分守冀南道左参政。升宁夏巡抚，孔天胤作《赠抑斋张公巡抚宁夏序》，又有诗《送张中丞拊徇宁夏》。

郑逢时 号达泉，北直隶固安人。隆庆六年（1572）与孔天胤游赏峪中，孔天胤有诗《邀郡守郑公峪中宴眺》。获山西巡抚嘉奖，孔天胤作《赠明府达泉郑公以卓异膺奖序》。隆庆六年（1572）即将离任，孔天胤作《闻达泉公将去郡怅然有作》。

朱慎锺（庆成荣懿王） 号宗川。隆庆六年（1572）受册封为庆成王，孔天胤作《泮宫献寿文序》，并有诗《赠宾卿省斋刘公至庆邸册封》。隆庆六年（1572）孔天胤作《上庆成王宗川》，希望朱慎锺"宜益留意于学，以永终誉"；该年生日，孔天胤作诗《九日奉寿庆成王》。其《宝善堂集》中关于孔天胤的诗歌有《次文翁孔师仲春郊行》《次文翁孔师春晓山中独酌》《元夕宝善堂灯宴次文翁孔师韵》《次孔师三月三日燕集王龙冈洪西别业二首》《和文翁孔师寄怀陈抑亭中丞》《和文翁孔师读湖南社稿缅怀抑翁》《次孔师园居清夏二首》《和文翁孔师四月八日即事》《和文翁孔师寄怀陈抑亭中丞》等。

朱慎镠 号仲川，朱慎锺弟。万历四年（1576）孔天胤为其《兰玉堂诗集》作序。万历四年（1576）生日，孔天胤作诗《白云曲二首兰玉堂称寿》。万历五年（1577），新园落成，孔天胤作《仲川君新园落成见招，游宴，即席赠酬》诗。

周 铎（1530~？） 字子振，号凤池，直隶太仓州（今属江苏）人。万历元年（1573）以汾州同知升福州同知，孔天胤作诗《九日宴饯凤池太守》，又写有《送周凤池太守升福州别驾序》。

张一敬 号筠亭，山东朝城人。万历三年（1575）任汾州知州，因贤受奖，孔天胤作《赠郡伯筠亭张公以贤膺奖序》。祈雨应，孔天胤作诗《谢郡侯张公祷雨辄应》。

郑柏龄 号鹤庵山人，汾州庆成王府教授。隆庆、万历年间，与孔天胤唱和诗颇多，孔天胤有诗《鹤庵行题郑子鹤庵图也》《雨后与郑鹤庵酌亭上》《题郑鹤庵鱼瓮》《郑广文新宅招饮，同宗老柳川、东皋二翁、山人巢云子赋二首》《寿郑鹤庵》《六月会郑鹤庵诗社得六言二绝》《十八日夜梦郑鹤庵自定襄来余写诗赠问》等。万历三年（1575）郑柏龄辑录王朱慎锺诗集《宝善堂稿》，孔天胤作《宝善堂稿序》。万历八年（1580）六月孔天胤高龄得孙，郑柏龄等人送汤饼贺喜，孔天胤有诗答谢。

张士佩（1531~1609） 字玫夫（父），号濩滨，陕西韩城人。万历四年（1576

时为左参政分守冀南道，兴修水利，孔天胤作《分守冀南道左参政濠滨张公创开田渠碑》。四月调任山东按察使，孔天胤作《赠张濠滨使君总宪山东》，又作《郡史赠言》。

查　铎（1516~1589）　字子警，号毅斋，直隶泾县人。万历四年（1576）时为山西左参议，与王秋溪同访孔天胤，孔天胤作《谢查毅庵王秋溪二使君见柱丘园》诗。万历五年（1577）调任广西，孔天胤作《赠毅庵查使君移镇广西》。

朱孟震　生卒年不详，字秉器，江西新淦人。万历九年（1581）分守冀南道。访孔天胤，有诗《夏日孔先生汝锡招饮移酌海榴花下，时余愁病未捐，久失占谢，偶以登楼余兴，漫呈此诗》。万历十年吊孔天胤，作诗《秋日哭孔汝锡先生墓》诗二首。万历十九年升山西巡抚，闻孔天胤子孔阶客死，作诗《孔汝锡先生卒十年矣，余来晋阳，闻其子客死，诗以哀之》。

附录二

孔天胤年谱精编

弘治十八年乙丑（1505） 一岁

八月十六日，孔天胤生。赵讷《文靖先生孔公墓碑》："（先生）生于弘治十八年八月十六日。"《嘉靖十一年进士登科录》："曾祖表。祖大襦，巡检。父孔麟，仪宾。母新郑县君。"

正德十年乙亥（1515） 十一岁

腊月二十四日，弟孔天民生。

嘉靖十年辛卯（1531） 二十七岁

秋，乡试中举。

嘉靖十一年壬辰（1532） 二十八岁

会试，第二百七十二名。廷试，以一甲第二名进士及第。汾州建"榜眼坊"。

五月，以王亲例不得留京任职，授陕西按察司佥事。七月，提调学校。

嘉靖十二年癸巳（1533） 二十九岁 在陕西

考选陕西各地诸生，致力于纠正学风和文风。交游康海、张治道、许宗鲁等人。

嘉靖十三年甲午（1534） 三十岁 在陕西

刊刻樊鹏《樊氏集》四卷。

主持陕西甲午科乡试。

八月，因岁贡被黜落六人降官一级。

回汾州省亲，与高叔嗣交游。

冬，离乡赴任祁州。

是年有诗《甲午冬十二月赴祁州经宿榆次县》《过平定用苏门韵》《至郡》《行役宿保安寺》《晓发望燕台》《除夕同弟酌郡斋中》等。

嘉靖十四年乙未（1535） 三十一岁 在祁州

二月，始修祁州庙学。

六月，刻王崇庆《海樵子》并序。

九月，始建贞文书院。

是年有诗《春日路年兄涞水县宅宴别二首》《寄弟》《雁别雷鸣春上京用杜韵二首》《送雷生归汾上》《秋日定州道中得故园诸君子讯》《九日登南城作》等。

嘉靖十五年丙申（1536） 三十二岁 在祁州

正月，贞文书院建成。作《贞文书院碑后》，又作诗《贞文书院谕诸生》。

夏秋之际，升河南按察司佥事，兵备颍州。后祁州列入"名宦"。

回汾州省亲，作《重修三贤阁记》。

十二月到达颍州。嘉靖《颍州志》记其"十五年季冬至"。

拜访亳州学者薛蕙，写有《题薛西原先生园中》诗。

是年有诗《将赴颍上与亲爱别》《初祖庵观留影石》《阻雪偃城县馆书示万宰二首》等。

嘉靖十六年丁酉（1537） 三十三岁 在颍州

高叔嗣来信为新书乞序。是年六月十七日，高叔嗣卒于任上，年仅三十七岁。

清明，立《兰亭序》石于明伦堂。

助州判吕景蒙修西湖书院。

孔天民以乡试第二十三名中举。汾州建"兄弟联辉坊"。

是年有诗《广陵赠范都运迁蜀藩参政》《奉和翟青石中丞长沙寇平自湘江顺流而下，还军武昌二首》《上黄安厓中丞岷梁峻捷十三韵》《淮上会孙明轩水部二首》《登寿州寺塔》《毗庐阁上同沈惟远作二首》《从军行四首》《塞下曲四首》等。

嘉靖十七年戊戌（1538） 三十四岁 在颍州

托吕景蒙重刻王崇庆《海樵子》。

四月，因修凤阳皇陵有功官升一级。

五月，托知县姜时习翻刻高叔嗣刊本《太平经国之书》，并作序。

五月，升陕西布政使司右参议。后颍州列入"名宦"。

十二月，父丧，回汾州奔丧守制。

嘉靖十八年己亥（1539） 三十五岁 丁父忧

三月初九，赵讷祖父赵鸿卒，作《溥官赵公墓志铭》。

是年作《晒遗书作》《少年行二首用俟斋韵》《奉和刘石梁太守归思》《九月十日出访北村，便留酌逮暮，率尔赋酬》《秋日同弟西田》诗。

大约在该年前后，赵讷拜师。

嘉靖十九年庚子（1540） 三十六岁 丁父忧

於敖主持修建汾阳东关城，作《汾东关建城记》。

赵讷中举。

是年作《闻出师北伐二首》诗。

嘉靖二十年辛丑（1541） 三十七岁 丁父忧

夏，於敖主持修复介休西渠，作《介休县兴复西渠水记》。

嘉靖二十一年壬寅（1542） 三十八岁 起复河南

约正月末，到达省城开封。二月二十五日，赴任河北道。

三月十六日，到辉县驻地。创建分守道官署。

与省中同僚确定御敌方案，"清心省事以保疲氓，坚壁清野以戒不虞"。委官在武安修建边城、楼橹。

游苏门山，刻石"智静仁动"，今存。

有信《与弟民》。

为任惟贤作《赠玉台任公上陕西布政左使序》。

是年有诗《次祁县馆》《保定道雪》《河南省堂公燕因呈省中诸僚长二首》《大梁城楼雨中留别三司诸公，时出守河北》《至辉县分司作》。

嘉靖二十二年癸卯（1543） 三十九岁 转官浙江

正月，为於敖作《送叠川於公按察湖广序》。

卫辉府立题名碑，作《卫辉府题名记》。

升浙江提学副使，四月抵浙。

为诸生讲学，写有《策秀才讲学正心文六首》《叙语》等。

八月，主持浙江乡试，作《浙江乡试录后序》。

是年有赠序《送勿斋娄公赴福建布政左使》《送浙江按察使抑斋卢公晋广东布政右使》《赠宪使右溪谢子拂衣归里序》。

有诗《送卢方伯之任广东》《谢子佩乞休有作用韵赠之》《与赵俟斋宴湖上阁》等。

有书《与谢右溪年丈》。

嘉靖二十三年甲辰（1544） 四十岁 在浙江

曾短暂代理按察使一职。二月卸任。

第一次巡行课士，历湖州、嘉兴、绍兴和宁波四府。

杭州大旱，参与祈雨，写有《祈雨文》《再祷雨文》《祷雨告先正文》。

秋，第二次南下课士，先至严州，再到衢州、金华、处州等地。

九月二十四日，于巡行中得知家眷到浙，有书致山西按察使张子立。

是年，与陈一贯改凝真道院为扬清祠，又在斯如里建先贤祠祀曾子。

是年有赠序《江楼送远赠和峰大参》《赠葵峰黄先生晋浙藩少参序》《读湖阁

感别之篇便书其后》《赠居麓艾公入觐拜河南布政右参议序》《送大中丞约庵欧阳公抚治郧阳序》《贺宪使谭子家庆四寿序》《叙石南子奉寿万公治斋老先生》《赠观察使南桥李公陟蜀蕃右辖序》等。

刻《薛诗拾遗》四卷并序。刻《集录真西山文章正宗》三十卷并序。

有诗《出湖州童南衡送至谢村赋酬二首》《湖州夜坐感怀安定先生十首》《夏日宴洪氏湖亭》《送谭少岷西巡》《奉和李抑斋司勋归自京师游虎丘见诒五篇》《访绪山许氏庄上》《处州水心亭偶题二首》《永康县访松溪先生不果，至馆头怀寄并谢来篇二首》等。

有书《与皇甫百泉先生》。

嘉靖二十四年乙巳（1545） 四十一岁 在浙江

春末第三次循行，几乎遍历浙江。同僚送行，作《春尽将循永嘉，早发钱塘，回寄宪府诸公》。

拜谒王阳明墓，作《祭王阳明先生文》。

在诸暨，与钱德洪在紫山书院论学。应钱德洪所请，为绍兴知县苏术《起俗肤言》作序。

参加了西湖八社前身"西湖书社"的活动。

行救荒法。万历《杭州府志》："二十四年，杭州大饥。提学副使孔天胤行救荒法。"

是年有记文《浙江改建船厂记》《新昌县重建先师孔子庙庭记》。

是年刻司马光《资治通鉴》二百九十四卷、《资治通鉴考异》三十卷并序。刻程颢《明道先生语略》并序。刻王阳明所辑的朱熹晚年文章，并作《刻朱子晚年定论序》。刻《越绝书》十卷。另有书序《刻升庵南中集叙》《重刻唐诗纪事序》。

是年有赠序《送前溪先生刘公赴云南按察使序》《送冲庵先生欧阳子参知蜀藩序》《赠退斋先生林公陟湖广按察使序》《送浙江右使畹溪谢公赴河南左辖序》《送月山杨君赴清浪军参戎序》。

有诗《登钓台最高顶用宋人张紫岩韵二首》《访方隐君金华山中》《冬日再访寒溪》《能仁寺宿》《上灵峰洞》《天台路流眺》《国清寺》《桐柏宫憩眺》《登双阙》《石梁》《别怀送少玄》等。

有书《与皇甫少玄年丈》。

冬，薛应旂过钱塘，赠所刻《朱子晚年定论》。

与陈尧、张鈇、黄绾、项乔、张一厚、陈鹤、万表、周诗、田汝成等人交游，多有诗作。

嘉靖二十五年丙午（1546） 四十二岁 在浙江

春，第四次循行课士。历嘉兴、湖州、宁波、绍兴四府。

途中，修书浙江名士刘麟，刘麟有书相赠。

是年有赠序《别序》《赠岐山赵公拜官清苑主簿序》。

刻皇甫涍《东览篇》并题词。刻同年林春《林东城集》二卷。刻《越艺正诠》并题辞。又刻有《学政事宜》等。

巡行台州诗编为诗集《霞海篇》并刊布流传。

母新郑县君故，回汾州奔丧。

嘉靖二十六年丁未（1547） 四十三岁 丁母忧

命所居为"清阴轩"并为之记。

为葛守礼作《赠与川葛公总宪山西序》。

为齐宗道作《云汀图序》。

嘉靖二十七年戊申（1548） 四十四岁 丁母忧

为三边总督翁万达作《海居叙赞》。

生女。嘉靖三十六年（1557）《再与端溪翁》："小儿七岁，小女十岁。"

嘉靖二十八年己酉（1549） 四十五岁 丁母忧

托李当刻王崇庆《五心经义》，作《刻王端溪先生所著经义序》。

为汾州云林庵作《云林庵记》。

为李廷儒生日作《寿辞赞述》。

嘉靖二十九年庚戌（1550） 四十六岁 起复陕西

出任陕西布政使司左参政。王崇庆有《与孔文谷督学再之三秦》诗。

修书王维桢，王维桢有《答孔文谷大参书》。

是年有赠序《赠总督大司马石冈王公进锡序》《送与川葛公巡抚河南序》《赠中丞印台傅公进少司空还朝序》《右方伯凤冈徐公请告东还三司赠别序》及《诚心堂铭》。

八月，视察咸阳，作《重修周文王武王陵寝及周公太公墓祠记》。

咸阳晤会林大春，作《送林行人西使还潮阳》诗。

十二月，为刘储秀《刘西陂集》作序。

嘉靖三十年辛亥（1551） 四十七岁 在陕西

升陕西按察使。

升陕西右布政使。《白雪阳春卷序》："时余谬从陕之廉使，移布政右使。"

刘储秀夫人卒，作《祭刘母吕氏太老夫人文》。

岁末，孔阶生。

是年作有赠序《赠云汀齐公应召还京序》《送荆阳李公便道上母氏太宜人寿序》《贺大中丞樵村贾公巡抚陕西序》《驰颂太封君凤湾靳公寿序》《白雪阳春卷序》。

嘉靖三十一年壬子（1552） 四十八岁 在陕西

与刘储秀、张治道、胡侍、许宗鲁等人交游，多有唱和。

以延宁马市成，被朝廷赏银。

谢少南创陕西学田，作《陕西创置正学书院学田记》。

八月，主持陕西乡试，作《陕西壬子科乡试录序》。

是年与张泉同刻《西京杂记》并序。与张铎一起编选刊刻胡侍《胡蒙豀续集》并各自为序。刻张治道《嘉靖集》八卷并序。贾应春刻韩邦奇《苑洛集》，作《苑洛先生文集序》。

嘉靖三十二年癸丑（1553） 四十九岁 在陕西

上《乞休疏》，未得允许。

是年有赠序《南山献寿图序》《送理问宋子南归序》。

是年有墓表《封通奉大夫、浙江布政使司右布政使健庵刘公配赠夫人李氏墓表》及祭文《祭总督王石冈文》《祭李荆阳大参文》。

是年编王崇庆《端溪先生集》八卷并序。姚一元刻《武经七书》，作《武经七书序》。与张铎编选刊刻谢少南《谪台稿》并序。刻许宗鲁《陵海二集》并题词。

十月，有书《与督抚张南川先生》《与葛与川吏部》。

嘉靖三十三年甲寅（1554） 五十岁 在河南

春，升河南左布政使。张瀚有诗《关中送孔左使之河南》。

是年有赠序《蟠桃献寿序》《寿陈母太孺人九十序》。为朱新堤诗集作《奕善堂集序》，又为张甕题《南溪小隐图序》。

十二月，因陕西任上事，与同年何其高同以贪污名被吉澄弹劾，令"闲住"。

嘉靖三十四年乙卯（1555） 五十一岁 归居汾州

三月，有《与王南岷年丈》致书同年王廷，对被吉澄无故弹劾表示极度愤慨。

是年有赠序《赠司马大中丞麓泉王公荣进序》《赠坦斋路公考绩之京序》。

有记文《金龙四大王祠记》《太平县肇兴水利记》《湛泉书院记》《创建邺二大夫祠记》等。

有诗《春林即事》《仲春始农》《行路难二首》《答日者二首》《哭李黄崖宪副》等。

嘉靖三十五年丙辰（1556） 五十二岁 在汾州

是年有记文《徐沟县修复三渠记》《西岩别墅记》。

有赠序《阳城钟三谷翁七十寿序》《送周以明就例游太学诗序》《芦山陈公受御史台旌奖序》《青毡独坐卷序》《望云祝寿图序》。

有书序《四书肤解序》。

有诗《送周以明援例入太学》《喜李书记千里见访四首》《与李书记谈谐》《送别李书记》《奉和纪山见怀山中》《对雪寄怀纪山学宪二首》《和酬许少华中丞秋日见怀》《对雪寄怀少华》《述怀呈程古川旧巡四首》《和古川登揽龙门》《和古川游王官谷》《送李判官之武定》等。

嘉靖三十六年丁巳（1557） 五十三岁 在汾州

是年有赠序《赠金宪南庵赵公陟参江藩序》《刘母太夫人七旬序》《王母太老夫人寿序》《赠碧涧来公移守代州序》《赠郡守龙崵张公受抚台旌奖序》。

有墓志《皇明诰封奉国将军北村公墓志铭》及祭文《祭潘春谷年丈》。

有诗《赠别赵南庵二首》《赠张职方募军北还兼寄怀林石洲户部》《七月七日答赵孟敏见访》《喜纪山至郡校文》《赠纪山校士》等。

嘉靖三十七年戊午（1558） 五十四岁 在汾州

是年有记文《寄拙园记》。

有赠序《具庆赠言序》《赠罗江陈公总宪江西序》《赠葛陂许先生移职庆成王府教授序》。

有诗《送张龙崵太守入觐》《奉送罗江公总宪之江西》《罗江公席上喜雨二首》《送赵孟敏会试二首》等。

嘉靖三十八年己未（1559） 五十五岁 在汾州

赵讷中进士，作《寄赠赵生登第》。

主纂《汾州志》八卷，彭范主持。二人均有序。

汾州建"方伯文宗坊"。

是年有记文《分守冀南道题名记》。

有赠序《赠督学纪山曹公陟参江藩序》《祚胤庆言序》《赠霍州守元泉褚君受抚台旌奖序》《郡守褚君生祠记》《赠都运少岳方公入觐序》《灵石令寿王龙门太守》《赠玉泉陈君擢顺天府经历序》。

闻喜杨昴肖卒，作《承直郎洛川县知县小亭先生杨君墓志铭》。

有诗《奉酬孟卫源右辖晋阳春初见怀》《喜卫源公移晋右辖作此叙怀》《山中答李湫南大参见访》《云山别意诗五首》《送王西瀛之任江西金宪》《赠谷近沧自潞安兵宪擢参浙藩》《九日喜张南川公至汾晤言奉呈四首》《奉和张南川公宴集见赠之作》等。

嘉靖三十九年庚申（1560） 五十六岁 在汾州

是年有记文《修建石佛寺记》《愚公园记》，杂记《园中录语》《园约二首》等。

有赠序《赠少陂黄公擢守汝州序》。

石州张珩卒，作《明通议大夫、兵部左侍郎、赠工部尚书襄敏张公墓志铭》。

有书序《玄览编序》。

有诗《酬卫源中丞见访》《喜雨呈卫源公》《寄和赵孟敏京邸中秋见忆之韵》《寄怀玉岑诗社次抑亭韵》《题文苑清居十二咏》等。

嘉靖四十年辛酉（1561） 五十七岁 在汾州

孔天民出任直隶南宫县教谕。

是年有记文《云溪图卷引》《遗爱祠记》《分守右参政芳洲洪公德政碑》。

有赠序《赠郡博爱山先生西归序》《赠郡伯龙嵎张公入觐序》《赠抑亭陈公擢湖广廉使序》《锡命赠言序》《贺葛陂许公膺奖序》。

分别为郭偀及王俨作墓志《乡贡进士郭龙石先生暨配牛氏合葬墓志铭》《中宪大夫陕西平凉府知府北泉王公墓志铭》。

为陈鼎文集作《大竹文集序》。

有书《与洪芳洲先生》《与王敬所方伯》《再与王敬所方伯》。

有诗《忧旱》《自立春至四月终旬始见微雨》《题抑亭公喜雨朝天图》《谢东府春宴二首》《送任学正归田一首》《山中喜洪方洲大参见访，廿年之别，获此良晤，有形斯咏，情溢乎辞》《哭西田少参二首》《山中送赵阳谿之任江都》《题龙嵎太守入觐卷》《贺许教授膺奖用韵》等。

嘉靖四十一年壬戌（1562） 五十八岁 在汾州

是年有记文《汾州题名记》。

有赠序《送别驾萧公序》《赠太封君岐山赵公七十寿序》《赠邦伯龙嵎张公南还序》《笃行贞节诗序》。

有墓志《李氏三壹（宜）人合葬墓志铭》《明故奉政大夫、扬州府同知卜溪李公墓志铭》《何母周孺人墓志铭》。

有书序《王西野诗集序》《何柏斋先生文集序》《云林清籁序》。

有诗《送萧清泉别驾南还》《送卞知事署汾事竣还省》《赠张龙嵎太守入觐荣旋一首》《三月七日寿小溪殿下作》《送西瀛丈北上》《赠别张龙嵎一首》《笃行贞节》《奉谢次山公按节汾阳见访一首》等。

嘉靖四十二年癸亥（1563） 五十九岁 在汾州

是年有记文《创建泮宫亭桥记》《重修崇善禅寺记》。

有赠序《赠太守一川吴公荣膺荐奖序》《赠学正虚溪林君以贤荐奖序》《旌贤叙语》《赠云峰高子掌教屯留序》《甲第赠言》。

有墓志《故朝列大夫、山东布政使司右参议西田赵公墓志铭》《诗樵先生郑公墓表》《中宪大夫、河南按察司副使柏山刘公墓志铭》《张云溪先生墓志铭》《何母周孺人墓志铭》《乡贡进士吕梁张君墓志铭》《中宪大夫、湖广按察司副使黄岩李公暨配孺人牛氏合葬墓志铭》。

有书序《次山晋阳稿序》《杨东江诗集序》《崇正录序》《山西通志序》。

有诗《送林先生赴省修志一首》《题冯师河底山庄一首》《送西瀛丈北上》《寄答谢四溟见怀一首用来韵》《喜李山人见访一首》《相见行赠李山人》《送霍思斋侍郎之留都》《书郑平川荣归赠言卷》《送次山刘公南还》《喜南宫弟书至因便寄答二首》《柳川小洞夜宴用韵》《谢汾村大宗正西园高会韵》等。

有书《与王西塘侍御》。

嘉靖四十三年甲子（1564） 六十岁 在汾州

孔天民升山东东明县知县。

是年有记文《修南宫县学记》《书㝡勤篇后》《宁武关督府题名记》。

有赠序《毓嗣发祥序》《赠虚溪林先生会试序》《赠太守一川吴公入觐序》《赠参知仙台李公擢四川按察使序》。

有墓志《敕封文林郎、江都县知县、前清苑县主簿、致仕恭孝先生岐山赵公墓志铭》《王母太安人张氏墓志铭》《庆成王长子小溪君墓志铭》。

有书《与霍思斋兵部》《与冯少洲大参》。

有诗《寄酬谢四溟用来韵》《阳豀自江都考绩过家北上赋赠》《送赵孟敏由江都宰擢刑部主事》《五月一日清居落成用九河韵》《冯少洲参知往过蒲阪寄诗见怀，今始奉和呈省中》《送林先生典试浙江一首》《送林虚溪学正会试》《寄怀陈抑亭蜀相》《送西瀛丈分巡海道》等。

嘉靖四十四年乙丑（1565） 六十一岁 在汾州

赵讷丁忧。王纬、王缉兄弟丁忧。

寒食，谢榛过访，是年二人有唱和诗十数首。

五月，宋岳驻汾，二人有唱和诗多首。

与冯惟讷共同批点、刊刻谢榛游晋诗歌集《适晋稿》。

洪朝选刻孔天胤诗集四卷，赵讷校勘。

是年有记文《重刻黄华老人诗碣》《敕赐遵道书院记》《太原府知府于公去思碑》《灵岩寺增修记》。

有赠序《赠学正林虚溪先生擢任怀远序》《赠别驾南冈赵公贤能膺奖序》《宴寿赠言序》《赠郡守云石王公贤能膺奖序》。

有诔文《故汾州学正虚溪先生林公诔》。

有诗、书序《瞻远楼诗序》《居敬堂集序》。

有诗《赠别虚溪先生之任怀远二首》《寒食喜谢四溟至率尔赋呈》《赠健庵使君参藩两浙，同四溟赋》《四月十二日寿鸿胪李公》《赠平遥令张君擢守岢岚一首》《送霍思斋户侍巡抚山东》等。

嘉靖四十五年丙寅（1566） 六十二岁 在汾州

是年有记文《重修天宁寺万佛阁记》《创置汾州学田记》。

有书《与洪芳洲中丞》。

有诗《寿西野翁》《奉赠穆少春大行过汾见访》《喜东明弟还山诗十首》《赠陈瀛南侍御行部至汾》《送杨古峰之任麟游》《送张玉冈节推之南阳》《庆成王诞日奉寿》《承山相公新作西北城楼，召宴郡中文士，左史胤与焉，因敬赋诗以纪其事》等。

隆庆元年丁卯（1567） 六十三岁 在汾州

赵讷丁忧，是年与赵讷来往唱和颇多。

是年有记文《李公像赞》《巡抚都御使继津王公去思碑》《弘修汾州庙学记》《招隐园记》。

有赠序《曹守受斋孙侯德政序》。

有墓志《故王官叙庵潘公墓志铭》《鸿胪寺序班西岩李公暨元配孺人武氏合葬墓志铭》。

有序《汾上讲余录序》。

有书《与王龙冈》。

有诗《送别驾王龙冈先生北上》《送池乡王龙洲先生服阕还京》《送诸子入试》《丁卯九月望日北虏寇汾凡八日始回，感而赋之》《干楼献俘一律赠承山相公》《虏寇杀掠焚烧之余，风雨大作，走回人口仍多冻死及被官军遮杀诈死充首功，因成口号四首以代七哀，时九月廿七，为立冬之日》《寄赠祁侯岳省吾先生二首》《寄答征君沈青门先生，与征君别二十四年矣，今年得濮上九月寄音，有千里见访之意，因赋此寄答》《汾州赠孔文谷先生二首》等。

隆庆二年戊辰（1568） 六十四岁 在汾州

十一月，业师冯思翊卒。

是年有记文《介休县缮城记》《临县修城记》。

有赠序《送承山宋公南还序》《云天遥祝序》《蒲阪王氏世恩录序》《蒲阪王

氏世德录序》《书多士赠言卷》《赠邑侯斗垣陈公膺抚台旌奖序》《赠节判榖峰杨公擢合水县令》。

有墓志《高陵县儒学教谕平川郑公墓志铭》《诰赠资政大夫、兵部尚书霍公墓碑》《隐居教授、贞毅先生、西野冯公暨元配孺人李氏合葬墓志铭》及祭文《祭贞毅先生冯公文》。

有诗《送尚书郎赵阳谿北上》《上督抚相公杨梦翁二首》《寿谢四溟行年七十》《送贾卜山先生之任郿县》《四月四日宴庆国西园》《赠别承山相公》《送赵文冈试宰临潼》《赠节判榖峰杨公擢合水县令》《哭业师西野先生》等。

隆庆三年己巳（1569） 六十五岁 在汾州

七月七日，刻黄华老人王庭筠书法碑四块于文苑清居。

九月，吕时自上党过访，自秋至冬，酬唱颇多。

是年有记文《介休县兴修庙学记》。

有墓志《庆成王府书办官毅庵周公暨元配党氏合葬墓志铭》。

有序《阳谿集序》《程参戎刻窗稿序》《愚谷集序》。

有书《与栗太行先生》《与马北崖员外》《再与马北崖员外》。

有诗《赠程一山参戎始建牙汾郡一首》《赠郭公子西归》《七月十五日清醮呈郡博张十洲先生》《和十洲见赠美际中秋喜逢华旦之作》《次韵九日登北城新楼呈邦田相公》《送大参知邦田孙公入贺》《送大参知邦田孙公入贺》《喜四明吕征君自上党来汾见访》《再赠吕二山人》《谢甬东题园景十二咏二首》《叙旧呈马北崖先生》等。

隆庆四年庚午（1570） 六十六岁 在汾州

是年有记文《玄天上帝阁记》。

有赠序《赠别驾丹峰夏公入觐序》《赠范大参请告东归序》。

有书《与王鉴川督抚》。

有诗《汾亭别意引》《赠别吕山人》《和吕山人留别》《喜西瀛丈归田三首》《赠介休李学谕之芮城令》《送王心涯别驾拂衣还里》《喜王龙冈使君拂衣还里》《夜坐即事呈龙冈丈》等。

隆庆五年辛未（1571） 六十七岁 在汾州

是年有记文《增置苑东树园记》。

有赠序《赠言图引》《赠抑斋张公巡抚宁夏序》《赠大参省吾纪公移镇汾阳序》《南山献寿序》。

有墓志《敕封太安人赵母田氏墓志铭》《皇明庆成安穆王墓志铭》及祭文《祭

庆成安穆王文》。

有序《云林清籁序》《介休县志序》。

有诗《赠大参知董公》《三月三日与龙冈诸公天宁寺宴集》《和龙冈招宴洪西隐居之作》《寿王相吕磻溪先生》《送安穆灵至西山新兆》《送张中丞拊循宁夏》《守岁庆云山房儿阶侍马》等。有词《附兰雪堂落成调〈沁园春〉一阕》。

隆庆六年壬申（1572） 六十八岁 在汾州

是年有记文《新甓汾州城记》。

有赠序《赠明府达泉郑公以卓异膺奖序》《泮宫献寿文序》。

有墓志《杨母太儒人田氏墓志铭》《奉训大夫、乾州知州近山李公暨配安人曹氏合葬墓志铭》。

有书《上庆成王宗川》《与冯益川宪副》。

有诗《邀郡守郑公峪中宴眺》《赠宾卿省斋刘公至庆邸册封》《和阳豀谒介子推祠》《雨中留阳豀二首》《赠别冯益川宪使东归》《喜吕山人至》《九月十日与吕山人小楼续眺》《题沈国好学敦伦册》《九日奉寿庆成王》《闻达泉公将去郡怅然有作》等。

万历元年癸酉（1573） 六十九岁 在汾州

是年有记文《龙天庙重修记》。

有赠序《诰封兵部尚书梧冈霍翁登年八十序》《送镇守省吾纪公升陕西宪长序》《吴母太夫人八十寿序》《赠梁母太老夫人八十寿序》《教授吕磻溪先生以贤膺奖序》《送周凤池太守升福州别驾序》《赠宋伴芦先生通判黄州序》。

有诗《仲春郊行》《暮春山中一首》《元夕宝善堂灯宴二首》《三月三日宴集王龙冈洪西别墅二首》《赠纪省吾参知擢陕西廉使》《九日宴饯凤池太守》《寿王相吕磻溪先生》《西瀛年丈登年七十》《东明弟行年六十宴于棣华效成相语》等。有四六语《贺宫教吕磻溪先生》。

王道行过访。王道行作《龙池题文苑清居图》，孔天胤有和诗《怀龙池公闲居用见题文苑清居韵》等。

万历二年甲戌（1574） 七十岁 在汾州

三月，与弟天民携孔阶、孔阳、孔陡、孔升，为其父孔麟、其母新郑县君立碑。墓表由王崇庆撰写。

夏，结"天真四友社"，写有《天真四友社会记》。

中秋，全集刻成，作《自序》。

是年，隐士胡怀玉来访，作《喜胡山人见访》《送胡山人游北岳》《酌胡山用华翁韵》《和胡山人留别一首》《赠楚鹤》等。

是年有记文《翠虚亭记》《浮山县弘修庙学记》。有杂著《渔父说》。

有赠序《吕甬东闰腊迎祥卷序》《赠别学正懿泉先生陈公西归序》。

有墓志、祭文《国子监生兑川周君墓志铭》。

有诗《歌词四首送兑川周君葬》《喜雨十韵呈华山公》《寄怀陈抑庵中丞用见忆韵》《读湖南社稿缅怀抑翁》《园居清夏二首》《四月八日即事》《题王龙池园图十六首》《金兰诗社宴集》《冬日谢兰社诸公枉驾》《冬日谢兰社诸公枉驾》《龙洲公惠宴用韵奉酬》《西皋宅陪宴节使龙洲公赋得中厨出丰膳》《送龙洲公还京》《上镇康王》《题崇文书院》《水南公登年六十》《赠赵阳豁出守保宁》等。

万历三年乙亥（1575） 七十一岁 在汾州

十月十五日，汾州修三官祠完工，作《弘修三官祠记》。

是年有书序《宝善堂稿序》《秋崖诗序》。

有赠序《送季北沙贰守升金宪序》《赠别驾石舟陈公拂衣东归序》《杭玄洲太守致政还山序》《玄洲乔公摄郡还府序》《赠郡伯筠亭张公以贤膺奖序》《赠邦伯顺庵胡公上绩序》。

有寿序《霍大司马寿序》，《北堂献寿诗序》《李母太老夫人大年序》。

有墓志《诰封太淑人梁母任氏墓志铭》及诔文《资政大夫兵部尚书思斋先生霍公诔》。

有诗《寿霍大司马六十》《喜雨邀吕公共酌》《小楼春望同吕山人》《赋得远别离送吕甬东》《送别刘霞山二守谢秩东归》《喜儿阶游成均回诗以勉之》《过北溪草堂是兑川君读书处》。《寄谢张东沙、范东溟、吕南渠、陈抑庵、马松里诸老见寿》《寄谢沈匀章、范阆峰、刘望洋三隐君见寿》《寄酬沈青门以诗画见寿》《喜保宁太守赵公还山》《访赵阳豁孝义道中作》《和阳豁归田三首》，秋冬分别有《秋夕忆阳豁》《雪夜怀阳豁君》《寄谢彭东溪自灵宝见讯》《赠吕磻师纳门人小子辈受经》《寿吕磻溪先生》《和裴山人见题文苑清居十韵》《秋林与裴山人话别》《古泉王公自汾州守戎陕山西都阃》《赠杭太守抗疏还山》《谢郡侯张公祷雨辄应》《题彩凤衔书图为交城令齐公》《题寿萱图为李环洲太君作》《寄酬李环洲别驾》等。

万历四年丙子（1576） 七十二岁 在汾州

张士佩兴修水利，作《分守冀南道左参政濩滨张公创开田渠碑》。

五月，作《寿王龙池先生》《涧南李公七十序》。又有《赞王龙池先生小像》。

为汾州寿圣寺重修作记，文今不存。

是年有赠序《赠张濩滨使君总宪山东》《郡史赠言》《赠参知相公华山孙老先

生陟宪台长序》《赠郡博任龙泉公升深泽学谕序》。有书序《太霞闲宇集序》《兰玉堂诗集序》。

是年有诗《正月六日喜阳豁过访二首》《和阳豁山中见怀二首》《寄题阳豁新理书斋》《寄怀吕征君时在潞安》《濮阳苏磻石见访，兼遗令兄杏石讯，用韵赠酬二首》《李涧南七十》《暮春宴金兰馆赋酬》《夏日承兰社诸公招饮崇文书院赋酬》《九月廿九日承兰社诸公见访二首》《寒日访巢云先生于金兰社馆》《九日奉酬莲社诸公见访》《寄怀上党程存斋先生》《寄怀上党李养虚先生》《赠吕磻溪教授北归》《王司马巡视朔方》《谢查毅庵王秋溪二使君见枉丘园》《题蔡使君献寿北堂册》《哭王龙冈先生》《白云曲二首兰玉堂称寿》《丙子秋送诸生赴试》《送举子会试一首》《参知华山公陟宪台长》《赠任司训掌教深泽》《儿阶生日诗以勉之》等。

万历五年丁丑（1577） 七十三岁 在汾州

十月，为宝经禅院题石额。原存汾阳北关关帝庙。

是年有诗《宿赵阳豁西郭园》《赠毅庵查使君移镇广西》《秋晚蔡明轩、贺淡庵二使君见枉丘园，咏言奉谢》《九日蔡明轩、贺淡庵二使君平霞馆宴集，即席赋酬》《闻吕征君六旬，将自潞还越，寄言赠之》《寄赠伯梓同甫师自潞还越》《洒扫桐竹山房迎巢云先生，馆之》《雪后携樽兰馆看裴征君二首》《寒日访巢云先生于金兰社馆》《赠别巢云先生》《桂子山庄引为龙池翁赋》《奉怀吕岫云中舍兼酬惠问》《怀吕岫云先生》等。

万历六年戊寅（1578） 七十四岁 在汾州

是年有诗《正月十八日答阳豁君见访》《奉谢陈抑亭中丞寄怀》《金兰社宴集和李环洲韵》《新作金兰社门》《莲社新理门堂》《赠龙洲公以光禄使晋，寻转太仆还朝》《雨怀二首念裴征君》《寒夕款裴山人行》《和裴征君雪中感怀》《衔书楼宴集同环洲、监吾、葛野三使君赋》《金兰社宴集和李环洲韵》《赠李环洲宪金西上》《寿泰衡丘明府》《戊寅除夕儿阶具觞守岁》等。

万历七年己卯（1579） 七十五岁 在汾州

是年有诗《元日书怀呈摄守丘司理暨长君潮州太守》《和丘若泰明府惠音平霞馆》《送藩理丘泰衡摄郡代还》《赵阳豁借山人之馆延款若泰先生，时正人日，分韵得人字》《赠丘山人》《赠丘山人游华山》《席间会裴郑二山人》《赠别裴隐君还山》《二月十五日感怀呈社友》《社中三老行》《兰社新开鱼沼》《八月六日承莲社诸宗英见访，便留小酌，即席谢陈》《送别驾申半庵先生东归》《石菖蒲吟寿龙池王公》《和阳豁对芍药见怀》《李万川先生筮仕灵台学训，再转灵丘学谕，又再转灵州学正，拂衣还里》《双寿篇奉赞部司马献二亲寿》等。

万历八年庚辰（1580） 七十六岁 在汾州

秋，孔阶生子，诸友贺喜，作诗《暮齿得孙……辄倚歌声谢》。

是年有诗《中秋望月呈张健庵参知》《赠张健庵参知》《故人李九河孙脉千里见候，临感酸欣，形之言句》《寿水南公》《李涧南园观芍药》《寄酬李环洲宪使自安西见讯》《颂王龙池先生华诞五旬》《奉答龙池翁寄怀》《赵阳豁太守登年六十，余举酒而赋玄露》《庚辰除夕儿阶奉予守岁》等。

万历九年辛巳（1581） 七十七岁 在汾州

夏，朱孟震来访，朱孟震有诗《夏日孔先生汝锡招饮……漫呈此诗》记其事。

十一月十一日，孔天胤卒于汾州。赵讷《文靖先生孔公墓碑》："卒于万历九年（1581）十一月十一日……门人辈谋而称之为文靖先生。"王道行有祭文《祭孔汝锡先生》。

主要参考书目

1. ［明］包节：《包侍御集》，嘉靖三十七年包杞等刻本，四库全书存目丛书，集部第 96 册。
2. ［明］蔡汝楠：《自知堂集》，嘉靖刻本，四库全书存目丛书，集部第 97 册。
3. ［明］陈棐：《陈文冈先生文集》，万历九年陈心文刻本，四库全书存目丛书，集部第 103 册。
4. ［明］陈鹤：《海樵先生全集》，隆庆元年陈经国粤东刻本，四库全书存目丛书，集部第 85~86 册。
5. ［明］程文德著，程朱昌、程育全编：《程文德集》，上海古籍出版社，2012 年；又，《程文恭公遗稿》，万历十二年程光裕刻本，四库全书存目丛书，集部第 90 册。
6. ［明］范钦：《天一阁集》，万历刻本，续修四库全书，第 1341 册。
7. ［明］高叔嗣：《苏门集》，文渊阁四库全书本，总第 1273 册；又，万历四十一年马之骏刻本。
8. ［明］葛守礼：《葛端肃公文集》，万历刻本，四库全书存目丛书，集部第 93 册；又，《葛端肃公文集》，嘉庆七年葛周玉重刻本。
9. ［明］谷中虚：《少司马谷公文集》，明天启元年谷迁乔、葛如麟刻本，国家图书馆善本书阅览室。
10. ［明］顾梦圭：《疣赘录》，雍正七年顾怀劭刻本，四库全书存目丛书，集部第 83 册。
11. ［明］韩邦奇：《苑洛集》，文渊阁四库全书本，总第 1269 册；又，《苑洛集》，嘉靖三十一年贾应春刻本，《原国立北平甲库善本丛书》，第 744 册；又，《苑洛集》，嘉靖三十一年贾应春刻本，哈佛燕京图书馆藏四库底本。
12. ［明］何瑭著，王永宽校点：《何瑭集》，中州古籍出版社，1999 年；又《何文定公柏斋集》。
13. ［清］邵松年辑，《续中州名贤文表》，光绪三十年海虞邵氏鸿文书局石印本；又，《明别集丛刊》本，影印万历四年贾待问刻本，黄山书社，2013 年。
14. ［明］侯一元著，陈瑞赞编校：《侯一元集》，黄山书社，2011 年。
15. ［明］胡侍：《胡蒙谿文集》《胡蒙谿续集》，嘉靖刻本，四库未收书辑刊第 5 辑第 19 册。

16.［明］皇甫汸：《皇甫司勋集》，文渊阁四库全书本，总第1275册。

17.［明］皇甫涍：《皇甫少玄集》，文渊阁四库全书本，总第1276册。

18.［明］黄绾著，张宏敏编校：《黄绾集》，《阳明后学文献丛书》，上海古籍出版社，2014年；又，《石龙集》，嘉靖刻本，《明别集丛刊》第01辑第100册。

19.［明］黄宗羲：《明文海》，清涵芬楼钞本。

20.［明］焦竑：《国朝献征录》，万历四十四年徐象橒曼山馆刻本，四库全书存目丛书，史部第100~106册。

21.［明］康海：《对山集》，万历十年潘允哲刻本，续修四库全书，第1335册。

22.［明］廖道南：《殿阁词林记》，文渊阁四库全书本，总第452册。

23.［明］林大春：《井丹先生文集》，潮阳郭氏双百鹿斋刻本。

24.［明］凌迪知：《万姓统谱》，文渊阁四库全书本，总第956~957册。

25.［明］刘储秀：《刘西陂集》，嘉靖三十年傅凤翱刻本，四库未收书辑刊第5辑第18册。

26.［明］刘麟：《刘清惠公集》，文渊阁四库全书本，总第1264册。

27.［明］吕本：《期斋吕先生集》，万历三年郑云鏊等刻本，四库全书存目丛书，集部第99册。

28.［明］吕时：《甬东山人稿》，万历九年沈藩勉学书院刻本，原国立北平图书馆甲库善本丛书，第896册。

29.［明］《孔文谷文集》，隆庆五年赵讷刻，万历二年续刻。《续集》四卷，万历年续刻。《文谷渔嬉稿》二十卷。从嘉靖四十年辛酉，终于万历八年庚辰，一年一卷。《四库全书存目丛书》，集部第95册。

30.［明］马三才：《自由堂稿》，国家图书馆善本书阅览室。

31.［明］裴邦奇：《巢云诗集》，明刊本，国家图书馆善本书阅览室。

32.［明］钱薇：《海石先生文集》，万历四十一年至四十二年钱氏刻清增修本，四库全书存目丛书，集部第97册。

33.［明］乔世宁：《丘隅集》，嘉靖四十二年刻本，国家图书馆善本书阅览室。

34.［明］邵经济：《西浙泉厓邵先生文集》《西浙泉邵厓邵先生诗集》，嘉靖四十一年张景贤王询刻本，续修四库全书，第1339~1340册。

35.［明］沈朝宣撰：嘉靖《仁和县志》，嘉靖二十八年修，光绪十九年钱塘丁氏嘉惠堂刻武林掌故丛编本，四库全书存目丛书，史部第194册。

36.［明］沈德符：《万历野获编》，《元明笔记史料丛刊》，中华书局，1959年。

37.［明］沈明臣：《丰对楼诗选》，万历二十四年陈大科、陈尧佐刻本，四库全书存目丛书，集部第 144 册。

38.［明］施峻：《珉川诗集》，嘉靖三十八年刻本，四库全书存目丛书，集部第 101 册。

39.［明］苏祐：《谷原文草》，明刻本；又，《谷原诗集》，嘉靖三十七年龚秉德刻本，四库全书存目丛书，集部第 89 册。

40.［明］苏志皋：《寒村集》，嘉靖三十六年许应元刻，隆庆增修本，四库全书存目丛书，集部第 99 册。

41.［明］田汝成：《田叔和小集》，嘉靖四十二年田艺蘅刻本，四库全书存目丛书，集部第 88 册。

42.［明］屠隆：《由拳集》，万历刻本，续修四库全书，第 1360 册；又，《白榆集》，万历龚尧惠刻本，明代论著丛刊第 3 辑第 25 册，伟文图书出版社有限公司，1977 年。

43.［明］万表：《玩鹿亭稿》，万历万邦孚刻本，四库全书存目丛书，集部第 76 册。

44.［明］王崇庆：《端溪先生集》，嘉靖三十一年张蕴校刊本，国家图书馆善本书阅览室，缺卷六。又台湾"国家图书馆"。

45.［明］王道一等纂修：万历《汾州府志》，万历三十七年刻本。哈佛大学汉和图书馆藏。

46.［明］王畿：《龙溪王先生全集》，万历四十三年张汝霖校刊本。

47.［明］王维桢：《王氏存笥稿》二十卷，嘉靖三十六年刻本，四库全书存目丛书，集部第 103 册；又，《王槐野先生存笥稿续集》九卷，嘉靖徐学礼刻本，四库禁毁书丛刊，集部第 75 册；又，《槐野先生存笥稿》三十八卷附录一卷，万历三十四年黄陞王九叙刻本，续修四库全书，第 1344 册；又，《司成遗翰》，万历三十八年王承之刻本，续修四库全书，第 1344 册。

48.［明］王兆云辑：《皇明词林人物考》，周骏富《明代传记丛刊·学林类》，明文书局，1991 年。

49.［明］王宗沐：《敬所王先生文集》，万历元年刘良弼刻本，四库全书存目丛书，集部第 111 册。

50.［明］翁万达著，朱仲玉、吴奎信点校：《翁万达集》，上海古籍出版社，1992 年；又，《翁东涯集》，据嘉靖朱睦㮮刻本影印，北京图书馆古籍珍本丛刊第 106 册。

51.［明］项乔著，魏得良、方长山整理：《项乔集》，《温州文献丛书》，上海社会科学院出版社，2006 年。

52.［明］谢榛撰，盛以进订补：《四溟集》，文渊阁四库全书本，总 1289 册；又，《四溟山人全集》，万历二十四年序刊本，明代论著丛刊第 1 辑第 11 册，伟文图书出版社有限公司，1977 年；又，李庆立校笺，《谢榛全集校笺》，江苏古籍出版社，2003 年；又，《四溟诗话》，郭绍虞主编《中国古典文学理论批评专著选辑》，人民文学出版社，1961 年；又，朱其铠、王恒展、王少华校点《谢榛全集》齐鲁书社，2000 年。

53.［明］许宗鲁：《少华山人文集·前集·后集·续集》，嘉靖刻本，《原国立北平图书馆甲库善本丛书》第 754~756 册。

54.［明］薛蕙：《考功集》，文渊阁四库全书本，总第 1272 册；又，《西原先生遗书》，嘉靖四十二年王廷刻本，四库全书存目丛书，集部第 69 册；又，《西原全集》，崇祯朝薛邦瑞刻本。

55.［明］薛甲：《畏斋薛先生艺文类稿》《畏斋薛先生艺文类稿续集》，隆庆刻本，续修四库全书，第 1340 册。

56.［明］薛应旂：《方山先生文录》，嘉靖三十三年东吴书林刻本，四库全书存目丛书，集部第 102 册；又，《方山薛先生全集》，嘉靖刻本，续修四库全书，第 1343 册。

57.［明］杨巍：《存家诗稿》，文渊阁四库全书本，总第 1285 册；又《梦山存家诗稿》，万历三十年杨岑刻本，国家图书馆善本书阅览室。

58.［明］杨宗气修，周斯盛纂：嘉靖《山西通志》，嘉靖四十三年刻本。《原国立北平甲库善本丛书》，第 337 册。

59.［明］俞宪：《盛明百家诗》，嘉靖至万历刻本，四库全书存目丛书，集部第 304~308 册。

60.［明］张瀚：《奚囊蠹余》，隆庆六年刻本，四库全书存目丛书，集部第 101 册；又，《奚囊蠹余》，隆庆三年张佳胤刻本。

61.［明］张治道：《张太微诗集》《张太微后集》《嘉靖集》，《原国立北平图书馆甲库善本丛书》，第 750 册。

62.［明］赵时春：《赵浚谷文集》《赵浚谷诗集》《浚谷先生集》，万历八年周鉴刻本，四库全书存目丛书，集部第 87 册。

63.［明］赵廷松著，陈彩云点校：《赵廷松集》，《温州文献丛书》，线装书局，2009 年。

64.［明］朱孟震：《汾上续谈》，万历刻本，续修四库全书，第 1128 册；又，《朱秉器全集》，据万历刻本影印，北京图书馆古籍珍本丛刊，第 79 册。

65.［明］朱慎锺:《宝善堂稿》，万历三年刻本，四库全书存目丛书，集部第 140 册。

66.［明］朱恬烄：《绿筠轩唫轶》，万历元年沈藩刻本，原国立北平图书馆甲库善本丛书，694 册。

67. ［明］朱新堤：《奕善堂集》，嘉靖刻本，甘肃图书馆藏。

68. ［清］嵇曾筠等修，沈翼机等纂：雍正《浙江通志》，文渊阁四库全书本。

69. ［清］觉罗石麟等修，储大文等纂：雍正《山西通志》，文渊阁四库全本。

70. ［清］刘于义等修，沈青崖等纂：雍正《陕西通志》，文渊阁四库全本。

71. ［清］钱谦益：《列朝诗集小传》，周骏富《明代传记丛刊·学林类》，明文书局，1991 年。

72. ［清］孙和相修，戴震纂：乾隆《汾州府志》。乾隆三十六年刻本。《中国地方志集成·山西府县志辑》。

73. ［清］言如泗修，吕滋等纂：乾隆《解州安邑县志》，乾隆二十八年刊本，《中国方志丛书》本。

74. ［清］张廷玉：《明史》，中华书局，1976。

75. ［清］赵瑾编：《晋风选》，顺治十七年刻本。

76. ［清］章廷珪修，范安治纂：雍正《平阳府志》，乾隆元年刻本，《中国地方志集成·山西府县志辑》第 44~45 册。

77. ［清］周超修，邢秉诚纂：康熙《汾阳县志》。康熙十六年刻本。

78. ［清］朱彝尊：《经义考》，清文渊阁四库全书本，总 677~680 册。

79. 《嘉靖二十二年癸卯科浙江乡试录》《嘉靖三十一年壬子科陕西乡试录》，见《天一阁藏明代科举录选刊·乡试录》，宁波出版社，2007 年。

80. 《嘉靖壬辰科进士同年序齿录》《弘治十八年进士登科录》《嘉靖二年进士登科录》《嘉靖八年进士登科录》《嘉靖十一年进士登科录》《嘉靖十四年进士登科录》《嘉靖十七年进士登科录》《嘉靖二十年进士登科录》《嘉靖二十三年进士登科录》《嘉靖二十六年进士登科录》《嘉靖二十九年进士登科录》《嘉靖三十二年进士登科录》《嘉靖三十八年进士登科录》《嘉靖四十一年进士登科录》《嘉靖三十五年进士登科录》《嘉靖四十四年进士登科录》《隆庆五年进士登科录》《万历二年进士登科录》，以上均见《天一阁藏明代科举录选刊·登科录》，宁波出版社，2007 年。

81. 《嘉靖十年山西乡试录》，屈万里主编《明代登科录汇编》，台北学生书局，1969 年。

82. 靳学强主编：《汾阳书法篆刻选集》，京华出版社，2010 年。

83. 刘纬毅主编：《山西历史名人传》，山西古籍出版社，2006 年。

84. 王恺仁、刘瑞祥主编：《汾州沧桑》1~4 卷，北岳文艺出版社，1999~2004 年。

85. 王埙昌著，郝胜芳主编：《汾阳县金石类编》，山西古籍出版社，2000 年。

后 记

张勇耀

最近总是在想，如果一个人对另一个人的研究接近三年，那么研究者的精神结构中，必然已经融进了被研究者的某些特质。我身边这样的学者不乏其人。如果说这一结论还有几分道理的话，那么这三年多与孔天胤的朝夕相伴，至少是在精神层面，我们获得了太多与当世繁华所不同的深层内涵。

我和韩兵强教授对孔天胤的研究始于2015年，而我们的结识也是因为孔天胤。我开始得略早一些，大约起步于春节之后。在苦苦寻觅资料的过程中，偶然的机缘，得知韩教授对孔天胤有所了解，于是开始通过网络交流，之后结为搭档。韩教授虽然身在武汉且是一位工科教授，但说起山西文史，可谓如数家珍，而且此前已经收集了大量山西文史资料，这为我们的研究打开了一个全新的局面。此前赵桂溟老师等已经对《四库全书存目丛书》中的孔天胤诗文集做了初步点校，这也为我们的研究奠定了重要基础。"孔天胤情结"，或者说我们对于孔天胤这一历史人物初步的价值认同，使我们克服了距离、职业、学科等方面的种种"不可能"，一起开始了一场旷日持久的长跑。而在这场长跑中，我们似乎一边在消耗着各自的体力，一边又在补充着我们的主人公不断提供给我们的精神正能量。于是我们常常"言必称孔"，并互相打趣为"走孔入魔"。

因为孔天胤的研究尚属空白，我们的每一点有价值的信息，可以说都得之不易。几十次的来往奔波，复印、抄录、核对，将零碎信息拼接为整体信息……为了查找和核对资料所经历的种种甘苦，自是不必细说。然而有了这些资料之后，如何合理运用，也即以怎样的方式体现成果，却是一个更为重要的问题。仅以写传记来说，写成什么样的传记，其间也大有讲究。

我们可以写成文学传记，选取传主一生中有"戏码"的故事，加以想象、虚构、描写，设置人物、情境、对话，甚至细致描写主人公的心理，这是一种处理方式。文坛和影视圈，从不缺乏这样的作品，而且鸿篇巨制甚多。孔天胤生活在明朝嘉隆万年间，以一甲第二名创造了山西科举考试奇迹，一生经历了无数大事件，庚子之变，浙江大饥荒，隆庆和议等，又有着"宣圣之裔，帝室之甥"的特殊身份，一生交游有姓名者近四百人且不少为当时名流，颇符合时下流行剧作或一些文学作品的主题，选取其人生某个节点，编出一些情节跌宕、荡气回肠的故事，似乎并不难。然而如果那样做，我们自己都会怀疑，我们所写的是不是真实的孔天胤。

目前还存在一种散文化的"传记"，也就是传主的生平事迹被淹没在一篇篇行走散文之中。对传主所经之地的古今对比和对历久事件的咏叹感怀，不断的时空交错和大量场景拼接，丰富的想象、优美的语言和氤氲的情绪，代替了对传主历史资料的翔实考证和对传主著作的深入研读。孔天胤一生宦游海内，足迹遍布山西、陕西、河南、河北、浙江等，如果顺着他的生平足迹走一遍，也一定可以走出许多的感想来。这样的写作轻松，文字也一定会比较好看，然而它的价值却似乎要大打折扣。

我们也可以写成学术论文，将孔天胤的一生分门别类地进行研究。事实上我们这两年也陆续发表了诸如《孔天胤与嘉靖版山西通志、汾州志、介休县志》（《史志学刊》，2016年第5期）、《孔天胤与谢榛交游考略》（《名作欣赏》，2017年第8期）、《孔天胤刻书考略》（《史志学刊》2017年第4期）等论文。但这样的处理极易使研究陷于碎片化，不利于将这位被遮蔽了五百余年的"新人"推到明代文学、思想、学术研究的公众视野中。

于是，在我们确信已掌握孔天胤存世的绝大部分资料后，我们决定首先把它写成一部历史传记。

历史传记，就是以传主的生平经历为经，以宏阔的历史背景，传主的学术、思想、创作、建树、交游等为纬，忠实记载传主的一生。写这样一本传记，首要一点就是做好年谱。于是我初步搭好框架，将其诗文集中的人与事、与其相关的其他人的记载、史志资料中对其事迹的记载等，一点点填入。年谱做到四万余字的时候，韩教授接手，将孔天胤放在更为宏阔的历史背景之中，对之生平事迹、交游等做了更为详尽的考证。当我们四十余万字的《孔天胤传》

书稿完成的时候，《孔天胤年谱》也几乎一并完成了。年谱如今已有三十余万字，即将另做出版。

那么，有了《孔天胤传》，为什么还要再出一本《孔天胤评传》呢？这就是我们真正想探讨的问题。

写作的动因，首先是受到匡亚明主编的《中国思想家评传丛书》（南京大学出版社出版）启发。前几年，我陆续购买了这套书中的五六十种，通过这些评传，获得了对中国古代思想界人物的初步认知。我曾经向一位向我求教的年轻人介绍这套书，说它是切入中国古代文化的一个入口，可以作为进入中国古代思想史的第一层级。顺着作者的指引，可以了解传主的内心世界，可以进入传主著作的元典，此前传主的这些著作你也许并未关注或并未细读；也可以进入中国思想史、文学史，而它们比线条化的思想史、文学史著作，有更为细节化、学术化和高端化的内容，因为每一本书中都有作者对传主及其时代、学术的独特研究和深入理解。

对孔天胤的研究同样如此。

孔天胤是一位榜眼，一位官员，一位诗人和诗文理论家，一位学者，一位出版家，又是一位在当时极有名望的乡绅。对孔天胤的深入研究，可以带出嘉隆万时期一段宏阔的历史，加深我们对当时社会、吏治、文学、出版、学术、思想等方方面面的理解。仅与其有交游的近四百余人，就是一个极为可观的群体。如其与著名学者薛蕙、王畿、钱德洪、黄绾、邹守益、林春等人，文学家高叔嗣、谢榛、康海、王维桢等人，以及政治家王崇古等人的交游，以及与汾州庆成、永和二王府的关系，都含有极为丰富的信息。因此，将孔天胤一生进行梳理，就其成就进行分类研究，就有着打开嘉隆万时期一个时代切面的重要意义。

于是，我们尝试从个人成长、仕途宦迹、诗歌创作及理论、图书刊刻、三晋史笔、哲学思想、交游考述、诗社活动、王府春秋等几个方面，通过对其文本的深入解读，分析其一生的事迹与贡献。并以附录的形式，梳理其交游人物及事略，并附以简单年谱，便于读者查考和进行进一步的研究。

孔天胤研究的另一个附产品，就是我们点校完成了此前初步点校过的孔天胤诗文集。我们不但根据其他版本重新核对了原先的文本，增加了"校记"，而且补充了通过各种渠道搜集的孔天胤存世的几乎所有佚文、佚诗,还附录了孔天胤的相关研究资料,即史志中对其的记载、交游书信和酬答诗文等,为今后对孔天胤全面深入的研究,做了一些基础性的工作。《孔天胤全集》已被列入《山西文华》古籍整理项目,近期将由三晋出版社出版。

当然,由于我们学识尚浅,对人物的分析和研究,还停留在一个较为粗浅和表象化的层面,因而也希望读者方家能够不吝赐教,以便我们不断增进学识,对孔天胤以及今后所做的研究能有新的提升。

本书的出版,得到了多方面的支持。有一路带领我们走过来、不断给予各种指导和鼓励的赵桂溟老师,为我们审稿并做详细批注的降大任老师,也有为我们提供孔天胤父母碑图片的孔宪政先生、帮助联络出版事宜的我的大学同学牛天德先生,还有提供帮助的山西文水县百金堡村孔氏后人、上海百金有限责任公司董事长孔庆然先生,以及积极为此书申报选题、给予多种帮助的商务印书馆太原分馆总编辑李智初先生及本书责任编辑穆葳女士,在此一并致谢。

2017 年 5 月